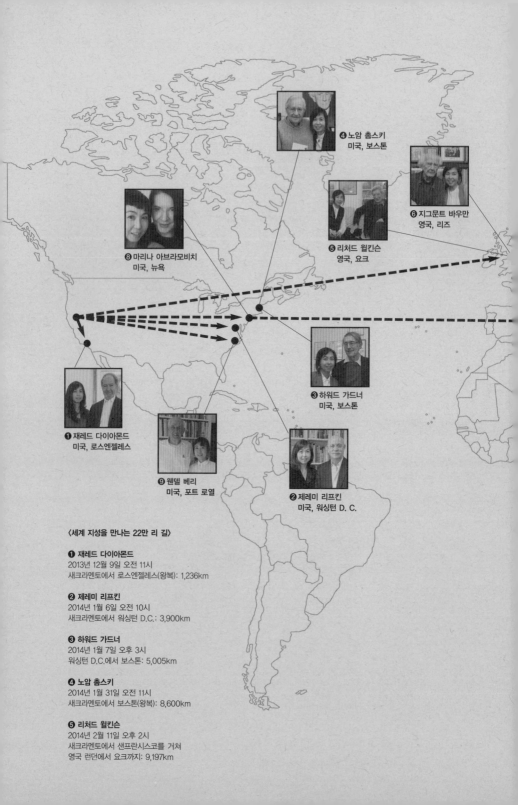

❹ 노암 촘스키
미국, 보스톤

❻ 지그문트 바우만
영국, 리즈

❽ 마리나 아브라모비치
미국, 뉴욕

❺ 리처드 윌킨슨
영국, 요크

❸ 하워드 가드너
미국, 보스톤

❶ 재레드 다이아몬드
미국, 로스엔젤레스

❾ 웬델 베리
미국, 포트 로열

❷ 제레미 리프킨
미국, 워싱턴 D. C.

〈세계 지성을 만나는 22만 리 길〉

❶ 재레드 다이아몬드
2013년 12월 9일 오전 11시
새크라멘토에서 로스엔젤레스(왕복): 1,236km

❷ 제레미 리프킨
2014년 1월 6일 오전 10시
새크라멘토에서 워싱턴 D.C.: 3,900km

❸ 하워드 가드너
2014년 1월 7일 오후 3시
워싱턴 D.C.에서 보스톤: 5,005km

❹ 노암 촘스키
2014년 1월 31일 오전 11시
새크라멘토에서 보스톤(왕복): 8,600km

❺ 리처드 윌킨슨
2014년 2월 11일 오후 2시
새크라멘토에서 샌프란시스코를 거쳐
영국 런던에서 요크까지: 9,197km

⑦ 장 지글러
스위스, 제네바

⑩ 웬테쥔
중국, 베이징

⑪ A. T. 아리야라트네
스리랑카, 콜롬보

⑨ 웬델 베리
2014년 4월 13일 오후 3시
새크라멘토에서 루이스빌 경유,
포트로열(왕복): 7,160km

⑩ 웬테쥔
2014년 5월 22일 오후 6시
새크라멘토에서 샌프란시스코 경유 인천국제공항을 거쳐
김포에서 베이징(왕복)까지: 1만 1,162km

⑪ A. T. 아리야라트네
2014년 5월 26일 오전 8시
서울에서 콜롬보(왕복): 1만 2,200km
서울에서 샌프란시스코를 거쳐
새크라멘토: 9,242km

⑥ 지그문트 바우만
2014년 2월 14일 오전 11시
영국, 요크에서 리즈: 41km

⑦ 장 지글러
2014년 2월 17일 오후 6시
리즈에서 런던을 거쳐 파리를 경유, 제네바: 1,321km
제네바에서 덴버를 경유, 새크라멘토: 1만 100km

⑧ 마리나 아브라모비치
2014년 3월 13일 11시
새크라멘토에서 뉴욕(왕복): 5,200km

총 84,364km(22만 리 길)

문명, 그 길을 묻다

Jared Diamond

Jeremy Rifkin

Noam Chomsky

Richard Wilkinson

Zygmunt Bauman

Jean Ziegler

Howard Gardner

Marina Abramovic

Wendell Berry

溫鐵軍

A. T. Ariyaratne

우리는 어떤 미래를 선택할 것인가?

공존을 위한 세계 지성들과의 릴레이 인터뷰 / 안희경 지음

문명, 그 길을 묻다

이야기가있는집

우리는 어디로 가고 있는가?

충청도의 한적한 산길을 지날 때였다. 드문드문 농가의 툇마루가 찻길을 향해 뻗어 있고, 길은 구불구불 늙은 소나무들을 안고 돌았다. 안온했다. 일요일 아침 이불 속을 뒹구는 기분이었다. 5분만 더 뭉그적거리면, 어깻죽지에 뭉친 피곤이 녹아 일어날 수 있을 것 같은 그런 안도감 말이다. 긍정의 힘은 도파민으로 뇌를 채우고 몸은 더 나은 내일을 만들고자 어김없이 작동된다. 내일은 오늘보다 나을 거라는 관념, 내일은 오늘보다 더 나아야 한다는, 습관이 된 희망 속에서 더 가지고 싶다는 욕망은 성장의 동력으로 격려받았다.

쉴 틈 없이 일했다. 1인당 국민소득 1만 달러 시대를 눈앞에 두고도 그랬고, 2만 달러에서 IMF와 함께 곤두박질칠 때도 다시 그 고지를 넘겨야 한다고 힘을 모았다. 이제는 2만 5,000달러를 넘어섰다. 그런데 성장의 열매인 행복한 미래는 만기가 자동 연장되는 이상한 적금 통장이 된 것 같다.

성장의 풍요를 맘껏 누릴 의료 혜택, 질 높은 교육 혜택, 쾌적한 주거 환경, 맑은 공기, 푸른 공원의 시대는 언제 오는 걸까? 다시 4만 달러를 고지로, 입 막고 귀 막고 발 벗고 뛰어가면 만나게 되는 걸까? 아니면, 이런 숫자와는 상관없이 서로 비슷비슷하게 고생도 하고 절약도 하며 먹을 걱정을 덜어냈다며 조금씩 여가를 즐기던 20여 년 전이 더 실질적인 풍요를 누렸던 건 아닐까? 국내총생산GDP과 국민총소득GNI의 숫자가 높아진 동시에 빈부의 차이가 커지면서 우울한 국민도 함께 늘어나는 이 진행 방향을 성장과 발전이라고 해야 하는지 의문이다.

오르락내리락 산길을 운전하다 우리 시대가 그리도 탐했던 성장의 정점은 알아차리지 못한 채로 지났구나 하는 생각이 들었다. 이미 내리막에 접어들었기에 그렇게도 요란하게 성장과 번영에 창조라는 수식어까지 붙여 신기루를 만드는 것이 아닌가 싶다.

국민소득이 2만 5,000달러를 넘었어도 청소년과 노인 자살률은 OECD 1위이다. 또한 대학 졸업자 수가 늘었지만 졸업과 동시에 신용불량자가 되는 청년 실업률 1위이다. 자동차, 에어컨, 드럼 세탁기를 사용하고 있지만 줄지 않는 노동시간에 빠듯하긴 매한가지다. 논밭을 일구던 농부들도 땅을 내주고는 돈 벌어 곡식 사느라 밤낮없이 일한다. 농사짓는 기술도 녹슬고, 노동할 몸도 닳고, 돈도 궁하다.

2008년 금융위기가 터지기 직전까지 미국의 근로대중은 주택시장 활황 속에서 지금 아니면 평생 집 한 칸 마련하지 못할 것 같은 조바심에 부족한 신용에도 이중 삼중으로 매겨진 고리의 대출 상품에 매달려 집을 샀다. 주택 소유자인 동시에 거액의 채무자가 된 셈이다. 허리띠 졸라매고 부지런히 일해온 많은 사람이 희망찬 도박을 했다. 이자는 부담되지만, 집값이 멈출 기세 없이 오르니 정 어려우면 집을 팔아 다시 돈을 찾겠다는 계산이었다. 하지만 금융권의 무리한 부실 대출은 결국 탈을 냈다. 경기 호황 거품은 꺼지고, 집값은 곤두박질쳤다. 대부분 변동금리 상품에 현혹되어 주택 대출을 받은 사람들이기에 이자가 오르자 허덕거렸고, 시장은 요동쳤으며 일자리는 줄어들었다.

가진 돈 적은 순서대로 파산했다. 버틸 수 있는 이들은 매매가 끊긴 주택시장에서 값을 깎아가며 때를 기다렸지만, 많은 근로대중은 그나마 갖고 있던 원금까지 날리면서 은행에 집을 내주고 거리로 나앉았다.

오바마 정부는 7,000억 달러를 들여 금융권을 적극적으로 구제했다. 그 후 5년 경기가 회생되며 신용 불량 주택들은 헐값에 팔려나가 정리되었고, 주택시장은 2008년 그 언저리 즈음의 값을 회복했다. 물론 집 주인은 바뀌었다. 근로대중을 현혹했던 내 집 마련 신기루는 약 800만 가구에게 살던 집에서 쫓겨나는 고통을 주었다.

태평양을 사이에 둔 이쪽 저쪽의 불행이 어쩌다 맞아 떨어진 것이 결코 아니다. 한국 가정의 불안이 곧 미국 가정의 불안과 같은 근심을 나누고, 그리스나 영국 가정의 처지와 다를 바 없는 같은 구조 속에서 압박을 나누는 세계화 시절이기 때문이다. 이는 어느 특정 국가에서 벌어지는 현상이 아니다. 산업화, 선진화를 어느 정도 이루고 국제적인 영향력을 갖춘 나라들 모두의 문제이다.

어쩌면 이제 더 이상의 경제 성장은 GDP 숫자로만 표현되는 것일지 모른다. 그 숫자는 일하는 다수의 번영을 약속하는 숫자가 아니라 엄청난 돈을 갖고 있는 사람의 안정적인 번영을 약속하는 숫자이다.* 당연히 한국도 예외일 수 없다. 이제는 부모가 자식의 행복을 빌며 희생하던 그 시절의 보상만큼도 얻지 못할 것이다. 이 시대 청년들의 운명은 부모보다 훨씬 궁핍하기 쉬운 조건이 됐다. 소 팔아 대학을 다녔던 30년 전 청년들은 졸업과 함께 정규직이 되었지만, 대출로 대학에 다니는 그들의 자식들은 무보수 인턴을 버텨낼 재력과 스펙 쌓기에 투자할 자금 지원이 없으면 서른까지 이어지는 아르바이트, 혹은 마흔이 되어도 잡기 힘든 정규직 전환 기회를 바라보며 가난과 울적함을 버텨야 한다. 지금, 우리는 어디에 있는가? 우리는 무엇을 준비해야 하는가?

그날, 그 산을 넘던 날, 늙은 어미의 배처럼 늘어난 저녁 해를 향해 달리며 2년 전 피터 싱어**와의 대화를 떠올렸다. 그에게 물었다. "우리 문명의 몰락을 예감하는가?" 그는 아무 감정 없는 목소리로 문명의 몰락 따위는 관심 없다고 내뱉었다. 인간의 과학과 기술, 자본의 힘으로 어영부영 이 문명을 끌고 가지 않겠느냐며 시큰둥했다.

- 조지프 스티글리츠, 아마르티아 센, 장 폴 피투시 공저 《*Mis-measureing Our Lives-Why GDP Doesn't Add Up*(GDP는 틀렸다)》
- ● 피터 싱어(Peter Singer, 1942년생) 프린스턴대학 교수이자 윤리학자, 2012년 4월 18일 버클리에서 인터뷰, 안희경, 《하나의 생각이 세상을 바꾼다》 오마이북 수록

잠시 침묵했다. 그리고 속내를 비췄다. 사실 자신의 가슴은 이미 너덜너덜해졌다고 한다. 인간이 이룬 문명의 손실 따위와는 비교되지 않을 수많은 생명이 머지않아 거대한 죽음의 혼돈에 빠지게 될 것이 눈에 보이기 때문이라고 했다. 쓰나미, 산사태, 태풍, 허리케인 등의 재해로 이미 대량 인명 살상이 벌어지고 있다. 곧이어 닥칠 재해는 이보다 더 규모가 클 것이라고 한다. 그는 생명들이 겪을 고통을 염려할 뿐이라고 했다.

어쩌면 내가 살아온 40여 년의 시간이 한국인으로서 누릴 수 있는 최대 풍요의 시간이었을 것이다. 나보다는 내 자식의 세상이 더 평화롭고 정의롭기를 바라지만 현재 벌어지고 있는 수많은 정치적·경제적·문화적인 선택들이 곧 다가올 미래의 모습을 위태롭게 하고 있다.

현재의 상태를 제대로 아는 것이 곧 대책을 실천하는 시작이다. 그렇기에 우리가 어디에 있는지, 그 범위를 알고 나아갈 좌표를 찍기 위해 다시 짐을 꾸렸다. 이 문명이 살 길은 어디인지, 길은 있는지에 대해 묻고자 인터뷰 여정을 시작하려고 한다.

목차

문명, 그 길을 묻다 4 ─────────

평등과 건강, 사회적 결속은 함께 간다 리처드 윌킨슨

문명, 그 길을 묻다 5 ─────────

우리를 불안하게 만드는 것은 무엇인가? 지그문트 바우만

문명, 그 길을 묻다 6 ─────────

누가 세계를 굶주리게 만드는가? 장 지글러

문명, 그 길을 묻다 7

미래를 위해 무엇을 가르칠 것인가 하워드 가드너

문명, 그 길을 묻다 8

무엇이 사회를 구원하는가 마리나 아브라모비치

문명, 그 길을 묻다 9

진보는 마음에서 온다 웬델 베리

문명, 그 길을 묻다 10
신자유주의 시스템을 경계하라 원테쥔

문명, 그 길을 묻다 11
사람이 먼저다, 사르보다야 A. T. 아리야라트네

지구는
지속가능한가?

세계적인 문명사학자 재레드 다이아몬드

재레드 다이아몬드(Jared Diamond, 1937년생)는 퓰리처상을 수상한 세계적인 석학으로 캘리포니아주립대학(UCLA) 지리학과 교수이다. 그의 학문적 연구와 성과는 생리학에서부터 진화생물학, 조류학, 지리, 역사, 환경까지 광범위하다. 케임브리지대학에서 생리학 박사학위를 받은 후 1966년 UCLA 의과대학 생리학과 교수로 강단에 섰다. 그러나 65세가 되던 해 생리학자로서의 길을 접고 조류생태학을 연구하고 있다. 그의 이런 삶의 전환은 28세에 떠난 파푸아뉴기니로의 여행으로부터 시작된다. 그는 파푸아뉴기니에서 생활하며 그곳의 언어를 배우고 인류문명 발달에 대한 연구에 몰두했다. 그 결과 그는 두 갈래의 길에서 성과를 낼 수 있었다.

재레드 다이아몬드는 미국예술아카데미, 미국과학아카데미, 미국철학협회의 회원으로 활동하고 있으며, 환경 분야의 업적으로 타일러상을 수상하였다. 또한 국립과학메달을 받는 등 많은 상을 수상했다. 그는 한 지역의 역사를 제대로 알기 위해서는 그들의 언어를 알아야 한다고 말한다. 어린 시절부터 라틴어, 그리스어 등을 배웠고 20대 중반에는 열두 번째 언어인 이탈리아어를 배우기 시작했다.

재레드 다이아몬드의 대표 저서로는 문명사 3부작이라고 일컬어지는 《총, 균, 쇠 Guns, Germs, and Steel》, 《문명의 붕괴 Collapse》, 《어제까지의 세계 The World Until Yesterday》가 있다. 특히 《총, 균, 쇠》는 1998년 퓰리처상과 영국 과학출판상을 수상했다. 그 밖의 저서로 《제3의 침팬지 The Third Chimpanzee》, 《섹스의 진화 Why Is Sex Fun?》 등이 있으며 지금도 열정적으로 저술 활동을 하고 있다.

"우리에게는 1000년의 시간이 남아 있지 않아요.
단지 50년밖에 남지 않았습니다.
우리가 문제를 풀든지, 아니면 완전히 망치든지
시도해볼 수 있는 시간 말이죠."

재레드 다이아몬드는 인류 탄생 이전부터 문명의 탄생, 이동, 몰락의 수억 년 지구 역사를 연구해오고 있는 학자이다. 그는 남은 생을 지구의 생명이 지속 가능하도록 이어가는 데 힘을 쏟을 것이라고 선언한 활동가이자, 대표적인 지성이다. 지구 생명의 지속 가능성의 방향에 대해 생리학자의 눈으로, 또 과학자의 눈으로 세상을 보는 그가 중심축을 잡고 길을 터줄 수 있을 것이라고 생각했다.

2013년 11월 재레드 다이아몬드를 만나기 위해 이메일을 보냈다. 그리고 5일 후 답이 왔다. 12월 9일 자신의 집에서 만나자는 내용이었다. 약속 시간을 정하기 위해 두 번의 이메일을 더 주고받았고, 그는 자세한 약도를 보내주었다. 약도에는 마지막 신호등에서 좌회전할 때 미터기를 확인한 후 정확히 2.02킬로미터 지점에서 멈추라고 적혀 있었다.

. . .

로스앤젤레스의 12월은 오렌지가 익는 시간이다. 밤 동안 땅을 깨우듯 비가 내리고 난 후 낮이 되면 태양은 땅의 물기를 말끔히 삼켜버린다. 캘리포니아의 풍요는 햇빛과 땅 그리고 온기가 만든다. 여름철 바짝 마른 건기는 오렌지의 당도를 높이고, 순한 겨울은 오렌지의 수분을 탱탱하게 채운다.

그런 순한 겨울이 일상인 남부 캘리포니아로 가던 날, 때 아닌 한파가 몰아쳤다. 영하의 날씨에 오렌지는 얼어버렸고, 그 겨울 캘리포니아의 가뭄으로 농민들의 시름은 깊어졌다. 그와 문명의 위기를 이야기하는 시간에도 지구는 혹한과 홍수로 병이 깊어가고 있었다.

2013년 12월 9일, 11시

재레드 다이아몬드가 허락한 그 시간에 대문 앞에서 초인종을 눌렀다. 작은 문이 열릴 줄 알았는데, 도르래가 달린 철문이 반원을 그리며 미끄러지듯 열렸다. 그를 만나러 오는 미디어 스태프들은 늘 한 무리였나 보다. 거창한 개문식이 진행되고, 삼각대에 장착한 비디오카메라와 사진기를 어깨에 멘 단독의 인터뷰어는 머쓱하게 집 안으로 걸어 들어갔다. 현관 밖으로 마중 나온 붉은 벨벳 정장의 신사는 낯선 풍경을 만난 듯 정지된 느낌이었다. 아마 홀로 등장한 취재팀은 지금까지 없었나 보다.

잠깐의 어색함 후에 재레드 다이아몬드는 단독의 인터뷰어를 정중하게 집 안으로 안내했다. 응접실에 앉아 녹음기를 꺼내며 어색함을 녹여

볼 요량으로 가벼운 질문을 던졌다. 끊임없이 공부를 할 수 있는 힘은 어디에서 나오는지 묻자, 반응이 강했다. 눈썹을 추켜세우며 자신은 전혀 공부를 하지 않는다고 한다. 대단한 학자들이 그랬듯, 재레드 다이아몬드에게도 공부란 물을 마시는 것처럼 삶을 유지하기 위한 필요충분조건인가 보다.

오늘 아침에는 어떤 일을 하고 계셨는지 묻자, 두 시간 정도 주변을 산책했다고 한다. 그는 일주일에 서너 번은 주위 동산의 숲을 거닐며 새들을 관찰한다. 50년 동안 이어온 그의 삶의 한 부분이다. 매일 새를 관찰하며 지역의 기후 변화, 도시의 팽창으로 인해 달라진 생물의 이동과 흐트러지는 조화의 기운을 자연스럽게 알아차리겠구나 싶었다.

또한 그는 주기적으로 시를 옮겨 적는다고 했다. 인터뷰 당일 아침에도 두 시간 동안 이탈리아어 시를 옮겨 적었다고 한다. 수도원에서 수사가 성서를 필사하듯, 수행자가 경전을 사경하듯 그는 시를 필사한다. 그런 그는 정중했고, 온화했으며, 대화에 집중했다. 지구 저편의 공간에서 내가 지고 온 한국과 아시아를 염두에 두고 오늘의 세계를 진단했다. 노학자의 정성이 매우 지극했다.

남은 시간 50년, 지구는 시한폭탄

2006년 재레드 다이아몬드는 《문명의 붕괴》에서 지구별은 이제 시한폭탄이 됐다고 말했다. 영국의 물리학자 스티븐 호킹은 2013년 4월 보도에서 '1000년 이내에 인류는 생존을 위해 지구를 떠나야 한다'라고 경고했다. '인류의 생존을 위해 우주로 나아가야 하며, 점점 망가져가는 지구를 떠나지 않고서는 인류의 새천년은 없다'라고 주장했다. 이 말을 들은 재레드 다이아몬드는 호킹의 주장에 대해 인자하지만 흐트러지지 않은 단호한 눈빛으로 이렇게 말했다.

"아닙니다. 그렇지 않아요. 스티븐 호킹은 틀렸어요. 그 이유는 다음 두 가지로 설명할 수 있습니다. 먼저 우리에게는 1000년의 시간이 남아 있지 않아요. 단지 50년뿐입니다. 우리가 인류의 지속 가능한 생존을 위한 문제를 풀든지, 아니면 완전히 망치든지 시도해볼 수 있는 시간 말이죠.

그리고 두 번째, 이 별을 망쳐놓고 다른 별을 찾겠다고요? 이것은 답이 아닙니다. 지구의 생명체가 살 수 있는 별은 이 은하계에서도 찾지 못했습니다. 그런데 다른 은하계에서 별을 찾아야 한다고요? 그 먼 곳까지 언제 도달할 수 있을까요? 이런 불가능에 도전하라고 말하기보다는 지금 우리별을 망가뜨리는 모든 일을 중단하는 데 온 힘을 쏟아 부어야 합니다. 이 두 가지 관점에서 스티븐 호킹의 주장은 설득력이 없어요. 객관적으로 맞지 않는 논리입니다."

그의 음성에는 긴장감마저 흘렀다. 남은 시간은 50년, 침울한 답이다. 하지만 그의 주장은 간명했다. 우리가 살고 있는 방식을 바꾸지 않는다면 지구상에 있는 대부분의 자원은 50년을 버티지 못하기 때문이다.

"한국인이 좋아하는 어류를 예로 들어 설명해볼까요? 전 세계 대부분의 어장은 지속될 수 없도록 운영되고 있어요. 그 이유는 우리 모두가 알고 있는 지속 가능한 어장관리를 따르지 않기 때문입니다. 재생산될 수 있는 비율보다 더 많은 어류를 잡아 올려 씨를 말리고 있어요. 현대 조업은 여분을 남기는 법을 잊었습니다. 이미 참치는 사라지고 있고, 황새치는 대서양에서 자취를 감췄으며, 태평양에서도 어획량이 줄고 있어요."

재레드 다이아몬드의 지적은 정부 간 조직인 남반구센터The South Center의 사무총장인 마틴 코Martin Khor가 밝힌 사실을 상기시켜주었다. 전통방식으로 조업이 이루어지던 말레이시아에 독일이 현대식 트롤어업(동력선으로 전개판이 딸린 자루 모양의 그물을 끌어서 대상물을 잡는 어업방식. 주요 대상 어종은 도미, 쥐치, 갈치, 가오리, 새우 등이다. 기선저인망어업도 트롤어업의 일종이다) 방식을 제공하면서 남획이 시작되었다. 어업은 기업화되었고, 출어 목표는 '어획량을 최대로 늘려 수입을 극대화하자'가 되었다. 그리고 점차적으로 말레이시아에서는 여분의 물고기를 남기는 지속 가능한 조업 전통이 사라졌다.

하지만 이렇게 대량으로 잡은 물고기는 대부분 가축 사료용으로 팔려나간다. 말레이시아의 풍부한 어류는 빈곤층에게 좋은 단백질 공급원이었으나, 어업의 기업화로 인해 어장이 황폐해지면서 생선은 가장 비싼 식재료가 되었다.*

* 마틴 코, 《개발과 무역, 환경 : 제3세계의 시각》, 〈진보의 미래〉 중 p.54

바다 생물을 위협하는 것은 무분별한 남획만이 아니다. 서식지를 파괴하는 개발과 바다 오염 역시 바다 생물을 병들게 한다. 이는 포식자인 인간에게도 직접적인 해를 끼친다. 한국의 경우 해안 매립과 개발로 인해 조기와 민어가 산란장을 잃었다. 갈치, 낙지, 백합조개, 꽃게는 이제 먼 바다로 나가야 겨우 만날 수 있다. 그리고 밴댕이와 망둥이는 서서히 자취를 감춰가고 있다. 예전에는 그물에 걸려 올라오면 어부들의 불평을 들으며 바다로 다시 던져졌던 아귀는 이제 귀한 대접을 받고 있다. 이들을 대신하여 바다를 메우고 있는 것들은 기하급수적으로 늘어나고 있는 해파리다.●

바다 생물의 지속 가능성을 높이기 위해 재레드 다이아몬드는 규제 강화를 주장한다. 전 세계에서 고갈되지 않은 거의 유일한 어장인 알래스카와 캘리포니아 서부 어장을 예로 들며 규제와 협력이야말로 이윤을 오래 유지하는 실질적인 방법이라고 주장한다.

"미국에서 소비되는 자연산 연어의 대부분은 알래스카에서 잡힙니다. 알래스카는 어장을 아주 잘 관리하고 있죠. 정부는 다음해에도 연어잡이가 잘 유지될 수 있도록 새끼 연어가 충분히 태어날 수 있을 정도의 여분을 남기고 어획량을 정해줍니다. 어부들은 거기에 맞춰 연어잡이를 하죠. 그래서 알래스카의 연어 숫자는 매년 거의 비슷합니다."

● 박병상, 2014년 〈새가정〉 9월호, 제61권, 통권 669호 p.34-38

물고기를 남획하고 해안을 개발하여 피해를 야기하는 본질적인 원인은 더 많은 이윤을 얻기 위해 경쟁하기 때문이다. 인건비와 투자비용을 빼고 남는 장사를 하기 위해서는 더 많이 잡고 더 많이 생산을 해야 한다. 이를 위해서 규제를 풀려고 하는데, 이때 가장 손쉬운 방법으로 로비를 통해 규제를 완화시키려는 시도를 한다. 이로 인해 로비는 비즈니스 활동의 일부가 되고 있다.

선거를 통한 대의정치가 이루어지는 현대 국가는 미디어 정치로, 갈수록 판이 커져가는 선거 시스템이 정착되면서 늘 정치 자금에 목말라 있다. 현대의 정부들은 보수와 진보를 막론하고 성장과 개발, 시장의 활성화라는 명목하에 규제 완화에 손을 들어주고 있다. 정치 자금, 선거비용을 확보하기 위해 기업의 지원을 끌어낼 수 있도록 규제를 풀고 세금을 감면해주고 있다. 이런 경향에 재레드 다이아몬드는 규제를 강화해야 한다는 주장으로 제동을 걸고 있는 것이다. 그가 제시하는 알래스카 어장 보호식 지구 생존 전략은 바꿔 말하면 '규제 강화'인 것이다.

지구의 자원이 얼마 남지 않았다는 경고는 재레드 다이아몬드 외에도 다양한 통계로 입증되고 있다. 구리, 주석, 은, 크롬, 아연 등 기타 주요 광물은 전 세계 국가가 미국처럼 소비한다면 20년도 못 가 바닥 날 것이다.[*] 이 상태로라면 숲은 30년도 못 가 황폐해질 것이다. 한국임업진흥원의 발표에 따르면 한국은 목재의 90퍼센트를 인도네시아, 말레이시아,

---

[*]　팀 잭슨, 《성장 없는 번영》, p.25

뉴질랜드에서 수입한다. 지구에서 소비되는 목재의 대부분은 열대우림에서 공급된다. 그러나 지구의 허파로 불리는 열대우림은 목재 사용을 위해 베어질 뿐만 아니라, 고기를 얻기 위한 목축지로 바뀌면서 점차 황폐해져가고 있다.* 무분별한 벌목으로 인해 식물의 다양성이 파괴되고 있다. 이로 인해 천적이 사라지면서 생태계가 교란되고, 나아가 전염병까지 창궐하게 되는 악몽 같은 우려가 현실로 다가오고 있다.

"우리는 숲을 유지할 수 있는 방법을 알고 있습니다. 그런데도 지구의 숲은 헐벗어가고 있어요. 화석연료도 마찬가지죠. 우리는 화석연료를 너무나 쉽게 꺼내 썼어요. 서서히 바닥이 드러나기 시작하자, 먼 바다로 나가 더 깊이 뚫어 채취하고 있습니다.

우리에게는 사라지고 있는 또 하나의 주요한 자원이 있습니다. 바로 물이에요. 지금 세계 담수의 85퍼센트를 사용하고 있는데, 이미 쓸 수 있는 물은 다 쓰고 있는 거죠. 물론 바닷물에서 염분을 제거해 사용하는 방법도 있지만, 그러기 위해서는 고갈되고 있는 화석연료를 사용해야 하기 때문에 좋은 방법이 아닙니다. 남은 물이라고 해봤자 아이슬란드나 오스트레일리아의 아주 외딴 곳에 있는 담수뿐입니다.

몇몇 지역에서는 물 전쟁이 일어날 만큼 위태롭습니다. 다뉴브 강을 두고 헝가리와 체코슬로바키아가 충돌했고, 시리아와 터키도 그랬죠. 중국

---

* 매년 12만~15만 제곱킬로미터 상당의 면적의 숲이 사라지고 있다. 이는 하루에 36개의 축구 경기장 면적의 숲이 사라지고 있다는 뜻이다. 〈World Wildlife Fund〉 발표

과 베트남, 태국까지도 히말라야 고원에서 흘러 내려오는 물을 서로 자기네 땅으로 대려고 팽팽하게 맞섭니다. 갈등이 깊어질 조짐이 보여요."

1974년 시리아와 이라크는 전쟁 일보 직전까지 갔다. 이들과 같이 유프라테스 강을 나눠 쓰고 있는 터키까지 포함해 삼국의 분쟁은 석유를 둘러싼 아랍권과 강대국의 신경전만큼이나 첨예하다. 물을 확보하지 못하면 식량 생산에 타격을 입고, 생산이 부족하면 수입에 의존할 수밖에 없기 때문에 경제의 기반이 휘청거리게 된다. 투르고트 오잘 전 터키 대통령은 이렇게 말했다. "때로는 물이 석유보다 귀하다." •

"나는 우리집 화장실에서 볼일을 보고 물을 내리죠. 그런데 그 물이 어디서 오는지 아십니까? (빙긋 웃으며) 바로 당신이 사는 북부 캘리포니아 새크라멘토에서 공급되는 물입니다."

새크라멘토에서 로스앤젤레스까지는 차로 이동할 때 6시간이나 걸린다. 물은 공급하는 인공수로가 고속도로와 나란히 달리고 있는 것이다. 물론 로스앤젤레스 지역의 1,800만 명의 인구에게 공급되는 물은 북쪽에서뿐만 아니라 동쪽 사막을 지나 콜로라도 강에서도 끌어온다. 이로인해 콜로라도 강의 물은 오래 전부터 바다로 흘러가지 못하고 있다. 캘리포니아, 애리조나, 멕시코의 모든 사람이 사용하고 있기 때문이다. 그

•   1996년 1월 30일 〈연합뉴스〉 보도

리고 이 세 지역은 늘 강물을 놓고 다툼을 벌인다.

세계의 지붕이라고 불리는 히말라야의 만년설이 녹고 있다. 2만여 개
의 빙하 호수 수면이 높아지고 있으며, 만년설의 경계선이 지난 50년 동
안 180미터나 올라갔다. 곧 빙하 쓰나미가 몰려올 것[•]이라고 ICIMOD
International Centre for Integrated Mountain Development, 국제통합산지개발센터는 경고하고 있
다. 만년설이 모두 녹아내리면 아프가니스탄부터 미얀마까지 쓰나미가
휩쓸 것이다. 이런 대참사 이후에는 수원 부족으로 동남아시아 전역은
식량난에 시달릴 것이다. 그런데도 인도와 파키스탄은 무력을 동원해 영
토 분쟁을 하고 있다. 세계는 이미 불붙은 집인데, 그 위험에 등 돌리고
당장의 이윤과 성장만을 꽃놀이 패라도 되는 양 애지중지 들고 있다. 아
메리카 인디언의 예언이 귓가에 울리는 듯하다. "인간은 마지막 물고기
를 잡고서야 돈을 먹을 수 없다는 사실을 알게 될 것이다."

필요한 것은 기술이 아니라 정치적 선택

인류는 그동안 뛰어난 기술과 과학을 이용해 현실의 문제를 풀어왔다.
이번에도 그 과학기술을 이용해 적은 자원을 효율적으로 활용하는 방법

● 2013년 5월 27일 〈TIME 매거진〉 보도, 'Fears Grow of a Himalayan Tsunami as
Glaciers Melt'

을 개발한다면 충분히 버텨나갈 수 있지 않을까? 하지만 재레드 다이아
몬드는 강한 어조로 거부했다.

"그래요. 기술은 많은 것을 해결해왔습니다. 예를 들면 에너지를 만들
기 위해 화석연료를 대체하는 기술을 개발했죠. 덴마크에서는 에너지 공
급의 20퍼센트를 풍력을 이용하고, 독일의 서부와 스페인 북부에서도 풍
력발전을 늘리고 있습니다. 프랑스에서는 80퍼센트에 가까운 에너지를
핵발전으로 생산하고 있고, 캘리포니아 남부는 태양열 에너지 발전이 확
대되고 있습니다. 화석연료를 대체하는 에너지 기술 개발로 환경오염 문
제까지 함께 풀어나가고 있죠. 하지만 이것은 기술이 갖는 한 가지 좋은
면일 뿐입니다.

우리는 다음과 같은 점들을 염두에 두어야 합니다. 먼저 끔찍한 부작
용입니다. 악마적 요소 없이 오로지 좋은 점만으로 무장한 기술 개발은
불가능합니다. 프랑스의 에너지 문제와 공해 문제를 해결하는 핵발전은
엄청난 테크놀로지의 혁신입니다. 하지만 한순간 10만 명의 목숨을 앗아
갈 수 있는 위험 요소를 안고 있습니다. 창조적인 발전이자, 파괴적인 기
술인 것이죠.

제가 예닐곱 살 때인 1940년대에는 냉장고에 사용된 냉매가스에 독성
이 가득했습니다. 만에 하나 가스가 새어나온다면 사람이 죽을 수도 있
었죠. 아무 냄새도 없어서 가스가 새는지 알 수 없었습니다. 그래서 잠을
자러 가면서 걱정을 했죠. 만약 잠든 사이에 가스가 샌다면 우리 가족은
영영 이별을 할 수도 있겠구나 하고요. 그런데 획기적인 기술 혁신이 일

어났습니다. 바로 프레온 가스가 발견된 거예요. 이는 대단한 기술 진보였습니다. 냉장고 때문에 죽을 일이 사라졌다는 생각에 다들 좋아했죠.

하지만 그로부터 20년이 지난 후 이러한 신념도 뒤집히게 됐습니다. 프레온 가스가 오존층을 파괴하는 주범이라는 확증이 나온 거죠. 지구의 모든 생명을 태양광선으로부터 보호해줄 오존층이 프레온 가스로 인해 파괴된다니……. 한순간에 프레온 가스가 엄청난 지구 재앙 요인으로 뒤바뀐 거죠. 그래서 프레온 가스 사용이 금지됐습니다.

우리에게는 더 이상 새로운 기술이 필요하지 않습니다. 이미 세상을 지속 가능하게 작동시킬 에너지 발전 기술을 알고 있으니까요. 지금 우리에게 필요한 것은 기술이 아니라 정치적 선택입니다. 화석연료를 사용하는 에너지 소비를 줄이고 바람이나 태양 같은 자연을 활용하여 지속 가능한 방식으로 에너지를 생산하겠다는 의지 말입니다."

그의 답변 중에서 다시 한 번 확인하고 싶은 부분이 있었다. 바로 핵발전에 관한 그의 입장이었다. 재레드 다이아몬드는 핵발전소가 위험 요소를 갖고 있다고 언급했지만, 대기오염을 유발하는 화석연료의 대체 방안으로 핵발전의 역할에 대해서는 부정하지 않았다. 흔히 첨예한 사회적 현안의 경우 강력하게 반대 입장을 표명하지 않으면 찬성으로 간주된다. 또 양쪽의 날 선 대립 상황에서 제3의 의견이나 완곡한 표현은 양쪽 모두에게 반대 의견으로 전달된다.

우리의 경우를 보면 전쟁에 대한 논쟁도 그랬고, 학교 무상급식 때도 그랬다. 특히 지역민의 반발에 부딪히고 있는 핵발전소 같은 현안들은 내 뒷마당만 아니면 된다는 방관자적인 태도로 고통받는 사람들에게 원망을 들을 수도 있다. 재레드 다이아몬드와 인터뷰를 하던 그때도, 그리고 이 글을 쓰고 있는 지금도 핵발전소에 관한 이슈는 한국에서 매우 중대한 갈등 지점이다.* 핵발전에 대한 그의 입장에 대해 다시 한 번 질문을 던졌다. 그는 더 이상의 기술 개발은 필요 없다는 답변에 이어 계속해 나갔다.

"자, 두 가지 이야기를 해보겠습니다. 하나는 후쿠시마이고, 다른 하나는 신기술에 관한 것입니다. 후쿠시마 인근 주민들에게 건강상 문제가 일어나고 있습니다. 1986년 러시아 체르노빌에서 일어난 비극적인 사고 이후, 수많은 사람이 암에 걸렸습니다.** 이 비극에서도 우리는 생각해야 할 점이 있습니다. 그곳 체르노빌에 핵발전소가 없었다면, 무엇이 있었을까요? 아마 화석연료를 태우는 발전시설이 있었겠죠. 화석연료는 이산화탄소를 배출시켜 지구온난화를 유발하고, 대기를 오염시킵니다.

저는 후쿠시마의 비극을 축소하려는 의도가 아니라, 이를 통해 사람들이 스스로를 돌아보는 계기가 되어야 한다고 생각합니다. 바로 에너지를 필요로 하고, 사용해야만 하는 우리들의 생활을 말입니다. 화석연료 사용

- 재레드 다이아몬드와의 인터뷰는 2014년 1월 1일 〈경향신문〉 지면을 통해 소개됐다. 신문 9면과 10면에 걸친 보도였지만, 내용의 압축 때문에 그의 핵발전과 관련한 의견을 충분히 실을 수 없었다. 당시 그의 대답 중에 핵발전소에 대한 강력한 비판이 없다며 의아하다는 독자 의견이 있었다. 이 책을 통해 당시 미진하게 전달됐던 재레드 다이아몬드의 생각을 보강한다.
- 1986년 4월 26일 소비에트 연방 우크라이나의 체르노빌 핵발전소에서 발생한 방사능 누출 사고를 말한다.

으로 인해 중국은 물론, 한국 사람들도 그 결과물로 인해 고통받고 있어요. 중국의 오염된 대기는 바람을 타고 한국과 일본까지 밀려옵니다. 베이징에서 일하는 교통 경찰관의 평균 수명은 42살입니다. 거리에서 들이마시는 공기가 오염되어 있으니 폐질환에 시달리는 거죠. 이런 부정적인 면을 해결하는 방법은 단 하나입니다. 바로 그 일을 하지 않는 겁니다."

재레드 다이아몬드는 차악次惡을 선택하는 우회 방법을 모색하지 않고, 원인을 없애는 결단을 강조한다. 화석연료 사용이나 핵발전소의 위험 요소에 대한 해결책은 바로 에너지 소비 자체를 줄이는 것이다. 비슷한 소득의 선진국들 가운데 미국인은 유럽인보다 두 배를 소비한다. 이에 대해 UN은 '모든 지구인이 미국인처럼 소비한다면 6개의 지구가 있어야 살 수 있고, 유럽인처럼 소비한다면 3개의 지구가 필요하다'고 경고하였다.

위험 요소가 작은 에너지 정책으로 전환하기 위해서는 돈의 논리에 휘둘리지 않는 정치적 결단이 필요하다. 그리고 여기에 덧붙여 삶의 방식을 바꾸고 실천하려는 개인들의 노력이 따라야 한다. 그렇지 않다면 그저 논란거리로 남을 뿐이다.

지속 가능한 경제란 생산에 맞춰 소비하는 것

그에게 물었다. 나쁘다고 정의되는 일들이 세상에 기여해온 업적도 있다. 수많은 파괴를 저지르고 성장한 산업화이다. 하지만 그 결과 벌이 적은 사람들도 배고픔 덜고, 예쁜 옷을 입을 수 있게 됐다고 말이다. 물론 나는 신자유주의를 지지하지는 않는다. 그래도 한 가지 기여도는 인정한 다. 실제로 많은 사람이 싼 가격에 생활의 편리를 제공받게 되었다. 세계 의 굴뚝이 된 중국의 값싼 생산품 덕에 선진국은 물론 개발도상국가의 소비자까지 물질적인 욕구를 충족할 수 있게 되었다.

중국은 2014년을 맞으며 대기 오염을 줄이기 위해 철강 생산을 규제 하겠다고 발표했다. 화석연료에서 나오는 공해물질을 줄인다는 의도이 다. 이에 따른 여파는 곧바로 나타났다. 중국의 철강 생산량이 감소함에 따라 미국 철강회사의 이윤이 늘고, 제품 가격도 올랐다. 이러한 파장을 예로 들며 재레드 다이아몬드에게 되물었다. 중국의 공장 가동률이 줄어 들면 대기가 맑아지고, 한국 사람들이 마시는 공기도 깨끗해지니 반가운 일이다. 하지만 소비재 가격이 올라 당장 서민의 가계에는 부담으로 다 가오게 된다. 재레드 다이아몬드가 말한 생산을 줄이는 규제들이 실제로 는 가난한 약자의 등허리만 제일 먼저 휘게 만드는 게 아닐까. 나눌 몫이 적어지면 돈 없는 사람부터 버티지 못하고 낙오될 것이다. 즉 1퍼센트와 99퍼센트가 대결하는 갈등구조 속에서 함께 감내해야 하는 불편한 현실 은 돈 없는 사람들이 모두 떠안게 되는 것 아니겠는가?

"맞습니다. 우리 삶의 표준은 과거 어느 때보다 높아졌어요. 당신과 나 는 농사를 짓지 않아도 하루 세 끼를 먹을 수 있습니다. 소수의 농부들이 있기 때문이죠. 미국은 인구의 2퍼센트에 해당하는 농부가 나머지 98퍼 센트를 먹이고도 세계로 수출을 합니다. 생산성이 매우 높죠. 현대인들은 항생제 덕분에 병에 걸린다고 해도 죽지 않고 치료가 될 거예요. 나는 현대 문명을 배척하거나 항생제를 버리고 감기나 천연두로 죽어보자고 말하고 있는 것이 아닙니다. 내가 말하는 것은 지속 가능한 경제를 받아 들이자는 거예요."

재레드 다이아몬드가 말하는 지속 가능한 경제란 무엇일까?

"지속 가능한 경제란 생산에 맞춰 소비하는 것입니다. 참다랑어를 예로 들어볼까요? 일본에서는 참다랑어가 최고의 횟감으로 여겨집니다. 꽤 큰 참다랑어는 원화로 1억 원에 거래되죠. 이 참다랑어는 지중해에서만 잡힙니다."

이 이야기를 들으니 어릴 적 어머니께서 밥상에 놓인 임연수의 살을 바르며 들려주셨던 이야기가 떠올랐다. 옛날 강릉의 최 부자는 임연수 껍질로 밥을 싸먹다가 재산을 거덜 냈다고 한다. 일본 사람들도 아무리 맛있기로서니 그 비싼 생선을 왜 먹을까 싶었다. 재레드 다이아몬드는 그런 내 속내를 들여다보듯 빙긋이 웃으며 말을 이어갔다.

"자, 이쯤 되면 일본 사람들은 정말 참다랑어를 사랑하는구나라고 생각되죠? 하지만 아닙니다. 유럽에서 지중해 참다랑어 어장을 두고 토론이 벌어진 적이 있어요. 어장이 고갈되니 지속 가능한 운영을 하기 위해 뜻을 모으려고 했죠. 그때 일본 사람들이 앞장서서 반대했습니다. 그래서 참다랑어의 가격이 그렇게 비싸진 거죠. 지중해의 참다랑어 보유량은 점점 줄어들고 있어요. 앞으로 5년이나 10년 후에는 일본 사람들은 참다랑어를 먹지 못할 겁니다. 세상의 모든 어장을 지속 가능하게 관리한다면, 우리는 스티븐 호킹의 말처럼 1000년 동안 해산물을 먹을 수 있습니다. 하지만 현실은 50년도 남지 않았다는 것입니다."

그의 답변은 조금 아쉬웠다. 어떤 사람들은 자신의 아이들을 사립학교에 보낼 수 있고, 고급 생수를 사서 마시게 할 수 있다. 또 누군가는 산소탱크를 사서 오염되지 않은 공기를 마실 수 있다. 이러한 현실적으로 불평등한 구조 속에서 어떻게 지속 가능한 경제를 공평하게 누리게 할 수 있을까? 나의 항변에 재레드 다이아몬드는 숨을 깊이 들이쉬고 말을 이어갔다.

"그래요, 맞아요. 부자는 참다랑어를 좀 더 오래 먹을 수 있을 거예요. 그래도 5년 안에 끝이 난다는 겁니다. 5년 후에는 그 누구도 먹지 못해요. 당신의 질문을 바꿔 말하면 '부자들은 더 많은 것을 더 오래 누릴 수 있을까요?'일 겁니다. 네, 사실이에요. 그렇지만 부자도 가난한 사람들처럼 누리지 못하는 것들이 점점 늘어날 것입니다. 이는 또 다른 중요한 점을 일깨워줍니다.

미국에서는 1퍼센트의 사람들이 전체 부의 80퍼센트를 차지하고 있습니다. 부자들은 아이들을 사립학교에 보내고, 개인연금을 받을 수 있기 때문에 국가의 사회복지 지원이 필요 없을 거예요. 네, 분명 개인 의료보험을 가지고 있겠죠. 전 세계적으로 부자들은 훨씬 나은 라이프스타일을 누리고 있습니다. 하지만 영원할 수 없습니다.

나라들 간에도 비슷해요. 한국은 일인당 평균소득이 대략 2만 5,000달 러죠? 아프리카의 나라는 500달러 수준입니다. 한국이 아프리카의 가난 한 나라의 50배 소득을 올리고 있습니다. 한국 사람들은 좋은 의료보험 서비스를 받고 있고, 풍부한 해산물을 즐기고 있습니다. 수도꼭지를 틀 면 항상 맑은 물이 흐르죠. 하지만 아프리카는 그렇지 않습니다. 과거에 는 아프리카의 가난한 사람들이 분노한다고 미국에 영향을 주지 않았습 니다. 또 아프가니스탄의 민중이 분노한다고 해서 미국인에게 어떤 피해 도 주지 않았어요.

하지만 2001년 9·11 사태 이후 분명해진 사실이 있습니다. 세계화가 진행되면서 가난한 사람의 가슴에 분노가 일렁인다면 이는 부자 나라에 문제를 야기할 확률이 높아진 것입니다. 즉 세계화로 인해 가난한 나라와 부자 나라도 함께 세계화가 되었다는 것입니다. 점점 더 밀접해진 거죠.

지구가 하나의 단위로 묶여져 가는 요즘, 그래도 짧은 기간 동안에는 부자가 가난한 사람보다 더 나은 생활을 누릴 수 있어요. 한국과 미국은 라오스나 미얀마, 르완다 같은 나라보다 훨씬 높은 표준생활을 누릴 수 있습니다. 하지만 시간이 더 지난 후 머지않아 부자 나라들이 가난한 나 라들의 분노를 피하는 것은 완전히 불가능해질 것입니다. 그 예로 소말 리아를 들 수 있어요. 아프리카의 가장 가난한 나라인 소말리아는 정부 마저 무너졌어요. 소말리아의 사람들은 무너진 나라에서 바다를 바라보 았습니다. 그때 배들이 지나가는 것을 보게 되죠. 부유한 유럽의 상선들과 미국의 상선들……. 그리고 그들은 해적이 되었습니다.”

여기서 잠시 소말리아의 이야기를 해보자. 왜 그들은 곡괭이와 그물을
버리고 해적의 길로 들어서게 되었을까? 그의 말처럼 가난한 그들이 분
노했기 때문이다. 그 분노가 화살이 되어 우리나라의 상선에까지 꽂히게
된 것이다. 2차 세계대전이 끝난 후 아프리카는 유럽의 영향력하에 있었
다. 유럽의 국가들은 전쟁 후 재건을 위해 아프리카의 자원과 노동력을
수탈했다. 식민 통치 이후에도 아프리카가 여전히 고통받고 있는 것에
대해 노암 촘스키는 “아프리카가 황폐해진 가장 큰 이유는 천연자원이
풍부하기 때문이다”•라고 했다.

2011년 케냐의 침공을 받은 소말리아는 급격히 안정을 잃고 붕괴되고
말았다. 이로 인해 약 60만 명의 난민이 케냐 북부 사막에 있는 다다압
난민수용소Dadaab Refuge Camp에 수용되어 있다. 소말리아의 해안에서는 유
럽연합이 내다버린 폐기물의 독성으로 인해 어업이 불가능하게 되었다.
전통적으로 어업에 종사하던 사람들이 물고기가 떠난 그곳에서 더 이상
양식을 구할 수 없게 되었다. 엎친 데 덮친 격으로 미국은 소말리아를 지
원하던 자선단체를 ‘테러 지원 단체’로 오인해 해체시키는 바람에 원조
마저 끊기게 되었다. 이는 소말리아 사람들에게 치명타가 되었다. 이렇
게 희미한 생존의 가능성마저 무너지자 분노한 그들은 해적이 되어 되갚

•   노암 촘스키·안드레 블첵, 《촘스키, 은밀한 그러나 잔혹한》, p 220

고 있는 것이다.

　부자 나라가 자신들의 이윤을 위해 희생시킨 가난한 나라의 사람들이 부자 나라의 국민들을 두려움에 떨게 하는 사례는 최근 들어 더욱 직접적으로 이어지고 있다. 그 예가 바로 2014년 여름, 미국의 여론을 뜨겁게 달군 중앙아메리카의 아이들이다. 2013년 10월부터 2014년 7월까지 미국 텍사스로 도망쳐온 엘살바도르, 온두라스, 과테말라의 아이들은 4만 4,000명이 넘는다. 많을 때는 하루에 400여 명의 아이들이 불법 이민을 감행했다. 9살에서 12살 정도의 아이들이 등짐을 메고 눈을 부릅뜨며 죽음을 각오한 채 넓은 멕시코 사막을 가로질러 밀입국을 시도했고, 지금도 계속되고 있다. 그들이 이런 위험을 감내하면서 국경을 넘는 이유는 고향에 있으면 굶어 죽거나 맞아 죽을 위험이 더 크기 때문이다. 그래서 그들의 부모는 자신의 아이들에게 짐을 꾸려 쫓아내듯 탈출을 시키고 있는 것이다.

　엘살바도르, 온두라스 그리고 과테말라의 부패하고 무능한 정부는 갱단에 휘둘리고 있다. 아이들이 8살이나 9살만 되면 집으로 편지가 날아든다. 갱단에서 데려갈 테니 허튼 짓을 하지 말라는 경고다. 도심 변두리까지 대낮에 낫이나 총을 들고 아이들을 납치하려는 시도가 계속된다. 〈뉴욕타임스〉에 실린 기사는 그 처참함에 대해 잘 보여주고 있다.

　온두라스의 작은 마을에서 아홉 명의 남자아이들이 죽임을 당했다. 사라진 13살 형은 머리에 총을 맞고 쓰러진 채 발견되었고, 형을 찾아 나선 7살 동생은 돌과 몽둥이에 맞아 죽은 채 발견되었다. 그리고 마을의 또래 아이들 일곱

명의 시신도 함께 발견되었다. 이 아이들은 갱단에 들어가지 않겠다고 저항하다가 죽임을 당한 것이었다. 부모들은 죽은 아이의 시신을 부둥켜안고 슬퍼할 겨를도 없이 나머지 아이라도 살리기 위해 늦은 밤 짐을 싸서 국경을 넘는 버스에 아이들을 태운다. 어쩔 수 없이 가슴을 도려내는 선택을 한다.

텍사스 이민자 보호소에서는 임신 막달에 숨을 헐떡이면서도 12살 딸을 살리겠다고 국경을 넘은 모정쯤은 이야기 거리도 되지 못한다. 죽을 고비 한 번 안 넘긴 사람이 없기 때문이다. 안타깝게도 만삭의 산모는 딸만 남기고 추방당했다. 불법 이민자들이 쏟아져 들어오는 데 불안해진 보수 세력의 불만으로 성인 불법 이민자는 갓난아이의 보호자일지라도 전원 추방령이 내려졌기 때문이다. 그러나 만삭의 어머니는 딸을 미국 땅에 남겼다는 데 안도하며 돌아갔다. 그녀는 맨손으로 납치범의 칼을 부여잡고 격투를 벌였던 강한 어머니였기에 갱단에 납치되는 딸의 운명보다는 생이별을 선택한 것이다.

대대적인 신문보도 이후 미국인들의 의견은 둘로 갈라졌다. 한편은 중앙아메리카를 탈출하는 아이들의 고통은 결국 수십 년 동안 부패정권을 지원해온 미국 정부의 책임이기 때문에, 그들을 받아들여야 한다고 주장했다. 냉전 시대에 미국은 반공을 위해 친미 정부를 지원했고, 그 정권의 부패고리가 결국 국가 기능을 약화시켰다. 또한 미국으로 흘러들어오는 마약의 고리는 그들의 국가 치안을 무너뜨린 갱단의 자금줄이다.

다른 한편은 불법 이민 러시로 국경이 무너지는 것을 두려워하는 불안공포에 사로잡힌 티파티Teaparty, 미국 공화당 내의 강경 보수파로부터, 안타깝지만 미국이 세상을 모두 구제할 수는 없다고 설명하는 온건파까지 공화당 보수 세력들이다. 그들은 여름 내 오바마 대통령이 요청한 긴급자금 지원 37억 달러 배정을 놓고 무능한 이민자 정책을 비난하며 탄핵까지 거론하는 등 들끓는 시간을 보냈다.

재레드 다이아몬드는 세계화 시대에서 이와 같은 인과의 사이클은 더욱 빠르게 다가오고 있다고 말하며, 부자들은 적극적으로 원조에 나서야 한다고 말한다. 이는 부자의 자비가 아닌 스스로를 지키기 위한 방어수단 이므로, 가진 것을 지키려면 나눠야 한다는 주장이다.

"지속 가능한 경제는 곧 '함께 사는' 경제를 말합니다. 자원이 이윤 추구로 가는 구조가 아닌, 이윤을 위해 지구를 파괴하는 것이 아니라 유지 되도록 규제하는 경제를 말하는 것입니다. 제한된 생산품의 경우 부자들의 독점이 옹호되고, 부자들의 권리와 사치가 용인되면서 돈에 의해 자원이 점거되는 등의 이런 불평등은 결국 분노의 형태로 돌아올 것입니다."

리더의 역할은 모두의 안녕을 만드는 것

역사 속에서 문명은 드라마틱하게 절정에 오른 후 여지없이 몰락의 길을 걸었다. 순식간에 사라진 문명들, 그 중에는 마야도 있다. 문명을 이뤘다 는 것 자체가 엄청난 성장을 기반으로 하는 것인데, 급격한 몰락으로 이 어지는 이유는 무엇일까?

"리더의 역할 때문입니다. 역사 속에서 왜 어떤 문명은 몰락하고, 어떤 문명은 몰락하지 않았을까요? 가장 발전된 문명을 이룬 마야 사람들은 천문학과 문자 그리고 훌륭한 사원을 건축했습니다. 그런데 가장 성장한 그때 왜 몰락했을까요? 그 이유는 마야의 왕들이 저지른 일에 대한 인과에서 벗어날 수 없었기 때문입니다. 백성들은 굶주리고 헐벗어가고 있는데, 그들은 품격 있는 생활을 즐겼죠. 결국 배고픔에 지친 농민들이 반란을 일으켰고, 왕을 끌어내렸습니다.

국가 간의 문제들을 풀고자 하는 리더는 다음 선거*에서 이기기 위한 방법보다는 더 많은 것을 생각해야 합니다. 선거에 이기는 것에만 몰두하는 사람은 진정한 리더가 될 수 없습니다. 어떤 지도자들은 당장 혜택을 누리지 못한다고 하더라도 시작을 합니다. 예를 들면 2차 세계대전 이후 첫 번째 독일 총리였던 콘라드 아데나워가 그랬어요. 그는 유럽연합이 태동할 수 있도록 첫 단계를 쌓았습니다. 유럽연합은 아데나워가 사망한 이후에야 실현됐습니다. 그가 첫 발을 내디딘 후 50년이 지나서죠. 부자들도 마찬가지입니다. 지금 잠깐은 괜찮아 보여도 사회를 몰락으로 몰아가는 자신들의 과업으로부터는 피해갈 수 없습니다."

그리고 재레드 다이아몬드는 나에게 언제 캘리포니아로 이주해왔냐고 물었다. 2002년이라고 말하자 내가 겪어보지 못했던 시절 그의 경험담을 들려주었다.

● 　2016년 미국의 대통령 선거를 일컫기도 하며, 모든 리더를 가리키기도 한다.

"당신이 미국으로 이주해오기 전에 두 번의 폭동이 로스앤젤레스에서 일어났습니다. 그 배후에는 소수의 부자들과 아주 가난한 사람들이 있습니다. 하나는 1960년대 로스앤젤레스 다운타운 흑인들이 주로 사는 동네에서 일어난 와츠 폭동이고, 다른 하나는 방화와 파괴가 광범위하게 행해졌던 1993년 로드니 킹 폭동입니다. 그때 많은 한국 상점이 화염에 휩싸였죠. 가난한 사람들은 거리로 뛰쳐나왔고, 베벌리 힐스의 부자들은 자신들의 집이 불에 탈까봐 두려움에 떨었어요. 경찰은 베벌리 힐스 입구에 노란 폴리스라인 테이프만 둘러치고 서 있었습니다.

그래요. 만약에 가난한 사람들이 베벌리 힐스를 불태우려고 했다면 그렇게 할 수 있었을 겁니다. 그때는 분노가 충분히 타오르지 않았기 때문에 자연 소멸되었어요. 하지만 만약 100만 명의 시민이 분노한다면 어떻게 될까요? 그러면 사태는 달라집니다. 미국의 최상위 1퍼센트에 99퍼센트들이 맞서 일어선다면 베벌리 힐스는 사라질 것입니다. 1퍼센트가 권력을 쥐고 자신들의 행복만을 위해 살아간다면 나머지 99퍼센트는 불행의 늪에서 허우적거릴 수밖에 없습니다. 이렇게 되면 폭동은 점진적으로 혁명이 되어 일어날 것입니다. 그래서 리더의 임무가 중요합니다. 리더의 역할은 사회의 안녕을 만들어내야 합니다. 모두가 안녕해야 해요. 1퍼센트만 안녕해서는 안 됩니다."

재레드 다이아몬드의 인터뷰가 신문에 게재된 후 독자의 반응 중에 '현재의 빈부 차이와 갈등을 가지고 혁명까지 경고하는 메시지는 조금 지나쳤다'는 의견을 볼 수 있었다. 민중의 봉기가 당대에 그리 쉽게 벌어질 일이냐며 과민하다는 의견이었다. 그런데 재레드 다이아몬드의 경고 이후 세계 언론은 '99퍼센트들의 민중 봉기'에 대한 예견을 여기저기에 실었다. 학계와 시민운동 세력뿐만 아니라 1퍼센트의 부자들까지 불평등한 현실에 위기감을 느끼고 있다며 개혁을 주장했다.

아시아 최고 부자인 리카싱李嘉誠 홍콩 청쿵그룹 회장은 홍콩 사회의 불평등 심화가 너무 걱정스러워 밤에 잠을 이루지 못할 지경이라며 부와 기회의 불평등 문제를 우려했다.* 그리고 "양극화에 대한 분노와 높은 복지비용이 얽혀 사회를 정체시키고 불만을 낳고 있다"라고 말하며 정부는 평등을 증진하고 경제 목표 사이의 균형을 바로 잡는 부의 재분배 정책을 도입해야 한다고 촉구했다.

2014년 8월에는 기업가 닉 하나우어의 TED 강연이 있었다.** 그는 은행을 소유하고 있었고, 그가 설립하고 투자한 기업은 30여 개에 달한다. 그리고 어퀀티브aQuantive를 마이크로소프트에 64억 달러에 매각하면서 최상위 부자의 반열에 올랐다. 그는 강연에서 자신의 장점은 미래를 읽는 눈과 위기관리 능력이라고 말하면서, 자신의 눈에는 성난 군중이 쇠스랑을 들고 몰려오는 모습이 보인다고 말했다. 그 이유는 1퍼센트의 소유가 점점 커지면서 99퍼센트의 꿈이 짓밟혀가고 있으며, 이 상태는 18세기 프랑스혁명 전야와 같다고 말했다. 그는 자본주의를 지키기 위해서는 부자들이 각성해야 한다고 주장했다.

● 　2014년 6월 27일 중국 광둥(廣東)성 산터우(汕頭)대학 졸업식 강연
●● 　'Beware, fellow plutocrats, the pitchforks are coming(재벌 동료들이여, 조심하라 쇠스랑이 몰려온다)'

가슴 저미게도 대한민국 남쪽 바다에서 세월호와 함께 꽃 같은 생명들이 수장되는 사고가 있었다. 사고 이후 구명 실패는 돈의 논리로 부식되어가는 국가의 허술한 구조를 노출시켰다. 그리고 시민들은 다시 광장으로 모여들었다. 이 당시 시민운동에 냉소적이던 중산층 지인들로부터 이런 말을 듣게 되었다. 20년 동안 지지하던 보수를 버렸다고. 돈 잘 버는 전문직 종사자인 자신들만은 그래도 기득권 한 귀퉁이라도 낄 자리가 있을 것 같아 달려왔는데, 계층 상승은커녕 자리 보전도 힘들다며 씁쓸해했다.

　국가가 최소한 안전은 책임져줄 줄 알았는데, 그렇지 못함을 수많은 사람이 보고 말았다. 의도된 무능의 배후에는 돈의 논리로 결정되는 목숨의 값이 있다는 것을 알게 되면서 소외감이 일었다. 믿음에 대한 배신의 대가로 일어나는 분노는 더 뜨겁다. 세상의 자원은 고갈되어가는데도 누군가는 꼭대기에서 최후까지 자원을 풍족하게 누릴 것임이 명백히 보이는 순간, 세상은 비통한 자들의 소요로 무너질 것이다. 분노의 화염은 자원의 고갈 속도보다 빠르게 번진다는 것을 역사가 보여주었다.

아이들이 살아갈 세상을 생각하자

재레드 다이아몬드에게는 50세에 얻은 두 자녀가 있다. 내 경우도 두 아이를 낳고 키우면서, 우리가 살고 있는 삶의 터전이 위험하다는 생각을 더 하게 되었다. 그에게 자녀들이 지구 생태를 위해 적극적인 활동을 하는 추진력이 되었는지 물었다.

"저는 쌍둥이를 두었어요. 1987년에 태어났고, 지금은 26살이 되었죠. 쌍둥이들이 태어나기 전, 지금 우리가 나누고 있는 주제에 대해 여러 사람들과 이야기를 나눈 적이 있어요. '2050년에는 세상이 어떻게 될까'에 대한 이야기였죠. 저는 1937년에 태어났어요. 63살이 되는 2000년은 어떨지 생각해볼 수 있었죠. 그리고 83살이 되는 2020년도 어떨지 생각해볼 수 있어요. 그때까지 제가 살아 있기를 바랍니다. 하지만 2050년에는 살아 있지 않을 거예요. 2050년이란 숫자는 마치 A. D. 3200년처럼 상상 속에나 존재하는 것처럼 느껴졌죠.

그런데 아이들이 태어난 이후 2050년은 저에게 현실로 와 닿았습니다. 그때가 되면 저는 이 세상에 없겠지만, 저의 두 아들은 살아 있겠죠. 63살의 나이로 말이죠. 아이들이 태어나기 전에는 2050년에 벌어질 세상의 일들에 대해 관심이 없었어요. 하지만 아이들이 태어나자 2050년이 저에게 실제 세상이 된 거죠.

자, 이제 이 문제를 당신에게 적용해봅시다. 당신의 딸은 6살이죠? 그럼 2007년에 태어났겠네요. 2050년이면 딸은 43살이 되겠죠? 인생의 절정에 오른 나이는 아닐 거예요. 또 다른 40년을 누리게 될 테니까요. 우리가 지구 생태를 파괴하지 않는다면, 당신의 6살배기 딸아이는 2050년에 살아 있을 거예요. 이것이 바로 우리가 앞의 문제로 되돌아가야 하는 이유입니다.

부자들은 자신들만 잘 먹고 잘 살기 위해 돈을 사용하면 안 됩니다. 지금 우리가 편리한 생활만을 누리기 위해 노력한다면, 우리 아이들이 살아갈 세상은 살 만한 가치가 없는 곳이 될 수도 있습니다. 아이티처럼 전기도 없고, 물도 없고, 먹을 것도 부족해질 수 있어요. 아니면 소말리아 사람들이 자동 소총을 들고 해적질을 하는 대신 한국이나 미국에 핵폭탄을 떨어뜨리는 세상에 살게 될지도 몰라요.

지금 우리가 두려워하는 모든 일이 2050년에 일어날 수 있습니다. 우리는 아이들이 40년 뒤에도 괜찮은 삶을 누릴 수 있도록 항상 생각해야 합니다. 지금 아프가니스탄이나 아이티, 소말리아의 아이들이 억울함과 분노, 불만에 휩싸여 있다면 40년 뒤 한국의 아이들은 안녕한 삶을 누릴 수 없게 될 것입니다."

그의 말을 듣고 두 아이 엄마로서의 나를 돌아보았다. 문명의 위기를 돌파할 해법을 얻고자 지식과 지혜를 갖춘 사람들을 찾아다니며, 더 많은 사람과 함께할 수 있는 길을 만들기 위해 노력하고 있지만, 정작 나는 나의 생활 속에서는 무엇을 하고 있는 것일까? 짧은 순간이지만 나의 생활을 돌아보지 않을 수 없었다. 지금 내가 누리고 있는 이 생활이 영원할 것이라는 안일함으로 인해 아이들의 학교 성적을 챙기고, 훗날 경쟁사회에서 보다 좋은 자리에 앉도록 과외활동을 챙기는 데 몰두하고 있지 않는가?

"우리는 세상이 직면한 이 거대한 문제에 대해 아이들과 터놓고 이야기해야 합니다. 아이들은 학교에서 환경 문제에 대해 부모보다 더 많은 이야기를 들을 거예요. 저 역시도 같은 경험을 했죠."

그는 아이들 덕분에 경영환경의 변화를 이룬 한 기업에 대해 이야기를 해주었다.

어느 날, 쉐브론의 최고경영자ᶜᴱᴼ가 집으로 돌아오자 13살의 딸이 이렇게 물었다.

"엄마는 환경을 위해 오늘 무슨 일을 하셨어요?"

그 말을 들은 CEO는 이렇게 말했다.

"환경? 말도 하지 마라. 나는 그린이라는 말만 들어도 지겹단다. 환경이 뭐가 중요하지? 너는 시간낭비하지 말고 공부나 해."

이 말을 들은 그녀의 딸은 곧바로 이렇게 퍼부으며 마음의 문을 닫았다고 한다.

"엄마는 한심해. 엄마는 세상을 망치고 있어. 이제 엄마와 말을 안 하겠어."

이 일이 있고 얼마 후 쉐브론은 냉담하던 환경 문제에 관심을 가지기 시작했으며, 회사 운용에도 큰 변화가 있었다. 재레드 다이아몬드가 50년 가까이 새를 연구해오고 있는 파푸아뉴기니에는 쉐브론의 정유시설이 있다. 재레드는 자연스럽게 쉐브론이 재생에너지로 발전 시스템을 갖춰가는 변화를 볼 수 있었고, 그 배경에는 부모의 마음이 있었기에 가능했다고 설명했다.

그와 제일 친한 친구인 빌 게이츠 역시 아이를 낳고 키우면서 사회적인 문제에 관심을 갖게 되었다고 한다. 자식의 미래를 지키기 위해 부모들이 깨우친다면 실제로 큰 변화를 만들 것이라고 말하며, 재레드 다이아몬드는 마지막 당부를 했다.

"한국의 지도자들과 경제를 책임지고 있는 사람들에게 말하고 싶습니다. 자식이 있다면 그 아이들이 50년 뒤에 살아갈 세상이 어떨지 생각해보세요. 지금 안녕한 생활을 하고 있든지, 지중해산 참다랑어를 음미하든지는 상관없습니다. 다만 아이들이 살아갈 세상이 어떨지에 대해서 생각해보길 바랍니다."

20세기 초, 세계가 전쟁의 소용돌이에 휘말리며 고통에 시달릴 때 간디는 세상을 향해 이렇게 호소했다. "그 어떤 결정일지라도 우리는 이 세상 가장 마지막에 남아 있을 그 아이를 생각하며 결정을 내려야 한다." 국가뿐만 아니라 개인들도 일상에서 사소한 선택을 할 때 세상에서 가장 연약한 사람을 염두에 둔다면, 우리는 애써 아직 오지 않은 미래를 불안해하지 않아도 될 것이다.

규제 강화와 협력 증대만이 살 길

재레드 다이아몬드가 당부하는 지속 가능한 경제는 자원이 유지될 수 있는 한도 내에서 소비하자는 것이다. 그러기 위해서 국가와 지방 정부는 규제에 적극적으로 나서야 하며, 기업과 생산자의 협력을 유도해야 한다. 자원은 제한되어 있기 때문에 그에 접근하는 능력은 갖고 있는 돈에 따라 서열이 매겨질 것이다. 물론 이는 우리가 소비자에 머물 때 생기는 한계이다. 직접 먹고, 입고, 쓸 것을 생산할 수 있는 생산자이기도 한 우리의 능력에 대해서는 뒤에 이어지는 웬델 베리, 원톄쥔 편에서 강조될 것이다. 시장이 주도하는 산업화 경제 속에서 발견할 수 있는 해법과 더불어 그 구조를 변화시킬 수 있는 대안적인 생산구조에 대한 이야기가 뒷장에서 계속될 것이다.

이번 장을 마무리하면서 현재의 시스템 속에서 어떻게 분배할 것인가에 대한 방법을 고민해나갈 수 있는 단초를 조심스레 던져보고자 한다. 제한된 생산품을 두고 발생하게 될 가난한 다수의 소외감을 재레드 다이아몬드는 놓치지 않았다. 그는 돈의 힘이 절대적이 된 현대에, 늘어나는 가난한 사람들에 대해 소수의 부자들은 외면해서는 안 된다고 충고했다. 역사적 사실을 통해 우리는 다수의 분노가 커지게 되면 그 사회는 붕괴를 맞는다는 것을 알고 있다. 지금 세계는 분노가 폭발할 임계점에 다다르고 있다. 가난의 수렁은 깊어져 벗어나기 힘들어지고, 국가의 허리라고 할 수 있는 중산층마저 그 수렁으로 밀려들어가며 소득 불평등의 구조는 견고해지고 있다.

재레드 다이아몬드와 이야기를 나눈 후 정해진 자원을 슬기롭게 이용할 수 있는 방법은 없을까 생각해보았다. 생산이 제한되면 가격은 올라가고, 그것을 소비할 수 있는 사람들도 제한된다. 값비싼 참다랑어는 맛보지 못한 생선이기에 아쉬운 마음이 생기지 않겠지만, 늘 먹던 고등어나 멸치를 먹지 못하게 된다면 자원이 고갈되기도 전에 우리의 우울증은 깊어질 것이다. 2012년 미하이 칙센트미하이를 만났을 때 그가 들려준 한마디가 있다. "빈부의 차이가 커지면 국민은 우울해집니다."

이 책의 마지막 장에서 다뤄질 A. T. 아리야라트네를 만났을 때 우연히 그들 공동체가 운영하는 마을은행에 가게 됐다. 소액대출을 하는 그들의 은행은 탄탄한 신뢰를 바탕으로 98퍼센트의 대출 상환이 이뤄진다고 한다. 이를 통해 더 많은 돈을 빌려주며 성장하고 있다. 그들의 이자 배분방식은 매우 흥미롭다. 돈을 빌려줄 때 중산층 이상의 경우는 일반 상업은행의 대출 이자율을 적용한다. 반면 소득이 낮을 경우 차등을 두어 시장 이자율보다 최고 80퍼센트나 낮은 금리로 제공하고 있으며, 대출자의 다수가 그 혜택을 받고 있다.

이러한 논리를 상품 구매에도 적용해보자. 같은 상품이지만 소득에 따른 할인율을 적용받도록 인증카드를 발급한다면? 그리고 차등 할인판매 제도에 참여하는 기업과 생산자에게 세금 혜택을 준다면 어떨까? 이에 대해서는 공정 거래 개념의 의미를 확대해 일반시장으로 적용해볼 수 있지 않을까? 이미 무인 계산 시스템이 보편화되어가는 경향이니 할인금액을 적용받는다고 주눅 들게 될 염려는 하지 않아도 될 듯하다.

이보다 더 공상적인 제도도 국민적 안*으로 논의되고 있다. 이는 시민들에게 일정 금액을 지급하는 '기본 소득제'로 2014년 10월 스위스에서 정식 국민투표 안건으로 상정됐다. "스위스의 모든 성인에게 한 달에 2,500스위스프랑(약 300만 원)의 기본 소득을 제공한다"라는 내용의 법안은 2015년에 국민투표에 부쳐질 예정이다.

칠레는 소득세의 일종인 법인세를 27퍼센트나 인상했다. 그리고 국민소득이 한국의 10분의 1 수준인 스리랑카[•]는 대학까지 무상교육이며, 무상 의료 혜택을 받고 있다. 어떤 나라의 경우에는 꿈같은 이야기가 현실에서 실현되고, 부족한 부분을 고쳐나가며 안착된다. 결국은 의지와 선택의 문제이다.

2014년 미국에서 불평등 문제가 주요 현안으로 떠올랐는데, 시간당 최저 임금의 인상과 관련된 문제였다. 그리고 아픈 사람들이 병원에 갈 수 있도록 의료보험 혜택의 폭을 넓히자는 문제는 영리를 추구하는 미국 사私보험 제도의 질주 방향을 조금씩 틀고 있다.^{••} 가난이 세습되지 않도록 하기 위해 공교육을 강화하려는 움직임은 전 세계적으로 이루어지고 있다. 이 모든 것은 고통받는 사람들의 함성에 대한 응답이다.

당나라의 문장가 한유韓愈의《송맹동야送孟東野》가운데 이런 구절이 있다.

"세상 만물은 무엇인가? 평안함을 얻지 못하면 소리 내어 우는 법이다.

초목은 본래 아무런 소리가 없는 것인데, 바람이 흔들면 소리 내어 울게 된다. 물 역시 아무런 소리가 없는 것인데, 바람이 불어 물결을 일게 하니 소리 내어 울게 된다.

물이 급히 치닫는 것은 무엇인가? 그 물길을 막기 때문이요. 물이 펄펄 끓

• 2012년 세계은행 발표 기준
•• 경제학자 폴 크루그먼(2008년 노벨 경제학상 수상)의 2014년 7월 13일 〈뉴욕타임스〉 칼럼 'Obamacare Fails to Fail' 참고

어오르는 것은 무엇인가? 뜨겁게 하는 것이 있기 때문이다. (중략)

사람이 말하는 데에 있어서도 이와 같으니, 사람이 슬프게 소리 내어 우는 것은 가슴 속에 서린 회포가 북받쳐 그것이 소리가 되어 나타난 것이다. 무릇 사람이 입을 열어 소리를 냄은 마음속에 무엇인가 꺼내놓아야 할 것이 있기 때문이다."

사람도 막으면 치닫고 넘치며, 달구면 끓어오른다. 지금껏 그래왔다. 누를수록 세게 튀어 오른다. 그렇기 때문에 우리는 귀를 열고 사람의 소리와 모든 생명의 소리를 들어야 한다. 그 소리에 더 많이 화답할수록 이 문명의 존속 시간은 늘어날 것이다.

재생에너지가 중심이 되는 시대로의 변화

세계적인 경제학자·문명비평가 제레미 리프킨

제레미 리프킨(Jeremy Rifkin, 1945년생)은 펜실베이니아대학교 와튼경영대학원 교수이다. 비영리 조직인 〈경제동향연구재단(Economic Trends)〉을 설립하여 새로운 기술에 의한 경제, 환경, 사회문화적 영향력을 소개하고 있다. 그는 공공의 이익 수호에도 많은 관심을 갖고 있다. 최근에는 우리 문명이 맞닥뜨린 지구적 위기를 타개하고자 재생 가능한 에너지로 경제 패러다임을 바꿔내는 작업을 하고 있다. 지방 정부 혹은 국가적인 산업구조 재편을 이끄는 작업이다. 제레미 리프킨은 지난 10년간 유럽연합의 자문으로 활동해왔으며 사르코지 프랑스 전 대통령과 메르켈 독일 총리, 사파테로 스페인 총리 등의 공식 자문 역할을 했다.

세계적인 베스트셀러 작가이기도 한 제레미 리프킨은 19권의 책이 35개 언어로 번역 출간되었다. 노동, 환경, 정치, 사회 전 분야에 새로운 패러다임을 제시하는 미래학자로서 역량을 발휘하고 있다. 저서로는 《노동의 종말The End of Work》, 《유러피언 드림The European》, 《소유의 종말The Age of Access》, 《수소혁명The Hydrogen economy》, 《공감의 시대The Empathic Civilization》, 《3차 산업혁명The Third Industrial Revolution》 등이 있다.

"3차 산업혁명의 열쇠는 바로 경제 변화입니다.
즉 새로운 일자리를 창출해야 하고, 저소비를 통해 효율을 증대하며,
지구를 깨끗하게 하면서도 경제에 이롭게 해야 합니다."

제레미 리프킨과의 만남은 2014년 1월 6일 워싱턴 D. C.에 있는 그의 사무실에서 이루어졌다. 약속 시간 한 시간 전쯤 도착해서 1층 카페에 앉아 뜨거운 차를 마시며 몸도 녹이고 긴장도 녹이며 뉴스와 그에게 질문할 내용들을 살펴보고 있었다. 그런데 제레미 리프킨의 미디어 담당직원인 크리스티앙에게서 연락이 왔다. 그러고 보니 받지 못한 전화가 세 통이나 와 있었다. 오전 회의가 30분 정도 늦게 끝날 것 같다며 양해를 구했다.

제레미 리프킨의 사무실은 담백했다. 문을 열면 계절의 변화를 읽을 수 있는 커다란 창이 있고, 창틀에는 화분들이 놓여 있다. 해를 넘겨 자라온 듯 잎들은 무성했다. 그 중 손바닥만 한 잎이 달린 관엽식물의 삐죽 뻗은 가지 하나가 쓰러질 듯 길게 자라 있었는데, 블라인드를 조절하는 끈에 묶여 천장 쪽으로 당겨져 있었다. 아마도 보기에 불안했던 모양이다. 어차피 블라인드는 온종일 창문 꼭대기에 매달려 있을 것이기 때문에 취한 조치일 것이다. 이미 그 창의 주인은 열두 개의 화분이었다.

사무실을 둘러보는 사이 제레미 리프킨은 잠시 회의실에서 나와 인터뷰 시간을 한 시간 반 정도 할애해놓을 테니 잠시만 기다려달라고 양해를 구했다. 덕분에 양쪽 벽면에 빼곡히 꽂힌 그의 책을 살펴볼 수 있었다. 마치 그가 세상에 내놓았던 생각들의 배경을 보는 것처럼 흥미진진한 시간이었다. 경제, 정치 서적부터 생태, 환경, 과학, 농업, 예술 그리고 아미쉬 공동체의 사진집까지 다양한 장르의 책들이 있었다.

또 하나 정갈하게 정돈된 책상 위에는 지금 막 세상에 나갈 준비를 마친 신간을 발견할 수 있었다. 바로《한계비용 제로 사회*Zero Marginal Cost Society*》이다. 영화에서 줌 아웃되며 전체 장면을 보여주듯 그의 책상이 한눈에 들어왔다. 책상 오른편에는 쌀 세 포대 정도 부피의 종이더미가 쌓여 있었다. 그리고 국어사전 두께로 압축된 A4 한 묶음이 보였다. 쌀 세 포대 분량의 원고들이 초안인 듯했다. 방대한 사고의 흐름이 한 권의 책으로 완성되는 엄청난 집중의 시간을 보는 느낌이었다. 제레미 리프킨은 그렇게 쉼 없이 현재를 통찰하며 미래를 보여주고 있었다.

국민에게 월급처럼 생활 보조금을 지급하는 쿠웨이트와 억만장자의 석유 부호가 많은 중동에서 회자되는 말이 있다. "할아버지는 낙타를 탔고, 아버지는 차를 몰았고, 나는 제트기를 타지. 그리고 내 손자는 다시 낙타를 탈 거야."● 이는 매장된 석유는 곧 고갈될 것이며, 부유한 시절도 신기루처럼 사라질 것이란 예언이다. 석유 생산량의 정점을 의미하는 피

●　　제레미 리프킨,《3차 산업혁명》, p.257

크오일이 이미 지나갔다는 절망감이 느껴진다.

그러나 30년이 넘게 시대의 흐름을 갈파하며 미래에 대해 설명해온 제레미 리프킨은 굳이 낙타를 다시 탈 이유가 없다고 말한다. 왜냐하면 중동과 북아프리카 사막은 1년 내내 뜨거운 태양이 내리쬐고 있기 때문이다. 세계 어느 지역보다 1제곱센티미터당 개발 가능한 태양에너지가 풍부한데, 이는 지금까지 추출한 석유를 전부 합친 것보다 많은 잠재 에너지원이다. 그렇기 때문에 석유에서 재생에너지로 구조를 전환한다면 다시 낙타를 타게 될 일은 없을 것이다.

제레미 리프킨은 현재 세계는 두 개의 트랙으로 갈라지고 있다고 한다. 하나는 거대 자본의 막강한 힘을 유지하기 위해 고갈되고 있는 석유 대신 다른 화석연료를 채굴하는 길이다. 그리고 다른 하나는 화석연료를 대신할 수 있는 재생 가능한 에너지를 중심으로 산업구조를 재편하는 것이다. 재생에너지를 중심에 두는 시도는 환경 재앙을 막을 수 있을 뿐만 아니라, 개인 대 개인으로 거래되고 공유되기 때문에 사회 전반이 수평적으로 소통할 수 있게 된다. 이 길을 가게 되면 거대 기업 중심인 오늘날의 시장형태는 변화될 수밖에 없다.

이미 인터넷을 통해 활발해진 개인과 개인 간의 소통은 대량 생산, 대량 소비시장에 변화를 가져왔다. 수단의 시골 마을에서 대바구니를 파는 할머니의 인생 이야기와 함께 대바구니가 상품으로 웹에 올라가면, 그것을 본 스웨덴이나 뉴질랜드 사람들이 구매한다. 손으로 만들기 때문에 모양이 일정하지 않은 수공예품이 오히려 개인과 개인의 마음을 연결시키며 세상을 더욱 가깝게 만드는 21세기형 상품이 된 것이다.

리프킨은 인터넷 통신 인프라의 구축으로 인해 재생에너지가 중심이 되는 시대로의 변화는 벌써 시작되었다고 말하며, 이를 3차 산업혁명이라고 했다. 그는 인터넷 속에서 벌어지는 거래와 공유에 대해 일찌감치 예측을 하고 있었다. 또한 인간의 공감 능력도 더욱 향상될 것이라고 주장한다. 그 이유는 서로 다른 공간과 문화에 사는 개인들이 실시간으로 소통이 가능해졌기 때문이다. 사이버상에서 친구로 맺어지면서 문화에 대한 이해의 폭이 넓어지고, 그들의 아픔에 반응하는 신경이 더 강하게 자극됨으로써 분산적이지만 협력을 추구하는 사회로의 변화는 탄력을 받게 될 것이라고 한다.

트랙의 분기점에서는 차이가 별로 나지 않는다. 하지만 시간이 지날수록 두 트랙은 점점 거리가 벌어지면서 시대에 발맞추어 나가는 하나의 트랙이 안정적인 궤도를 만들어나갈 것이다. 그렇기 때문에 현재의 선택이 미래를 주도할 세력을 결정하게 되는 것이다. 전 지구적으로 대결하고 있는 신구 세력의 움직임 그리고 오늘 우리의 문명이 맞닥뜨린 전환점에 대해 제레미 리프킨의 말을 들어보도록 하자.

■ ■ ■

제레미 리프킨이 회의를 마치고 방으로 들어오자 순식간에 활기를 띠었다. 쩌렁한 목소리, 신뢰의 마음을 전하는 단단한 악수 그리고 양끝이 살짝 올라간 카이젤 수염은 그 자체로도 미소를 띤 얼굴을 만들어주었다. 책을 읽으며 '큰 통찰을 이룬 분'이라는 느낌을 받았다고 말하니, 자신은 지극히 상식적인 내용을 썼을 뿐이라고 가볍게 받아넘겼다.

여섯 번째 멸종기가 다가오고 있다

간단하게 인사를 나눈 후 본격적으로 인터뷰를 시작했다. 처음 화두는 재레드 다이아몬드의 "지구의 풍요를 즐길 수 있는 시간은 이제 50년뿐이다"라는 의견을 들려주자, 즉각적으로 답했다.

"우리는 지금 전환기를 맞고 있습니다. 기후 변화는 실제 상황이에요. 19세기 1차 산업혁명부터 20세기 2차 산업혁명을 지나 지금까지 우리는 엄청난 양의 화석연료를 꺼내 썼습니다. 전 세계가 문명을 창조하겠다고 화석연료를 태워댔죠. 그리고 대기 중으로 엄청난 양의 이산화탄소와 메탄, 산화질소를 뿜어댔습니다. 이 모두는 산업화의 길에서 일어났고, 기후 변화를 야기했죠.

우리는 기후 변화가 왜 끔찍한지에 대해 반드시 이해하고 있어야 합니다. 기후 변화는 지구의 물 순환을 바꿉니다. 지구는 물기가 가득한 별이고, 지구에 살고 있는 모든 생물은 물에 의존하고 있습니다. 그런데 기온이 1도 올라갈 때마다 강수의 7퍼센트 이상이 대기로 올라가게 됩니다. 열기가 대기의 강수를 빨아가는 거죠. 이로 인해 하층 대기에 강수가 집중되면서 전체 물 순환이 변화하게 되는 것입니다. 물의 순환이 균형을 잃게 되자 집중호우가 많아지고, 봄까지 눈이 내리고, 봄 홍수와 여름 가뭄 그리고 초대형 허리케인과 태풍이 더 자주 발생하게 되는 것입니다.

우리는 또 빙하가 녹음으로써 해수면이 상승하고 있다는 것을 목격하고 있습니다. 현재의 생태계는 고유한 물 순환체계를 기반으로 수만 년 동안 발달되어온 것입니다. 하지만 물 순환체계가 극단적으로 붕괴되면서 생태계의 교란으로 이어지고 있습니다. 이런 물난리로 지구별은 엄청난 스트레스에 직면해 있습니다.

4억 5000만 년 동안 지구는 다섯 번의 멸종기가 있었습니다. 그 모두가 온도 변화 때문에 일어났어요. 과학자들은 이제 여섯 번째 멸종기에 돌입했다고 말하고 있어요. 이번 세기가 끝나는 시점에 지구에 살고 있는 생명의 종 가운데 최대 60퍼센트가 사라질 수 있다고 합니다. 이것은 싹쓸이라고 봐야 합니다. 생명의 다양성을 회복하기 위해서는 최대 1000만 년은 걸립니다. 이런 상황에서 우리는 지금 무엇을 하고 있나요? 아주 곤하게 잠에 취해 있습니다."

가슴 아프게도 리프킨 역시 지금 여섯 살이 된 아이들은 21세기가 끝날 시점에 대혼돈을 겪게 될 것이라고 말했다. 그의 손자들이나 나의 아이들이 겪을 두려운 내일이다.[*] 국제에너지기구[IEA]도 현재의 추세대로라면 2030년이 되면 탄소 배출량이 80퍼센트로 증가할 것이라고 전망했다. 이를 방지하기 위해서는 전 세계적으로 에너지 체계의 광범위한 전환을 이루어야 한다. 즉 화석연료 사용을 줄여 탄소 배출을 감소시켜야

---

* 이와 같은 진단은 우리 시대를 대표하는 생물학자인 하버드대학 에드워드 윌슨의 책에서도 강조되며 등장한다. 《생명의 편지》, p.122

한다. 그러기 위해서는 에너지 효율성 향상, 재생에너지 사용의 촉진 등을 강조하고 있다.[*] 그럼, 우리에게 또 다른 해결할 방법은 있을까?

"우리가 할 만한 것이 하나 있습니다. 재생 가능한 자연에너지로 산업의 동력, 생활에너지를 바꾸는 거예요. 즉 3차 산업혁명을 시작하는 것입니다. 이는 학문적인 단계에서 실용적인 단계로 넘어왔어요. 전 유럽연합 의장, 독일의 메르켈 총리, 프랑스의 올랑드 대통령 그리고 중국의 리커창 총리가 재생에너지 사용으로의 전환에 대한 의견을 받아들였어요."

중국까지 에너지 정책을 수정했다는 것이 놀라웠다. 2013년 11월 중국공산당 3중전회[**]에서 환경 의제가 채택되었다는 기사를 보았을 때, 이제 중국이 깨어나는 것으로 보여 반가운 마음이 일었다. 하지만 큰 기대는 하지 않았고, 대기오염 문제를 심각하게 거론하는 정도일 것으로만 짐작했을 뿐이다. 그러나 제레미 리프킨에게 들은 개혁 규모는 상상 이상이었다. 중국은 전력 분산을 위해 에너지 인터넷(자율적으로 전기를 생산하는 자와 이를 소비하는 사용자 간의 네트워크)을 구축하는 데 4년 동안 820억 달러를 투자하겠다고 결정했다.

- 국제에너지기구 발표 〈2008년 세계 에너지 전망〉. 팀 잭슨 저, 《성장 없는 번영》, p.111~112 참조
- 제18기 당중앙위원회 제3차 전체회의

"중국은 경제 변화에 앞장 서기 위해 결단을 내렸습니다. 2013년 9월 중국 지도자들과 3주 동안 회의를 했는데, 이런 말을 하더군요. '우리는 1차 산업혁명도 놓치고, 2차 산업혁명도 놓쳤어요. 그렇지만 3차 산업혁명은 절대 놓치지 않을 겁니다.' 2013년 12월에 중국국가전망공사 회장이 3차 산업혁명을 진행하겠다고 발표했습니다. 3차 산업혁명을 다룬 제 책은 2012년에 중국에서 출간되었는데, 그때 지금의 경제부총리인 왕양의 추천을 받았어요. 그는 중국 최대 산업단지가 있는 광둥성의 수장이었죠. 그의 추천을 통해 3차 산업혁명에 대한 계획을 3중전회에서 발표했고, 리커창 총리가 의제로 선택했습니다."

3차 산업혁명, '에너지 민주화'가 관건

제레미 리프킨은 새로운 시대에 진입하고 있는지 읽어내려면 먼저 과거 역사 속에서 산업혁명이 어떻게 일어났는지에 대한 원리부터 알아야 한다고 말했다. 이를 이해하게 되면 문명 전개의 로드맵을 손에 쥐게 되는 것이다. 그가 깨우친 바로는 두 가지 사항이 충족될 때 산업혁명이 완수되었다. 먼저 새로운 에너지 체계가 창조되고, 그 체계를 운영할 새로운 커뮤니케이션 혁명이 창조될 때이다. 커뮤니케이션 혁명이 에너지 혁명을 뒷받침할 때 경제 패러다임은 변하게 된다.

19세기에 수공업 인쇄가 증기 인쇄로 옮겨가면서 대량인쇄가 가능해졌다. 대량인쇄가 가능해지면서 많은 인쇄물이 학교로 전달됐고, 이는 문맹에서 벗어날 수 있는 역할을 했다. 이로써 산업 현장에서는 글을 읽고 쓸 수 있는 노동력을 얻게 되었다. 석탄을 이용한 화력발전과 석유로 운전되는 산업혁명을 이끌어낸 뒷받침에는 이런 인쇄술의 발전이 있다. 커뮤니케이션과 에너지는 1차 산업혁명을 조직해낼 수 있는 추동력이었다. 즉 인쇄술과 증기력이 합작함으로써 산업혁명이 가능했던 것이다.

20세기 또 한 번의 커뮤니케이션 통합이 이루어짐으로써 2차 산업혁명이 완성되었다. 중앙집중식 전력과 전화에 이어 등장한 라디오와 텔레비전은 커뮤니케이션 미디어(통신매체)로 빠르게 확산되면서 자동차를 매개로 한 교외 문화를 창조했다. 거대 소비사회를 열게 된 것이다. 하지만 리프킨은 2차 산업혁명으로 만들어진 시대가 지금 죽어가고 있다고 진단했다.

"지금 우리의 문명은 겨우 생명 유지 장치를 통해 숨을 쉬고 있을 뿐입니다. 고갈되어가고 있는 석탄, 석유, 천연가스, 타르샌드˙ 같은 화석연료를 꺼내 쓰기 위해서는 더 많은 비용이 필요합니다. 무엇보다 화석연료의 사용은 지구를 오염시키고 기후 변화를 야기합니다. 이러한 에너지에 기반을 둔 기술들, 즉 내부연소 엔진으로 가동되는 중앙집중식 전력은 더 이상 생산성이 없습니다.

우리에게 필요한 것은 지금 일어나고 있는 3차 산업혁명입니다. 우리는 커뮤니케이션 에너지가 새롭게 수렴되고 있는 그 지점을 향해 있습니

●　모래층에 섞여 있는 중질 원유

다. 그 3차 산업혁명의 추진력은 바로 인터넷입니다. 20세기 말에 일어난 매우 강력한 커뮤니케이션 혁명이죠. 저는 인터넷으로 이뤄지는 방식에 흥미를 느끼고 있습니다.

제가 자랄 때는 신문이나 라디오, 텔레비전같이 한 곳에서 다수에게 전달되고, 위에서 아래로 보내지는 중앙집중식 커뮤니케이션 환경이었습니다. 이에 비해 인터넷에서 이루어지는 커뮤니케이션은 분산적이지만 협력적입니다. 이는 수직적 통합이 아니라 수평적으로 뻗어나가는 힘입니다. 오늘날 세계 인구의 3분의 1에 해당하는 20억 명이 오디오, 비디오, 텍스트를 인터넷으로 전송하고 있습니다. 우리는 15년 내지는 20년 안에 완전히 민주화된 커뮤니케이션을 하게 될 것입니다. 인터넷을 통한 커뮤니케이션 혁명으로 개인과 개인이 직접 연결되면서 수평적 권력이 형성되고, 분산적인 에너지가 새롭게 결합될 것입니다. 그런데 분산적인 에너지는 반드시 수평적 권력 속에서 협력적으로 조직되어야 힘을 발휘할 수 있다는 전제조건이 있습니다. 이런 분산적 에너지로의 전환을 위해 지금 유럽, 특히 독일에서는 이미 진행되고 있으며 중국은 이제 막 뛰어든 거죠."

생활 속에 인터넷 문화가 깊숙이 자리 잡고 있기 때문에 분산적인 커뮤니케이션에 대해서는 쉽게 이해할 수 있다. 하지만 분산적인 에너지에 대해서는 분명한 상이 잡히지 않는다. 우리가 생각하기에 일반적으로 에너지라고 하면 발전소를 떠올리는데, 눈으로 확인할 수 있는 발전소는 수력발전소나 화력발전소 그리고 핵발전소 등이다.

이러한 발전소는 특정 지역에서 막대한 돈과 인력이 투입되어 에너지를 생산하는데, 어떻게 이런 발전소가 개인 간의 관계 속으로 들어온다는 것일까?

"이제 퇴물이 되고 있는 엘리트 에너지들을 예로 들어 설명해보죠. 석탄, 석유, 천연가스 그리고 핵발전에 사용되는 우라늄이 현재 우리가 사용하고 있는 주요 에너지원입니다. 하지만 이들은 아무 곳에서나 발견되지 않으며, 몇몇 특정 지역에 집중되어 있습니다. 그리고 서서히 사라져가고 있죠. 이러한 에너지원을 추출하기 위해서는 대규모 자본이 필요하며, 지정학적으로는 거대한 군사적 투자를 요구합니다.

반면에 분산적인 에너지, 즉 재생에너지는 모든 사람의 집 마당에서 얻을 수 있습니다. 햇빛은 매일 반짝이고, 바람은 온 세상에서 불어오죠. 땅에서는 지열에너지를 얻을 수 있고, 또 숲에서는 바이오매스(에너지원으로 이용되는 식물, 미생물 등의 생물체)를 에너지원으로 사용할 수 있습니다. 해안가에서는 조수간만의 차를 이용하여 에너지를 얻을 수 있겠죠. 바로 이런 것들이 분산적이고 재생 가능한 에너지입니다."

북부 캘리포니아, 샌프란시스코를 중심으로 활동하는 '에코 상가Echo Shanga' 사람들이 떠올랐다. 생태 공동체를 도모하는 대표적인 지역 환경단체인데, 이들의 주요 활동 중에 캠핑을 할 때 전기를 만들어 쓸 수 있는 휴대용 태양광 발전기 제조 강습이 있다. 휴대용 태양광 발전기를 이용해 야외에서 간단하게 밥을 짓고, 음악을 들을 수 있다. 처음 팸플릿을 보았을 때 알루미늄 호일이 조잡하게 연결된 허술한 물건처럼 보여 무심코 넘겼다. 그런데 순간 엄청난 발상의 전환에 무릎을 탁 치며 '아, 에너지도 사적으로 만들고, 소유할 수 있구나'라는 깨달음을 얻었다.

우리는 전기를 만드는 일은 기업이나 중앙정부의 절대 권력이 관장하는 일이며, 돈을 내고 소비하는 위치라는 생각이 뿌리 깊게 박혀 있다. 우리가 할 수 있는 일은 절전이고, 절약뿐이었다. 그런데 개인이 직접 에너지를 만들어내는 능력을 가질 수 있다니, 어떤 권능을 얻은 기분이었다. 이 기분을 리프킨에게 전하자, 그는 즐겁게 화답했다.

"그래요, 우리 모두가 발전소의 주인이 되는 겁니다."

3차 산업혁명의 다섯 가지 핵심 요소

3차 산업혁명은 다음 다섯 가지의 핵심 요소로 이루어졌다.

첫 번째 핵심 요소는 재생에너지이다. 유럽연합에서는 2020년까지 재생에너지로의 전환 계획을 마련하면서 다섯 개의 핵심 사항을 이루기 위한 공식적인 서약을 만들었다. 이를 위해 제레미 리프킨은 큰 그림을 만들어주었고, 유럽의회와 유럽위원회의 인증을 받았다. 이제 그 계획에 따라 전력의 3분의 1이 그린에너지로 전환될 예정이다.

그런데 문득 프랑스에 대해 이런 의문이 들었다. 프랑스는 전력의 80퍼센트를 핵발전소에서 생산하는데, 엄청난 고비용을 들여 건설한 핵발전소를 퇴출시키고 재생에너지로 전환하는 게 가능할까?

"프랑스는 달라졌습니다. 올랑드 대통령은 2014년 9월에 3차 산업혁명의 리더가 되겠다고 공표했습니다. 이미 저희 협회*에서 프랑스 북부 노르파드칼레Nord Pas de Calais 산업지구에 대한 마스터 플랜을 마친 상황입니다. 이곳은 예전부터 산업 지역이었는데, 20년 동안 1년에 20억 유로씩을 투자하여 새롭게 바꾸기로 결정했어요. 그리고 독일도 2020년까지 35퍼센트의 전력을 재생에너지로 생산하기로 했습니다. 이미 재생에너지로 전력의 25퍼센트를 생산하고 있습니다. 이를 위해 메르켈 총리의 공식적인 조언자로 제가 함께하고 있습니다.

이렇게 변화를 만들어가는 과정에서 경제가 활성화되는 효과를 볼 수 있는데요. 이 부분이 두 번째 핵심 사항이기도 합니다. 그러니까 우리들 각자가 경제 성장의 주역이 되는 것입니다. 살고 있는 건물이나 일터에서 사용할 수 있는 에너지를 바로 그 공간에서 생산할 수 있도록 작은 개인 발전소를 설치하는 겁니다. 지붕에서는 태양에너지, 건물 벽에서는 풍력에너지 그리고 땅에서는 지열을 끌어올려 에너지로 사용하는 거죠. 건물에서 나오는 쓰레기까지 에너지로 전환할 수 있습니다.

이렇게 개조하기 위해서는 사람의 노동력이 집약적으로 필요합니다. 이를 위한 리모델링 과정과 관리를 위해 수천 개의 작은 사업장이 생겨나게 되고, 수백만 개의 일자리가 창출되죠. 이런 작은 사업장들을 통해 경

●　　물류, IT, 전자, 건설, 건축 회사들이 참여하고 있는 협회로 제레미 리프킨이 의장으로 있다.

제가 살아나게 되는 것입니다. 상상해보세요. 현재 유럽연합 27개국 1억 9,000만 채의 건물이 발전 시설을 갖추기 위해 리모델링을 하고 있습니다. 우리는 컴퓨터도 갖고 있죠? 그리고 휴대전화도 갖고 있죠. 자, 이제 우리는 개인 발전소까지 갖게 되는 것입니다."

재생에너지를 이용한 소규모 지역 단위 발전소들은 개인이나 소비자 조합, 생산조합들이 주인이 될 것이다. 대량생산 체계가 아니기 때문에 거대 기업은 독점할 수도 없고, 그럴 필요도 없는 조건이다.

한국의 경우 2007년부터 2012년까지 고용 인원 증가폭을 조사한 결과[*] 대기업이 고용 증가에 미친 영향은 16.2퍼센트인데 반해, 중소기업은 83.8퍼센트였다. 고용 창출은 대기업이 성장한다고 해서 혹은 중상위 기업이 대기업으로 성장한다고 해서 확대되는 것보다 중소기업이 늘어나거나 성장함으로써 이뤄지는 경우가 더 많다는 것을 보여주는 통계이다. 이런 면에서 3차 산업혁명이 전개되는 방향에 따라 경제가 활성화되는 효과를 기대해볼 만하다. 특히 건물을 리모델링하는 데는 숙련된 일손이 필요하다.

그동안 기계화로 인한 대량생산 시스템 속에서 일자리가 줄고, 가치를 잃어가던 분야가 오히려 각광을 받게 될 것이다. 목수, 전기배선공이 우선 필요하고, 이후 점검과 관리 분야에서도 효율성을 얻기 위해 인간의 노동력이 절대적으로 필요하게 된다.

●　중소기업중앙회, 《2014 중소기업위상지표》

리프킨의 말을 듣고 떠오른 일화가 있다.

클린턴 행정부에서 노동부 장관을 역임했던 로버트 라이시*는 미국 중서부에 건설된 한 공장의 오픈 행사에 축사를 의뢰받았다. 그곳의 주지사가 수백만 달러를 유치해 설립한 공장이었다. 다른 지역에서는 제조업을 외국으로 아웃소싱하는 바람에 지역 경제가 붕괴되어가고 있던 터라 반가운 마음으로 부탁에 응했다. 라이시 장관이 도착했을 때 공장은 풀가동되고 있었다. 역동적인 모습을 보며 그는 직원들과 이야기를 나눌 기대에 부풀었다. 그런데 공장 안으로 들어가자 내부의 모습에 황당함을 금치 못했다. 공장에는 기계만 돌아가고 있었고, 정작 일을 하는 사람은 열 명밖에 되지 않았다. 이들은 기계가 잘 작동되도록 관리하기 위해 고용된 것이다.

기대했던 일자리 창출과 새로운 공장 설립으로 인해 지역 경제가 활성화될 것이라는 기대는 허망하게 무너졌다. 그동안 우리의 일자리가 사라진 배경에는 값싼 노동력을 찾아 해외로 빠져나간 자본뿐만 아니라, 자동화가 더 큰 자리를 차지한다. 이런 상황에서 새로운 시대에는 노동 집약적인 일자리가 창출된다는 점은 그 어느 때보다 반가운 일이다.

세 번째 핵심 요소는 생성된 에너지를 저장하는 일인데, 제레미 리프킨은 여러 방식 가운데 수소전지에 가장 기대를 걸고 있었다.

● 로버트 라이시 저, 《위기는 왜 반복되는가》, p.91-92

"햇살이 매일 화창하게 내리쬐는 것도 아니고, 바람이 늘 부는 것도 아니잖아요? 사용하고 남은 전기를 저장해서 부족할 때 꺼내 쓸 수 있어야 합니다. 유럽에서는 수소에 대한 이해가 높습니다. 유럽연합집행위도 수소에 대한 연구개발과 실용화에 많은 투자를 하고 있어요. 독일은 프로젝트를 가동하고 있고요. 곧 더 발전된 축전기술이 실용화되어서 재생에너지가 전체 전력을 주도하게 될 겁니다."

처음 수소전지에 대해 들었을 때는 왠지 모를 불안함이 있었다. 어릴 적 핵폭탄보다 더 무서운 것이 수소폭탄이라고 들었던 말은 과학지식이 부족한 나의 뇌리에 깊게 남아 있었기 때문이다. 엔지니어들과 과학자들에게 들은 바로는 핵융합과 연결지어 사고하는 것 자체가 잘못된 연상이라고 한다. 그보다는 가스 저장소와 비교하는 것이 이해가 더 쉬울 것이라고. 다른 기타 에너지원처럼 안전관리 장치가 장착될 것이니 그리 위험은 크지 않을 것이라는 의견이다.

네 번째 핵심 요소는 스마트 그리드smart grid(전기의 생산, 운반, 소비 과정에 정보통신기술을 접목하여 공급자와 소비자가 서로 상호작용함으로써 효율성을 높인 지능형 전력망 시스템)다. 즉 인터넷을 통해 에너지를 공급받는 것이다.

"유럽은 인터넷 스마트 그리드를 사용합니다. 에너지 흐름이 인터넷 정보처럼 뜨는 거죠. 지역별로 그린에너지 저장 상태에 대한 정보를 만들어 디지털로 저장하고, 온라인에서 나누는 겁니다. 스마트폰의 앱으로 프로그램화하여 어디든 수요가 생기는 곳에 전해줄 수 있습니다. 온라인을 통해 아일랜드에서 체코로 에너지를 전할 수 있는 거죠."

지능형 전력망으로 불리는 스마트 그리드 시스템은 기존 전력망을 정보기술IT과 연결하여 전기가 모자라고 남는 곳을 파악한 후 효율적으로 전기를 배분한다. 또한 남은 전기는 저장하여 나중에 사용할 수도 있고, 필요한 곳에 팔 수도 있다.

정보를 주고받는 스마트 그리드 인프라가 구축되고, 가정에 소규모이지만 발전 시스템을 갖추면 개인도 전기를 팔 수 있다. 예를 들어 전기를 모아놨다가 전기 사용량이 많은 12시부터 오후 2시까지 한국전력공사에 전기를 보내 계량기를 거꾸로 돌아가게 하는 방식이다. 이렇게 개인도 전기 공급자가 되는 것이다. 앞서 중국이 전력 분산을 위해 에너지 인터넷 배치에만 820억 달러를 투자하겠다고 발표한 것이 바로 이 스마트 그리드 시스템 인프라를 구축하겠다는 의미이다.

"다섯 번째 핵심 요소는 운송입니다. 도요타가 2015년에 수소 하이브리드 자동차를 선보일 예정입니다. 혼다, 현대, GM은 이미 수소를 연료로 하는 하이브리드 자동차를 생산하고 있고, 앞으로 더욱 발전된 제품을 출시할 것입니다. 누구나 스마트폰의 앱을 통해 가장 가까운 곳에 있는 재생에너지를 생산하는 빌딩을 찾아가서 플러그를 꼽고 수소 하이브리드 자동차를 충전하면 됩니다.

지금까지 설명한 이 다섯 가지 핵심 요소는 3차 산업혁명을 이끄는 인프라 구조로, 앞으로 10년에서 30년 사이에 전체 경제를 바꾸게 될 것입니다. 재레드 다이아몬드가 말한 것은 지금 일어나는 변화 속에서 우리가 실제로 해야 하는 일이 무엇인가에 대한 문제입니다. 우리는 우선적으로 화석연료 사용에서 벗어나 재생에너지로 옮겨가야 합니다. 그런 다음 에너지를 민주화하고, 민주적인 소통이 가능하도록 만들어야 합니다. 3차 산업혁명의 열쇠는 바로 경제 변화입니다. 즉 새로운 일자리를 창출해야 하고, 저소비를 통해 효율을 증대하며, 지구를 깨끗하게 하면서도 경제에 이롭게 해야 합니다."

　한국의 지방자치단체 중 서울, 수원, 성남 등은 녹색도시를 지향하고 있다. 그러나 그 도시의 에너지 담당자와 이야기를 나누다 보면 에너지 소비를 줄이고, 화석연료 사용을 낮추려 하면서도 과연 재생에너지만으로도 거대 도시의 전력을 공급할 수 있을지에 대해 의문을 갖고 있었다. 리프킨은 이런 의문에 대해서도 단호히 항변했다.

　"그들은 다만 그렇게 하는 방법을 모를 뿐입니다. 함께 차근차근 기반시설을 만들어나가야 해요. 보세요. 전 세계에서 40분 동안 모은 태양광으로 1년 치 세계 전기 수요의 일곱 배를 얻을 수 있습니다. 전 세계에서 부는 바람의 20퍼센트만으로 전체 경제가 요구하는 에너지의 7배를 얻을 수 있습니다. 지구에는 활용할 수 있는 재생에너지원은 많이 있습니다. 우리별의 1제곱인치(사방 2.5센티미터)마다 재생 가능한 에너지원이 있습니다. 불가능하다는 단정은 기본적으로 거대 기업이 에너지를 좌지우지하려는 이데올로기에서 나온 것입니다. 저는 그것을 항상 의심합니다. 유럽은 하는데, 왜 한국은 못하겠어요?"

핵발전의 경제적 효용은 끝났다

제레미 리프킨과 인터뷰를 진행할 때 한국에서는 고리 핵발전소 폐기 논란과 밀양 송전탑 공사 강행에 대해 주민들의 저항이 뜨거웠다. 한국전력공사에서 발표한 보고서*를 보면 고압 송전선로 80미터 이내 지역에는 어린이 백혈병 발병률을 3.8배나 높일 정도의 전자파가 흐른다고 한다. 일생을 그곳에서 농사를 지어온 사람들은 고향을 떠나야 한다는 두려움으로 그저 살던 대로 살 수 있게 해달라고 목숨을 걸고 매달렸다. 그리고 9개월이 지나 이 글을 쓰는 순간에도 그 저항은 수그러들지 않고 있다. 여기에 경주 방사능 폐기물 처분장의 안전 문제까지 더해져 원거리 이동 전력에 대한 이슈는 정치적 쟁점으로 떠오르게 되었다.

각국의 중앙정부는 화석연료의 대안으로 핵발전소를 선호한다. 한국 정부는 핵발전소를 건설하기 위해 전력 부족 문제를 뉴스화하고 있다는 의심을 유발할 정도다. 이 부분에 대해 명확한 해명이 이루어지지 않는다면, 지구온난화를 유발하는 화석연료의 대안으로 재생에너지 중심의

●　〈가공송전선로 전자계 노출량 조사연구〉 보고서, 2013년 7월 25일 장하나 국회의원 발표

3차 산업혁명이 선택되는 길은 요원하리라고 본다.

'깨끗한 에너지', '값싼 에너지', '안전한 에너지'로 홍보되는 핵발전소와 송전탑 건설에 대해서 어떻게 생각하는지 견해를 물었다. 그러자 순간 이 질문에 그의 얼굴에는 짜증이 묻어나는 듯했다. 이미 결론이 다 난, 시대에 뒤떨어진 안건을 왜 다시 끌어내는지 답답해하는 눈치였다.

"송전탑은 중앙집중적 방식이에요. 먼 거리까지 전기를 전달한다는 이점이 있지만, 송전탑이 설치되는 지역 주민들의 희생을 강요하죠. 댐도 그렇고, 핵발전소도 그렇습니다. 이는 민주적인 방식이 아닙니다. 뿐만 아니라 몇몇 사람들의 손에 집중되어 있으며, 그들을 위한 것이죠. 이에 대한 긴 이야기를 기어코 하기를 바라는 것 같군요.

자, 핵발전이 진행되는 비즈니스 세계의 논쟁에 대해 이야기해보겠습니다. 저는 세계에서 제일 큰 개발팀의 의장을 맡고 있습니다. IT, 전자, 물류, 건축, 건설, 금융 분야가 모두 모여 있는데, 우리 팀에 속해 있는 CEO들은 핵발전이 비즈니스적 관점에서는 유용성이 끝났다고 진단했습니다. 체르노빌 사건 이후 20년 동안 그 어느 나라도 핵발전소를 건설하지 않았죠. 그런데 기후 변화 이야기가 나오면서부터 핵발전 사업에서 '잠깐만, 당신들은 우리가 필요하지 않아? 우리는 이산화탄소를 내뿜지 않거든' 하며 목소리를 높이기 시작했죠."

핵발전이 청정에너지라는 홍보를 우리는 지금도 듣고 있다.

"황당한 말이에요. 이 주장에는 큰 문제점이 있습니다. 전 세계적으로 2,000개의 핵발전소가 있는데, 모두 다 노후해졌습니다. 가동을 멈춰야 할 처지예요. 게다가 2,000개의 핵발전소가 만들어내는 에너지는 세계에서 필요한 에너지의 6퍼센트만을 생산하고 있습니다. 기후 변화에 최소한의 영향력을 행사하기 위해서는 적어도 20퍼센트의 에너지를 생산해야 합니다. 지금으로서는 아무 영향력이 없는 겁니다.

그렇기 때문에 핵발전소를 더 건설해야 한다고 주장하는데요. 여기에 핵발전소가 사업적으로 왜 이득이 없는지에 대한 계산이 나옵니다. 세계 필요 에너지의 20퍼센트를 채우려면 노후된 핵발전소를 다 철거하고, 40년 동안 매달 3,000개의 새로운 핵발전소를 건설해야 합니다. 전혀 이득이 없는 사업이죠.

국제원자력기구IAEA의 발표에 의하면 우라늄 매장량은 매우 부족해서 2030년이 되면 비용이 올라가 적자가 될 것이라고 합니다. 즉 우라늄이 동이 난다는 거죠. 우리는 우라늄을 플루토늄으로 재생할 수 있는 기술을 개발했어요. 그런 다음 어떻게 됐죠? 세계 곳곳에 플루토늄을 사용하는 핵발전소가 생겨났죠. 테러리즘이 강도를 더해가는 시대예요. 플루토늄이 온 세상에 퍼지기를 바랍니까? 저는 절대 그렇지 않아요.

그리고 핵폐기물을 묻을 곳이 없어요. 70년 동안 핵발전소들은 핵폐기물 문제를 해결하겠다고 했습니다. 그런데 아직도 방법이 없습니다. 후쿠시마 핵발전소에서 사고가 나게 된 원인은 핵연료봉이 마당 창고 안에 있었기 때문입니다. 쓰나미가 몰려오자 핵연료봉이 무너지게 되면서 원자로가 파괴된 거죠. 미국은 네바다주에 핵폐기물 지하창고를 세우는 데

16년 동안 80억 달러를 썼습니다. 이후 단 한 번도 그 지하창고를 열어본 적이 없어요. 왜 그럴까요? 그 이유는 이미 그곳이 새고 있기 때문입니다. 실제로 핵폐기물을 완벽하게 저장하고 있는 처리장은 이 세상에 없습니다."

그렇다. 지구를 생물과 무생물이 끊임없이 반응하며 생명력을 유지하는 거대한 유기체로 봤을 때, 그 어떤 경우에도 변형되지 않을 만큼 유연하게 원형복구가 되는 시멘트 덩어리가 발명되지 않는 한, 과연 핵폐기물을 저장하는 안전한 땅이 있을까? 끝도 없는 사막이 펼쳐진 네바다주라면 안전하겠거니 생각하며 잊고 살 수는 있을 것이다. 하지만 인구가 밀집되어 있는 대한민국, 게다가 활성단층지대로 지진이 잦은 경주에 방사능 폐기물 처분장이 들어선다는 것은 불안하기 그지없다.

곧이어 리프킨이 가장 우려하는 핵발전소 무용론에 대한 사유는 인간이 번영을 누리기 위해 질주하다가 결국 스스로의 발목은 잡은 예를 보여준다. 2차 산업혁명을 주도해온 화석연료가 유발한 기후 변화가 결론적으로 핵발전소의 가장 큰 무용론의 사유가 되었다.

"핵발전은 죽었습니다. 그 이유는 물이 없어서입니다. 우리에게는 물이 없어요. 즉 냉각수가 없다는 겁니다. 프랑스에서는 담수의 40퍼센트를 냉각수로 사용하는데, 기후 변화로 인해 물이 뜨거워져 사용할 수 없게 됐어요. 그래서 유럽과 프랑스는 이른 시일 내에 핵발전소의 문을 닫아야 하는 거죠. 뭐, 해양에 핵발전소를 세울 수는 있어요. 하지만 매우 위험합니다. 쓰나미와 태풍이 더 증가하고 있기 때문이에요. 이 점이 생태학적·사회학적 관점에서 20세기 중앙집중식 핵발전이 죽었다고 말하는 것입니다. 도대체 한국은 왜 비싼 핵발전을 사용하려는 거죠? 모든 사람이 다 생산할 수 있는 공짜 그린 전기가 있는데요.

핵발전은 몇몇 회사에게만 이득이 돌아갑니다. 우리는 모든 사회에서 생산자와 소비자조합으로 소유할 수 있는 우리만의 에너지를 생산해야 합니다. 지금 독일이 하는 것처럼 말이죠. 모든 한국인이 자기 집 마당에서 에너지를 만들어낼 수 있을 때 이를 'Power to the People', 즉 '국민에게 권력을 쥐어줬다'라고 말할 수 있습니다. 이는 에너지 민주화를 통해 가능합니다. 모든 권력은 국민에게서 나오는 것입니다."

대한민국 헌법 제1조는 '대한민국의 모든 권력은 국민으로부터 나온다'라고 명시되어 있다. 생산 동력인 에너지를 국민의 손에 쥐어줌으로써 권력이 국민으로부터 작동되어 나올 것이라고 생각하니 가슴이 뛰었다.

에너지 민주화라고 하면 시장에서 에너지 생산자이자 소비자로서 개인이 존중받을 수 있는 조건이 형성되었다는 것을 의미하는 것이다. 그러기 위해서는 주요 에너지의 생산과 수입, 공급과 유통을 맡아왔던 기업 그리고 권력과 대등한 관계를 가질 수 있을 만큼 개인이나 생산조합들의 영향력이 커져야 할 것이다. 재생에너지로 만드는 전력이 중앙집중식 전력보다 더 많아질 때 자연스럽게 힘의 균형은 이루어질 것이다.

하지만 개인이 에너지의 생산자가 된다면(즉 에너지 민주화가 실현된다면) 이미 에너지를 선점하고 있는 기업들의 반발은 없을까? 그리고 이득

이 되는 새로운 경향에 대해 이윤을 먼저 생각하는 기업들이 이 사업을 선점하려고 하지 않을까?

"독일과 덴마크에서 일어나고 있는 일인데, 거대 전기회사들이 생산 분야에서 발을 빼고 있습니다. 모든 재생 가능 에너지의 절반 정도를 소 규모 생산자와 소비자협동조합에서 만들어내고 있습니다. 거대 전기회 사가 생산하는 재생 가능 에너지는 7퍼센트밖에 되지 않는데, 그 이유는 거대 기업이 사업을 할 수 있는 조건이 아니기 때문이에요. 분산적인 에 너지 생산은 수직적인 거대 기업이 할 수가 없어요. 지금 61개 나라에서 발전차액지원제도Feed in Tariff •를 추진하고 있습니다. 만약 당신이 전기를 생산하게 된다면, 시장가격보다 더 높은 가격으로 팔 수 있게 되는 거죠. 그래서 많은 사람이 그린 전력을 만들어볼까 하는 마음을 갖게 되고, 설 비를 갖추려고 하는 거예요.

유럽에서는 20년 후면 대부분의 건물이 그들만의 그린 전력 발전시설 을 갖추게 될 것입니다. 재생 가능 에너지는 컴퓨터 칩에서 일어난 현상

● 발전차액지원제도(Feed in Tariff): 태양광, 풍력, 바이오 등 신재생에너지를 이용하여 발전된 전력을 높은 기준가격을 설정하여 구매해주는 제도로 재생에너지가 전체 발전량에 차지하는 비율을 높이고자 시행하는 제도이다. 독일, 스페인 등 주로 유럽국가에서 시행한다. 한국의 경 우(2012년 3월 12일 〈프레시안〉 기사, 채은하 기자)도 2002년부터 2012년까지 시행했다. 발 전차액지원제도가 운영되는 동안 한국에서도 태양광발전소는 큰 폭으로 늘어났다. 2006년 태 양광발전소의 총용량은 31MWp에서 2008년 10배 이상인 352MWp로 늘었고 시민발전소, 마을에너지사업, 시민출자형 태양광협동조합 등의 자발적인 에너지 전환 운동도 일어났지만, 전라도 신안의 동양태양광발전단지처럼 대규모 태양광 발전단지도 건설됐다. 한국은 이후 의 무할당제도로 전환했다.

과 같은 성장 곡선을 그리며 확산될 것입니다. 처음 1킬로와트에 66달러였던 그린 전력은 현재 66센트입니다. 1990년에 시작된 월드와이드웹The World Wide Web, www은 현재 전 세계 인구의 3분의 1이 오디오, 비디오, 텍스트를 만들어 올리는 형식으로 제로 마진으로 운영되고 있습니다. 그린 에너지도 지금부터 20년 뒤 당신 아이들이 대학을 졸업할 즈음이면 생활의 일부가 되어 있을 거예요. 독일의 발전업계에서는 이제 거대 기업들은 더 이상 중심 활동축이 아닙니다. 그래서 기업들은 새로운 비즈니스 모델로 이동하고 있습니다."

기존 기업들의 새로운 역할은 네트워크를 통합하도록 돕는 서비스 제공자이다. 생산자와 소비자를 조직하고 연결하며 문제가 발생했을 때 그것을 해결하는 해결사가 되는 것이다. 기업은 에너지 수요가 집중된 시간대에 전력 배분이 잘 되도록 소비자와 생산자에게 정보를 제공하여 필요한 곳으로 원활히 흘러가도록 운용함으로써 전기를 팔 때보다 더 많은 돈을 벌게 될 것이라고 한다. 이것이 바로 앞에서 말한 다섯 가지 핵심요소 중 네 번째 인터넷 에너지망인 스마트 그리드 사업이다. 이렇게 기업이 사업 분야를 이동하여 성공한 사례는 IBM에서 볼 수 있다.

"IBM은 개인 컴퓨터를 생산하여 세계적으로 전파시킨 주역입니다. 그런데 1990년부터 돈을 버는 데 문제가 생기기 시작했어요. 한국의 기업 등이 동일한 성능의 컴퓨터를 더 싸게 만들어 시장에 내놓음으로써 경쟁구도 속에서 IBM은 컴퓨터를 팔면 팔수록 돈을 더 잃게 되는 수렁에 빠지게 되었죠. IBM은 고심 끝에 해법을 찾아냅니다. 바로 컴퓨터 생산을 줄인 거예요. 그리고 '이제 컴퓨터는 필요하지 않다. 컴퓨터는 상자 Box일 뿐이다'라고 선언했어요. 모든 사람이 상자를 만들어 팔 수 있게 된 상황에서 이제 자신들은 정보를 다루겠다면서 자기혁신을 도모했습니다. 소프트웨어에 집중하기 시작했고, 컨설팅에서도 두각을 나타냈어요. 그리고 2000년대에 들어서면서 매출액 중 서비스/컨설팅 비중이 가장 큰 몫을 차지하게 되었습니다."

IBM은 'Big Blue빅 블루'라고도 불리는데, 우량 주식 가운데에서도 가장 훌륭한 블루칩이라는 의미를 담고 있다. 빅 데이터를 보유하고 있는 거대 전력기업은 모든 비즈니스에 도움을 줄 수 있으며, 그 결과 에너지비용과 재료비용, 자원비용이 전체 사업망 속에서 줄어든다. 이에 많은 기업이 점차 이 길로 옮겨가고 있다. 독일의 전력회사인 RWE AG, EnBW Energie Baden-Württemberg와 프랑스에서 가장 큰 전력회사이며 세계적인 기업인 EDFÉlectricité de France도 새로운 전환에 동참했다. 2014년 9월 보도에 의하면 한국의 정보 시스템 업체인 LG CNS도 스마트 그리드 시대를 준비하는 데 집중하고 있다.

리프킨은 EDF가 30년 장기 계획 속에서 변화를 완료하고 나면 세계에서 가장 위력 있는 전력회사가 될 것이라고 했다. 물론 그들은 아직 핵발전소를 유지하고 있다. 장기적 변화를 시작해야 한다고 깨달은 EDF는 현재 중앙집중식 모델과 분산적 모델을 함께 운용하고 있다.

"이런 식의 공존은 예전부터 있어 왔어요. 1차 산업혁명은 증기력을 이용한 인쇄, 기관차, 공장의 발전을 이루었는데, 1890년 미국과 유럽에서 최대의 절정을 이루었죠. 그런 다음 2차 산업혁명으로 석유, 자동차, 전화, 중앙집중식 전력을 갖추게 되었는데, 이때 역시 1차 산업혁명의 동력인 증기력은 함께 사용되고 있었습니다. 2차 산업혁명 모델과 1차 산업혁명 모델은 40년 동안 공존했어요. 물론 1945년 2차 산업혁명이 거대한 씨를 뿌릴 때 영리한 기업은 그 변화에 몸을 실었고, 아둔한 기업은 기회를 놓쳤죠."

이런 상황에서 만약 한국이 이 기회를 놓친다면 어떻게 될까?

"그렇다면 한국은 25년 뒤 힘의 논리에 의해 2부 리그에 있을 것입니다."

에너지 민주화가 만드는 수평적 권력구조

생산양식이 바뀌면 정치 시스템에도 변화가 일어나기 마련이다. 2차 산업혁명 이후 중앙집권적 국가체계가 강화되었다. 전력 생산과 공급에 관련된 사업은 국가가 주도하는 것이 필수였고, 대량생산에 의한 물류 이동을 위한 도로 정비 사업도 국가가 주도했다. 화석연료 확보를 위한 군사적·정치적·산업적으로 연결된 복합체 출현도 유기적으로 결합된 2차 산업혁명의 산물이다. 그렇다면 과연 3차 산업혁명으로 나아가는 과정에서 어떻게 정치·사회적 변화가 일어날지 그가 생각하는 가능성을 들어보았다.

"정치 시스템은 변할 겁니다. 중앙집권화에서 분산화될 거예요. 중앙정부는 코드, 규정, 표준, 정보를 상호 교환하여 처리하는 틀을 세우는 역할을 할 것입니다. 그다음은 지역의 활동이 중요해질 것입니다. 3차 산업혁명을 위한 그들만의 마스터플랜을 여건에 맞게 창조해야 하니까요. 그리고 지역 단위들은 와이파이처럼 연결될 것입니다. 수평적 권력을 형성하면서 그 속에서 분권화되는 거예요. 결과적으로 지금의 권력구조를 바꿀 겁니다. 이는 권력 안에서 일어나는 근본적인 이동입니다."

미리 언급하자면 지그문트 바우만과의 인터뷰에서 그는 현재 신자유주의 구도에서 거대 자본에 끌려가는 정치의 한계를 극복하는 방법으로 시장mayer의 연대를 주장했다. 각 도시가 연대한다면 자본의 활개에 제동을 걸 수 있으며, 시민들은 자신의 권리와 자유, 존엄을 지켜가며 소득과 소비, 공공 이익을 누릴 수 있게 된다는 것이다. 이런 사회적 경향을 염두에 두고 리프킨의 권력 이동 방향을 살펴보는 것은 희망을 찾고 만드는 길이 될 것이다.

"수평적 권력으로의 이동은 이미 우리 안에 와 있어요. 기존의 거대 통신회사, 미디어, 엔터테인먼트 산업들을 보세요. 그들은 인터넷을 매우 싫어했어요. 젊은이들이 음악 파일을 공짜로 공유하기 시작할 때 음반회사들은 질겁했습니다. 그런데 지금은 어떻게 됐죠? 업계에서 음반회사들은 퇴장하고 있습니다. 신문도 블로그 스피어에 대해 듣고 싶어 하지 않았어요. 지금 신문도 내리막길을 걷고 있습니다. 이렇게 된 이유는 우리 모두가 정보를 생산할 수 있기 때문이에요.

엔터테인먼트 업계는 유튜브에 대해 듣고 싶어 하지 않았지만, 현재는 수십억의 인구가 콘텐츠를 생산하는 시대입니다. 공짜로 즐기는 공유 세상인 거예요. 이는 필연적인 과정으로 미디어, 엔터테인먼트, 신문사 그리고 출판업계에서 이를 멈출 수는 없을 것입니다. 이러한 움직임이 에너지로 옮겨가고 있는 거예요. 이것도 멈출 수가 없어요. 다만 문제는 그런 시대적 기류를 적절한 시기에 함께 타고 흘러가야 한다는 것입니다. 그렇다면 그 결단을 과연 적시에 내릴 수 있는가? 이것이 한국의 중앙정부와 지방정부의 능력이며, 국민의 능력일 것입니다."

우리는 시장 속에서 작동되는 돈의 힘이 권력을 좌우하고, 승자가 독식하는 신자유주의에 익숙해져 있다. 그렇다면 공유의 시대에 거래가 이루어지는 시장은 어디에 있을까?

"수직적 통합에 기반을 둔 19~20세기에는 큰 회사가 중앙으로 집중된 권력을 누렸지만, 개인 대 개인이 연결되는 수평적 통합이 중심이 되는 시대에 시장은 부분적인 역할을 협동하는 네트워크에 넘길 수밖에 없습니다. 이것을 '하이브리드 경제'라고 부릅니다. 거래와 공유가 조화롭게 이뤄지는 오늘날 인터넷 세상과 현실 세계를 보다 주시해야 합니다."

시대를 거스르는 셰일가스 개발

제레미 리프킨의 연구재단이 있는 곳이고, 가족과 함께 살고 있는 조국이며, 또한 세계 제일의 강대국인 미국의 움직임은 어떠한지에 대해 물었다. 그러자 순간 그의 얼굴에서 밝은 기운이 사라졌다.

"미국과 캐나다는 불행하게도 궤도 밖에 있습니다. 이는 매우 슬픈 일이에요. 그나마 다행인 것은 나라 전체가 모두 다 잠들지는 않았다는 거예요. 캘리포니아, 워싱턴, 오레곤주와 뉴잉글랜드, 텍사스 남부의 샌안토니오부터 오스틴까지는 움직이고 있습니다."

텍사스야말로 석유가 펑펑 나오는 곳이다. 그리고 2차 산업혁명의 동력을 제공한 도시라고 할 수 있는데, 그곳이 재생에너지 시스템으로 변한다는 점이 의아했다. 리프킨은 웃으며, 아이러니하지만 열심히 성과를 만들어가고 있다고 말했다. 2009년 미국에서 일곱 번째로 큰 도시인 샌안토니오가 3차 산업혁명을 위한 결단을 내렸다.

"미국이 3차 산업혁명을 외면하는 것보다 더 참담한 일은 미국이 하겠다는 혁신에 있습니다. 미국은 인터넷을 창조했고, 실리콘밸리를 만들었어요. 이로써 산업혁명의 절반이 이뤄진 거죠. 바로 커뮤니케이션 소통 부분 말입니다. 그런데 여기서 멈춰버렸어요. 인터넷을 만들고 서로 환호한 후에 셰일가스와 타르샌드로 옮겨가 버린 거예요. 기존 에너지회사들이 우리에게 엉터리 상품을 팔아먹는 일이 벌어지고 만 겁니다. 미국 사람들은 셰일가스가 싸니, 타르샌드가 싸니 하며 열을 내면서 그 값을 따지고 있어요. 그 배후에는 중앙집중식 화석연료 에너지 자본이 버티고 있습니다. 만약에 미국이 앞으로 8년 혹은 10년을 놓친다면 말 그대로 2025년에는 이류 국가로 전락할 것입니다. 기회는 오래 머물지 않아요."

셰일가스는 잘 살펴봐야 할 주요 이슈이다. 2014년 새해 벽두에 나온 보도에 의하면 세계 최대의 에너지 소비국인 미국은 '셰일가스 혁명'을 등에 업고 벌써 세계 에너지 시장을 쥐락펴락하고 있다. 한국 언론들도 화석연료 에너지 수입 국가로서 긴장할 것을 촉구했다.

셰일가스는 모래와 진흙이 오랜 세월 쌓여 굳어진 탄화수소가 퇴적암층에 매장되어 생긴 천연가스다. 물과 모래, 화학약품을 섞은 혼합액을 고압분사하는 추출법이 도입되면서 시추가 활기를 띠고 있다. 하지만 채취할 때 사용하는 화학물질이 지하수를 오염시키고, 천연가스 시추보다 탄소 발생량이 많아 지구온난화를 촉진한다는 비판이 일고 있다. 이런 이유로 환경 분야에서는 셰일가스 개발을 반대한다. 국가별로도 영국, 스페인은 셰일가스 개발에 적극 나서고 있지만, 프랑스는 환경문제로 반대하는 입장이다. 반면 한국의 주요 기업들은 차세대 연료라며 에너지원을 선점하기 위해 열을 올리고 있다. 한국가스공사, 석유공사 그리고 SK

등이 개발 투자와 수입 등에 적극적으로 움직이고 있다.

　그러나 지구의 운명을 좌우하는 가장 심각한 우려 가운데 하나가 기후 변화라고 판단하여 화석연료 사용을 줄이는 데 힘을 모으자는 입장에서 본다면, 셰일가스와 타르샌드로 몰리는 거대한 개발 자본은 두려움을 야기한다.

　세계적인 기후학자이자 1980년대에 지구온난화에 대해 경각심을 불러일으켰던 콜롬비아대학 제임스 한센James Hansen^{••} 교수는 타르샌드 개발이 지구환경에 재앙이 될 것이라며 준엄하게 경고해오고 있다. 타르샌드에까지 손을 뻗치면 대기의 탄소 배출은 위험한 수준에 도달할 것이라는 주장이다. 탄소덩어리인 타르샌드와 셰일가스를 사용하게 되면 기후 문제는 영영 해결할 수 없는 상태가 되어버릴 것이다. 그렇기 때문에 제발 돌이킬 수 없는 강을 건너지 말라고 호소하고 있다. 이 문제에 대해 제레미 리프킨은 보다 경제적인 효용성을 강조한다.

　"셰일가스 개발에 투자와 관심이 몰리고 있습니다. 미 연방정부의 에너지부처에서는 2020년이 되면 그동안 안정적이던 값싼 셰일가스 가격은 상승할 것이고, 매장량도 감소할 것이라고 전망하는데도 돈이 몰리고 있어요. 국제에너지기구도 앞으로 2020년이 되면 셰일가스에서 맛보던 희열은 증발할 것이라고 했어요. 이제 고작 5년 남았습니다."

●　2014년 1월 9일자 〈경향신문〉, 유희곤 기자
●●　2013년 5월 16일 〈블룸버그(Bloomberg)〉 보도, 알렉스 모랄레스(Alex Morales), 'Hansen Says Tar-Sands Oil Makes Climate Change Unsolvable'

리프킨은 오바마 대통령이 큰 실수를 했다고 지적했다. 위대한 경제를 이루겠다는 큰 뜻을 가슴에 품고 있으면서도, 수십억 달러의 경기부양 자금을 고립적인 프로젝트에 투자하고 있기 때문이다.

"배터리 공장은 여기에, 태양열 공장은 저기에 건설되어 있어 서로 연결되지 않아요. 새로운 경제 패러다임에 맞는 인프라를 구축하지 못한 겁니다. 세계 경제는 인프라 구조를 바꿈으로써 테크놀로지 혁명을 시도하고 있습니다. 2차 산업혁명을 주도하고 번영을 이룬 미국의 힘은 발빠른 인프라 구축에 있었어요. 자동차를 생산하는 데 충분한 전력을 공급하기 위해 에너지원을 중앙집중식으로 보강함으로써, 헨리 포드는 전기를 다루는 파워 연장을 갖게 되었어요. 전기에 의해 움직이는 힘을 이용해 대량생산과 대량소비를 위해 임금 안정을 제안하며, 결국 자신의 노동자들에게 값싼 차를 팔 수 있었던 겁니다.

자동차를 움직이려면 가솔린이 필요하기 때문에 석유 파이프라인이 설치됐고, 지역 간 연락을 취할 수 있도록 전화기에 전력을 공급하기 시작했습니다. 시골은 도로 시스템의 발달로 도시의 근교화가 되면서 미국은 2차 산업혁명의 전체적인 인프라를 구축하게 된 겁니다. 자동차, 중앙집중식 전력, 석유와 가스 파이프라인, 도로망, 전화를 통해 지역 간 연결을 용이하게 하며 도시 근교 문화를 창출했습니다. 미국의 위대한 번영은 각 주를 이어주는 고속도로를 만들어 하나로 연결해낸 1950~1980년대에 이루어졌어요. 한국은 개별적인 프로젝트 개발로 실패를 만들지 말 것을 당부하고 싶습니다."

공감의 시대, 협력 유전자가 필요하다

12년 동안 일 년에 한 번씩 한국에 들어왔다. 올 때마다 느끼는 씁쓸함이 있는데, 바로 사람들 사이에 그어진 선이다. 정치적인 입장으로 나뉜 관계, 2002년 월드컵 때 붉은 티셔츠를 입고 하나가 되었던 사람들이 서로에게 보수나 진보의 딱지를 붙이고 있다. 좋아하는 영화에 따라 편이 갈리고, 함께 식사하는 것마저 불편해한다. 보수나 진보라는 의미를 이제 고향이나 주거지, 지지하는 정치인, 좋아하는 영화, 좋아하는 색깔에 따라 정해진다라고 정의해야 할 판이다. 이런 상황에서 미래의 재난을 막을 수 있는 기회들이 우리의 손을 떠나고 있다.

세계는 문명의 위기를 논하며 산업적 전환을 꾀하고 있고, 생태환경에 맞는 인프라를 구축하고, 교육 시스템을 바꾸고 있다. 그러나 우리는 여전히 '유신'이나 '종북'을 불러내어 싸움을 부추기고 있다. 이런 편가름에서 벗어나 협력과 공존으로의 수평적 이행이 가능할까?

"저희 세대는 사람들이 정치적·경제적 권력에 대해 생각할 때 항상 좌와 우, 자본주의와 사회주의라는 스펙트럼에서 바라봤어요. 그러나 밀레니엄 세대는 다릅니다. 그들은 이런 구분에서 자유로워요. 저보다 30살 아래에 있는 이 친구들은 인터넷 세대예요. 그들이 사용하는 권력의 의미는 구세대와는 다른 스펙트럼입니다. 좌우도 아니고, 사회주의 대 자본주의도 아니에요. 그들이 묻는 기준은 '이것이 기관의 힘인가?'입니다. 이 질문은 정부나 정당, 기업 또는 학교 시스템인지에 대해 묻는 것이죠.

중앙에서 통제되는 것인지, 위에서 아래로 내려오는 것인지, 가부장적인지, 폐쇄적이고 독점적인 것인지, 아니면 그 힘이 열려 있고 분산적이며, 협력적이고 수평적 권력인지에 대해 묻는 겁니다. 이것이 세대 간의 차이에요. 산업혁명이 인터넷 에너지로, 인터넷 물류로 바뀌기 시작했는지에 대한 진정한 답이 될 것입니다. 현재는 그들이 주역입니다."

그의 분석대로라면 미래는 젊은 세대에게 익숙한 공유와 협력의 확산에 의해 움직이게 될 것이다. 그러나 경쟁에 지치고, 빚에 시달리게 된 젊은 세대가 권위로 내리누르는 힘에 반발하여 수평적 지위를 원하는 것 말고, 자신의 힘을 동료 경쟁자와 수평적으로 나누며 협력하려고 할까? 이미 우리 안에 자리 잡고 있는 품앗이 공동체의 가치는 산업화 속에서 붕괴되어 퇴화된 건 아닐까? 잠시 이런 부정적인 점검을 해보았다. 하지만 곧 가슴 쓰라리게 떠오르는 젊은 얼굴들이 있었다. 침몰해가는 배 안에서 마지막 구명조끼를 친구에게 벗어주었던 17살의 아이, 5살 동생에게 자신의 구명조끼를 입혀줬던 6살 어린 오빠, 한 명이라도 더 구하기 위해 탈출을 미루고 사지로 다시 들어간 비정규직 승무원과 교사들. 이들의 희생 앞에 이기심은 인간의 본능이며, 적자생존 정글의 법칙이 현대 사회를 지배한다라는 그 어떤 논리는 통하지 않는다.

협력의 행동은 서로의 털을 손질해주는 침팬지들이나 모래성을 쌓는 아이들 또는 홍수가 났을 때 모래주머니를 쌓아 물의 범람을 막는 남녀들 사이에서 금방 눈에 띈다. 사회적 동물의 유전자 속에는 서로 돕는 행위가 설정되어 있다.* 여러 생명체가 혼자서는 할 수 없는 일들을 해내기 위해 오랜 시간 협력해왔다.

　다윈의 진화론을 강자만이 살아남는 정글의 법칙처럼 적자생존형으로 해석하며, 자본주의 시장경제에서도 강한 자만이 살아남는다는 이론을 당연하게 받아들이는 사람들이 많다. 그리고 시장이 스스로 결정을 하기 때문에 어떤 규제도 필요 없다고 주장한다. 하지만 이런 논리는 다윈주의에 대한 오해이며, 자신의 이익을 위해 편리하게 해석한 것이다. 이런 다윈주의에 대한 오해는 허버트 스펜서의 책임이 크다. 스펜서는 다윈의 이론을 왜곡시켜 자신이 주장하는 사회적 논제에 억지로 끼워 맞췄다. 그리고 훗날 그의 주장을 '사회진화론Social Darwinism'이라는 잘못된 개념으로 받아들이게 되었다.

　세계적인 윤리학자 피터 싱어는 부르주아적 생물학이 생물의 종 내부에서의 경쟁이론에 왜 집착하는지에 대해 다음과 같이 설명하고 있다. 자본주의 사회에서 물질적 재화가 과잉 생산되는 시기에도 대다수가 빈곤에 허덕이게 되는 사실을 정당화할 이론이 필요했기 때문이라는 것이다. "자연에는 동종 간의 경쟁이란 존재하지 않는다. 이종 간의 경쟁만이 존재할 뿐이다. 늑대는 토끼를 잡아먹는다."**

　그렇다. 늑대는 늑대를 잡아먹지 않는다. 피터 싱어의 말을 통해 경쟁을 조장하며 사람보다는 돈이 우선되는 논리를 당연하게 받아들이는 우

●　　리처드 세넷, 《투게더》, p.26
●●　　피터 싱어, 《다윈주의 좌파》, p.51

리의 모습을 되돌아보게 된다. 사회정책학의 대부로 불리는 리처드 티트머스는 "혈액은행은 기부자들의 이타성 덕분에 존재할 수 있다"•고 했다. 어떤 사람들은 대가 없이 자신의 혈액을 기부한다. 인간에게 혈액은 생명을 유지하는 데 중요한 요소이다. 그럼에도 자신의 혈액을 기부한다는 것은 인간에게는 이타적 본성이 깔려 있기 때문에 가능하다는 것이다.

지속 가능한 문명을 만들겠다는 의지의 출발은 순리대로 살겠다는 다짐에서 온다. 인간의 본성을 거스르지 않는 순종, 자연의 이치를 거스르지 않는 존중이 현재의 위기를 이겨나가는 데 필요한 기본 자세일 것이다. 리프킨이 열정을 가지고 우리를 설득하는 바탕에도 인간의 보편적인 본성에 대한 믿음이 있기 때문일 것이다. 그는 강렬한 눈빛과 뜨거운 목소리로 변화가 만들 희망을 우리에게 보여주고 있다.

마지막으로 그에게 스스로를 지치지 않게 하는 인류에 대한 믿음의 실체에 대해 물어보았다. 그는 인터넷 세대야말로 협력을 보여줄 주인공이라고 말하며 자신의 신뢰에 대해 설명했다.

"신경인지과학자와 진화생물학자들이 주장하는 바가 있습니다. 인간은 타인의 고통에 대해 공감하는 신경회로망을 갖고 태어났다고 합니다. 예를 들어 당신의 팔에 거미가 기어가고 있는 것을 보았다면, 나 역시도 간지럽다고 느껴지는 거죠. 피를 흘리고 있는 상대를 보면 나 역시도 고

• 리처드 티트머스, 《*The Gift Relationship*(선물교환관계)》, 1971

통이 느껴지는 겁니다. 인간의 신경은 공감신경으로 연동되어 있어요. 그렇기 때문에 호랑이보다 힘도 약하고 느린데도 살아남을 수 있었겠죠. 인간은 본능적으로 어울려 살기 위해 교감을 합니다. 그 결과 모든 문명이 탄생할 수 있었죠.

인간의 공감 능력은 진화합니다. 만약 지금이 원시 씨족사회인데, 당신은 고개 너머 부족 사람이라면 우리는 피를 나누지 않았기 때문에 서로를 괴물 취급할 겁니다. 그러나 시간이 흘러 문명이 발생하고, 종교가 자리 잡은 고대 국가라면 사람들은 피를 나눈 동족이 아니라고 하더라도 유대교, 불교, 유교 등의 종교를 통해 연민과 공감이 확대될 것입니다.

인류는 이렇게 진화해왔습니다. 1차 산업혁명이 일어났을 때 우리는 소통 에너지를 종적·횡적으로 국가 단위 시장으로 확대해나갔습니다. 지금은 모든 사람이 가족의 개념을 동포로까지 확장하고 있습니다. 그래서 프랑스 사람들은 서로 키스를 하고, 독일 사람들은 악수를 합니다. 인간은 공감 능력으로 핏줄에서 종교적 연대, 국가적 정체성으로 공감력을 확대시켰습니다."

그는 이제 인류의 공감력이 생물권^{Biosphere}[●]에 대한 의식으로 옮겨가고 있다고 한다. 현재 인터넷을 통해 공간을 뛰어넘어 밀접하게 연결되어 있는 현 세대나 다음 세대는 세상에서 벌어지고 있는 일에 대해 직접 겪는 것처럼 경험할 수 있다. 세월호가 침몰하기 시작할 때 페이스북이

●　생물이 살 수 있는 지구 표면과 대기권으로 그 안에 있는 생태 시스템을 포괄한다.

나 트위터는 통곡과 안타까움으로 뒤덮였다. 그리고 미디어를 통해 세계인들도 함께 눈물을 흘렸다. 리프킨은 지금 세상은 연결되어 있다는 점을 강조한다.

"우리 아이들은 자신이 하는 모든 일이 생태적 발자국으로 남는다는 것을 학교에서 배우고 있습니다. 그리고 집에 와서 왜 차가 두 대나 필요하냐고 물을 것입니다. 차를 공유하면 되지 않느냐는 제안을 하겠죠. 햄버거를 먹을 때도 열대우림을 파괴하고, 수많은 생물 종을 사라지게 하면서 키운 소의 고기가 시장에 나왔다는 것을 알고 있을 것입니다.

아이들은 페이스북을 하고 스카이프로 국경을 넘어 전 세계와 소통을 하고 있습니다. 이제 인류는 핏줄로 분류되지 않습니다. 아이들이 자라면 다른 종까지도 가족의 일부로 여길 것입니다. 온 생명이 연결되어 있음을 피부로 느끼고 있는 겁니다. 이것은 제가 기대하는 부분이기도 합니다.

물론 나는 나이브하지 않아요. 2075년을 생각하면 몸서리가 쳐집니다. 기후 변화가 너무도 급속하게 진행되고 있어요. 정말 하루라도 빨리 변화를 모색하지 않으면 우리 아이들은 대재앙 속에서 살아갈 것입니다. 우리는 모든 두 번째 이슈들은 미루고, 진지하게 사회의 전환에 뜻을 모아 요구해야 합니다. 기존의 권력은 이를 원하지 않을 거예요. 하지만 젊은 세대들은 앞으로 나아가야 하고, 요구해야 합니다. 우리의 바람을 강력하게 밝혀야 해요."

...

새해 벽두부터 찾아온 추위로 그를 만나는 날, 20년 만에 워싱턴 D.C는 가장 낮은 온도를 기록했다. 그날은 지구가 얼어붙는 속도를 느낄 수 있게 했다. 해가 중천으로 떠올랐는데도 기온이 계속해서 떨어지며 바람 속에서 냉기가 차올라왔다. 뺨에 닿는 바람은 성에 긴 유리조각 같았다.

SF 영화에 등장하는 익숙한 장면이 떠올랐다. 재앙이 닥치고, 어김없이 몰려오는 추위와 배고픔으로 아비규환이 되는 그날의 모습이다. 땅속의 화석연료가 고갈되어 고스란히 추위를 견뎌내야 한다면, 100년 전 인플레이션으로 시장이 붕괴되어 당장의 추위를 견디기 위해 돈을 태웠다는 독일 가정의 삶이 다시 재현될 수 있다는 생각에 막막해졌다. 제레미 리프킨을 만나고 온 이후여서 이 느낌은 더욱 강렬하게 다가왔다.

그러나 살을 에는 찬바람 속에서도 희망을 보았다. 바로 그 바람이 희망이었다. 햇볕이 구름에 가려도, 불어오는 바람이 아무리 매서워도, 햇볕과 바람이 있는 한 우리는 붕괴되는 시장을 회복시킬 수 있는 기회의 시간이 있다는 것을 제레미 리프킨의 말을 통해 각성할 수 있었다.

위태로운 동북아, 평화를 위한 제언

행동하는 지성인의 양심 노암 촘스키

노암 촘스키(Noam Chomsky 1928년생)는 매사추세츠 공과대학(MIT) 언어학과 교수이다. 20세기 가장 중요한 언어학자 중 한 명으로 '현대 언어학의 아버지'로 불린다. 변형생성문법 이론을 만들어냈으며, 《통어이론의 제상》(1965) 등의 저작을 통해 이를 체계적으로 발전시켰다. 또 인지과학의 선구자이기도 한 그의 학문적 성과는 지금도 컴퓨터 공학, 수학, 심리학에까지 영향력을 미친다. 그는 역사학자이자 사회운동가로도 불리는데, 1967년 베트남 전쟁에 반대하는 글 〈지성인의 의무〉를 발표하여 큰 반향을 불러일으켰다. 이후 미국의 외교정책, 자본주의 경제, 인권, 언론 등에 관한 시론을 꾸준히 써오며 비판적 여론을 형성하는 리더로 부각되었다. 깊이 있는 논지로 학계와 대중의 두터운 신망을 얻고 있으며, 미국을 대표하는 지성으로서 프랑스 철학자 미셸 푸코(Michel Foucault), 스위스 발달심리학자 장 피아제(Jean Piaget), 미국 분석철학자 힐러리 퍼트넘(Hilary Putnam) 등 현대 대표 석학들과 공개적인 대담을 펼치기도 했다. 100권이 넘는 전문서적 및 시론서와 1,000여 편의 논문을 발표했고, 지금도 꾸준히 저서를 펴내고 있다. 주요 저서로 《촘스키와 푸코, 인간의 본성을 말하다 The Chomsky-Foucault Debate: On Human Nature》, 《숙명의 트라이앵글 Fateful Triangle》, 《촘스키, 실패한 국가, 미국을 말하다 Failed States: The Abuse of Power and the Assault on Democracy》 등이 있다.

2014년 1월 마지막 날 찾은 노암 촘스키 방에는 여전히 확대하여 찍은 편지봉투 사진이 놓여 있었다. '수취인 불명' 도장이 찍혀 반송된 편지로, 팔레스타인으로 전달되지 않은 그 땅 원주민의 한을 담고 있었다. 노암 촘스키는 유태계 미국인으로 팔레스타인 사람들의 자유로울 권리와 평화를 지원한다.

> "한국인들은 하나입니다. 한국인들은 늘 하나의 나라로 통합하기를 그리고 서로가 자유롭게 교류하기를 희망해왔습니다. 이것은 건강한 열망입니다. 이 열망이 건강한 통일을 향해 나아가는 길입니다."

우리 문명은 위태롭게 줄타기를 하고 있다. 그 중 눈에 보이는 증거가 평화를 위협하는 전쟁이다. 우리는 지구의 생을 늘리기 위한 이 모든 노력이 단숨에 물거품이 될 수 있는 시대를 살고 있다. 대량살상 무기가 그 어느 때보다 질적인 발달을 이뤘다. 순식간에 화약고가 될 수 있는 갈등 지역도 도처에 생겨나고 있다. 그 가운데에서도 가장 긴장이 팽팽한 곳은 화석 에너지원이 몰려 있는 중동과 북부 태평양 지역이다. 중국이 경제적으로 강자로 떠오른데다 군사적으로도 팽창 전략을 쓰면서 미국과 맞서고 있기 때문이다.

미국과 중국이 맞서는 지정학적 중심에는 남한과 북한이 자리한다. 세계열강의 시선으로 보면 남북이 대치하는 한반도는 양 세력의 충돌을 국지적으로 해소할 수 있는 스펀지 같은 완충 지역이기도 하고, 세계 전쟁으로 불을 붙이게 될 도화선이기도 하다. 우리가 우크라이나에서 벌어지는 서구와 러시아의 충돌을 팔짱끼고 지켜보듯이, 팔레스타인과 시리아에서 벌어지는 이슬람과 이스라엘 그리고 서구 열강의 충돌을 까치발로 구경하듯이, 그렇게 경제적 손익계산만 할 수 있는 처지라면 북부 태평양의 긴장은 어쩔 수 없는 '21세기 시장을 차지하기 위한 싸움터' 정도로 넘어갈 수 있을지 모른다.

그러나 가자지역 어부°처럼, 다마스커스°° 학생처럼, 마리우폴°°° 노동자처럼, 우리는 갈등 지역이지만 어쩔 수 없이 이곳에서 모든 것을 걸고 살아야 하는 당사자이기에 한반도를 세계열강의 전략적 요충지가 아닌 대립을 완충하는 평화지구로 만들어야 하는 소명이 있다. 우리의 평화와 생명을 지키는 길이 세계가 함께 사는 길인 것이다.

200년이 넘도록 산업의 동력이자 생활의 중심에 있는 화석 에너지의 보고인 중동으로 가는 길목마다 전쟁을 불러왔다. 뒤늦게 동면에서 깨어난 중국 역시 그 길목을 차지하기 위해 성큼성큼 걸어가며 긴장을 더하고 있다. 중국은 동아시아 지역의 주요 원유 수송로인 말라카 해로와는 별도로 파키스탄을 비롯한 몇몇 지역을 육로로 연결해 자원의 이동거리와 시간을 단축시키고 있다. 또한 세계 질서의 균형추를 움직이고자 자국의 동쪽 해안에서도 존재감을 확인시키고 있다.

〈문명, 그 길을 묻다〉가 진행되던 2014년 초 역시 중국이 방공식별구역Air Defence Identification Zone, ADIZ, 영공의 방어를 위해 영공 외곽 공해 상공에 설정되는 공중구역을 선포

- 가자 해변에서 심한 폭격으로 죽은 아이들
- 2011년 3월 15일부터 충돌이 시작되었고 18만 명 이상(2014년 8월 추정)의 사망자를 내고 있는 내전국 시리아의 수도
- 우크라이나 동부 항구 도시로 분쟁 지역이다.

하여 한, 미, 일에 울렸던 경보음이 채 꺼지지 않은 시점이었다. 반세기 넘게 미국이 관할하던 북태평양 해상 지역에서 중국이 자위권을 강화하자 오키나와에서 호주까지 해군기지를 강화해오던 미국은 더 바짝 신경을 곤두세웠다. 그리고 일본의 집단 자위권까지 은근히 지지하는 추세로 돌아섰다.

이런 갈등은 2014년 내내 이어졌다. 그리고 그해 9월, 미국이 고고도미사일방어THAAD, 사드 체계를 주한미군에 도입하겠다는 사실이 알려지면서 다시 중국의 반발*이 거세졌다. 일본, 러시아도 편치 않은 형국이다. 끊임없이 신경전을 벌이는 거대 세력들의 틈바구니에서 대한민국은 북한의 핵미사일과 맞물려 사막의 파수꾼인 미어캣의 행보를 해야 할 상황이다.

현 세계 평화를 위태롭게 만들 수 있는 화약고로서 한반도를 동북아 정세를 넘어 큰 그림으로 평화의 의제로 짚어보고자 했다. 그러자 노암 촘스키가 떠올랐다. 2년 전 그와 대담을 하면서 받은 깊은 인상 때문이었다. 미국의 힘이 뻗치는 중동, 유럽, 남미, 아프리카에 대한 깊이 있는 정세 분석 속에서도 동북아에 갖는 그의 깊은 관심과 오랜 성찰을 피부로 확인했다.

그는 당시 중국을 중심으로 변화하는 세계 힘의 지형에 집중하자는 의견을 제시하였다. 그런 관점에서 강정 해군기지에 대한 분석을 통해 중국을 견제하는 미국의 군사 전략의 요충지라고 지적했다. 그 이후 중국

●　주한중국대사가 10월 14일 미국 고고도미사일방어체계의 주한미군 배치에 명확한 반대를 밝혔다. 2014년 10월 19, 〈중앙일보〉

의 팽창은 꾸준히 확대되어왔고, 중동 정세의 다변화 속에서도 아시아의 지정학적 긴장감은 풀어지지 않았다. 더불어 2014년 벽두에 대한민국 대통령이 느닷없이 선언한 통일 대박론은 한반도를 중심에 둔 동북아 미래에 대한 진단이 이뤄져야 할 큰 이유가 됐다. 그래서 반세기 이상 국제 정치 속 힘의 이동을 현장의 활동가들과도 연대하며 성찰해온 노암 촘스키 교수를 찾게 되었다.

섭외 이메일을 보내면서 시기적으로 이미 그의 상반기 대외 인터뷰 일정이 마감되었을 때라 큰 기대는 하지 않았다. 2년 전 그와의 만남을 준비하며 알게 됐는데, 촘스키 교수는 특정 기간을 정해놓고 전 세계에서 몰려오는 인터뷰 요청을 조정해서 스케줄을 잡는다. 그래도 그에게 이메일을 보냈다. 답장이 왔고, 촘스키는 되레 본인이 이야기하고 싶은 내용이라며 일정이 가능할지 비서와 상의해달라고 부탁했다. 이례적으로 일정은 바로 다음주로 잡혔다. 과거 석 달 전에 잡혔던 약속과 대비되었다. 그만큼 한반도의 통일을 염원하며 세계 평화를 이루고자 하는 그의 깊은 애정이 느껴졌다. 노암 촘스키와의 인터뷰는 2014년 1월 31일 금요일 오전 11시, 그의 MIT 연구실에서 진행되었다.

■ ■ ■

밤잠을 설치고 새벽 4시에 길을 나섰다. 해와 함께 움직이는 비행이어서 마음은 가벼웠다. 시간과 일상에 쫓겨 캘리포니아에서 동부로 갈 때마다 밤 비행기를 타곤 했는데, 그때마다 몸에 무리가 왔었다. 추위가 한풀 꺾여서인지 공항에 모인 사람들의 어깨를 감싸는 외투 두께에서 여행지를 짐작할 만했다. 영하 6도의 겨울 동네로 가는 나는 긴 패딩점퍼를 입었지만 검색대 앞에 선 가족은 반팔에 얇은 점퍼 차림이다. 중간에 갈아 타며 8시간 비행을 하고, 3시간 시차까지 더하니 도착한 곳은 해가 저물어 어둠 속이었다.

노암 촘스키와의 만남을 앞두고 저만치 멀어졌다고 느꼈던 긴장이 다시 조여왔다. 긴장한 정신은 손아귀의 힘을 풀어 포크질을 더디게 만들고, 휴대전화 위로 오렌지 주스를 엎지르게 했다. 얼마 전 친구에게 이젠 어른들과 만나 인터뷰하는 일을 그저 담담한 일과로 여기며 차분히 집중하게 됐다고, 그래서 안도한다고 이야기했었다. 하지만 그런 허세는 착각이었다. 아니, 노암 촘스키는 그저 단순히 인터뷰로 받아들일 수 없는 인물이기 때문인지도 모른다. 돌아가신 나의 아버지와 같은 해에 태어난 어른이자 매우 다른 사상적 선택을 한 분이지만, 그의 존재만으로도 전달되는 무언가가 있다. 그리고 그리움을 자극한다.

사진작가와 함께 사무실에서 준비를 하는 동안 촘스키가 왔다. 그는 조금 더 늙어 있었다. 그리고 나를 기억하지도 못했다. 당연히 그럴 수밖에 없다. 온 세계에서 무수한 미디어와 단체가 찾아오기 때문이다.

그의 오랜 동료이자 비서인 베브가 커피를 가지고 왔다. 내게 긴급하게 내준 시간은 어쩌면 하루 일정이 시작되기 전 커피를 마시며 일정을 점검하는 여유를 내어준 듯하다. 첫 질문을 던졌고, 노암 촘스키는 커피를 마시는 대신 답변에 몰입했다. 그는 두 손에 들린 머그잔에서는 연신 뜨거운 김이 올라왔다.

어떤 전쟁도 핵전쟁으로 치달을 수 있다

2014년 벽두는 시리아와 남수단이 전쟁에 휩싸였고, 우크라이나 역시 위태로운 상황이라는 소식으로 가득했다. 아침마다 배달되는 〈뉴욕타임스〉는 1면부터 전쟁 혹은 테러 소식으로, 지면을 펼치기 두렵도록 고통스런 사진으로 채워졌다. 그런 일상이 된 충돌에 대해 이야기하자 노암 촘스키는 나직이 이렇게 답했다.

"이제, 전쟁이 나면 우리는 모든 것을 잃을 수 있어요. 어떤 전쟁일지라도 쉽게 핵전쟁으로 치달을 수 있기 때문입니다. 핵전쟁은 그야말로 완전한 재앙이에요. 일단 벌어지면 뒷수습을 고민할 기회조차 잡을 수 없기 때문이죠. 그 위력을 우리는 압니다. 겪어봤잖아요? 어느 나라에 심각한 수위의 핵전쟁이 발발한다면, 우선 핵겨울 현상만으로도 그곳의 모든 것은 붕괴될 겁니다. 전 세계가 마비될 정도로 파멸적이죠. 이 세계는 핵무기 문제가 그 무엇보다 심각합니다."

그는 비핵화에 대한 의견을 피력했다. 지금 세상에 가장 긍정적인 방향은 핵무기가 없는 비핵화 지역을 늘리는 방법을 모색하는 것이라고 말한다. 우선 남아메리카는 비핵지대이고, 아프리카도 거의 없다고 볼 수 있다. 하지만 미국이 인도양의 디에고 가르시아 섬에 핵을 고수하기 때문에 완전한 비핵화 지역이라고 할 수는 없다고 진단했다. 디에고 가르시아 섬은 인도양에 외따로 있는 영국령 섬인데, 미국이 장기 임대하여 군사기지로 사용하고 있다. 이곳을 거점으로 인도양 전체와 동부 아프리카, 중동, 인도, 인도네시아에 이르는 광대한 지역이 장거리 전략 폭격기 등 군용 항공기와 미사일의 항속거리에 들어간다. 노암 촘스키는 디에고 가르시아 섬이 모리셔스 군도에 속해 있고, 그 일부가 동부 아프리카에 속하기 때문에 핵무기로 무장한 미군이 주둔하는 한 아프리카를 비핵화 지역으로 부를 수 없다고 말한다. 그리고 핵무기를 비롯한 미국의 군수 산업에 대해 질타하기 시작했다.

"군사력에 있어서 미국은 세계에서 절대적으로 독보적인 지위를 차지하고 있습니다. 군대만으로 보면 미국이 세계 군비의 절반을 지출하고 있어요. 그리고 부대 배치를 보세요. 어떤 나라가 세계를 쭉 돌아가며 자기네 군대를 주둔시켜놓고 있습니까? 아프리카 지부티에 주둔한 프랑스 군대 말고는 거의 없을 거예요. 미군이 주둔하고 있는 부대가 1,000개는 될 겁니다. 군사력에 있어서도 미국을 대적할 만한, 2등이라 불릴 수 있는 상대는 없습니다. 미국은 그 누구도 근접할 수 없는 군사력을 가졌고, 이에 못지않은 특권을 누리는 경제적 우위에 있습니다."

오늘날 세계 군비시장의 주요 공급자는 미국을 포함한 G8 국가들이다. 이들 국가는 1998~2003년까지 전체 무기 판매량의 84퍼센트를 점유했다. 미국의 무기 3분의 2가량은 아프리카를 포함한 개발도상국에 수출된다.[*] 제3세계의 갈등구조 속에서 군수산업으로 이득을 취하고, 산업적으로도 자원 수탈과 시장점유로 막대한 이득을 취하는 것이 소위 선진국이라 불리는 나라의 민낯이다. 자원 수탈과 시장에 대한 이야기는 장 지글러와 원톄쥔과의 인터뷰에서 더 살펴볼 것이다.

촘스키의 말대로 핵과 관련된 미국의 태도는 매우 위험해 보였다. 특히 조지 워싱턴 같은 미국의 핵 추진 항공모함이 세계 어느 곳이나 접근할 수 있다는 것은 매우 위협적이다.

"오바마 정부는 중앙아시아에 핵무기 시설을 포함하여 군사작전이 가능한 부대를 상당히 재빠르게 만들었습니다. 이 사실에서도 미국의 입장이 보이죠. 프랑스는 남태평양 프랑스령에서 핵실험을 하고 있고, 미국은 그 지역을 핵무장 군함 이동 경로로 사용하기 때문에 남태평양 비핵지대 조약이 실행이 안 되고 있습니다. 가장 심각한 경우는 중동인데요. 미국과 이란이 대치하고 있는 상황에서 늘 핵이 터질 가능성이 있는 구역입니다. 아랍 국가들이 제일 적극적으로 중동 비핵화 지역을 만들자고 밀어붙이고 있습니다. 매우 가치 있는 방향 설정이죠. 그래서 지난 2012년 비핵무기 지대를 향한 국제회의를 핀란드에서 열려고 했습니다. 유엔의 핵확

● 아마르티아 센, 《정체성과 폭력》, p.168

산 금지 지원 아래 진행되는 회의로 거의 막바지 단계까지 갔었는데요. 문제가 생겼습니다. 이스라엘이 참가하지 않겠다고 한 겁니다. 이란까지 아무 조건 없이 참가하겠다고 했는데 말입니다. 그러자 미국이 회의를 취소했습니다. 결국 무산됐죠. 유럽의회, 아랍 국가들, 러시아 모두가 다시 소집하자고 압력을 넣는데도 지금까지 재개되지 않고 있습니다.”

그런데 그럼에도 불구하고 촘스키는 북태평양 지역과 한반도에서 비핵화를 만들어낼 수 있으리라고 전망한다. 물론 쉽지 않을 거라고 말한다. 그는 북한뿐 아니라 미국에게도 한반도 비핵화를 지키도록 모든 시도를 해야 한다고 주장했다. 그는 2013년 2월 12일 북한이 3차 핵실험을 하던 상황을 상기시켰다. 북한은 핵무기의 폭발력을 증가시켰고, 소형 경량화에 성공하였다. 당시 미국의 여론은 들끓었고, 중국 역시 북한에 대해 불편함을 드러냈다.

“우리는 왜 북한이 핵무기를, 그것도 지난 10년 동안 상당한 규모로 개발해왔는지 그 배경에 대해서 인식해야 합니다. 미국이 협상에서 반복적으로 사보타지를 했어요. 획기적인 수용안으로 협상이 진행되어가는 도중에 부시 행정부가 느닷없이 고착 상태를 만드는 일을 반복한 겁니다. 그러면서 북한은 핵무기와 미사일을 발전시킨 거죠.”

북한 핵무기 개발과 관련하여 한국 내에서도 촘스키와 비슷한 평가가 나오고 있다. 철학자 윤구병도 북한이 핵무기를 생산하는 이유가 자위를 위해 불가피한 측면이 있다고 밝혔다. 조지 부시가 '악의 축'으로 삼고 여러 방면에 압박을 가했기 때문에 핵개발을 촉진시켰다는 것이다.

많은 사람이 한반도 통일의 열쇠는 미국이 쥐고 있다고 한다. 하지만 미국 정부는 한반도의 통일을 원하지 않는다는 진단도 있다. 그들은 분단된 상황을 힘의 완충지대로 활용하고자 한다고, 미국 정보라인에 있던 사람이 한 말을 촘스키에게 전했다.

"저는 한반도에 대해서 미국이 통일을 막겠다는 장기적인 목표를 설정했다고 생각하지는 않습니다. 확실히 그렇지 않을 거예요. 다만 부시 정권이 모든 부분에 공격적으로 과격하게 취해온 입장을 표현한 거겠죠. 1994년 체결된 미국-북한 관계의 기본 틀 협약 이후 진행된 북한과 미국의 협상을 들여다보면 미국의 부정적인 모습들이 사실로 보입니다. 부시 행정부가 통일을 향한 확실한 가능성을 보여줄 사안들에 대해 거절하면서 특히 더 의혹을 느끼게 했습니다. 이는 미국 학계가 검토한 평가에도 나와 있는데, 미국이 북한과의 협상에서 뒷걸음질쳤고, 또 가능했던 진전 단계들을 막았다는 정황을 학자들이 제시했죠.

하지만 북한은 상당히 까다로운 협상 상대예요. 원만한 상황에서 협상 테이블을 운영해내기 어려운 상대죠. 그렇다 해도 부시 행정부의 행보는 특히나 아주 해로웠습니다. 실제로 그 해악의 결과를 지금 볼 수 있잖아요?

● 윤구병 · 손석춘, 《노동시간 줄이고 농촌을 살려라 – 변산농부 윤구병과의 대화》, p.55-56

조지 W. 부시 대통령이 취임할 때 북한은 핵무기 보유대수가 적거나, 거의 없었습니다. 그가 대통령 임기를 다하고 백악관을 떠날 때 북한은 상당한 핵무기력을 보유했어요. 이는 미국이 실패한 겁니다. 저는 단호하게 말하건데, 모두 함께하는 보다 건설적인 접근을 할 수 있었음에도 하지 않은 건 부시 정권이라고 생각합니다."

이어서 들어선 오바마 행정부도 인터뷰 당시 6년 차로 접어들었다. 촘스키는 정권이 바뀌었음에도 불행히 눈에 띄는 변화는 없다고 진단했다. 오바마 행정부가 부시 정권처럼 혹독하게 공격적이지는 않지만, 부드럽게 조절하려는 시도도 없었다는 평가다. 그는 오바마가 할 수 있었는데 하지 않았다고 말했다.

한반도의 통일, 미-중 관계가 핵심 변수

노암 촘스키는 북한과의 관계를 고려할 때 부시 정권에서는 나타나지 않았던 큰 이슈가 오바마 정권에서 주요한 배경으로 떠올랐다고 말했는데, 그것은 바로 중국의 부상이다. 미국과 중국의 복잡한 관계로 인해 태평양을 포괄하는 주도권 문제로까지 발전하게 된 것이다. 중국이 영향력을 키움으로써 인도 태평양 지역이 세계정세에서 주요 쟁점으로 떠올랐고, 한국의 문제 역시 바로 그 속에 자리 잡는 변화를 맞게 된 것이다. 그에게 세계 평화에 있어 지정학적인 요충지인 한반도를 둘러싼 중국과 미국의 힘의 관계에 대해 물었다.

"중국은 그들의 국경지대에 미군이 주둔하는 것을 원하지 않습니다. 그렇기 때문에 미국의 영향력이 확대되는 방식으로 한반도가 통일 되는 것도 원하지 않는 거죠. 그렇게 되면 미국의 힘이 중국 국경에까지 미칠 건 뻔한 이치니까요. 제 생각은 한국이 당당하게 독립적으로 통일하도록 미국이 도와야 한다고 봐요. 한국은 겉으로 보기에는 열강들의 상호작용 으로부터 분리되어 있고, 한쪽으로 치우치기보다는 중립적입니다. 하지 만 그 배경에 있는 미국과 중국이 복잡한 관계 속에서 어떻게 조정하고 발전할지는 의문입니다.

중국과 미국의 관계는 경제적으로 매우 긴밀합니다. 미국이 중국에 막 대한 경제적 투자를 해왔거든요. 중국은 미국의 주요 수출국으로, 경제와 투자 관계에서는 굉장히 긴밀합니다. 반면에 다른 한편으로 두 나라는 갈 등구조 속에 놓여 있습니다. 중국 동해를 놓고 입장이 다르기 때문에 생 기는 갈등이에요. 중국은 그들의 영향력을 해상으로 확대하려고 하고, 주 변국으로 넓혀 해상 활동력을 강화하려고 합니다. 이런 일련의 움직임 속 에는 일본과 오래도록 이어져온 해묵은 갈등도 들어 있습니다. 이 갈등은 일본이 태평양의 상당 지역에 걸쳐 지배하고 제재를 가했던 제국주의 시 절로 거슬러 올라가는데, 이를 결코 수긍하지 않는 중국의 태도가 센카쿠 열도상에서 아주 심각하게 불거져 나오고 있습니다."

그렇다. 일본은 센카쿠 열도라 부르고, 중국은 댜오위다오라고 부르는

그곳에서 중·일 간의 해묵은 영토 분쟁이 계속되고 있다. 센카쿠 열도는 동중국해 남서부에 위치한 다섯 개의 무인도와 세 개의 암초로 구성된 군도로, 타이완과 류큐 제도 사이에 있다. 현재는 일본이 실효 지배하고 있지만, 중국과 대만이 영유권을 주장하고 있다.

촘스키와 인터뷰하기 두 달 전인 2013년 11월, 중국은 동중국해 상공의 방공식별구역을 발표하였다. 그 지역은 다시 뜨거운 국제 쟁점이 됐다. 방공식별구역은 한 나라가 자국의 영공을 방위하기 위해 영공 외곽의 일정 지역에 설정한 구역으로, 다른 나라의 군용기가 사전 통보 없이 이 구역에 진입할 경우 군사대응도 불사하겠다는 내용을 담고 있다. 당시 중국이 선포한 방공식별구역에 일본의 방공식별구역과 대한민국이 관할을 주장하는 이어도가 들어가 있어 한반도와 일본이 들썩거렸다. 미국의 존 케리 국무장관도 중국을 향해 강한 비판을 가한 것을 보면 이 지역에 대해 미국이 얼마나 관심을 쏟고 있는지 가늠할 수 있다.

"군사적으로 뭔가 일어날 것 같은 대치 지역입니다. 중국 동해상의 그곳을 미국은 전략 언어로 '대표적 안보 딜레마'라고 묘사해요. 미국과 중국 양쪽이 서로 다른 주장을 하는데, 미국이 주장하는 바는 '차단할 자유'로, 본질적으로 미국이 거의 모든 곳에서 군대를 운영할 자유를 가져야 한다는 의미죠. 이에 반해서 중국은 자국의 영역은 자기들이 통제하겠다는 의지를 드러내는 겁니다. 중국 동해상의 갈등은 형평성이 어긋난 갈등이에요. 미국과 중국 사이에서 벌어지는 수많은 경제적·군사적 불균형 관계를 반영하고 있습니다.

그 바다는 중국의 동해입니다. 그곳은 카리브해 해상도 아니고 캘리포니아 앞바다도 아니죠. 하지만 미국은 오래도록 유지해온 제국주의 위치를 고수하려 하고, 중국은 미국의 제국주의 힘이 미치는 지배로부터 자신의 지위를 회복해나가려고 기지개를 켜고 있습니다. 저는 중국의 입장을 이해합니다. 중국은 미국이 조지 워싱턴호 같은 핵 추진 항공모함을 캘리포니아 해안에서 중국 동해로 보내는 일을 정말 참기 힘들 거예요. 하지만 미국은 또 달라요. 미국이니까 그럴 수 있다고 생각합니다. 중국 사람들의 눈으로 보면, 한국에 새로 만들어지는 해군기지도 자기네를 포위하는 아치로 여겨질 수 있어요. 저는 제주도 강정기지는 군사기지로 활용될 거라고 봅니다. 그렇게 되면 중국을 향한 적대적 압박구조를 이루는 일본 오키나와, 괌, 호주로 이어지는 군사적 봉쇄 아치가 모양을 갖추게 되는 겁니다."

중국의 방어적 '진주목걸이' 전략

2012년 3월 7일 강정 구럼비 바위가 폭파되기 시작하던 당시 오바마 정부는 군대를 호주로 전진 배치했다. 노암 촘스키가 말하는 아치형 봉쇄는 이들 주요 해군기지를 연결하는 모양새이다. 2012년에 외교가에서는 중국과 국경에서 대립하는 러시아와 인도까지 연결해서 중국을 둘러싼 O형 봉쇄 구도라는 말도 나왔다. 촘스키에게 이 말을 상기시키자 그 역시 중국이 러시아와 인접한 국경에서 벌여온 대립과 인도와 인접한 국경에서 일으켰던 전쟁에 대해 이야기했다. 인도와 중국의 국경 분쟁은 50년 가까이 계속되고 있는 해묵은 감정이다.

중국은 21세기 들어 함께 약진했던 인도를 에두르며 자신들의 산업 요충지인 하이난에서 중동까지 연결하는 주요 항구에 거점을 확보했다. 이는 진주목걸이String of Pearls 전략이라고 불리는데, 2014년에는 예멘까지 거점을 확대했다. 또한 내륙으로는 베트남과 남중국해에서 오래도록 영유권 분쟁을 벌여오던 바닷길 대신 파키스탄 등을 거점으로 중동으로 도달하는 길을 만들고 있다. 이 주요 거점들을 연결하면 진주목걸이 모양의 전략이 된다.

3년 전 촘스키와 당시 핵심 이슈였던 강정 해군기지 건설을 두고 대담하는 가운데, 중국과 미국의 관계를 주시하며 그는 이 진주목걸이 전략을 주요하게 언급했다. 이후 진주목걸이 전략이 실행되어가는 과정을 유심히 살펴보면서, 순차적으로 완성되는 중국의 행보를 볼 수 있었다.

"중국의 진주목걸이 전략은 미국의 압박으로부터 천천히 벗어나려고 하는 노력입니다. 사실상 중앙아시아를 향하는 움직임이죠. 카자흐스탄에서 파키스탄까지 쭉 이어지도록 관계를 긴밀히 만들어나가려는 모색입니다. 또 거기에 이란까지 이어져 궁극적으로는 터키까지 도달할 거예요. 중국과 이들 아시아 나라가 참가하는 상하이협력기구Shanghai Cooperation Organization, SCO도 그 방향 속에서 힘을 키워가고 있습니다. 에너지 안보를 내세우고는 있지만, 부분적으로는 서방의 간섭으로부터 방어적이면서도 자신의 영향력과 힘을 확대하려는 움직임이죠.

그런데 중국의 해상에는 미국이 주도하는 상당한 군사력이 들어와 있어요. 그리고 당신이 언급했듯이 러시아와 인도가 다른 쪽에 또 버티고 있어요. 상하이협력기구는 인도와 이란은 옵서버observer로 승인했지만, 미국은 받아들이지 않고 거부했습니다. 이 상하이협력기구가 앞으로 얼마나 발전해나갈지 예상하기는 어렵지만, 일각에서는 북대서양조약기구 NATO 정도는 될 것이라고 보고 있습니다. 꽤 요원해 보이지만, 세계 무대에서 앞자리를 차지하려는 중국의 의도를 엿볼 수 있습니다."

앞서 제레미 리프킨과의 대담에서 나왔던 2차 산업혁명의 동력인 화석 에너지가 세계의 수직적인 권력 배치와 얼마나 밀접한지를 보여주는 촘스키의 발언이기도 하다. 자원 확보를 위해 군사력을 키우고, 경제적 블럭화에 나서는 중국의 모색은 사다리의 위층으로 올라가려는 후발주자의 용트림을 느끼게 한다.

환태평양경제동반자협정의 모순

촘스키와 동북아 평화를 중심으로 살펴보는 세계 질서 이야기는 경제 협정으로 나아가, 환태평양경제동반자협정Trans-Pacific Partnership, 이하 TPP에 대한 이야기로 이어졌다. 보호무역으로 힘을 키워온 선진국들이 그 힘을 유지하기 위해, 관세를 비롯하여 아직 힘을 키우지 못한 약자들의 여러 보호 장비를 걷어버리는 위협적인 협정들에 대해 경제학자들은 '사다리

걷어차기'라고 부른다.

촘스키와 대담하던 당시 미국을 비롯한 아시아, 특히 한국에서 논쟁을 일으킨 TPP는 북부 태평양 지역의 평화를 추구하는 선택을 위해서도 주요한 의제이다. 때문에 우리도 이에 대해 논의해야 했다. 경제와 군사 그리고 자원 확보는 늘 그렇듯 세력과 세력 사이의 허공에 매달린 외줄이다. 비참하게도 한반도 평화 역시 그 줄 위에 놓여 있다.

2014년 벽두부터 TPP 가입을 놓고 아시아가 출렁였다. 일종의 자유무역협정^{이하 FTA}으로 아시아-태평양 지역 경제의 통합을 목표로 공산품, 농업 제품을 포함하여 모든 품목의 관세를 철폐하고, 정부 조달, 지적재산권, 노동 규제, 금융, 의료 서비스 등을 자유화하는 협정이다. 시작은 2005년 뉴질랜드, 싱가포르, 칠레, 브루나이 4개국뿐이었는데, 여기에 미국이 참여하면서 관심이 집중됐다. 그리고 이어 일본, 베트남 등이 가세했다. 최근 들어 미국의 오바마 대통령이 TPP를 중요하게 생각하며 아시아 국가들의 적극적인 가입을 독려했다. 하지만 이를 두고 중국을 견제하려는 미국의 행보라고 외교가와 언론에서는 평가한다.

미국이 주도하는 사안인 만큼 한국에서도 의견이 분분하다. 시기를 놓치기 전에 가입해야 한다는 입장과 반대 입장이 맞서고 있다. 한국 수출의 4분의 1을 차지하는 중국을 염두에 두고 TPP 가입의 경제적·외교적 손실을 신중히 논해야 한다는 의견이다. 북한과의 관계를 개선하기 위해서는 중국과의 관계를 잘 풀어가야 하지만, 경제적인 손익계산은 냉정하게 검토해야 할 문제이다. 특히 이는 2012년부터 뜨거운 논란을 일으킨

FTA와 더불어 하나의 의제로 묶여 있다.

2014년 9월 워싱턴에서 전해진 보도에 의하면 미국의 FTA 전문가가 '미국 의회가 한국의 TPP 가입을 지지하는 전제조건은 한국이 성공적으로 FTA 마무리를 할 때'[*]라고 밝힌 바에서도 알 수 있다. 한미 FTA 체결 이후의 상황을 보면 TPP에 대한 일부의 예견은 매우 부정적이어서, 'TPP 가입도 막아야 한다'[**]고 주장한다. TPP 가입은 자동차 산업을 살리려고 나머지 산업을 죽인 한미 FTA의 과오를 되풀이하려는 것이라며, 정부 측이 홍보했던 실질 국내총생산GDP 5.7퍼센트 증가와 일자리 증대 약속이 이행될 가능성은 이제 사라질 것이라고 주장한다. 촘스키 역시 TPP에 대해 강한 우려를 드러냈다.

"글쎄요. TPP는 매우 복잡한 사안입니다. 매우 신중하게 바라봐야 해요. 핵심은 이름처럼 무역협정인데, 무역과는 전혀 상관이 없다는 것입니다. 우리는 협정의 세부 사항을 모르고 있습니다. 대중에게 계속 비밀로 하고 있거든요. 그렇지만 수백 명에 이르는 기업 로비스트와 기업 변호사들에게는 보안을 걸지 않고 있으며, 오히려 그들이 협상안을 쓰게 합니다. 이는 북미자유무역협정[이하 NAFTA] 같은 다른 협정을 모델로 삼고 진행될 거예요. NAFTA는 자유무역협정이 아닙니다. 고도의 보호무역주

---

[*] 미국의 FTA 전문가인 제프리 쇼트 피터슨경제연구소(PIIE) 선임연구원은 22일 워싱턴 D. C. PIIE에서 열린 세미나에서 '성공적인 FTA 마무리는 미국 의회가 한국의 TPP 가입을 지지하는 전제조건이 될 것'이라고 밝혔다. 〈연합뉴스〉, 2014년 9월 23일

[**] 2014년 3월 13일, 서울 여의도 국회의원회관에서 열린 '한미 FTA 2년의 평가, 우려가 현실로' 토론회에서, 이해영 한신대 교수 발표, 〈뉴시스〉, 2014년 3월 13일

의이며, 투자자의 권리 협정입니다. 헤아릴 수 없이 많은 이득을 투자자에게 제공하지만, 민간에게는 심각하게 해를 미치고 있어요. 우리들은 〈NAFTA 20년〉에 대해 평가를 진행했었는데, 너무 큰 충격을 받았습니다. 예상됐던 것보다 폐해가 더 엄청났어요. 그 결과 기업이 정부를 고소하는 상황까지 이르게 되었습니다."

이쯤 되면 기업은 국가 위에 있게 된다. 규제 때문에 이윤을 내지 못했으니 재산을 침해한 거라 주장할 수 있는 상황이다. 자국민을 보호하는 법 조항들이 오히려 국가에게 손해를 입히는 조항이 되어버림으로써 국가 권력이 자국 영토에서 힘을 쓰지 못하는 처지가 되어버린 것이다.

"환경 규제 등 기업이 손해 볼 것 같은 잠재적 영향력을 미리 차단한 거죠. 이는 무역을 하려는 것이 아닙니다. 기업에게 극단적인 보호무역주의 장비를 갖춰주면서 고수익을 내도록 보장하는 시도입니다. 이는 오히려 자유무역을 급진적으로 반대하는 태도죠. 만약에 그네들 말대로 진정으로 자유무역을 하려면, 우리는 애덤 스미스가 말했던 그대로 해야 해요. 그는 자유무역의 기본은 노동의 자유순환이라고 명시했습니다. 사람들은 이동할 수 있어야 해요. 그런데 무역협정은 이렇게 말하고 있지 않죠. 그 협정들은 자본은 자유로이 이동하되 사람들은 반드시 그 자리에 있어야 한다고 합니다. 그러니까 미국에서 이민 관련 논쟁을 일으키는 이유가 바로 노동력이 움직이지 못하도록 하기 위해서인 거죠. 오직 자본만이 움직일 수 있어요. 그리고 전반적으로 TPP에 작성된 사안들은 노동의 비용(여기서 노동은 사람을 말한다. 즉 자본이 필요로 하는 사람이다)에 대해 자본의 힘을 강화하려는 겁니다."

　자본의 자유로운 이동은 다른 말로 하면 돈을 가진 사람들이 값싼 임금을 찾아 자유롭게 돈을 들고 이동한다는 의미를 포함한다. 2년 전 촘스키가 예로 든 분야는 자동차였다. 미국 인디애나주에 있는 자동차 공장에서 절반쯤 조립한 자동차를 멕시코의 하청공장으로 보낸다. 멕시코에서 조립을 마친 다음 다시 미국으로 수출해서 로스앤젤레스 자동차 시장에 내놓는다. 이는 겉으로 보면 무역이지만, 명백하게 따져보면 사내 거래이다. 관세 없이 국경을 넘나들며 생산 단가를 낮추고 판매 이익을 높이는 것이다. 자동차의 핵심 기술 부분은 본사에서 조립하고, 나머지 부분은 임금이 싼 멕시코 공장에서 조립과 도장을 마친 후에 미국 시장에서 비싸게 판매하는 것이다.

　자본이 국경을 넘는 데에는 아무런 제재가 없기 때문에 단가가 낮은 곳으로 얼마든지 이동할 수 있다. 결국 노동의 비용은 멀리 보면 세계적으로 하향 평준화가 될 것이다. 임금을 낮추거나 일거리에 따라 고용을 늘렸다 줄였다 하며 고용 불안을 야기하는 것이다. NAFTA 이후 미국 정부의 지원을 받아 대규모로 재배된 값싼 미국산 농산물이 쏟아 들어오자 멕시코 농부들은 경쟁에서 이기지 못했고, 결국 땅을 버리고 도시로 이주했다. 도시에서 공장 노동자로 살다보니 임금은 형편없을뿐더러, 쉽게 해고되기도 했다. 결국 그들은 벌이가 좀 더 나은 미국으로 몰려갔는데, 그들을 기다리는 것은 총을 든 국경수비대와 높은 철책이었다. NAFTA

가 체결되는 시점에 클린턴 행정부는 멕시코 국경 수비를 강화하였다. 촘스키는 그 이전에는 미국 서남부의 경우 그 동네가 멕시코인지 미국인지 분간이 안 될 정도로 자유로웠다고 증언했다.

월경越境은 목숨을 건 도박이 됐다. 클린턴 행정부는 서둘러 멕시코 국경 수비를 강화할 정도로, NAFTA가 체결되고 나면 약소국의 농업과 산업이 휘청거린다는 사실을 알고 있었던 것이다. 결국 오늘날의 자유무역은 강자의 이익을 위한 사다리 걷어차기인 셈이다.

만약에 자본 대신 노동이 자유로이 이동할 수 있다면, 그러니까 멕시코 농부들이 국경을 넘어 임금이 높은 미국과 캐나다로 이동할 수 있거나, 아프리카 수단의 노동자들이 시멘트 절벽 아래 면도날 꽂힌 철망으로 몸을 던지지 않아도 될 정도로 자유롭게 스페인이나 프랑스로 이동할 수 있다면, 수단이나 멕시코의 공장들은 노동자들에게 잘 보이기 위해 4대 보험에 학자금, 정년보장, 시급 인상 등 온갖 제안을 할 것이다. 거기에 농업마저 높은 관세로 보호받는다면 농촌은 아이들이 뛰노는 가족농들의 손길로 분주해질 것이다.

"보안이 엄격하지만 그래도 내부에서 흘러나오는 정보를 분석하면 TPP의 사안 중에 지적재산권 관련 안들이 있는데, 지금까지 현대 역사에 존재해오던 그 어떤 것보다도 매우 지독하게 극단적으로 오용하도록 만드는 다양한 특허 사정特許査定, patent rules이 들어 있습니다. 즉 독점적 가

● 안희경, 《하나의 생각이 세상을 바꾼다》, p.28-30

격 결정권을 보장하는 거죠. 이를 통해 제약업체, 미디어업체들의 이익이 불공정하게 보장될 것입니다."

TPP와는 별도로 중국은 아시아태평양경제협력체^{이하 APEC} 회원국을 모두 이끄는 아태자유무역지대^{이하 FTAAP}를 설립하려고 한다. 시진핑 중국 국가 주석이 나서서 2025년 출범을 목표로 추진한다고 일본 언론이 전했다.[•] FTAAP에 대한 언급은 이미 2013년 9월 APEC 정상회담에서도 적극적으로 제기됐고, 한국의 정상도 긍정적인 입장을 밝혔다. TPP와 관련해 한국의 여론은 중국과의 관계를 더 중시하며 보도했다. 하지만 촘스키는 우리나라 대중이 겪게 될 고통에 대해 더 무게를 두어 설명하였다. 그렇지만 그도 중국 성장에 대해서는 주시하고 있다.

"통합적인 아시아의 시스템이 개발되고 있는데, 지난 수년 동안 향상된 기술과 복합적인 프로그래밍 그리고 디자인 등이 한국, 일본, 대만 같은 주변국에서부터 중국으로 이전되었죠. 중국은 조립 라인을 가동할 값싼 노동력을 얻을 수 있는 곳이었지만, 주변국(미국도 포함)으로부터 이전된 정교한 기술과 디자인이 갖춰지면서 이들은 천천히 기술의 사다리를 올라가며 변화하고 있어요. 그들은 엄청나게 많은 수의 엔지니어를 훈련시키고 있습니다. 또 어떤 분야에서는 벌써 세계를 이끄는 상황입니다. 미래에 매우 중요한 태양 전지판 같은 경우가 그렇죠. 중국은 하이테

● '미·중, 무역·금융 패권다툼… 한국 설 자리는', 〈서울경제〉, 2014년 10월 19일

크 분야에서 값싼 노동력이 아니라 기술로 지배적 위치를 확보해나가고 있어요. 다른 분야에서도 일어날 겁니다. 그리고 주변의 발전된 나라들로부터 고도의 기술과 고품격 제품들이 현재 중국의 통합된 시스템 속으로 들어오고 있는 것도 사실이에요."

한국의 경제와 평화를 위한 선택, 중립화

경제력과 군사력은 밀접하다. 다시 대화는 안보 문제로 넘어갔다. 이는 어쩔 수 없는 한 덩어리다.

"군사력에 있어서는 미국이 세계에서 절대적인 독보적 지위를 갖습니다. 그 누구도 근접하지 못하죠. 그러나 경제력은 더 이상 미국의 독점이 아니에요. 2차 세계대전이 끝나고 미국이 세계 부의 반을 차지한 것은 사실입니다. 그런데 1970년까지 이는 4분의 1로 줄었습니다. 이것도 경이롭긴 합니다. 2차 세계대전까지 우위를 점하는 것은 군수산업이었기 때문에 전쟁 이후 경제력이 감소하게 된 것은 당연한 일이죠."

그런 강한 군사력을 가진 미국의 긴밀한 우방이 한국이며, 한반도 전시작전통제권(이하 전작권)도 미군에게 있다. 미국이 전작권을 넘겨준다고 해도 받지 말아야 한다는 의견에 상당한 힘이 실리는 것도 사실이다.[*] 강력한 미국의 군사력, 저력 있게 밀고 올라오는 중국의 경제력, 이 속에서 한국은 평화와 경제적 안정을 위해 어떤 길을 가야 할까? 촘스키의 의견이자 바람을 들어보자.

"제 생각으로는 한국이 중립화를 목표로 나아가는 것이 더욱 이로울거라고 봅니다. 거대한 세력들의 갈등과 대치에서 떨어져 나오는 것, 그러니까 세계 주요 군사력의 의존국으로 있는 것보다 중립적 위치를 갖는 것이 더 건강할 거예요. 물론 이는 결코 단순한 문제는 아닙니다. 그 안에는 안보 문제가 있으니까요. 우리가 그저 괜찮을 거라고 넘어갈 문제가 아닙니다. 그래도 정책 목표로서 염원한다면, 이는 국제적인 대치로부터 벗어나려는 노력이라는 메시지를 주게 되죠. 근본적으로 중립화하려는 지향 말입니다. 예를 들면 한반도 비핵화 시도 역시 이에 속합니다. 북한과 미국 모두에게 강력히 요구하는 거예요. 해볼 만한 가치가 충분합니다. 한반도를 비핵화하는 데 작용할 수 있다면 어떤 시도라도 추진해야 해요."

미국은 세계를 대상으로 그들의 안보 전략을 짠다. 미국에 의존하는 국방이라면, 그들의 이로움을 염두에 둔 전략에 따라 한반도의 안보가 휘둘릴 수밖에 없다. 미국의 안보 전략이 중동에 집중되면 자연스럽게 한반도

● 촘스키 선생과의 대화 이후 박근혜 정부는 미국에게 전시작전통제권 환수와 관련해서 '2015년 12월 1일'로 예정됐던 환수 대신 '조건에 기초한 전작권 전환'을 요청했다. 이에 따라 한미 양국은 23일 워싱턴에서 열린 제46차 안보협의회(SCM)에서 전작권 전환 시점을 재연기하기로 최종 합의했다. 구체적인 전환시기를 명시하지는 않아 사실상 무기 연기라는 해석이 제기됐다. 〈연합통신〉, 2014년 10월 24일

주변은 중요도가 낮아질 것이다. 그럴 때마다 미국에게 감축을 하지 말아 달라고 요청하거나, 전작권 회수를 두려워하는 모습은 모든 논란거리를 다 제쳐두고서라도 주권국의 모습이라고 보기 힘들다. 그동안 강대국의 상황에 따라 우리의 안보 시스템은 일관성을 잃어왔다. 촘스키의 바람은 이런 맥락까지 고려하며 품고 있는 속내를 드러낸 것이다.

역사 속에 미래의 답이 있다

2014년 1월 23일 박근혜 대통령은 〈다보스 포럼〉에서 "통일은 대박이다"라고 말했다. '경제적 측면에서 통일은 한반도뿐 아니라 그 주변의 국가들에게도 큰 이익이 될 것'이라는 선포였다. 하지만 구체적 방법은 밝히지 않았다. 다만 언론이 나서서 인건비 절감을 통한 경쟁력 강화, 북한의 광물자원이 남한의 스무 배라는 등의 투자 홍보 같은 보도를 쏟아냈을 뿐이다. 통일 대박론은 촘스키와의 만남을 급작스레 추진하는 계기가 되었다. 그에게 만나자마자 통일 대박론에 대해 전했더니, 그는 인자한 할아버지처럼 고개를 끄덕이며 미소 짓고는 눈을 맞추고 이야기했다.

"한국이 통일되면 경제적으로 이득을 줄 거예요. 확실합니다. 남과 북은 굉장히 상호보완적입니다. 좋은 움직임이에요. 북한에는 광물자원과 많은 예비 노동인력들이 있어요. 그렇지만 값싼 노동력을 취하는 것이 목적이 되어서는 안 됩니다. 통일을 바라봄에 있어 자원을 얻겠다는 의

제로 다가가는 것은 적절하지 않습니다. 그보다는 북한 노동자들의 생활 수준을 남한의 수준까지 점진적으로 향상시키겠다는 목표를 가져야 해요. 한국인의 품속에 묻혀 있는 열망을 회복시키는 보다 큰 차원의 꿈을 보여줘야 합니다.

2차 세계대전이 끝날 즈음, 한반도의 통일 열망은 대단했습니다. 다시 하나가 되어 살아가자는 염원이 절절하고 강렬했죠. 이젠 역사 속에만 잠겨 있지만요. 그때 통일의 꿈은 아주 뜨겁게 펄펄 살아 있었습니다. 저는 한국 사람들이 그 열망을 다시 살려내서 남북한 모두가 보다 높은 인간적인 가치에 도달하는 이로움을 얻었으면 해요. 한민족으로 뜨겁게 하나가 되는 통일은 그 어느 것보다 한국 사람들 자신에게 중요한 일이기 때문입니다. 북한이 파멸하지 않도록 막는 노력에 힘을 쏟아야 합니다. 그래야만 참혹한 결과를 피할 수 있어요. 그들이 파멸하면 그 안에 사는 사람들은 아수라장 속으로 빨려 들어갈 겁니다.

붕괴는 핵무기 사용을 불러올지도 몰라요. 그래서 통일은 점진적인 과정을 통해 진행돼야 합니다. 모든 과정이 최악의 결과를 방지하도록 부드러워야 합니다. 저는 햇빛정책과 관련한 일련의 방식들이 궁극적으로는 통일에 다다를 해법이라고 봅니다. 천천히 동화되도록 하는 것이 적절한 방향이에요. 상업적인 교류, 문화적인 교류 그리고 여행을 허용하는 거죠. 그렇게 해야만 긴장을 이완시킬 수 있습니다. 그러면 한발 더 나가서 민간 차원에서 서로 수용하는 단계로까지 발전하도록 해줄 겁니다. 정책이 미처 따라가지 못하더라도 관계는 상당히 부드러워지니까, 그다음 진전된 도약을 불러올 수 있는 거예요. 그러면서 장기적으로 통일의 형태를 갖추는 틀이 마련될 가능성도 생길 겁니다.

지금까지 두 사회가 너무나 다른 모습으로 달려왔습니다. 쉽게 진행될 단계들이 아님은 분명하죠. 그저 차근차근 내딛는 작은 발걸음들이 그 목적지에 조금씩 순조롭게 도달하도록 하는 겁니다. 그러면 시간이 좀 걸리더라도 그 길은 단단하게 다져질 것입니다. 먼저 북한을 인정하고 포용해야 합니다."

이 글을 쓰며 감정이 복받쳤다. 인터뷰 당시에는 '2차 세계대전 말기에 한국인들이 가졌던 통일 열망'이라는 촘스키의 언어가 갖는 의미를 깊이 생각하지 못했었다. 정리하며 복기하는 동안, 그 말은 내 기억 멀리에서 돌아가신 아버지와 실향민인 외가 어른들을 떠올리게 했다. 아버지는 대학 시절 내 손에 들린 《소련공산당사》를 보며, 당신도 예전에 읽었다고 하셨다. 하지만 남쪽을 택해 내려올 수밖에 없었고, 존경하는 김구 선생께 서운함이 있었다는 말씀을 하셨다. 사리원에 살던 평범한 고등학생이 가졌던 통일의 꿈, 조국에 대한 바람이었을 것이다. 촘스키의 말을 복기하며 윗세대의 순정어린 청년기, 책에서 혹은 증언을 통해 들은 통일 조국에 대한 그들의 목숨을 건 열망들이 한꺼번에 덮쳐왔다.

그렇다. 오늘을 사는 우리는 잊었지만, 촘스키는 기억하고 있었다. 사는 것이 팍팍해지고, 경쟁이 치열해지면서 당장 돈으로 환산되지 못하는 가치들은 뒷전으로 밀린 시절, 통일도 저잣거리 셈으로 헤아려 이문이 남아야 솔깃해지는 팍팍한 삶을 우리는 살고 있다. 통일을 속세의 논리로 이해하기에는 중요한 무언가를 잃어버린 거라는 그의 말이 가슴 저리게 다가왔다. 인간의 가치를 존중하는 차원이라는 그 말에서 또 한 번 가슴을 베듯 현실이 아팠다.

"한국 사람들은 대단히 기념비적인 진보를 이뤄왔습니다. 경제적인 발전은 물론, 사회적·문화적인 진전까지 이루어냈습니다. 더군다나 지독하게 냉혹한 독재구조까지 무너뜨리며 민주주의를 이뤄냈습니다. 이는 강렬한 역사의 발자취입니다. 한국인들은 하나입니다. 여러분들은 지금까지 늘 본질적·궁극적으로 하나의 나라가 되어 통합하기를 그리고 서로가 자유롭게 교류하기를 희망해왔습니다. 이것이 가장 건강한 열망이라고 저는 생각합니다. 이 열망이 건강한 통일을 향해가는 길이라고 생각합니다."

이번 만남에서 나는 촘스키에게 '우리는 무엇을 해야 하는지'에 대해 묻지 않았다. 2년 전 그 질문에 내게 보여줬던 눈빛이 아직도 지워지지 않았기 때문이다. 그는 그걸 왜 묻느냐며 애처로이 바라봤다. 그리고 이렇게 말했다.

"한국인은 이미 알고 있어요. 1980년대 그때 한국인들은 잘 조직됐고, 함께 모였고, 열심히 싸웠어요. 매우 용감하게, 매우 효율적으로 미국의 지지를 받고 있던 잔혹한 독재정권을 타도하고자 일어났습니다. 마침내 무너뜨렸죠. 그 땅에서 대단한 혁명을 통해 민주주의가 탄생했습니다. 그리고 세계 대부분의 나라에 바람을 불러일으켰죠. 그때 한국인들은 누구에게도 무엇을 해야 하는지 묻지 않았고, 오직 그것을 하고 있을 뿐이었고 해냈습니다. 기회는 그때보다 지금이 훨씬 많아요. 당신들은 오직 당신의 역사만 들여다보면 됩니다. 그 속에 답이 있습니다."

답은 곧 우리 안에 있고 그걸 찾고자 나선 개인이 모여 큰 합을 이룰 때 시대정신으로, 세상을 흔드는 파도로 일어나 희망은 현실이 될 것이다.

■ ■ ■

2014년 2월 24일 늦은 아침, 촘스키에게 신문에 나온 기사를 첨부하여 이메일을 보냈다. 내 소감과 독자의 반응을 간략히 적고 기사 링크도 걸었다. 그리고 부디 오래 건강히 우리 곁에 있어 달라고 이런저런 마음 속 말을 전하였다. 다시 편지는 길어졌고, 늘 이메일 홍수 속에 사실 텐데 싶어 송구했다.

그날 오후, 보스턴 시각으로 저녁식사 즈음에 답이 왔다. 답은 짧았다. 하지만 마음을 찌르는 진심이 전해졌다.

"Heekyung, Many thanks for sending.
Let's hope it strikes a chord.
—Noam Chomsky
희경, 알려줘서 고마워요.

우리의 대화가 사람들에게 울림을 만들어내기를 바라봅시다.

　　ㅡ노암 촘스키"

마당에서 후둑후둑 소리가 났다.

금붕어 비늘 튀듯

목련 꽃잎이 지고 있었다.

평등과 건강,
사회적 결속은 함께 간다

사회역학 분야의 선구자 리처드 윌킨슨

리처드 윌킨슨(Richard Wilkinson, 1943년생)은 영국 노팅엄 의과대학 사회역학 명예교수이자 런던대학(UCL) 공공건강과 역학 명예교수이다. 그는 수십 년에 걸쳐 소득 불평등이 사회에 미치는 영향에 대해 연구해왔다. 건강 상태에 영향을 주는 사회심리적 요인을 연구하는 사회역학 분야 선구자이다. 윌킨슨은 특히 '왜 어떤 사회는 건강한데, 다른 사회는 그렇지 못한가?'라는 의문에 대해 절대적 빈곤이 아니라 상대 소득과 사회적 격차가 주요 요인이라는 입장을 증명했다. 그의 의견은 학계뿐 아니라 정치적인 좌우 입장을 넘어서 리더들의 존중을 받는다.

윌킨슨은 1973년 《가난과 진보Poverty and Progress》를 시작으로 《건강불평등, 사회는 어떻게 죽이는가?Unhealthy Societies: the afflications of inequality》(1996), 《건강불평등 : 무엇이 인간을 병들게 하는가Mind the gap: hierarchies, health and human evolution》(2000), 《평등해야 건강하다The Impact of Inequality》(2005), 그리고 케이트 피킷과 함께 《평등이 답이다The Spirit Level》(2009)를 발표했다. 이 외에 현대 공공건강 대표 학자들과 발표한 다수의 공저가 있다. 특히 《평등이 답이다》는 2011년 정치학회 올해의 책으로 선정되었으며, 케이트 피킷과 함께 'Equality Trust(평등 트러스트)'를 만들어 유럽을 주축으로 사회적 불평등을 개선하는 활동을 하고 있다. 그는 학문과 활동의 동반자이자 삶의 반려자인 케이트 피킷과 함께 영국 요크에 살고 있다. 인터뷰가 있던 날도 영국 공공보건정책에 영향을 미칠 케이트의 새 프로젝트에 협력하는 모습을 볼 수 있었다.

> "사회 전반에 미치는 영향을 볼 때, 어린 시절은 매우 중요합니다.
> 한 사회의 건강지수를 높이는 일, 기대수명을 높이는 일에서
> 평등과 함께 두 번째로 중요한 것도 어렸을 때
> 그 시간을 어떻게 보냈는가에 달렸습니다."

1980년대 이후 가속화된 신자유주의 물결 속에서 빈부 격차는 계속 벌어져 왔다. 2008년 금융위기를 기점으로 소수의 부자는 더욱 부자가 됐으며, 어중간한 부자와 중산층은 하층으로 밀려났다. 살 수 있는 시간마저도 부자일수록, 권력자일수록 더 길다는 통계다. 이는 특히 선진국에서 뚜렷하게 나타나는 현상으로, 선진 자본주의 사회에서는 기대수명마저도 양극화되고 있다. 런던, 시카고, 뉴욕에 사는 부자의 기대수명이 가난한 사람들보다 20년이나 더 길다.

부자가 더 좋은 의료 시술을 받을 수 있기 때문은 아니다. 인구당 의사 수나 인구당 병원 수용 가능률, 개인의 의료비 지출 여부가 기대수명에 미치는 영향은 크지 않다고 한다. 답은 불평등이다. 평등한 지역의 기대수명은 차이가 작았고, 불평등한 지역은 평균보다 낮게 나타나 기대수명의 차이는 심각했다. 층층마다 보태어 내려오는 스트레스의 무게가 하층에 있는 사람들의 정신력을 갉아먹고 육체의 면역체계인 저항력까지 무너뜨리고 있는 것이다.

20세기 말부터 역학 전문가들은 "문제의 핵심은 가난한 사람들이 치료를 받지 못하는 점이 아니라, 가난한 사람들이 왜 많은 질병에 더 자주 걸리는가에 있다"라고 시각을 바꿨다. 그러면서 그들은 물었다. "만약에 부자와 지위가 높은 CEO일수록 더 질병에 노출된다면 사회가 이렇게 조용할 수 있을까?" 자본주의적 시각으로 차갑게 접근해도, 생산비를 따져야 할 대상인 근로 대중이 불평등 때문에 쇠약해지는 것은 적자 요인일 것이다. 하지만 우리는 서로 관계를 맺고 영향을 주고받는 존엄한 인간이지 않은가? 납세자이자 소비자로 국가를 이루는 중심이다. 그렇기 때문에 당장의 불평등에 집중하지 못하면 국가는 현재보다 더 큰 사회비용을 물어야 하고 집단적 우울에 빠질 수 있다.

대한민국의 자살자 가운데 20퍼센트가 생활고 때문에 목숨을 끊는다. 부자 나라로 불리는 대한민국에서, 상대적 빈곤자들이 가난한 순서대로 지쳐 목숨을 포기하고 있다. 하지만 두려운 것은 의지로 극복하려 애쓰는 나머지 상대적 빈곤자들조차 어쩔 수 없는 건강 문제에 부딪치게 된다는 것과 상대적으로 넉넉하게 사는 사람마저도 불평등 속에서 온전한 건강을 누릴 수 없다는 것이다. 불평등한 사회라는 한 배에 타고 있는 한, 비가 오면 우비가 있건 맨몸이건 간에 말짱할 수는 없다는 사실이다.

이제는 성장을 주장할 때가 아니라 안전을 점검할 때이다. 그래도 소득과 분배의 구조를 바꾸고 공공망을 확충하는 데 재정을 지출한다면, 급격한 호전을 볼 수 있다는 해답이 있다. 불평등을 줄여 건강과 사회 안전도를 마련한 몇몇 국가들이 증거이다. 희망은 선택에 달려 있다.

30년 넘게 사회구조와 공공의 건강이 맞물려온 관계를 드러내왔고,

"평등해야 건강하다"는 해법을 제시해온 리처드 윌킨슨 박사를 만난다. 대담은 2014년 2월 11일 영국 요크의 자택에서 이뤄졌다.

■ ■ ■

미국 샌프란시스코에서 오후 6시 비행기를 타고 런던 히드로 공항에 내린 시각은 다음날 오후 4시경이었다. 한국에서 날아온 사진작가를 만나 킹스 크로스 역으로 향했다. 리처드 윌킨슨이 있는 요크까지 가려면 두 시간 반가량 기차를 타야 한다. 역사 안으로 비둘기들이 돌아다녔다. 기차가 들어오기 직전에야 목적지를 따라 승강장 번호가 안내되었다. 그때마다 역사 안은 술렁였고, 소음이 대숲의 바람처럼 일었다. 비둘기도 날아올랐다. 소란스러울수록 나만 멈춰두고 세상이 흘러가는듯 어질했고, 앞으로 있을 일정에 대한 부담이 밀려왔다.

요크는 고풍스럽다. 고대 로마부터 퇴적된 흔적이 켜켜이 배어 있는 곳이다. 1900년이나 된 성벽도 담담하다. 이제는 무엇을 지킬지 상대를 잃었음에도, 시야를 막아주는 곡선에 담은 존재만으로 유동하는 시대의 불안을 다독여주고 있다. 신성로마의 징표들은 낡아 쇠락할지라도, 지나온 시간만큼 앞으로도 이어질 거라는 기대를 허락했다. 오래된 아름다움이 주는 위로다.

노팅엄대학에서 은퇴한 후 리처드 윌킨슨은 요크대학 교수로 있는 동반자이자 학문 동료인 케이트 피킷과 함께 요크에 둥지를 틀었다. 그는 한적한 농가들 사이에 산다고 말하며 직접 마중을 나왔고, 초록 들판을 지나 소담한 2층 벽돌집으로 안내했다. 햇빛이 고루 잘 드는 로맨틱한 실내였다. 윌킨슨은 나의 외투를 받아주었고, 내가 들고 간 튤립을 꽃병에 꽂아 내왔다. 그와 마주한 탁자에 노란 빛이 더해졌다.

부자와 가난한 사람이 누리는 수명은 다르다

금발과 백발이 섞인 은빛 명주실 같은 머릿결, 나이보다 활력 넘치는 그에게서는 윤기가 흘렀다. 그에게 "현대인들은 건강한가요?"라는 첫 질문을 던졌다.

"19세기의 사람들이 중앙난방에 온갖 전자기기, 자동차에 식기세척기를 사용하는 현대인을 보면, 일종의 유토피아 같은 데서 사는구나 싶을 겁니다. 그 어떤 때보다 오래 살 거라는 기대수명도 높고요. 하지만 그 기대수명을 현대인 모두가 누릴 수 있는 건 아니에요. 같은 나라 안에서도 부자와 가난한 사람이 누릴 수명이 다르니까요. 짧게는 5년에서 길게는 20년이나 차이가 납니다. 미국의 경우 부자 동네 백인 남성은 75살까지 살 가능성이 있지만, 가난한 동네 흑인 남성은 59살에 생을 마감할 확률이 높습니다. 가장 부자 동네와 가장 가난한 동네의 16살 흑인 소년과 백인 소년의 기대수명 차이는 28년이나 됩니다. 여러 조사에서 나온 결과입니다.

런던도 부자와 가난한 사람의 기대수명이 무려 20년이나 차이가 나죠. 뉴욕이나 런던의 가난한 사람들보다는 방글라데시에 사는 사람이 더 오래 산다는 통계입니다. 이렇게 같은 도시에서 함께 누리지 못하는 이유가 있어요. 바로 사회적 위치가 낮을수록 근심이 많고, 마음대로 할 수 있는 일도 적고, 위축돼서 그렇습니다."

남미 해방신학의 태두인 구스타보 구티에레즈 신부는 '가난한 자는 자신의 명보다 일찍 죽는 사람'이라고 정의 내렸다.[*] 자신의 명대로 살지 못하는 가난한 사람들, 현대에는 두 부류로 존재한다. 한 부류는 절대 빈곤선 아래에 있는 사람들로 값싼 노동으로 고통받는 제3세계인들이 주로 해당된다. 이들에 대한 이야기는 장 지글러와의 인터뷰에서 자세히 다룰 것이다. 다른 한 부류는 상대적 빈곤자들이다. 선진국에서 상대적 가난에 내몰린 사람들, 상대적 빈곤에 빠진 사람들을 향해 흔히 하루 세 끼 못 먹던 시절도 있었다며 배부른 소리라고 혀를 차는 사람들도 있을 것이다. 절대빈곤 국가에서 부자 나라로 가파른 성장을 해온 우리는 이 말에 더 기를 못 편다.

하지만 솔직히 말해보자. 사촌이 땅을 샀다고 배가 아프진 않더라도 좋은 차를 타고 아이들이 좋아하는 소문난 음식점에서 식사하며 페이스북 등에 올린 인증샷을 보면 씁쓸해진다. 관심 없던 청바지 브랜드도 옆

●   정경일, '애도, 기억, 저항: 세월호 '안의' 민중신학' 중, 2014년 6월 16일, 한국민중신학회의 월례 세미나

집 아줌마가 사 입고 처졌던 엉덩이 라인이 업 되어 있는 것을 본 순간 바지는 그냥 바지가 아니라 센스와 자기관리, 여유를 상징하는 계층의 지표가 된다.

더욱 촘촘해진 관계망 속에서 살아가야 하는 도시의 삶이기 때문에 상대적으로 느끼는 자괴감과 만족감은 롤러코스터처럼 감정을 요동치게 만든다. 개인이 느끼는 그 열등과 스트레스의 구조적 원인은 단지 개인적으로 소양이 부족하거나 나약해서 시달리는 것이 아니라, 사회구조와 관련이 있다는 연구 결과가 있다. 물론 개인 간의 편차는 있겠지만 주로 사회적 불평등 지수와 관계가 깊다. 20세기 후반부터 지금까지 지속적으로 제기되고 있는 연구 결과들이 이를 증명한다. 리처드 윌킨슨은 "삶이 잔인하면 인생이 짧다"라고 말한다. 부자 나라에 살더라도 그 나라의 불평등이 크다면 그 속에 있는 상대적 빈곤자들은 남보다 빨리 생명력을 잃는다는 의미이다.

"가난한 사람과 부자인 사람의 차이가 벌어지고 서열이 강화되면 그로 인한 만성적인 스트레스가 퍼지게 됩니다. 육체적으로 면역체계가 망가지면서 심혈관계도 약해지죠. 스트레스를 받거나 충격을 받으면 우리 몸은 싸우거나 도망가는 등의 반응을 해요. 에너지가 생기고 혈관은 수축되고, 응고력을 가진 성분이 혈류로 방출하면서 부상에 대비하게 됩니다. 심장과 폐가 빠르게 작동하면서 감각과 기억은 증진되고 면역계가 생기를 얻는데, 바로 응급상황에 따라 일어나는 몸의 반응입니다. 그런데 여러 주, 혹은 여러 달 동안 걱정에 싸여 있거나 위축되어 있으면 이런 몸의 대비방식이 오히려 독으로 작용합니다. 혈류로 포도당을 보내는 에너지 동원 과정이 만성화되면 몸에 지방이 쌓이게 되고, 당뇨가 올 수 있죠. 복부 비만도 여기 속합니다.

만성 스트레스는 어린이들의 경우는 성장 발육을 저해하고, 여성은 배란이 안 되거나 남성은 생식기에 이상이 생깁니다. 나이에 상관없이 소화도 안 되고 순환기장애도 오게 되고요. 그래서 스트레스를 유발하는 사회구조가 파괴적이라는 거예요. 불평등이 깊은 사회는 이런 현상이 사회 전반에 걸쳐 나타납니다. 가장 부자 바로 아래에 있는 사람도 위에 있는 부자보다 건강상태가 덜 좋게 되요. 대학을 나오고 직업을 가졌다 해도 당신보다 좀 더 나은 환경에 있는 사람과 당신의 건강 상태는 같지 않다는 겁니다. 우리 모두 건강 불평등이라는 틀 속에서 살고 있습니다."

불평등은 사회를 병들게 한다

윌킨슨의 말을 듣고 반사적으로 묻게 된 질문이 있다. 흔히 드라마에 나오는 행정관료의 구겨진 미간, 손으로 왼쪽 가슴팍을 감싸며 전화를 받는 회사 간부의 피로, 바로 서열이 높고 책임이 막중한 사람들의 상징인 스트레스에 가득 찬 모습이다. 흔히들 성공하고, 책임질 인원이 많아질수록 더 큰 스트레스를 안고 살 거라는 통념을 갖는다.

윌킨슨에게 오히려 건강을 해치는 만성 스트레스는 그런 사람들의 몫이 아닐까라고 생각한다는 말을 하자, 그는 세상에서 제일 유명한 연구에 대한 이야기를 들려주었다. 그 연구를 진행한 사람은 영국 여왕으로부터 작위를 받아 귀족이 됐다고 말하며, 영국에는 아직도 그런 우스꽝스런 풍습이 있다고 씽긋거렸다.

"런던 정부기관에서 일하는 공무원을 대상으로 10년 동안 공들여 한 연구입니다. 1967년부터 1만 7,000명을 10년 동안 조사했어요. 공무원들의 생활과 사망률이 어떻게 연관되는지에 대한 연구였어요. 그 당시 스트레스가 만성질환, 특히 심장병의 주원인이라고 믿기 시작할 때인데, 연구자들은 지위가 높을수록 당연히 심장병에 걸릴 위험도가 높아질 거라고 예상했습니다. 책임질 일이 많은 사람이 스트레스가 많을 거라고 생각한 거죠. 결과는 회사의 서열에 따라 사람들의 건강이 매우 다르다는 것이었습니다.

나이, 흡연 여부, 식습관, 운동 등의 변수를 모두 고려하고도, 사망률을 좌우하는 뚜렷한 차이점이 드러났어요. 상대적으로 심장병으로 죽음에 이를 수 있는 비율이 다른 쪽보다 세 배나 높았습니다. 그 결과를 보고 다들 놀랐어요. 연구자뿐 아니라 모두가 당황했죠. 세 배의 차이가 난다는 결과 때문이 아니라, 스트레스에 시달리는 사람들이 고위층이 아닌 그들의 아랫사람이었기 때문이죠. 낮은 지위에 있는 공무원 남성들, 중간층이나 아니면 잔심부름을 하는 남성들, 경비직으로 일하는 사람들이 고혈압이나 비만, 심장병을 앓게 될 확률이 더 높아요. 나이가 같을 경우 지위가 높은 사람이 건강했어요. 건강을 결정하는 가장 강력한 요인은 권력이었습니다."

이는 마이클 마못 경^{Michael Gideon Marmot}이 영국 런던공무원을 조사한 화이트홀 연구이다. 이 연구는 20년 뒤 여성 공무원까지 포함하여 또 한 번 장기 조사가 이뤄졌다. 그때 나온 결과도 경향은 비슷했다. 다만 병증이 더 포함됐을 뿐이다. 직장에서 지위가 낮을수록 심장병뿐 아니라 암, 만성 폐질환, 위장병, 우울, 자살, 요통 등 훨씬 더 많은 증세에 시달리고 있었다. 다들 직장에 다니고 있음에도 자신이 처해 있는 사회적 지위가 육체적 건강에 영향을 준다는 점은 절대 빈곤선으로 내몰린 것만이 국민 건강의 적신호가 아니라는 뜻이다. 그래서 모두에게 충격일 수밖에 없었다. 윌킨슨은 불평등의 기울기가 사회 전반에 영향을 준다는 점에 대해 역사적 통계를 들어가며 설명했다.

"영국을 비롯한 유럽은 1차 세계대전과 2차 세계대전 속에서 소득 차가 빠르게 줄어들었습니다. 그 속에서 기대수명이 가파르게 올라갔어요. 일본의 경우도 2차 세계대전이 끝나고 보건상황이 달라졌습니다. 패전 뒤 연합군이 들어와 무장을 해제시킨 후 정치구조를 바꾸고 부와 권력을 재분배한 덕분이죠.

이와 반대로 역사적 사건 이후 기대수명이 급격히 줄어든 경우도 있습니다. 1990년대 초 중앙계획경제에서 시장경제로 전환한 러시아인데, 소득 불평등이 갑자기 증가하면서 기대수명은 급격하게 줄었습니다. 동유럽의 경우도 공산주의가 붕괴한 후 6년간 조사한 결과, 소득 차가 가장 빨리 증가한 국가일수록 기대수명이 크게 감소했습니다."

그렇다면 대한민국의 경우는 어떨까? 세계은행이 1990년대 초에 보고한 바에 따르면, 동아시아 일부 국가들이 급속하게 경제 발전을 이룬 배경에 평등이 있다고 했다. 한국의 경우는 해방 이후 도입된 토지개혁과 전쟁을 겪으며 가난하지만 빈부의 차가 없었고, 그 속에서 결속할 수 있었던 평등성이 급속 성장의 동력이라고 한다. 이런 성장과는 대비되게 1997년 경제위기 이후에는 시장 주도의 신자유주의가 들어와 자본과 금융의 힘을 강화하였다. 노동자는 고용불안에 빠졌으며, 소자본을 가진 자영업자들의 형편도 나빠지면서 선진국의 보수 혁명과 비슷한 결과를 만들었다.[*]

한국의 소득 불평등은 세계 최상위 수준이다. 2012년 말 소득 상위 1퍼센트 인구는 전체 소득의 12.23퍼센트를, 상위 10퍼센트 인구는 전체의 44.87퍼센트를 차지하고 있다. OECD 19개 회원국을 대상으로 따져볼 때 상위 1퍼센트의 기준에서는 3위, 상위 10퍼센트에서는 2위에 해당하는 높은 집중도다. 한국보다 심각한 국가는 영국과 미국뿐이다.[**] 이제 한국은 위기감을 느끼며 부의 분배와 더불어 국민건강을 면밀히 살펴봐야 할 때다.

대한민국은 오래전에 절대빈곤에서 벗어났고, 이젠 부자 나라라는 말을 듣는다. 경제학자들을 만나서 인터뷰하거나 그들의 책을 보면 한국의 경제 성장과 시스템 전반에 대해 매우 높게 평가하는 내용을 쉽게 볼 수

---

[*]   이강국, 《미국은 왜 21세기 자본에 열광했으며, 우리는 어떻게 읽어야 할 것인가》
[**] 김낙년·김종일, 《한국의 고소득층》, 2014년 6월

있다. 상대의 모국에 대한 인사치레가 아니라 학자로서의 평가였다.

3년 전까지만 해도 나는 그와 같은 말을 듣거나 읽게 되는 경우 언짢아졌고, 그런 성장 이면에 있는 희생당한 인권과 이윤의 혜택에서 제외된 다수의 고통에 대해 목소리 높여 이야기해주고 싶었다. 아마도 내 귀에는 그런 칭찬은 곧 경제개발계획을 주도했던 역대 지도자들에 대한 칭송으로 들렸기 때문인 것 같다. 자라면서 텔레비전이나 신문에서 단 하루도 거르지 않고 보아온 과거 정부의 자화자찬 홍보 프레임에 갇혀 있기 때문일 수도 있다.

하지만 코넬 웨스트, 반다나 시바, 노암 촘스키 등의 석학들이 위대한 국민이라며 경제 발전과 민주주의를 이룬 주역이 바로 우리 근로 대중이라며 추켜세우는 말에서 내 안에 있던 빗장이 스르르 풀렸다. 성장에 대한 칭찬을 우리 부모에 대한 칭찬으로, 삼촌이나 오빠, 친구들에 대한 격려로 받아들이게 됐다. 그리고 과거 정부들의 공과를 보다 뚜렷이 살피게 됐다. 학자들이 각국의 상황을 판단하는 근거는 데이터이다. 국제적으로 통용되는 수치를 보면 한국은 매우 잘 사는, 국민이 고루 혜택을 누릴 수 있는 공립 교육제도와 의료보건제도를 갖춘 나라이다. 절대빈곤에서도 벗어났고, 기간산업도 공공의 자산으로 포함되어 있는 비율이 높다 (1997년 IMF 사태 이후 급속히 흔들렸지만, 1950~1960년대의 빈곤에서 벗어난 성장률은 아직도 눈부시다).

이런 이해를 갖고 다시 윌킨슨에게 물었다. 소득 격차가 크고, 생활의 질이 다르다고 해도 절대적인 건강 증진은 경제 성장과 함께 향상된 것이 아닐까? 문맹률이나 영아 사망률, 수명 등의 수치가 각 국가들의 생활의 질을 보여주는데, 한국은 일인당 국민소득 2만 4,000달러답게 여러 수치도 상위권이다. 나의 질문에 그는 긍정과 부정을 함께 말했다.

"깨끗한 식수나 다양한 영양소를 누리기 어려운 상태에서는 생활수준을 높이는 만큼 건강수준도 높아집니다. 하지만 어느 정도 성장하고 나면 그때부터는 경제 성장이 국민 건강을 보장해주지 못합니다. 국민총생산GNP 수치가 미국의 절반인 그리스 사람들이 미국인들보다 평균 기대수명이 높아요. 실상은 나라 안을 살펴봐야 합니다. 양극화가 커지면서 뚜렷한 변화가 나타났어요. 영국이나 미국은 국민들의 소득 차이가 엄청나게 컸다가 1930년대부터 좁아졌고, 한동안 평평하게 유지되었습니다. 그러다 1980년대에 와서 다시 벌어졌는데요. 그때부터 우울증 치료제 판매가 증가하고, 범죄도 늘어났어요. 그리고 10대 출산율, 비만, 약물남용까지 더해져 사회적 사다리에서 하층의 건강이 나빠지고 말았습니다. 더 놀라운 점은 이런 문제가 소득 차이가 커질수록 사회 전체로 퍼진다는 거예요. 잘 사는 축에 든다 해도 더 불평등한 사회 속에 있기 때문에 정신적 건강은 더 나빠집니다. 더 쉽게 폭력의 피해자가 되고, 건강하게 오래 사는 꿈에서 멀어지죠."

불평등으로 야기되는 왕따와 폭력

이제 조금 구체적으로 들어가서 사회현상을 살펴보고자 했다. 가난 속에서 제 명대로 살지 못하는 사람들 가운데 가장 극한으로 몰린 이들은 아마도 생활고를 비관하여 목숨을 끊는 사람들이 아닐까? OECD 국가 중 한국의 자살률이 1위라고 하는데, 그 이유를 알고 싶었다. 그 또한 불평등의 영향인지 궁금했다. 물론 모든 자살의 이유가 생활고는 아닐 테지만, 자살의 배경에는 극도의 우울과 자아상실이 큰 자리를 차지할 것이다. 또한 심각한 청소년 자살률, 학교 폭력, 왕따 같은 갈등이 사회 전반에서 나타나고 있다. 하지만 그는 모든 것을 하나의 도그마로 설명하려 하지 않았다.

"자살의 경우는 불평등한 사회일수록 보편적이라고 말할 수는 없습니다. 우리 연구진들이 발견한 것이 있는데, 불평등과 역방향으로 가는 것이 자살률이었어요. 오히려 평등한 사회에서 더 보편적이라는 분명한 조사 결과들이 있습니다. 불평등이 심할수록 자살률이 더 높다는 기울기는 나타나지 않았죠. 한국의 상황을 분석하려면 보다 면밀히 더 들여다봐야겠습니다. 자살은 어떤 정해진 패턴을 적용할 수 있는 부분은 아닙니다. 연구자들 사이에 오고가는 한 가지 통념을 통해 설명해보죠. 예를 들어 배우자가 누군가와 달아났다거나 일터에서 징계를 받았을 경우에 자기 탓을 할까요, 아니면 남 탓을 할까요? 제 소견으로 보면 이 질문의 답에 그 사회의 문화적인 요소가 들어 있어요.

아시아의 문화는 서구와 다를 수도 있습니다. 하지만 여러 역학자가 연구한 결과를 보면, 한 가지 분명한 부분이 있습니다. 평등한 사회에서는 잘못된 일에 대해 스스로를 탓하는 경향이 강하다는 겁니다. 반면에 폭력과 살인율의 경우는 불평등이 심한 사회에서 그 기울기가 가파르게 나타납니다.

자, 미국의 할렘을 예로 들어봅시다. 할렘은 여러 면에서 다른 지역보다 모든 수치가 심각하게 나타나는데요. 하지만 자살률은 낮습니다. 오히려 폐결핵으로 죽는 사람들이 훨씬 많아요. 결코 자살이 쉽게 일어나지 않습니다. 맞아요. 그곳은 폭력과 살인이 일어날 확률이 다른 지역보다 심각하죠. 마약 때문에 죽는 비율은 미국 최고예요. 심한 불평등을 느끼는 그들은 남에게 책임을 전가하는 경향이 큽니다. 이와 연관해서 나온 뚜렷한 연구 결과들이 있죠. 그리고 이런 경향에 맞게 왕따와 폭력은 불평등과 매우 강력하게 결합되어 있습니다."

왕따 문제는 내게 매우 가슴 저리게 다가오는 일이었다. 개인의 인성을 문제삼기보다는 뭔가 그들을 옥죄어 오는 구조의 덫이 밝혀지길 바랐다. 몇 년 전 한 지방 도시의 어린 학생들이 왕따를 견디지 못하고 연달아 목숨을 버렸을 때, 가해 학생과 가족에 대한 많은 비난과 어른 사회와의 소통 부족에 대한 비판이 뜨거웠다. 그런 끔찍한 갈등이 일상화되기까지 그 지역에 구조적인 문제가 있지 않을까 의문을 품었다. 우선은 어린 아이들에게, 또 그들의 가족에게 모든 비난을 돌리기에는 나 스스로도 떳떳하지 못했기 때문이다.

시간이 흐르고 그곳이 신도시와 구도시가 함께 있는 곳이라는 것을 알게 되었다. 뭔가 갈등을 자극하는 요소가 있을 듯했다. 상담 교사를 고용하는 것과 더불어 지역의 불평등을 완화하는 행정이 더해진다면, 학생뿐

아니라 주민 모두가 누릴 삶의 질은 이전보다 나아질 것이다. 신도시의 번듯함과 구도시의 눅진함⋯⋯. 확연한 부의 차이가 결핍이 일상인 아이들을 더 초라하게 만들 수 있겠구나라는 생각이 들었다.

대학 다니던 시절 서울에 살던 나도 강남의 번화가에 가면 꽤 주눅이 들곤 했다. 직장 생활을 하며 돈을 벌어도 그 느낌은 한동안 지속됐다. 미끈한 빌딩과 트렌디의 화려함에 초라해지고 멋쩍어졌다. 성향에 따라서는 같은 불안감을 거칠게 부풀려 드러내는 사람들도 있을 것이다. 폭력, 허세, 회피는 열등감이라는 하나의 뿌리에서 나온 가지다. 학교 교실에서도 마찬가지다. 그러하기에 사회적 약자인 가난한 집 아이가 가해자가 되는 경우를 반복해서 보게 될수록 아프고 미안했다. 고통의 사다리 하층에 있는 그 아이들이 비난까지 받아야 하는 것이 견디기 힘들었다. 이에 대한 이해를 분명하게 해주는 설명을 윌킨슨에게 들을 수 있었다.

"국제적인 데이터가 많아 여러 문화에서 보이는 왕따 문제를 비교할 수 있는데요. 결론은 소득 차이가 클수록 왕따가 더 많이 발생한다는 겁니다. 원숭이들은 서열을 만들어서 먹잇감을 차지하고 짝짓기도 하는데, 그 서열 싸움에서 진 원숭이들은 어김없이 그다음 서열에게 화풀이를 해요. 그럼 또 그다음 서열이 공격당하고요. 이런 현상을 '자전거 타기 반응'이라고 부릅니다.

우리 인간 사회도 보면 높은 서열에게는 머리를 숙이면서도 아래 서열에게 앙갚음하고 발길질을 하죠. 왕따를 시키는 아이가 다른 곳에서 어려움을 겪거나 억압을 당하는 아이인 경우가 많습니다. 유니세프 조사 결과에서도 볼 수 있습니다. 2007년에 선진국 아동 복지를 조사했는데, 불평등한 사회일수록 어린 아이들이 더 많이 괴롭힘을 당하거나 싸우고 충돌했어요. 가슴 아픈 일은 성인이 된 다음에 일어날 폭력을 예측하는 데 있어서 어린 시절에 겪은 폭력만한 것이 없다는 겁니다."

윌킨슨과 피킷이 《평등이 답이다》에서 거론한 연구 자료가 있다. 정신과 의사 길리건이 폭력적인 남성들을 조사해 발표한 내용인데, 그 남성들은 자신이 지금까지 사용해왔던 '학대'라는 단어로도 설명하기 힘든 아동 학대의 피해자들이라고 했다. 자식을 돌볼 능력이 없는 부모로부터 무시당하고 극단적인 신체 학대와 냉대, 매춘 강요, 즉 죽도록 맞고도 강간까지 당한 사람들이었다. 그들 부모는 자신들이 겪은 수치심과 모욕감을 아이들에게 풀어버린 것이다.•

"아이들뿐 아니라 어른들도 일터에서 왕따를 시킵니다. 따돌림을 하죠. 자신들이 더 낫다고 보여주려는 거예요. 저는 인종차별도 일종의 왕따라고 생각합니다. 실업률이 높아지거나 불경기에는 사람들이 불안해지고 위축되면서, 인종주의적인 공격도 강해진다는 조사 결과가 나와 있습니다. 또 빈부 차이가 심한 사회에서 정치 참여도 낮고 여성의 지위도 낮다는 연구도 있고요."

• 제임스 길리건(J.Gilligan), 《폭력예방Preventing Violence》, New Your: Thames&Hudson, 2001

집안의 가장이 화가 나면 애꿎은 바둑이까지 골병든다는 어르신들의 말씀이 생각났다. 결국 불안으로 인한 고통은 약자가 가장 많이 흡수하게 되는 거였다. 캘리포니아의 우리집이 있는 동네에서 만난 아프리카에서 온 친구들은 하나같이 자신의 아버지나 남편들 흉을 봤다. 아프리카에 살 때에 집에 들어오면 아주 꼴불견으로 거들먹거리며 신발도 벗기라고 하고, 밥도 따로 차려 대령하라고 했단다. 누군가는 아프리카 국가가 봉건적이고 그들 문화가 미개하다며 억지를 부리는 일부 언론의 말을 옮길지 모른다.

하루 종일 광산에서, 기업 농장에서 임금 노동자로 곽곽하게 일하고 받는 그들 가장들의 노임은 1달러다(장 자글러 편 참고). 그 소외된 노동의 분통은 자연스레 만만한 상대인 아내나 자식에게 그리고 동네 개에서 쏟아졌던 것이다. 그런 그들이 미국에 와서는 태도가 바뀌었다. 일거리를 찾아 돈도 벌고, 공부도 하는 아내나 딸을 무시하기 어려웠을 것이다. 아마르티아 센은 여성의 지위가 교육받을 기회와 일자리 혜택이 올라갈수록 자연스럽게 향상된다고 지적한 바 있다. 이처럼 사회 전반에 걸쳐진 불평등의 구조는 곳곳에 스며들어 작동 중이다.

어린 시절 환경이 평생 건강을 좌우한다

경제적인 사다리 구조 속에서도 소득이 끊기거나, 건강을 잃을 경우 아래로 갈수록 생활 기반 전체가 무너진다. 한국에서 자살자의 20퍼센트는 경제적인 이유 때문이다. 또 쌍용자동차의 경우와 같이 대규모 정리해고 이후 이어지는 자살과 가족해체에 사회적인 안전망이 작동되지 못하고 있기 때문일 것이다.

이 말을 듣고 난 후 윌킨슨은 조금 전 내가 질문했던 자살률에 대한 이유를 알겠다는 듯 말을 이었다. 때로는 처음 마주한 자리에서 질문의 의도를 이해하기 위해서는 예열이 필요하기도 하다.

"영국에서도 벌어졌던 일입니다. 광부들이 해고된 다음 많은 사람이 목숨을 끊었지요. 자살을 택한 사람 중 나이 든 사람이 더 많았어요. 1980년 대는 실직률이 매우 높았고, 아노미적 자살 현상이 불거지게 됐습니다. 사회가 급속도로 변하면서 사회 규제가 안정적이지 못할 때 이런 아노미적 자살 현상이 나타납니다.

또 숙명론적 자살 유형의 경우는 사회 앞에 무력감을 느낄 때 나오는데 학생들의 자살이 여기 속하겠네요. 신자유주의는 레이건과 대처가 밀어 붙였어요. 대처는 아동 빈곤을 엄청나게 증가시켰습니다. 살인율도 올라 갔죠. 경기불황으로 인해 소득 격차가 벌어지면서 사회 현상은 심화됐어 요. 건강지질학자 대니 돌링은 '자연스러운 살인율이란 없다'고 말했습니 다. 자기와 별반 다를 게 없는 애들이 좋은 환경과 좀 더 나은 동네에서 자란 것만으로 대학도 잘 가고 부자 집단을 만들어가는 것을 보면 의연한 듯 있으면서도 스스로 가치가 없는 존재라는 생각이 스며들게 되죠."

영국과 미국은 1970년대까지는 지금과 달리 매우 평등한 환경이었는데, 1980년부터 불평등이 증가했다. 그 불평등은 1990년대 초반에 정점을 찍었다. 현재는 높은 불평등이 지속되는 평등한 상황이다. 영국과 미국의 소득 불평등의 격차는 1970년대 중반보다 40퍼센트 정도 커졌는데, 이는 선진국들의 공통 현상이기도 하다. 윌킨슨은 소득 불평등이 증가되는 시기에 성장한 아이들이 더욱 폭력적이고, 더 많은 폭력적인 집단을 유발한다는 연구 결과에 대해 들려주었다. 이러한 문제의 공통점은 사회통합이 약해졌기 때문이다.

"평등과 건강, 사회의 결속은 함께 갑니다. 살인율과 자살률이 급격히 증가한다면, 거기에는 실업률이 증가했다거나 하는 등의 사회적인 원인들이 꼭 있습니다. 특히 한 부모 가정 연구에 대해 말해주고 싶은데요. 보통 한 부모 가정에서 자란 아이들의 발달이 좋지 않은 현상을 보일 때가 있어요. 가장 심각한 원인은 대부분 경제적인 데서 나옵니다. 한 부모 가정이 더 가난하기 때문이죠. 하지만 조사 결과 스웨덴과 노르웨이, 핀란드, 네덜란드 같은 나라에서는 한 부모 밑에 있는 아이들도 매우 높은 수준의 웰빙을 누렸습니다. 국가가 자기 아이들을 빈곤에 빠지지 않도록 지키고 있었기 때문이에요."

가난에 빠져 고통받고 우울해지지 않도록 사회가 어린아이들을 단단히 붙잡고 있는 것이다. 이와 관련해서 윌킨슨이 그의 저서에서 좀 더 자세하게 밝힌 내용이 있다. 최근 OECD 자료에 따르면 스웨덴에서 한 부모 가정이 빈곤에 빠지는 경우 직장이 있는 경우가 6퍼센트이고, 직장이 없는 경우가 18퍼센트로 나왔다. 미국의 경우는 각각 36퍼센트와 92퍼센트이다. 영국은 7퍼센트와 39퍼센트이다. 일단 이 수치만 봐도 부모의 수입이 있을 경우 가정이 경제적으로 위기에 빠질 확률이 줄어든다는 것을 알 수 있다. 스웨덴만 직장생활을 하는 부모들이 이혼을 많이 한다고 볼 수 없고, 미국의 경우 실업이 곧 사별 내지 이혼의 원인이라고 할 수 없다. 이 세 나라의 수치에서 얻을 수 있는 정보는 아이들을 돌봐주고 교육하는 공공 돌봄 시스템이 잘 갖춰져 있다면 그만큼 아이들이 안정된 환경에서 자라날 수 있다는 점이다.

"사회 전반에 미치는 영향을 볼 때, 어린 시절은 매우 중요합니다. 한 사회의 건강지수를 높이는 일, 기대수명을 높이는 일에서 평등과 함께 두 번째로 중요한 것은 어렸을 때 그 시간을 어떻게 보내는가에 달려 있습니다. 어렸을 때 안전하지 못하다는 불안을 느끼는 정도에 따라 평생에 걸쳐 스트레스를 다루는 조절 능력이 달라집니다. 부모들이 늦은 밤까지 일을 하고 돌아와 피곤에 지쳐 응대해주지 못하는 처지라면, 그 아이가 얻게 되는 조건은 달라지죠. 부유한 환경에서 자란 아이의 어휘력이 훨씬 뛰어난 것도 인지 발달에 미치는 사회적·경제적인 조건이 다르기 때문입니다. 그리고 임신기간에 스트레스를 받을 때 분비되는 코르티솔 같은 호르몬은 태반막을 지나 태아에게까지 영향을 미칩니다. 즉 많은 스트레스를 경험한 엄마의 아기는 스트레스 단계가 다르게 프로그램되어 세상으로 나오는 거예요."

국가가 책임져야 할 공적 기능은 당장의 안전을 보장하는 일과 동시에 가까운 미래에 들어갈 사회비용을 줄이고 변화를 가져올 수 있는 버팀목이 되어주는 것이다. 결국 공적 기능을 지켜내는 나라가 미래에도 지속 가능한 안전한 사회가 될 것이다. 북유럽의 현재를 보면 그들의 미래는 한동안은 더 탄탄해질 듯하다.

"핀란드나 노르웨이 역시 모두 계급적인 사회입니다. 하지만 어떤 나라들은 그 차이가 작고 어떤 나라들은 더 크게 나타나는 거죠."

소득 분배의 차이를 줄이는 법의 규제

그렇다면 불평등의 기울기를 줄이는 열쇠는 소득인가, 분배인가?

"가장 좋은 방법은 소득 차이를 줄이도록 바꾸는 겁니다. 단순하게 세금 혜택을 주는 것이 아니라, 세금 이전의 소득으로 생각해야만 합니다. 최근 들어 대부분의 나라에서 세금 부과 이전의 소득 격차가 가장 크게 나타나고 있습니다. 반면 소수의 소득은 엄청나게 증가했어요."

2014년 토마 피케티의 책《21세기 자본》이 전 세계적으로 열풍을 일으켰다. 물론 리처드 윌킨슨과 케이트 피킷의 책이 2009년에 나왔을 때도 서구에서는 대단한 바람이 일었다. 2014년에는 이전보다 더 강하게

'불평등'이 세계적인 화두로 전면에 나서게 된 것이다. 물론 전 세계적으로 불평등이 가져올 자본주의에 대한 위기감이 고조된 상태였기 때문에 가능한 일이었다. 한국의 경우 2012년 대통령 선거에서 복지가 화두였듯이, 줄곧 '복지' 관련 의제에서 맴돌던 시각이 불평등에 대한 경각심으로 조금 옮겨졌다.

앞서 소득 불평등에 대한 이야기가 나왔는데, 한 가지 더 짚고 가야 할 것이 있다. 바로 자본과 관련된 불평등이다. 태어날 때부터 소외감과 고독, 우울함을 지니게 되는 환경 말이다. '우리 아빠, 엄마와 할머니, 할아버지는 대체 그동안 뭘 하신 거야?'라는 원망을 안고 사회에 나왔지만, 벗어나려고 애써 봐도 어쩔 수 없는 고단한 삶을 경험하며 그분들을 이해하게 되는 자본 소유의 불평등이다.

피케티의 조사에 의하면 가장 평등하다고 일컬어지는 1970~1980년대 스칸디나비아 국가에서도 가장 부유한 10퍼센트가 국부의 50~60퍼센트를 소유했다. 2010년대 부유한 유럽 국가들의 경우 가장 부유한 10퍼센트가 국부의 60퍼센트를 소유한다. 놀라운 사실은 인구의 다수를 이루는 하위 50퍼센트는 평균적으로 국부의 5퍼센트 이하를 소유한다는 점이다. 불평등이 가장 심한 미국에서는 상위 10퍼센트가 국부의 72퍼센트를 차지하고 하위 50퍼센트가 고작 2퍼센트를 소유한다.•

자산이 만들어내는 소득은 월급 생활자들이 만들어내는 소득과는 질이 다르다. 결국 불평등의 해결은 우선적으로 복지 이전의 단계를 점검

• 　토마 피케티, 《21세기자본》, p.309

하고 변화시켜야 한다. 이것이 리처드 윌킨슨이 20년 넘게 주장하고 있는 내용이기도 하다.

"꼭대기의 1퍼센트에 있는 사람들은 지금 엄청난 속도로 더 부자가 되어가고 있습니다. 그 어떤 민주적인 방식으로도 그것을 통제하려 하지 않아요. 제어가 없다는 것을 보여주는 대표적인 예가 있습니다. 바로 만연한 보너스 문화예요. 즉 성과급이죠. 이윤을 많이 냈으니, 더 많이 가져가는 것이 당연시되는 문화가 사회 전반에 퍼져 있습니다. 이런 문화 속에서는 부자가 이윤을 더 내는 것도 당연하고, 가진 것이 없는 사람들이 덜 가져가거나 못 가져가는 것도 당연합니다.

여기서 말하는 1퍼센트는 우리가 동네에서 볼 수 있는 나보다 조금 더 잘 사는 그런 부자들이 아닙니다. 텔레비전이나 언론을 통해 많이 등장하여 가깝게 여겨질지 모르지만, 평생 우리가 가는 식당이나 병원에서 한 번도 부딪치기 어려운, 동선이 다른 곳에 사는 사람들 이야기입니다. 그 소득의 분배에 법의 규제가 있어야 한다고 생각합니다. 제가 보너스 문화를 이야기하는 이유는 이 제도가 우리의 내재적 동기를 무너뜨리기 때문입니다. 아주 나빠요. 사람들이 엄청난 위험을 감수하고 일하는 동기가 돈이 되도록 하기 때문입니다.

사실 우리가 여객선이나 화물차, 철도 같은 운송회사나 통신설비 회사를 운영하는 사람들에게 원하는 바가 뭘까요? 바로 의무감과 책임감 그리고 큰 회사들이니만큼 공공의 이익을 위해 멋진 일을 해줄 패기입니다. 바로 자긍심으로 드러나는 내재적 동기죠. 우리에게 질병이나 우울함에서 벗어나게 해줬던 위대한 과학자들이나 예술가들을 동기부여한 것은 돈이 아니었습니다. 그런데 이들 모두에게 성과대로 상여금을 주겠다고 하거나 성과가 나쁘면 계약을 연장하지 않겠다고 하면 어떻게 될까요? 공무원까지 계약직으로 대체했을 때 과연 어떻게 될까요? 그들 개인의 건강은 물론이고 사회 전체가 각박해지고 연결고리가 약해질 것입니다. 소득 불평등이 가장 중요한 내재적 동기를 무너뜨린 겁니다."

그의 말뿐 아니라 이전의 인터뷰들을 다시 쓰면서 자꾸만 떠오르는 한 사건이 있다. 2014년 4월 16일, 가라앉는 배 안에서 창밖의 구조대가 들어오길 기다리며 어둡고 차가운 물속에서 절규했을 생명들이다. 세계화된 세상, 자꾸만 좁아드는 세상이지만, 그 속에서 서로에게 아는 척하고픈, 그렇게 마음이 가는 자연스러움을 애써 막는 잔인한 장치가 있다. 그것은 바로 돈의 논리이다. 가까워져서 서로 돕고 함께 사는 법을 나눈다면 세계화는 살 만한 세상으로 나아가는 길이 될 것이다. 하지만 가까워져서 서로를 등지고 할퀴도록 작동된다면 이는 아수라를 부를 것이다.

안전을 믿고 탄 열차의 기관사가 계약직으로 눈이 충혈될 정도로 일해야 겨우 네 식구 먹여 살릴 수 있는 가장이라면, 태평양 상공을 나는 비행기의 기장이 의료보험이 적용되지 않는 희귀병을 앓고 있는 아들의 천문학적 수술비를 걱정하고 있다면, 현해탄을 건너는 여객선의 항해사가 은퇴할 나이에 연금과 퇴직금도 없는 비정규직이어서 우울증이 심하다면, 그 사실을 알고도 우리는 마음 편히 그 열차나 비행기, 배에 올라탈 수 있을까?

세월호 선장이 비정규직에 박봉에 시달린다는 걸 알았다면, 적자가 무서워 불법 확장에 과적을 해야만 하는 여객선이라는 것을 알았다면, 아이들의 부모나 교사들은 그 배에 태웠을까? 돈의 논리가 장사를 사기로, 호객을 살인으로 몰고 가는 세상이다. 비정규직 600만 명[*]을 만들어낸 대한민국이다. 내재적 동기를 끌어내기에는 먹고사는 일이 간단치가 않다. 아이들이 좀 더 나은 삶을 살 수 있다면, 사교육을 해서라도 경쟁력을 줄 수 있다면, 그 돈을 만들 수당을 타기 위해 비 오는 날 전봇대를 올라가는 가장들을 만들어내는 대한민국이 되었다.

"이제 법으로 회사 내 이사회에 노동자 대표가 참가하도록 규제해야 합니다. 영국은 아직 좇아가지 못하지만, 유럽에 있는 많은 회사가 노동자 대표를 이사회에 참여시키고 있어요. 독일의 경우는 회사 규모에 따라 차등을 주면서 직원이 2,000명이면 그 위원회의 절반은 노동자에게서 목소리가 나오도록 보장합니다. 민주적인 절차를 보장하는 회사에게는 세금 혜택을 줘서 불평등을 줄여가야 합니다. 더 나아가 외부 주주의 이익을 위해 일하는 것이 아니라 사원이 주주가 되어 이윤을 나누고 그 덕에 소비가 일어나 지역 경제까지 활성화되도록, 상호친화적인 방법으로 사회로 변화시킬 필요가 있습니다. 공동체가 함께 변화하도록 협력을 중심에 두는 겁니다."

- 통계청이 2014년 10월 28일 발표한 '경제활동인구조사 근로 형태별 부가조사 결과'에 따르면 올해 8월 기준 비정규직 근로자는 607만 7,000명으로 1년 전보다 13만 1,000명(2.2퍼센트)이 늘었다. 〈연합뉴스〉, 2014년 10월 28일

경제학자 조셉 스티글리츠가 한 경고가 떠오른다. "현대 기업의 최고 경영자는 막강한 권력을 쥐고 있고, 자신이 받을 보수까지도 결정한다. 최고경영자들이 경영진을 지명하는 데 상당한 권한을 행사하기 때문에 경영진이 부정한 방법으로 꾸려지면 이들을 견제할 방법은 거의 없다. 일부 국가들은 '기업지배구조 법률', 즉 최고경영자의 권력을 제한하는 법률을 가지고 있는데, 경영진 가운데 독립성을 유지하는 구성원을 포함 시키거나 주주들이 급여에 대한 발언권을 가지도록 규정하는 방식이다. 효과적인 기업지배구조 법률이 존재하지 않거나 법률 집행이 효과적으로 이뤄지지 않는 나라에서는 최고경영자들이 엄청난 액수의 상여금을 가져갈 수 있다."*

미국을 휘청이게 한 엔론 사건이나 세계를 위기로 몰아간 부동산 버블의 주역들을 떠올리면, 전 세계 경제를 위해서도 필요한 제안이라고 생각한다.

"옥스퍼드대학교 경제학자가 쓴 보고서가 있습니다. 이 세상에 있던 47퍼센트의 직업이 컴퓨터 등으로 인해 자취를 감췄다고 합니다. 이는 모든 것이 거의 자동화로 움직이는 데 근접했다는 의미죠. 예전에는 기술을 이용해서 생산성을 증진시키려고 항상 혁신해왔습니다. 생산성의 증진은 물질적인 표준을 향상시켰고, 소비주의를 만들어냈습니다. 그런데 더 이상 행복은 늘어나지 않았습니다. 더 편안해지지도 않았어요.

* 조셉 스티글리츠, 《불평등의 대가》, P.120-121

지금 우리가 해야 할 것은 이렇게 증가된 생산성을 보다 여유로운 시간을 갖는 데 사용하는 겁니다. 더 많은 시간을 친구나 가족, 이웃과 함께하는 것입니다. 런던에 있는 연구 조직인 '신경제 재단New Economic Foundation, NEF'은 이런 제안을 했습니다. 우리는 일주일에 21시간 일하는 방식으로 옮겨가야 한다고 말입니다. 생산성이 2퍼센트 증가할 때 우리는 일하는 시간을 2퍼센트 낮춰야만 한다는 거죠. 그것이 실제 삶의 질을 개선하게 된다는 거예요. 가난한 나라에서는 경제 성장을 이루는 것이 매우 중요합니다. 그렇지만 미국 같은 부자 나라는 성장해봤자 더 이상의 중요한 차이를 만들어내지 못합니다. 그렇기 때문에 이제는 증가된 생산성을 일하는 사람들이 함께 누릴 수 있도록 차별화된 방법으로 사용해야 합니다."

윌킨슨의 이와 같은 의견은 2014년 7월 8일 구글의 두 CEO의 대담을 통해서 또 한 번 널리 주목을 받게 됐다. 구글 CEO인 래리 페이지가 이미 자동화에 의해 실직이 만연한 상황에서 실업 문제도 해결하며, 인간다운 삶을 누리기 위해서는 노동시간을 줄여야 한다고 주장했다. 주당 40시간 밥벌이를 끝내고 21시간으로 단축하여 돈보다 삶의 질을 귀히 여기는 라이프스타일로 바꾸자는 제안이다.

한 명이 자동화된 장치에서 근무하는 환경이라면 노동시간을 줄여 두 명을 채용한다면 자연히 실업 문제가 해소될 것이라는 제안이다. 실제 구글은 근무시간의 20퍼센트를 탄력 있게 사용하는 탄력 근무제를 실시하고 있다. 휴가를 더 가고 싶어 하는 사람이 있을 수 있고 적게 일하고 싶은 사람도 있을 수 있다. 그렇기 때문에 생활에 필요한 만큼의 수입을 만드는 시간을 제외하고 나머지 시간을 자녀교육 등 가치 있게 사용하도록 생각을 바꾸자는 것이다. 하지만 경쟁구도에서 오랜 시간 살아와서인지, 경영방식을 성과급과 소규모 인원으로 최대의 생산성을 이끌어내는 방식이 아니라 느슨하게 바꾸어도 기업운영이 잘 될지 궁금했다.

"잘 됩니다. 더 생산적인 기록을 내고 있어요. 한 예로 메이저리그 야구팀을 대상으로 28개 팀에 속한 1,600명을 조사한 연구 결과가 있습니다. 9년 동안 조사했는데요. 프로경기인 만큼 연봉제가 당연시되지 않겠어요? 잘하는 선수는 비싼 몸값을 받아야 경기에서 눈부신 활약을 하겠죠. 그런데 팀의 성적과 팀원 사이의 소득 차이와의 관계는 우리 예상과 달랐습니다. 선수들 사이의 소득 차이가 적은 팀일수록 좋은 성적을 낸다는 결과가 나왔습니다. 그래요. 평등한 국가일수록 밤에 여자 혼자 다니기도 안전하고, 인종이나 여성 차별도 적고, 물론 더 건강하고요. 이런 국가적인 상황과 똑같은 일이 기업 내에도 적용되는 경우를 보게 되는 거죠."

직장생활 23년 차인 50대 초반 여성이 여섯 번째 직장으로 로스앤젤레스에 있는 라디오 방송국 광고 세일즈 부서에 입사했다. 그녀를 알고 지낸 지 20년이었던지라, 책상물림인 그녀가 소박한 언어로 어찌 세일즈를 할까 불안했다. 하지만 2년이 지난 지금 그녀는 그 어느 때보다 환했다. 일도 재미있고, 직장 동료와 일하는 것도 행복하다고 말한다. 요즘 같지 않은 그 이상한 회사 분위기를 곰곰이 생각해본 결과 답은 한 가지였다. 바로 광고 수주에 따른 성과급이 아닌 월급제였다.

그들은 함께 협력하며 광고주를 만나려는 노력을 공유한다. 성과에 따른 보수 차이가 작기 때문에 영업하려던 상대가 자기와 맞지 않으면 다른 동료에게 소개하는 일이 빈번하다. 기본급이 보장되기 때문에 계획에 무리를 두지 않고 1년 평균 수주량을 유지할 수 있었다. 팀원 이동률도 없다. 불황이지만 내부 결속력은 높았다. 바깥세상은 경쟁으로 달려가다 고꾸라지기도 하지만, 그 회사는 그런 방식을 바꾸지 않은 덕분에 꾸준함을 유지하고 있다.

불평등을 치료할 정치적 선택

"우리에게 필요한 것은 선택입니다. 정치적인 선택 말이에요. 2차 세계대전이 일어나기 전에 그리고 세계대전 중에 소득 격차가 줄어든 것은 정치적인 이유 때문이었습니다. 대공황으로 실업률이 치솟았고 사회 불안의 징후도 보였죠. 여기에 공산주의가 확산될 거라는 공포심까지 불거지면서 미국 정부는 행동을 취할 수밖에 없었습니다.

1930년대 초반, 루스벨트 대통령이 뉴딜 정책을 선언한 거죠. 그 당시에 만들어놓은 세금제도나 기업규제, 공공정책 등의 혜택이 지금까지 이어지고 있습니다. 하지만 레이건과 영국의 대처 정부는 신자유주의를 내세웠습니다. 이제 공산주의는 더 이상 현실적인 위험이 될 수 없기 때문에 이전에 있던 공공시설을 민영화했죠. 그 결과 우리에게는 불평등이 심화되었습니다.

이제 이 불평등을 치료해야 합니다. 저는 인간을 믿습니다. 우리 인간은 사회적 관계에서 평등에 대한 특별한 감각을 갖고 있습니다. 유럽에서는 'companion(컴패니언, 친구)'이라는 단어를 많이 사용하는데, 그 의미를 풀어보면 '빵을 함께한다'는 뜻의 조합입니다. 당신의 동반자는 그러니까 기본적인 욕구를 함께 나누는 사람인 거죠. 인간에게는 기본적으로 나눔의 욕구가 깊숙이 자리해 있어요."

　불평등한 사회일수록 정치적인 참여도가 낮고, 공동체의 결속력이 줄어든다. 이를 반대 방향으로 복원해나가는 것은 어떨까? 거슬러 간다는 것은 어려운 일이지만, 본래 우리에게 있는 협력의 본성을 깨워 지역 공동체를 복원하고, 신자유주의 속에서 해체된 안전망을 재건하려는 시민 활동에 힘을 실어주는 것이다. 가족의 유대만 다져도 마을이 달라질 수 있다. 미국의 경우 같은 빈민 지역이라고 해도 흑인 지역과 달리 히스패닉 지역은 외지인들이 밤에 상점을 걸어가도 될 만큼 덜 위협적이다. 이들에게는 가족을 돌보는 유대가 강하고 대가족의 전통이 이어져서 확대되어 있기 때문에 지역의 공동체 문화가 훨씬 끈끈하다. 공동체의 복원을 통한 불평등 해결은 시도해볼 만한 방식이지 않겠느냐고 윌킨슨에게 말했다.

　"네, 미국에서 초기 이탈리아 이민자들이 모여 살던 지역에 대한 연구가 있었어요. 유독 그 마을만 건강수준이 주변보다 월등히 높았죠. 동네 사람들은 겉으로만 봐서는 부자인지 가난한지 구분할 수 없었다고 해요.

굳이 자신을 과시할 필요가 없었던 거죠. 권력의 불평등이 생기지 않았기 때문입니다. 사람들에게 관계의 질은 매우 중요합니다. 저는 건강을 해치는 주요소는 면역체계를 약화시키는 만성적 스트레스라고 보는데요. 만성적 스트레스의 주요 원인은 사회 속에서 느끼는 불안감이에요. '다른 사람들이 날 어떻게 보고 평가할까. 내가 못났다고 여길 텐데' 하는 그 위축감, 근심들. 이런 것들에서 우리를 지켜주는 힘은 주변에 있는 사람들과의 관계입니다.

심리학자 셸던 코헨이 한 실험이 있습니다. 행복을 가늠하는 좋은 잣대가 바로 건강 상태입니다. 행복하냐고 묻는 것보다 건강한지 살피는 것이 더 정확하다는 메시지죠. 그가 한 실험을 보면, 손에 살짝 상처가 났을 때 파트너와 관계가 좋은 사람일수록 더 빨리 낫는다는 겁니다. 친구가 적으면 감기에 더 쉽게 걸려요. 같은 전염병에 노출됐을 때 다른 사람보다 병에 걸릴 확률이 네 배나 높습니다. 이처럼 사회적인 관계는 건강과 행복에 매우 치명적이죠. 그리고 이 사회적 관계는 불평등에 의해 금방 끊어질 수 있습니다."

소비주의를 부추기는 불평등 사회

불평등한 국가일수록 광고에 투입하는 비용이 국내총생산에서 차지하는 비율이 높다. 미국과 뉴질랜드는 노르웨이와 덴마크보다 두 배나 많은 광고비를 지출한다. 그 이유는 불평등한 사회일수록 지위 경쟁이 심해지기 때문이다. 더 많은 소득을 바라는 사람들의 욕망이 더 높은 지위를 바라는 욕망과 어느 정도까지 일치하는지에 대해 실험한 연구가 있다. 연구자들은 참가자들에게 다음과 같은 선택 질문을 했다.

부유한 사회에서 가난하게 사는 것과 가난한 사회에서 소득은 낮지만 주위 사람보다는 좀 더 부유하게 사는 것 중 어떤 삶을 더 선호하는지 물었다. 참가자의 50퍼센트가 타인보다 더 부유하게 살 수 있다면 자신의 실질소득 절반이 줄어도 상관없다고 했다.[*] 이렇게 우리는 자신이 속한 무리에서 어떤 지위에 있는가에 매우 민감하다. 비슷한 사람들이 모여 있는 무리 속에서는 긴장도 풀고 주렁주렁 두르던 장신구도 풀고 코르셋도 벗고 편안한 바지를 입고 껄껄댈 수 있는 것이다. 우리네 속담에도 뱁새가 황새 좇아가다 가랑이 찢어진다는 말이 있다. 얼마나 많은 뱁새가 황새를 좇았으면 그리 험하게 가랑이가 찢어진다는 소리를 하며 다독다독 했겠는가? 뱁새나 황새나 별반 차이 날 게 없는 처지라면 뱁새는 황새를 좇지 않을 것이다.

"모든 사회는 문제들을 가지고 있습니다. 그러나 저는 보다 평등한 사회가 그 문제를 줄여갈 수 있다고 믿어요. 이는 문명의 지속 가능성과도 연결됩니다. 소비주의와 연결된 핵심은 소비자의 지위 경쟁인데요. 사람들은 성공을 좇기보다는 남보다 성공하는 것을 좇고 있어요. 그래서 그

● A survey on positional concerns. Sara J. Solnick and David Hemenway. Journal of Economic Behavior & Organization, 1998, vol. 37, issue 3, pages 373-383(리처드 윌킨슨·케이트 피킷, 《평등이 답이다》, P.284에서 재인용)

걸 남한테 보여주고 싶어 과잉 소비를 합니다.

실직 상태인 젊은 청년과 이야기한 적이 있는데요. 최신형 휴대전화를 사는 데 돈을 엄청나게 썼더군요. 그 친구 하는 말이 최신형을 갖고 있지 않으면 여자들이 말도 걸지 않을 거라는 겁니다. 소비주의는 우리 사회에 엄청난 위협입니다. 소비주의 구조를 깨면 탄소 배출량도 줄어들 겁니다. 이 소비주의 구조 속에 똬리를 틀고 있는 것이 불평등입니다. 위축감을 덜어내고 싶고 불안감을 감추고 싶은 거죠."

사회구조의 변화를 요구하는 시작도 개인의 선택에서 출발하고, 그 변화를 지속 가능하게 완성하는 것 역시 사회와 함께 변화하는 개인의 생활 태도에 있다. '나'라는 한 명의 사소한 변화는 변화를 완성시키는 마침표가 될 수 있기 때문에 위대하다.

"평등하게 서로 엇비슷하게 살아가려는 삶 속에는 우리가 뭐든지 좀 적게 갖도록 줄여야 하는 불편함이 있습니다. 모두가 함께 견뎌야 하는 불편한 진행이죠. 그래도 우리는 반드시 보다 나은 삶의 질로 가는 길에 나서야 합니다. 더 친화력 있게 어울리고 가족과 유대감을 강화하는 일에도 마음을 써야 합니다. 민주적인 경영을 하도록 노력하면서 노동시간을 줄여 고용을 늘리고, 보다 평등하고 결속된 사회가 되도록 노력해야 합니다. 이제는 더 이상 물질적 표준을 기준으로 삼기보다는 그 속에 사는 사람들의 웰빙을 가늠하는 방식으로 운행해야 해요.

행복을 고려해야 합니다. 이제 우리의 행복을 막는 장애를 본다면, 건

강을 제한하는 사회적 관계를 본다면, 지금 당장 그것에 맞서야 합니다. 우리의 눈을 물질적인 수준을 올리는 비루한 경쟁에서 모두가 함께 관계 맺는 사회의 질을 개선하는 혁신으로 반드시 돌려내야 합니다."

* * *

윌킨슨이 집필한 책을 읽다 문득 옛일이 떠올랐다. 건강과 사회적 관계를 설명하는 부분에서 미국에 사는 푸에르토리코 이민 여성에 대해 이야기를 하고 있었다. 그녀는 패스트푸드점에 가기를 좋아했다. 그 이유는 그곳에 가면 미국인인 것 같고, 그들 사이에 속해 있다는 느낌을 받아 즐겁기 때문이란다.

12년 전 일이다. 미국에 와서 얼치기 영어를 하던 내가 덕수궁에서 미국인한테 "하우 아 유"를 날리던 중학생처럼 명랑했다가 곧 시들해지던 즈음이었다. 새로운 사회를 여행자처럼 만나다 뜨거운 맛을 보기 시작한 때였다.

미국인이 모이는 파티에 가서도 미소만 짓고 과장된 리액션과 감탄사만 날리고 있었다. 내가 영어로 말하면 상대가 귀 기울이는 수고를 해야 하는 그 사정이 거북했다. "오우, 와우. 리얼리? 아이 노우." 좀 신경 쓰면 "오~보이!" 이런 말로 대충 때우면서 알아듣지 못해도 알아듣지 못했다는 것을 다 알지 못하던 시절이다.

말 못하는 사회 속에서도 당당해지던 때는 돈을 쓸 때였다. 백화점에 화장품을 사러 간 적이 있다. 화장품 값만 지불하면 사은품이 한 주머니가 따라 온다는 광고에 혹 해서 남편과 함께 갔다. 내 발음은 엉성했지만, 판매하는 직원은 넘치도록 상냥했다. 이 순간은 그녀가 나와 적극적으로 소통해야 하는 입장이니, 존중받는 느낌이 더해지며 열등감은 얇아졌다. 당당히 화장품을 사고 나왔는데, 사은품 속에 한 가지가 비어 있었다. 남편은 어서 가서 받아오라고 했다. 하지만 난 가지 않았다. 버텼다. 남편 눈에 한심해 보였을 것이다. 당연히 받아야 할 것을 챙기지 않으려는 미련함으로 보였을 것이다. 그래도 가고 싶지가 않았다. 사은품이 다 들어 있지 않다고 설명을 할 수도 있었지만, 뭔가 을의 기분이 들 것 같은 그런 상황을 피하고 싶었다.

내가 그때 산 것은 화장품이 아니었다. 사은품 따위도 아니었다. 관계였다. 단 3분 안에 끝나는 판이라도 잠시나마 대등해 보이고 싶은 지위였다. 남보다 돈을 못 벌어서, 빚이 많아서, 뚱뚱해서, 가진 게 없어서 누구는 초콜릿을 고르기도 하고, 맥주를 고르기도 한다. 그 달콤함과 몽롱함을 소통의 대상으로 삼으며 잠시 주눅 든 자신을 편안하게 풀어주며 위로할 수 있으니까.

세상은 300원이라도 쓸 때 아는 체해준다. 아니, 쓰면서 존재감을 확인하는 것이다. 그렇게 당당한 시간을 갖고 싶기 때문에 가난한 푸에르토리코 여인은 밝은 조명에 미소로 환대하는 패스트푸드점에 가는 것을 좋아했을 것이다. 나도 소비를 통해 순간이나마 갑의 자리를 사고 싶었고, 추락하기 전의 지위를 누려보고 싶었다. 인간은 누구나 인정받고 싶어 한다. 그러기에 꽉 막힌 서열 사회는 그 존재만으로도 해롭다. 편애하는 가정, 등수로 대우하는 교실, 스펙으로 기회를 주는 사회, 재산으로 줄 세우는 권력은 그 어떤 전염병보다 지독하다.

우리를 불안하게 만드는것은 무엇인가?

유럽 지성을 대표하는 지그문트 바우만

지그문트 바우만(Zygmunt Bauman, 1925년생)은 영국 리즈대학교 사회학 명예
교수이다. 폴란드 유대계 가정에서 태어났고, 2차 세계대전 당시 나치를 피해 소련으로
도피했다가 소련군이 지휘하는 폴란드 의용군에 가담해 바르샤바로 귀환했다. 1954년부
터 바르샤바대학교 교수로 재직하다 1968년 공산당이 주도한 반유대 캠페인 당시 국적을
박탈당하여 조국 폴란드를 떠났다. 이스라엘 텔아비브대학교에서 가르치다 시온주의의
공격성과 팔레스타인의 참상에 절망을 느낀 그는 영국으로 이주해 1971년부터 리즈대학
교에서 가르치고 있다. 1992년에 사회학 및 사회과학 부문에서 유럽 아말피상을, 1998년
아도르노상을 수상했고, 2010년에는 '현재 유럽의 지성을 대표하는 최고봉'이라는 찬사
를 받으며 아스투리아스상을 수상했다.

1989년 《근대성과 홀로코스트Modernity and The Holocaust》를 출간해 세계적
명성을 얻었고, 1990년대 중반부터 포스트모더니티와 소비사회 관련 책들을 꾸준히 발표
했다. 2000년대에는 현대사회의 '유동성(액체성)'과 인간의 조건을 분석하는 '리퀴드 모더
니티(Liquid Modernity, 유동하는 근대)' 시리즈(《리퀴드 모더니티Liquid Modernity》(2000),
《리퀴드 러브Liquid Love》(2003), 《리퀴드 라이프Liquid Life》(2005), 《리퀴드 피어Liquid Fear》
(2006), 《리퀴드 타임스Liquid Times》(2007))로 대중으로부터도 폭넓은 주목을 받았다. 지그
문트 바우만은 지금도 왕성하게 저술 활동을 하고 있다.

> "권력은 일이 되게 하는 능력입니다.
> 우리에게 힘이 있다면 욕망하는 바대로 만들 수 있다는 거죠.
> 만약에 힘이 있다면요."

　2014년 3월, 신문에 나갈 지그문트 바우만과의 인터뷰 글을 정리하고 난 후 다른 때보다 조금 더 아팠다. 매회 글을 쓴 후 몸은 아팠다. 하지만 지그문트 바우만의 경우는 좀 길게 갔고, 이후에는 그보다 더 하지 않았다. 아마 새로운 일에 적응하느라 그랬나 싶었는데, 글을 쓰면서 오늘에서야 그 이유를 알 것 같다.

　바우만을 정리할 때 아팠던 이유는 아마도 산을 옮기느라 기운이 다 빠졌기 때문 아닐까. 그가 토해내는 언어는 마른 호흡과 담배연기에 거미 같은 손짓이 더해져 순식간에 봉분을 이루다 언덕으로 그리고 산이 되어 일어났다. 그의 언어는 파이프 담배를 빨아 뱃속 바닥까지 훑고 나서 모조리 토해내는 그 인터벌 속에서 글이 되어 나왔다. 며칠 그와의 대화를 샅샅이 잡으며 내린 결론은 '그냥 한 자도 빼지 않고 녹취만을 옮겨야겠구나. 바우만과의 대화에 넣으려고 몇 달을 삭히며, 또 이 책 저 책 뒤지며 모아놓았던 내 생각과 남의 생각들은 다 버려야겠구나'였다.

　허공에서 과거 어딘가에 있는 기억을 뽑아 다시 내게로 보내던 바우만의 형형한 눈빛도 언어였다. 난 그저 글로 토해내지 않았던 그의 언어만 잡아서 끼워 넣어야겠다고 생각했다. 대화가 끝났을 때, 청년의 기백으로 토해내던 사회학자는 비에 젖은 목련이 오그라들듯 의자 등받이 속으로 시들어버렸다. 그렇게 88세 거인이 에너지를 다 꺼내놓아 쌓은 '언어의 산'을 3분의 1로 줄이며 그래도 산인 양 옮기려 했던 지난 3월의 나는 병이 나지 않을 수가 없었던 것이다. 여기, 언어 외에 다른 방식으로 개입되었던 모든 소통까지 가능한 한 기록하려고 한다.

평촌에서 마주치던 무거운 책가방을 맨 거북목 아이들은 이른 아침부터 밤늦게까지 학교에서 학원으로 이동했다. 아이들은 부모의 불안까지 등에 지고 다녔다. 그래도 부모의 마음은 놓이지 않는다. 세상은 하루가 다르게 변하기 때문에 직장도, 대출로 얻은 장사밑천도 언제 사라질지 모를 일이 되어버렸다. 그러니 자식들이 살아갈 시대는 더 안개 속이고, 오로지 매달릴 곳은 스펙 쌓기밖에 도리가 없다라는 생각이 지배적이다. 그래서 부모와 자식 모두가 경주마가 되어 각자의 트랙에서 최선을 다해 달린다. 21세기 불확실한 시대를 사는 우리들의 모습이다. 또래와 경쟁하면서 앞 세대나 다음 세대와도 경쟁을 해야 하는 결승점 없는 레이스를 하고 있는 것이다.

경제 규모가 커졌고, 과학이 발달했고, 생활은 편리해졌다. 하지만 부자는 부자대로 현상 유지에 대한 두려움으로, 가난한 사람은 가난한 사람대로 냉랭한 복지 정책에 마음 둘 곳마저 없다. 그래서 문명의 파국에 대한 위기감은 봄날 기상이변으로 쏟아지는 폭설보다 밤낮 없이 일해도 나아질 기미가 보이지 않는 생활 전선에서 더 위협적이다. 가난해질까 두려운 것이다.

이 시대 살아 있는 대표 지성으로 꼽히는 지그문트 바우만을 만났다. 그와 함께 불안의 원인과 탈출법을 찾아보고자 했으나, 그는 더 이상 위기를 말하지 말자고 했다. 그보다 우리를 불안하게 만드는 실체를 파헤치자고 했다. 그는 세계화된 권력이 우리들의 은밀한 사생활까지 쥐고 흔들 만큼 강력해졌는데도, 속수무책인 정치의 지역적 한계에서 불안은 찾아온다고 말한다. 그리고 고용불안, 소비, 환경, 교육 전반의 문제를 고쳐나가기 위해서 시도해볼 만한 방식도 제시했다. 도시의 통치자를 통해 세상을 변화시키는 일이다. 귀 기울여 볼 만한 제안이다.

지그문트 바우만과의 만남은 2월 14일 오전 11시 영국 리즈에 있는 그의 집에서 이뤄졌다. 88세의 나이지만 목소리와 몸짓에는 청년 같은 기백이 넘쳤고, 눈동자는 형형하게 빛을 뿜었다. 그가 온 기운을 모아 선별하여 피륙을 짜듯 풀어내는 말에는 세밀하게 집중해도 다 품기 힘든 방대한 지식과 사유가 넘쳐났다. 바우만의 글쓰기, 바우만의 언어에 익숙해진 다음에야 그의 의미를 조금 더 깊게 좇아갈 수 있었다.

• • •

이른 아침 비가 흩뿌렸는지 리즈의 도심은 흐릿했지만 분주했다. 리즈는 영국에서 세 번째로 큰 도시이다. 출근 시간 택시를 타고 도심을 빠져나와 바우만이 보내준 주소에 다다랐다. 오래 전부터 있어온 동네인 듯 둥치 굵은 나무가 기둥처럼 박혀 있다. 큰길 왼편으로 나지막한 집들이 마주보며 골목을 이어가고 있다. 정갈한 모습이다.

그 중 한 골목 입구에 바우만의 집이 있다. 다른 집들보다 현관 입구 넝쿨이 조금 더 우거졌다. 집 안은 어둑하니 고요한 듯했다. 워낙 흐리고 스산한 영국이어서 창을 넓히고 나무를 거둬낸다 해도 방으로 들어올 햇빛은 한 줌 정도밖에 안 될 듯싶다.

초인종을 누르자 기다렸다는 듯 경쾌한 환영인사가 터진다. 큰 키의 바우만은 긴 팔다리를 휘적휘적 저으며 다가와 단단한 악수를 건넨다. 코트를 받아주겠다는 그의 말에 어색하고 미안하여 사양했다. 그는 거듭 코트를 달라고 했다. 아마도 손님을 맞이하는 영국의 예의인 듯싶다.

인터뷰의 장소인 응접실에는 빵과 홍차, 하얀 크림이 얹힌 딸기가 차려져 있었다. 어제 일부러 시내 소문난 빵집에 가서 초콜릿 타르트를 사왔고, 딸기는 마당에서 기른 올해 첫 수확물이라고 한다. 살뜰한 대접이다. 바우만은 내게 왼쪽 편으로 앉으라고 권했다. 왼쪽 귀가 좀 더 잘 들린다는 말과 함께.

인터뷰 섭외를 할 때 먼저 대화의 방향을 적어 보낸다. 기획 주제에 맞춰 들어야 할 내용을 분류하고 그에 맞는 인터뷰이를 선정하여 섭외 편지를 보낸다. 바우만에게도 내가 짠 밑그림에 맞춰 짧지만 함께 나누고 싶은 질문 내용을 적어 보냈다. 그에게서 답장이 왔고, 장소와 시간을 확인하는 두 번의 오고감이 더 있었다. 전보 같은 이메일들이었다.

준비했던 수많은 질문은 그가 소파에 앉자마자 물거품이 되었다. 늘 그렇듯 첫 질문이 인터뷰 전체의 진행 방향을 결정한다. 하지만 그날 그 자리는 내가 도착하기 이전에 그를 사로잡았던 혹은 나를 만나고 사로잡히게 된 생각일지도 모르지만, 흰 눈송이가 바다로 빨려들듯 그가 품고 있는 생각들 속으로 나의 모든 질문과 의도는 녹아버렸다. 플롯도, 뭔가를 꼭 더 뽑아내야겠다는 의도도, 쥐어짜듯 비트는 질문들도 필요하지 않았다. 내가 그 속으로 들어가면 됐다. 혼을 모아 들었고, 잠시 거울을 비춰 빛을 굴절시키듯 방향만 살짝살짝 틀었다. 고수의 추임처럼. 나와 그의 소통은 그렇게 이어졌다.

인터레그넘, 옛것은 갔으나 새것은 오지 않았다

크림 없은 딸기와 빵을 좀 먹어보라고 권하면서, 바우만은 바로 본론으로 들어갔다. 나는 미처 빵을 찍지 못한 포크를 허공에서 거두고 녹음기를 잡았다.

"저는 우리 문명을 살리는 데 문제가 있다고 생각하지 않습니다. 이 말로 시작하고 싶어요. 우리의 문명은 보편적으로 여기 영국이나 유럽, 또 한국까지 큰 틀에서 서로 나누고 있습니다. 같은 방식 속에서 이 지구의 세입자들은 과학과 기술의 발전에 의해 안내받고 있죠. 이는 지속적으로 변화하고 있다는 의미입니다. 과학과 기술은 극도로 빠르게 발전하고 있

으니까요. 과거와는 다릅니다. 예를 하나 들면 〈뉴욕타임스〉 일요판 한 회에 담긴 정보가 18세기 개화기에 살던 가장 똑똑한 남자나 여자가 아는 정보보다 더 많습니다."

참고로 〈뉴욕타임스〉 일요판은 매우 두껍다. 월, 화, 수요일 신문을 합친 한 주간 종합판이기 때문에 정보량도 상당하다.

"그들이 온 생을 거쳐 흡수할 수 있는 양보다 많죠. 이는 우리가 수용할 수 있는 지식과 기술적으로 숙달할 수 있는 양이 얼마나 빨리 늘어나는지 보여주고 있습니다. 세상이 성장하는 속도 말이에요. '우리가 문명을 구출할 수 있는가'라는 질문에는 파국의 기운이 증가하고 있다는 암묵적인 인정을 함의하고 있습니다. 위협 말이죠. 지금 이 문명이 엄청나게 위태롭다는 전제 말입니다. 저는 그것이 현재 우리가 해야 할 질문이라고 생각하지 않아요. 이는 현실입니다. 지금 벌어지고 있는 일이 무엇인가 하면 단순하게 말하는 건데, 우리는 인터레그넘^{interregnum}(최고지도자 부재기간), 즉 공위空位 기간 속에서 살고 있습니다. 인터레그넘!"

이 인터뷰 시리즈의 제목이 한글로는 〈문명, 그 길을 묻다〉이지만, 섭외를 할 때 영어로는 〈Seeking the Way To Save Our Civilization〉이라고 했다. '우리 문명의 살 길을 찾아서'라는 의미이다. 바우만은 이 타이틀에서 가장 기본 전제부터 짚어가기 시작한 것이다.

그는 인터레그넘(공위)을 발음하면서 r 발음을 마치 스페인어에서 혀가

도르륵 말려 굴러가는 소리를 내듯 절묘하게 강조하였다. 그가 인터레그 넘을 두 번씩이나 말한 이유는 먼저 그의 시대 통찰을 일러주는 주요한 단어였기 때문이고, 다른 한 번은 내가 도통 모르겠다는 멍한 눈동자를 보였기 때문일 거다. 그에게 '인터레그넘'이 무엇인지에 대해 물었다.

"인터레그넘은 '사이'입니다. 오리지널 의미로는 기간인데, 두 왕의 재 위 기간 사이에 있는 시기를 말하죠. 프랑스어를 할 줄 아나요?"

불문학을 전공하고, 불문학과를 다녔다는 기억만 남아 있는 상태였지 만, 그의 답을 듣고 싶어 안다고 했다.

"프랑스어로 말하면 'Le roi est mort, Vive le roi'로 의미는 '왕이 서 거했다. 새 국왕 만세!'라는 뜻이에요. 이 말에는 또 사안들이 유예기간 을 두게 된다는 의미가 내포되어 있습니다. 옛 왕은 무엇을 하겠다고 말 하지 않고 있죠. 죽었으니까요. 그렇다고 새로운 왕도 아직 정해지지 않 았습니다. 이것이 인터레그넘의 원래 의미입니다.

이 원래 의미를 확장시킨 위대한 이탈리아 철학자가 있어요. 그의 이 름은 안토니오 그람시이고 인터레그넘이라는 의미를 한층 더 새롭게 해 석할 수 있도록 했죠. 한국에는 왕이 없죠? 영국에는 있지만 통치하지는 않습니다. 의회가 통치하죠. 그러니까 그들이 언제 바뀌는지는 그리 중 요하지 않습니다. 심리적으로는 중요하게 생각하지만, 그렇다고 실생활 에서 많은 변화가 일어나는 것은 아니지요. 그러니까 인터레그넘은 더 이상 두 왕들 사이의 기간을 의미하는 말이 아닙니다.

그렇다면 오늘날 어떤 의미로 사용될까요? 이는 활동하는 옛 방식이 매우 빨리 노화되어 더 이상 적절하게 작동되지 않음에도 불구하고 새로운 활동방식들이 아직 개발되지 않은 상태를 말합니다.

우리는 여전히 새로운 생활방식을 찾고 있어요. 두리번거리고 있습니다. 이것이 현대적 의미의 인터레그넘이에요. 우리는 무엇을 좋아하지 않는지, 무엇이 불편하고 거추장스러운지 잘 알고 있어요. 즉 지금 살아가고 있는 생활방식에 대한 불만이죠. 이런 불편하고 거추장스러운 것을 벗어던지고 싶어 하죠. 하지만 선명한 인식, 즉 어디로 가고 싶다는 분명한 비전이 없어요. 우리가 어디서부터 달려오고 있는지는 알지만 어디로 가는지는 확실히 알지 못한다는 것입니다."

확신하기 어려운 시대이다. 그래서 불안하다. 알지 못하기에 명치 아래에 날갯짓하는 나비가 들어와 있는 것처럼 간질간질 간이 졸아든다.

"그것이 지금 이 인터레그넘 상태의 문제입니다. 한 가지 확실한 예를 들어볼까요. 정보과학의 출현, 컴퓨터화된 생활, 세상에서 벌어지는 일에 대한 정보에 바로 접근 가능한 이런 일들은 매우 최근에 만들어졌습니다. 당신이 살아오는 동안 만들어진 일이에요. 아마도 당신이 태어났을 때는 페이스북은 없었을 거고 트위터도 아직 개발되지 않았죠. 컴퓨터화된 생활의 면모들이 아직 그 자리에 있지 않았습니다.

자, 이제 우리 현실을 볼까요? 오늘날 현대화된 공장에 있는 노동자들의 기술은 죄다 컴퓨터에 의해 접수됐습니다. 그리고 그들은 정리해고 됐죠. 노동자들이 이런 농담을 하더군요. 부분적으로는 농담이지만 매우 심각한 지적입니다. 그네들 말이 곧 공장에는 두 종류의 살아 있는 생물만 고용될 거랍니다. 하나는 사람이고, 다른 하나는 개가 될 거래요. 사람은 개에게 밥을 줘야 하니까 고용된 거고, 개는 그 사람이 뭐라도 만질까봐 지키기 위해 고용된 거라고 합니다."

이 말을 마치고 선생은 농담 섞인 풍자라며 웃음을 띤 제스추어를 보였는데, 나는 웃을 수 없었다. 수많은 사람이 개밥을 주는 공장 노동자를 부러워하겠구나라는 생각이 들었기 때문이다. 개를 그만큼 존중해준다는 것에 대해서는 불만이 없지만, 숙련된 귀한 손으로 대접받던 20세기 노동자의 신세가 처량해서 속상했다. 자본이 값싼 노동력을 찾아 중국으로 빠져나간 후 수많은 미국의 중년 노동자는 허무감에 사로잡혔다. 비록 새 일자리를 잡았지만, 그동안 자부심을 가졌던 기술이나 빠른 손놀림을 자랑할 만한 분야가 아니었기 때문에 줄어든 보수보다 더 씁쓸해했다. 정리해고 뒤에 거대한 집단 우울의 쓰나미가 덮친 것이다.

한국도 속수무책으로 당하고 있는 일이다. 유능한 농부였던 사람들이 도시로 밀려나면서 느꼈던 열등감을 기계에 밀리며 다시 겪게 됐다. 두 번 맞는 가을이다. 그 중 한 번도 꽃을 피워본 적도, 무성해본 적도 없던 사람들이 견뎌냈던 옛날을 회상하며 이겨내려는 셀프 희망 찾기에는 어떤 생각도 감히 보태기가 머뭇거려진다.

바우만은 파이프에 불을 넣고, 깊게 한 모금을 빨아 당겼다. 연기가 올라왔다.

"이것이 공장의 미래예요. 이제 노동자들은 더 이상 공장에 있지 못할 겁니다. 즉흥적으로 든 예이고, 일반적인 이슈를 그려내고자 단순화시킨 것이지만……. 그래요, 우리가 가고 있는 곳이 어디인지 결론을 이끌어내기에는 너무나 이릅니다. 하지만 매우 중요하고 엄청난 무슨 일인가가 벌어지고 있다는 것을 우리는 알고 있죠. 그러나 그 결과가 무엇인지는 예견할 수 없어요. 이것이 문제예요.

이런 느낌을, 물론 저는 잘못 설명되고 있다고 생각하지만, '파멸', '거대한 혼동', '우리를 위협하는 일종의 쓰나미'라고 합니다. 하지만 저는 대체 그 '쓰나미가 뭘까', '파멸이 뭘까' 이런 의문은 가질 필요가 없다고 생각합니다. 이보다는 현실의 진실을 설명해내려는 시도가 필요해요. 진짜 현실의 진실은 무엇이냐 하면 우리들의 생각 밑에 흐르는 그것입니다. 불확실성에 대한 느낌, 매우 고약하고 기분 좋지 않은 느낌이죠. 심지어 당신이 특정한 목표를 향하고 있고, 꽤나 현실적인 계획으로 꽉 차서 분명하게 움직인다고 해도 그 아래에는 결과가 어떻게 나올지 모르는 느낌이 깔려 있어요. 독일의 사회학자인 울리히 벡은 현대 사회를 일컬어 '위험 사회'라고 했습니다."

현대의 위기는 모호하고 돌발적이다

그는 위험의 의미를 이렇게 설명했다. 농경사회에서의 위험은 농사를 망치는 것이다. 가뭄이 들어 곡식이 말라죽으면 배를 곯게 되는 위험이다. 어떤 구제도 없었기 때문에 주린 배를 잡고 이 위험이 지나가기만을 버텨야 했다. 바우만은 한국에 늑대가 있느냐고 물었다. 잘 모르겠다고 하니, 얼마 전까지 영국의 위험에는 늑대도 한 요소였다고 했다. 아이들이 숲에 들어갈 때면, 늑대에게 잡아 먹힐까봐 걱정했다고 한다. 그제야 영국 동화에 나온 늑대들이 문학적 상징이 아니라 구체적인 위협이란 것을 알게 되었다. 그러고 보면 우리의 옛날이야기 속 호랑이, 여우도 현실적 경고인 셈이다.

"그때의 위험은 분명했습니다. 현실적이고 매우 선명하게 눈에 보였죠. 현대의 리스크(위기)는 옛날 방식과는 달라요. 매우 유동적이고, 신비롭고, 짙은 안개 속에 있죠. 우리는 위험이 어디에서 와서 어떻게, 무엇을 강타할지 모릅니다. 자연의 위험도 있고, 2007~2008년에 닥친 신용 붕괴 같은 사람이 만든 위험도 있습니다. 느닷없이 닥치는 파괴 말입니다. 모든 사람이 지속적으로 성장하는 번영에 익숙해졌어요. 우리는 좋다 싶으면 더 좋은 곳으로 가려고 하죠. 그렇게 계속계속……. 그러다 느닷없이 이 모든 것이 무너졌습니다. 몇몇 아주 소수의 사람이 다가오는 재앙을 예견했지만 우리 대부분은 믿으려 하지 않았죠."

신용붕괴의 진원지인 미국에서는 그때 다들 거짓 신용을 만들어서라도 대출을 받아서 우선 집을 사야 되는 줄 알았다. 집값은 계속 오를 거고 경기는 더 좋아질 것이니 빚을 크게 져서라도 집을 사지 않으면 물정에 어두운 사람으로 보였던 때다. 이미 집이 있어도 갚아나가던 주택 부금 원금을 담보로 또 빚을 내어 투자용 집을 사서 노후를 준비하려는 중산층들도 많았다. 투자는 실패로 끝났고 무리한 만큼 있던 집의 원금까지 까먹었다. 어쩔 수 없이 더 긴 노동시간으로 실패를 메워야 하기 때문에 노후의 안락은 멀어질 수밖에 없었다.

"그러니까 모든 것이 폭삭 무너졌어요. 이것만이 불확실해지는 이유는 아닙니다. 《리퀴드 러브》에서도 썼지만, 인간의 유대가 점점 깨지기 쉽게 박해지고 있습니다. 연인들은 예전처럼 서로에게 충실하지도 안정적이지도 않아요. 영국의 위대한 사회학자인 앤서니 기든스가 순수한 관계에 대해 언급했습니다. 그는 현대 사회에서 사람들은 영원을 서약하는 맹세 없이, 약속을 다짐하는 약정 없이 연인관계에서 바로 동거로 들어가는 경향이 있다고 했어요. 이는 그저 '같이 하자'라고 말한 다음, '봐, 됐잖아'라고 하는 거죠.

당신과 내가 어울려서 파트너로 있을 수 있는 시간은 만족을 느낄 때까지입니다. 그러면 그만이죠. 만족한 기분이 사라질 때에는 같이 있어야 할 이유도 사라집니다. 그는 그대로, 그녀는 그녀대로 자기 길을 가요. 앤서니는 순수한 관계의 문제는 해방과 자유를 가져온다고 말했습니다. 당신은 이전에 한 서약에 얽매이지 않습니다. 항상 새로운 기회를 찾아도 되고, 그 기회들을 사용해도 되요.

　그렇기 때문에 문제가 발생하는 것입니다. 순수한 관계를 만들어내려면 두 사람의 동의가 있어야 하지만, 그 관계를 깨는 데는 한 사람의 결정이면 충분합니다. 이것은 다르게 말하면 파트너가 계속되는 불안 속에서 살게 된다는 뜻이죠. 만약에 100년 전이라면 당신이 좋아하지 않더라도 일단 결혼하고 나면 관계가 영원히 이어졌습니다. 죽을 때까지 휴식 기간도 이혼도 없습니다. 하지만 이제는 그렇지 않죠."

　매우 인스턴트적인 사랑이다. 우정도. 어떤 사람은 헤어짐이 두려워 사랑을 포기하기도 한다. 정확하게는 혼자 남겨짐이 무서워 시작하기도 어려운 것이다. 한 번 달아오르면 좀처럼 식지 않는 무쇠솥 같은 사랑의 무게를 버텨야 하는 옛날 방식이 더 두려워야 하는데, 실상은 가벼이 끓고 말 사랑이라서 시작하기가 어렵다. 어떤 보험에도 가입되어 있지 않은 차를 몰아야 하는 상황처럼 상처에 대한 보장이 없기 때문이다.

　"오늘날에는 더욱더 많은 사람이 혼자 살고 있어요. 주거 생활자 가운데 다수는 독거 세대입니다. 다른 사람들과 함께해본 다음에는 각자 자기 길로 가는 거죠. 그래서 인간 유대는 이제 이렇게 적혀진 계약 문구를 갖게 됐어요. '다음에 고지될 때까지만!' 즉 임시적인 거죠."

　개별화된 개인, 바우만에게 묻고 싶었던 내용이었다. 왜 40년 만에 이렇게 급작스럽게 개인화가 확산되었는지 이유를 물었다.

"개인화라는 주제 안에서 보면, 그래요 30, 40년……. 네, 당신이 맞네요. 이는 보다 넓은 출발과 연결되어 있어요. 사회의 기능들 속에 있는 질서 안에 시작된 변화, 규제 완화(자유화)라고 불릴 수 있는 일반적인 경향 속에서 일어난 거죠. 사람들을 연결하는 끈들, 그렇게 끈끈하게 특정한 환경으로 이어져 있던 관계가 약해지고 있습니다. 반면에 살아 있으려면 매우 잔혹한 생활 속 기능들이 필요한데, 전에는 이것들을 국가 차원에서 담당해줬어요. 그런데 이제는 개인들에게 부과되고 있습니다. 만약에 당신이 인생에서 실패한다면, 그 실패가 당신 책임이라는 것으로 고통받습니다. 당신이 저지른 실수 때문이라고 생각되며, 자꾸만 스스로에게 혐의를 씌우게 됩니다. '난 재능이 충분하지 않았어. 독창적이지 않았어' 하고 말이죠. 그러고는 자신의 잘못을 찾아내고, 충분히 부지런하지 않았음을 자책하는 거죠. 그 모든 것은 당신 잘못이 되는 거예요. 미안한데, 울리히 벡을 다시 한 번 더 언급해야겠어요. 그는 매우 중요한 사회학자이고, 당신이 꼭 인터뷰해야 할 사람입니다.

그가 말하기를 지금 개인들은 사회적으로 유발된 문제에 대해 개인이 알아서 자구책을 찾도록 기대받고 있다고 합니다. 문제는 사회적으로 생산된 건데, 책임은 개인이 지는 거죠. 여기서 개인적으로 만든다는 의미는 개인적인 생각들, 개인적인 투영들, 개인적인 대비, 힘, 개인이 갖는 자원을 동원해서 만드는 것을 말해요. 그런데 개인의 역량으로 사회적인 문제들이 품고 있는 심각성을 조절하기에는 마땅치 않을 뿐만 아니라 역부족이죠. 그럼에도 불구하고 사회 전체적으로 모든 차원에서 이런 식으로 작동됩니다."

바우만의 이야기를 들으며 웹툰 〈미생〉이 떠올랐다. 주인공 장그래는 어린 시절부터 매달려온 바둑을 그만둔 것에 대해 '나는 열심히 하지 않아서 버려진 것이었다'고 독백한다. 그렇지 않으면 너무나 초라해지기 때문에 열심히 하지 않은 것으로 하겠다고 다짐한다. 바로 지그문트 바우만이 말한 그 말이다. 장그래의 이 말에 트위터가 술렁였고, 페이스북에 공유가 넘쳐났다. 너도나도 공감을 토해냈다. 주눅 든 개인이 희망을 품으려면, 열심히 하지 않아서 못한 것으로 애써 자기 부정을 해야 용기가 생기기 때문이다. 사회는 더 많은 스펙을 요구하고, 학자금 대출로 인해 여자 친구 사귀기도 힘들다. 서른 살에는 정규직이 되고 싶다는 청년들의 꿈, 결혼은 자연스레 미뤄지고 아이는 포기하게 된다. 기대하는 부모님과 사랑하는 사람들을 위해서도 개인이 성실하지 못했다고 억울한 고백을 해야 그나마 경쟁판 속에라도 끼어 있을 수 있다. 기회는 막아놓고, 도전하라고 닦달하는 아이러니한 구조이다. 인스턴트 사랑만큼이나 점점 더 답 없는 답이 상식이 되고 있다.

"이는 또한 현대 도시에도 적용되고 있습니다. 현재 수많은 도시가 다양한 문제로 고통받고 있는데, 그 문제들은 세계화로 인해 만들어진 겁니다. 각 도시들의 잘못이 아니죠. 실제로 도시에 사는 사람들도 자연스레 시골에서 옮겨오게 된 사람들입니다. 제가 시골에 사는 농부라도 도시로 갔을 거예요. 시골보다 더 많은 것을 얻게 될 기회가 다양하니까요. 그러니까 도시가 책임질 일은 아닙니다. 이는 세계화의 힘으로 강제된 거예요. 세계화라는 의미는 새로운 기술을 모든 곳에 적용시켜놓은 걸

말합니다. 기술 없이도 잘 돌아가던 모든 것에 기술을 접목시켰어요. 농사가 산업화되어가고 있죠? 이는 이전에 생계를 꾸리며 사용했던 방법들이 쓸모없어졌다는 뜻입니다. 산업화로 도입된 기계를 이용하고 넓은 면적에 단일재배를 하는 등의 새로운 방법들과 경쟁에서 버티기 어렵게 됐다는 거죠. 그러니 그 땅을 떠날 수밖에요. 다시 이 세계화의 결과물에 대한 책임은 도시가 질 수밖에 없습니다. 도시 밖에서 작용되어 나타난 현상인데, 도시가 책임져야 하는 상황입니다. 이는 보다 포괄적인 단위로 올라가도 마찬가지입니다."

권력은 국가 차원의 정치를 떠났다

바우만이 말하는 도시의 위 단계는 국가 단위를 가리킨다. 국가 역시 더 큰 포괄적인 힘에 노출되어 있다고 한다. 그러면서 간명한 표현으로 강조하였다.

"우리의 대화에 있어 이 부분을 요약하면……. 이 모든 것의 뒤에는 권력과 정치의 이혼이 있습니다. 유럽과 미국의 경우 200년 내지 300년 동안 이어온 권력과 정치의 결합이 이제 갈라선 겁니다."

그에게 물었다. '권력'이란 무엇인지.

"권력은 일이 되게 하는 능력입니다. 우리에게 힘이 있다면 욕망하는 대로 만들 수 있다는 거죠. 만약에 힘이 있다면요."

다시 물었다. '정치'란 무엇인지.

"정치는 지금 무엇을 해야 할지 결정하는 능력을 말합니다. 실제로 40년 혹은 50년 전까지만 해도 국가적 차원에서 정치와 권력은 하나로 함께 있었습니다. 그런데 제가 인터레그넘이라고 부르는 요즘은 권력이 지구 전체로 작용합니다. 금융이 세계화됐고, 무역이 세계화됐어요. 거기에 무기 교역과 테러리즘까지도 세계화됐습니다. 모든 종류의 권력이 국가가 조절하는 영역 밖에 거주하게 된 거죠. 세계화된 권력은 뭐든 하고 싶은 대로 할 수 있습니다. 만약에 어느 지역에서 원하는 대로 명령할 수 없게 된다면 그 권력은 다른 곳으로 옮겨갈 거예요. 그렇게 되면 자본도 떠나고, 일자리도 사라지고, 산업도 폐허가 되어버리겠죠.
이 상황에서 정치는 19세기에 하던 대로, 전에 있던 그 영역 안에 머물고 있습니다. 예를 들어 한국의 의회가 무언가 법적 효력을 결정해도 그 구속력은 한국 안에서만 발휘될 뿐입니다. 국경 저 너머에는 영향을 미치지 못하죠. 그런데 문제는 세상 다른 곳에서 뻗어 들어오고 있다는 거예요. 이렇게 권력과 정치가 이혼한 상태가 된 겁니다. 저는 늘 이와 같은 이슈에서 맴돌고 있습니다."

그는 내가 말하는 문명을 구하는 이슈에 대해서 이 전제를 받아들이지 않는다고 했다. 왜냐하면 재앙 위협이 있다고 생각하지 않기 때문이라고 말한다. 대신 불확실성에 사로잡힌 시대에 대해 해석할 때라고 말했다.

"불확실성은 매우 불쾌한 상태예요. 왜냐하면 우리가 무엇을 해야 할지 알 수 없기 때문이죠. 만약에 지금 무엇이 일어나는지 우리가 안다면, 적어도 이론이라도 알 수 있다면, 우리가 변화를 독려할 수 있겠죠."

정치적으로 제재한다고 해도 세계화된 권력에 영향을 미치기 어렵다고 했지만, 실제로는 국가 내에서 정치적 변화를 만들어내는 것조차 어렵다. 선거 시기에 나타나는 현상을 보면 주머니가 텅 빈 계층이 초일류 부자를 위해 투표한다. 이는 대한민국만의 상황이 아니다. 대중에게는 경제가 어려울수록 보수 정권이 경제를 잘 운용할 거라는 기대심리가 있다. 바우만도 이 말에 고개를 끄덕였다. 순간 흩어지는 담배 연기에 그의 얼굴이 아련해진다. 파이프를 든 그의 손 아래로 구멍 난 옷소매가 드러났다. 책상 위에서 닳고 닳아 올이 날근하게 풀려 떨어져 나간 짙은 블루 카디건이다. 사색하고 집필해온 그의 시간을 보는 듯하다.

"이해할 수 있어요. 이해할 수 있는 상황입니다. 어떤 사람들, 그러니까 모든 사람이죠. 우리에게는 이중성이 있습니다. 한편으로 새로운 길을 찾고 새로운 가능성을 찾으면서, 다른 한편으로는 그 유동성의 결과를 두려워합니다. 더 많은 항거의 자유, 뭔가를 할 수 있는 더 많은 능력은 증가된 위험과 불확실성이 한 묶음으로 다가와요. 당신에게 친숙한 것, 당신이 하는 일, 당신이 지난 5년 동안 해온 일 등은 당신을 편안하게 해줍니다. 당신도 무엇을 하는지 알고 있고요. 아주 좋아요. 모든 사회학적인 연구에서 일컫기를, 행복은 스스로 삶을 조절할 수 있다는 자신감과 매우 밀접하게 연결되어 있다고 합니다. 행복감은 내 뜻대로 할 수 있다는 기분이 커질수록 증가해요. 그래서 행복해지고 싶은 거죠.

그러나 우리를 둘러싼 새로운 진행들은 설명되지 않는 가운데 일어나죠. 명확한 이유도 없이, 아주 그럴싸한 연유도 없이 예측불가로 튀어나옵니다. 이럴 때 우리 안에서는 두려움이라는 느낌을 창조합니다. 우리는 둘로 나뉘어 있어요. 두 개의 경향 사이에서 한편으로는 더 나은 생활로 개선하고자 합니다. 모든 신상품이 새로운 혁신이란 스티커를 달고 상점에 투척되고 있어요. 요즘 너도나도 교체하는 신상품 아이폰은 곧 구식이 될 겁니다. 1년 안에 업그레이드된 아이폰이 나올 테니까요. 그러면 사람들은 지금 산 걸 버리고 새 아이폰을 사겠죠."

이는 소비^{consumption}가 아닌 낭비^{waste} 아니냐는 말에 바우만은 '물질적인 쓰레기$^{metrial\ waste}$'라고 말했다. 그의 이론 가운데 주요하게 통용되는 '쓰레기, 잉여'라는 단어와 차별을 두기 위해 물질적이란 단어를 붙인 듯하다.

"이는 물질적인 쓰레기지만 뭔가 더 나아진 기분을 느끼게 합니다. 우리는 항상 도전할 새로운 기술을 익혀야만 합니다. 주위는 변하니까요. 자, SNS를 예로 이야기해볼까요? 사람들은 함께 앉아 서로의 말에 귀 기울여 들으면서도 매우 주의 깊게 SNS의 메신저를 열어봅니다. 예전에는 그러지 않았죠. 항상 앞에 있는 사람에게 집중했어요. 지금은 육체적으로는 함께 있지만 정신적으로는 매우 멀리 서로 떨어져 있습니다. 당신은 캘리포니아 카페에서 친구와 이야기하면서도 서울에 있는 친구와도 이야기해요. 메신저로요. 육체적으로는 가깝지만 정신적으로는 멀리 있는 거죠. 여기에는 두 가지 가치가 있어요. 내가 생각하고 믿는 바에 따르면 이는 인류의 영원한 특징입니다. 인류는 항상 같은 문제로 아파해요."

나의 표정이 멀뚱해져서인지 좀 더 명확하게 정리를 해주었다.

"제가 언급한 두 가지 가치는 하나는 자유이고 다른 하나는 안전입니다. 우리에게는 이 두 가지가 모두 필요합니다. 하지만 결코 자유와 충분한 안전을 가질 수는 없습니다. 우리는 지금 네트워크라는 형식을 사용하여 연결되어 있는데요. 전에 이것은 지역 공동체였습니다. 맞죠? 우리들은 지역 공동체에 속해 있었고, 그 안에서 태어났어요. 150년 전에는 아마도 한 공동체 속에서 평생을 함께 살다 갔을 겁니다. 다른 곳으로 이주하지 않았을 테니까요. 늘 익숙한 사람들과 살았겠죠. 그러니까 공동체는 당신이 늘 확인하는 페이스북과는 다르죠. 이 둘 사이의 차이는 먼저 공동체는 당신한테 페이스북이 줄 수 있는 것보다 더 큰 안전을 제공한다는 것입니다. 하지만 당신의 자유는 희생되죠. 공동체는 네트워크와 달리 당신이 무엇을 하는지 매우 주의 깊게 관찰합니다. 만약에 당신이 매우 독립적이고, 나의 두 발로 홀로 서 있겠다라고 하면서 자신만의 비스니스를 한다면 공동체는 당신을 처벌할 수 있어요. '너는 규칙을 어겼다. 그러니 나가라'고 추방하고 제명하는 거죠. 공동체에서는 순종적이어야만 합니다. 시키는 대로 말을 잘 들어야만 하죠. 색다르게 튀는 걸 자제해야 합니다.

하지만 네트워크는 다르죠. 네트워크는 두 가지 행동으로 이루어져 있어요. 하나는 접속이고, 다른 하나는 단절입니다. 모든 네트워크가 그래요. 네트워크에 접속하거나 접속을 끊는 일은 공동체에서보다 믿기 어려울 정도로 쉽습니다. 당신한테 자유감을 줄 거예요. 또 매우 중요한 가치가 있습니다. 바로 '나는 선택할 수 있다'라는 것입니다. 만약에 네트워크 안에서 누군가를 좋아하지 않는다면, 메신저에 답하기를 멈추면 됩니다. 내 명단에 있는 그를 지우면 그만이에요. 간단하죠.

하지만 실제 생활에서는 이와 같지 않습니다. 우리는 속해 있는 공동체에서 분리되기 어려울 뿐만 아니라 두려워해요. 배반자가 될 수 있기 때문에 네트워크에서 하던 대로 하는 것은 썩 내켜 하지 않습니다. 공동체 속에서 자유는 인터넷에 비해 매우 폭이 좁지만, 네트워크 안전도는 공동체보다 훨씬 더 불안정하게 흔들리고 깨지기 쉽습니다. 우리는 뭔가를 얻으면 뭔가를 잃어요. 무엇이 더 좋은지 가늠해야만 하죠. 그래서 늘 얻을 것을 생각하고 잃을 것을 정합니다."

최근 들어 수차례의 선거를 치르면서 화두처럼 던져지는 말이 "왜 가난한 사람들이 부자에게 표를 줄까?"였다. 이는 수많은 칼럼에도 등장하고 같은 제목의 책으로도 나와 있다. 그러면서 가난한 사람들만이 특정한 행동을 취하는, 자신의 이익에 배반하는 선택을 하는 우를 범하는 것처럼 해석되기도 한다. 이 행동을 하나의 특이한 시대적 현상으로 해석하며 대상화시키는 것에 대해 내려다보며 잘못을 지적하는 윗사람의 태도가 배어나와 불편했다. 하지만 바우만의 해석은 보다 포괄적이었다. 가난하기 때문에 안전을 바라는 것이라는 특정 계급에 대해 정해진 틀로 해석하려는 접근이 아니었다. 바우만은 계급과 계층을 넘어서서 인간 보편의 문제로 바라봤다. 그래서도 그는 요즘 우리 생활 속에 깊숙이 들어와 있는 SNS를 예로 든 듯하다.

　누구나 바라는 자유와 권리이고, 현실에서는 누구나 그만큼 안전하기를 바라기 때문에 인간의 선택은 늘 자기 신념이나 이상의 절반 정도는 배신하게 되는 못 미더운 존재일 수밖에 없다. 부자도 자신의 자유를 위해 기꺼이 계급적 이익에 반하는 선택을 할 수 있고, 젊은이도 훗날 노후를 생각하여 연금 확대를 위해 표를 던질 수 있는, 현실적으로 늘 유동하는 선택을 할 수 있다. 누군가 세력을 잡고자 한다면, 한 인간 속에서 갈등하고 있는 두 세상 가운데 자신에게 유리한 한 곳을 더 자극해야 할 것이다.

21세기 변혁, 도시가 희망이다

바우만에게 20세기 말 한국에 대한 이야기를 했다. 1980년대와 1990년대 거리로 나온 시민의 물결에 대해서다. 그 놀라운 물결은 시스템의 변화를 야기하여 민주화를 이뤄냈는데, 지금 다시 그 일을 더 진전시킬 수 있을까에 대해 물었다. 오늘날의 개별화된 개인들과 함께 말이다.

"만약에 당신이 시스템의 변화를 원한다면 내 질문은 어떤 종류의 시스템을 그곳에 넣고 싶은지에 있지 않고, 누가 그것을 할 것인가에 있습니다. '누가 그것을 가능하게 할 정치와 권력을 가질 것인가?'죠. 우리는 권력과 정치 사이의 이혼에 대해서 논의했어요. 이 이혼으로 인해 우리는 한 손에는 정치적인 조절로부터 벗어난 권력을 갖고 있고, 다른 한 손에는 지속적으로 권력의 부재로부터 고통받는 정치를 갖고 있습니다. 정부는 좋은 의도로 유권자의 요구와 만나고자 하지만, 실상은 그럴 수가 없어요. 왜냐하면 권력이 부족하기 때문이죠. 만약에 정부가 실행하겠다고 나선다면 그 즉시 증권시장에 의해 입법이 무효가 될 겁니다. 예를 들면 이렇게 돌아가는 거죠. 그래서 우리에게는 권력과 정치가 통합된 기구가 필요합니다. 뭔가 효과적으로 실천하기 위해서는 이런 요소가 필수요건이에요."

돈의 논리로 현실 생활이 좌우되는 이유는 돈을 가진 사람들의 힘이 세기 때문이며, 이를 규제해야 하는 법과 행정이 약하다는 뜻이다. 투표를 하든지, 시민운동을 통해서 법과 행정을 좌우할 정치력을 만들어도 국제적으로 작동되는 자본의 힘을 규제하기에는 역부족이라는 것이다. 내가 이해한 바우만의 논지는 이러했다. 힘이 센 측은 전 세계를 상대하여 이로운 곳으로 자유로이 이동할 수 있기 때문에 붙박이 국가는 그 힘센 세력의 동향을 살필 수밖에 없다는 것이다. 그렇다면 우리에게는 아무런 대안이 없는 것인가? 그리고 골리앗을 쓰러뜨릴 위협적인 무게 중심이 보이지 않는 건지, 아니면 없는 건지, 없다면 왜 없는 건지에 대해 세계적인 사회학 거장에게 설명을 재촉했다.

"네, '오늘날의 큰 질문은 누가 할 것이냐?'인 거죠. 제가 당신에게 추천할 만한 것이 한 가지 있습니다. 생각해볼 만한 공식^{formula}이에요. 이는 당신이 사는 캘리포니아와는 완전히 반대편에 사는 사회학자이자 정치학자가 주장하는 해법입니다. 그는 뉴욕에 있고, 이름은 벤저민 바버입니다. 몇 달 전에 그는 매우 흥미로운 책을 출간했는데, 《뜨는 도시, 지는 국가$_{If the mayors ruled the world}$》입니다. 시장^{市長}은 선거로 선출되어 시^{市}를 통치합니다. 벤저민 바버는 이 도시의 양쪽 경계에서 논쟁을 합니다. 도시보다 상급은 도, 국가, 연방정부이고 그 하부는 개별적 정치 계층입니다. 가족 단위나 친구 등이죠. 도시는 이 둘 사이에 있습니다. 상부와 하부 두 그룹 모두를 효율적으로 작동시킬 수 있는 이 도시를 활용하는 방법입니다."

도시라는 아이디어가 상당히 신선하게 다가왔다. 도시의 경우 오히려 국가보다 역사가 오래된 곳이 많기 때문에 그 속에 있는 구성원들의 권한이 직접적으로 권력으로 작동되기도 한다는 생각이 들었다. 물론 토호 세력의 고질적인 문제도 있지만, 그 말도 아직 지역의 권력에 지역민의 힘이 작동한다는 것 아닐까 하는 생각이 들었다. 하지만 바우만이 주목한 지점은 지역적인 사고가 아니었다. 그는 도시 간의 협력에서 그 가능성을 본 것이다.

"영토주의 주권국이 창조된 것은 베스트팔렌 조약이 있던 1648년부터입니다. 종교전쟁을 끝내기 위해 유럽의 대표들이 모여 영토주권을 수용했죠. 벤저민 바버가 꽤 정확하게 말했는데요. 당시는 전쟁을 막기 위해 특정 지역에 대해 국가적 독립을 인정하는 영토주권 방식이 중요했습니다. 하지만 지금은 세계화로 상호 의존적인 상황이기 때문에 국가적인 접근은 시대에 맞지 않다는 겁니다. 오늘날 글로벌 이슈로 벌어지는 상호 의존적인 의제들을 해결하기 위해서는 경쟁보다 협력해야 되는데, 국가는 협력을 위해 태어나지 않았어요. 자국의 영토를 젖 먹던 힘까지 동원해서 지키기 위해 태어난 거예요. 그래서 국가는 지구적인 글로벌 이슈를 해결함에 있어 도움이 되지 않을 겁니다. 이것이 벤저민 바버가 말한 거죠. 도시보다 낮은 단계를 염두에 두면 개인, 개별 가족, 이웃이라는 단위가 됩니다. 이들은 지구적 이슈를 다루기에는 너무나 약합니다. 이웃 공동체에서 한다고 하면, 도전은 매우 위대할지 모르죠. 하지만 매우 좁은 현실에 갇히게 된다는 한계가 있어요."

그렇다면 무엇이 희망일까? 벤저민 바버가 말하기를 "오직 하나의 희망은 도시다"라고 했다. 서울, 런던, 뉴욕 같은 도시들이 공동체의 질도 유지하며 큰 사회의 질을 수행하는 데 적당한 크기라는 것이다. 또한 인구밀도 역시 맞춤한 구조이다. 큰 사회는 사회적인 관료체계로 이루어져서 개인들 사이에 행동 규범이 부여되는 집단이고, 공동체는 이웃처럼 오고가는 결을 가지고 있는 상태이다. 이런 공동체 속에 있는 서로 돕기 위해 협력하려는 의지가 도시에는 살아 있다는 주장이다. 추상적인 시스템을 따르는 존재 양식이 국가라면, 공동체는 지역적인 수위로 상호작용, 대화 등에 의한 소통으로 통합되는 구조이다.

"도시는 이 둘의 동거가 가능합니다. 이는 유토피아적인 개념이 아니라 이미 벌어지고 있는 일이기도 해요. 벌써 지구상의 절반이 넘는 인구가 도시에 살고 있습니다. 개발도상국일수록 인구의 70퍼센트 이상이 도시에 집중되어 있죠. 그들의 경우는 시골 터전에서 쫓겨나 임시로나마 도시의 슬럼으로 밀려와 있는 처참한 상태지만, 그런 도시들이 일종의 진전을 발견해내고 있어요. 각 도시의 시장들은 다른 도시의 시장이 하는 일을 지켜봅니다. 뭔가 흥미롭다 싶으면 더 자세히 살피다가 쓸모 있다고 여겨지면 자기 시에 적용하죠. 강압 없이, 입법 없이, 경찰 없이! 효율적인 소통 규모이기 때문에 빠르게 옮겨질 수 있습니다. 그들은 서로에게 배우고 있어요. 한 도시에서 시작된 긍정적인 변화가 트렌드가 되어 세계 곳곳으로 퍼져나갑니다."

실제로 1,000여 지방정부가 모여 만든 지속 가능성을 위한 세계 지방정부 이클레이ICLEI의 경우는 이미 로스앤젤레스 대기오염을 개선하는 데 큰 역할을 했다. 한국도 서울, 수원, 성남 등 여러 도시가 참여하고 있는데, 시장들에 의한 강력한 국제의회의 탄생까지도 바라볼 수 있지 않을까 기대를 가져보게 된다.

진보는 추의 운동, 직선이 아니다

서로 협력하고 의존하는 관계지만, 거대 사회나 이웃 공동체 속에는 이해받지 못하는 배척과 텃세, 차별이 존재한다. 공공의 이익을 지키자는 주장은 대중에 의해 무산되기도 하고, 이미 있어온 국민의료보험이나 공교육이 시장의 논리로 넘어가도 오히려 손해 보는 당사자임에도 묵인하거나 옹호하기도 한다. 대중의 선택이 그러하다면 보다 서로 존중하고 아끼는 정이 세상을 감싸 흐를 수 있을까.

"네, 당신은 인간의 삶을 묘사한 겁니다. 위대한 철학자인 이마누엘 칸트는 우리 역사 속에서 가장 위대한 인물 가운데 한 명이에요. 그가 말하길 '비틀어진 나무로 만들 수 있는 직선은 없다. 이것이 인류이다'라고 했어요. 그러니까 비틀어진 것은 결코 반듯이 펴질 수 없다는 거죠. 그것이 그의 아이디어입니다. 이 의미는, 당신을 실망시켜서 미안하지만, 내가 믿는 바 이 반어적 문구는 방금 당신이 말한 것과 같아요. 모순은 필연적이고 이들은 우리와 함께 영원히 존재할 거라는 사실이에요. 인간의 조건은 고질적으로 양면적입니다. 인생의 만년에 와서야 도달한 결론이 있는데요. 우리가 진보라고 부르는 그것은 똑바로 뻗은 직선이 아니었습니다. 젊어서 상상할 때 진보란 얽히고설킨 장애 없이 똑바로 앞으로 나아

가는 행진이라고 여겼습니다. 구부러진 비틀림 없이 말이죠. 그러나 실제 진보는 추의 운동 같습니다."

바우만은 진보에 대해 '추의 운동^{pendulum}'이라고 했다. 앞으로 나아간 만큼 그 반동의 힘을 받아 뒤로 밀렸다 다시 추동하여 나아가는 진자의 운동 말이다. 그 말을 듣는 순간 뭔지 모를 충격을 느꼈다. 다음 질문을 이어가야 했고, 이어지는 그의 말을 들어야 했기에 애써 '추의 운동'이라는 단어에 걸리지 않으려 했다. 하지만 이후 내내 문고리에 머리칼이 걸려 당겨지듯 끊어낼 수가 없었다.

"1929년 또 다른 지그문트가 책을 출간하였는데, 그는 바로 지그문트 프로이드입니다. 그는 《문명 속의 불만*Civilization and its Discontents*》이라는 책에서 문명의 모순, 문화의 모순에 대해 말했어요. 불만족^{discontent}이란 단어의 의미를 당신은 알 수 있을 거예요. 우리는 진행되는 일에 만족스럽지 않을 때 불만족하죠. 그의 메시지는 '문명은 오직 불만족만을 생산한다'는 겁니다. 왜 그럴까요? 제가 앞에서 짧게 언급한 바로 그 이유 때문입니다. 안전과 자유 사이의 갈등, 그가 1929년에 말하는 것을 내가 반복하면 문명은 엄청난 불만족, 다량의 인간 불행을 생산한다는 겁니다. 왜일까요?

문명 속에서 산다는 것은 바로 서열 지어진 환경 안에 있다는 의미이기 때문입니다. 사람들은 더 안전해지려면 더 많은 개인적인 자유를 포기해야 합니다. 이웃으로부터의 안전, 자연으로부터의 안전, 몸이 쇠약해지는 데에 대한 안전. 네, 지금 우리의 생활은 과거에 그랬던 것보다는 덜 위험하고 조금은 더 계획적입니다. 모두들 꽤 많은 장치를 갖고 있습니다. 문명에 감사하죠. 그러나 이런 이득을 얻기 위해서는 우리 자신을 어딘가에 종속시켜야 해요. 일종의 제한이죠. 하고 싶은 많은 것을 맘대로 할 수가 없기 때문에 만족하지 못하죠. 그래서 불행한 것입니다.

장담하건대, 만약에 지금 지그문트 프로이드가 바로 여기 당신이 앉은 의자에 있다면, 그는 《문명 속의 불만》 후속 편을 바로 출간할 겁니다. 이 문명의 불만족에 대한 그의 진단을 수정해서 선 보일 거예요. 그리고 그는 이렇게 말하겠죠. '안전과 자유 사이에는 갈등이 있다.' 또 이렇게 말할 수도 있어요. '오늘날의 불행은 사람들이 자신의 자유를 얻기 위해 그들의 많은 자유를 투항하면서 나오는 것이 아니라, 정확히는 다른 제3의 방식에서 온다.'

그럼 다른 방식이란 무엇일까요? 불행은 말이죠, 사람들이 사실상 무제한의 자유를 구하고 싶어서 자신들이 갖고 있는 엄청난 안전을 투항시키는 데서 오고 있습니다. 당신 세대는 내가 확신하건대 할아버지 세대가 누렸던 것보다 엄청나게 많은 자유를 누렸어요. 할아버지 세대의 자유 전술은 현대의 기준에서 보면 매우 협소하죠. 동시에 그들은 꽤 확실하게 자신들이 태어난 그 마을에서 죽어갔습니다. 안전 속에서요. 그들은 자신들이 어디 있고, 무엇을 하고, 어디에 속하는지 알고 있으며 세상 속에 단단하게 둥지를 틀고 있죠."

무제한의 자유를 위해 엄청난 안전을 투항시키는 것에 많은 것을 생각하게 한다. 내가 겪어온 시간 속에서 앞다퉈 기억들이 올라와 차마 줄 세우기 어려울 지경이었다. 늙은 부모가 아파트를 놀린다며 기어코 담보 대출을 받아 가게를 연 그를 말리지 못한 것이 안전을 투항시킨 것인지, 4대 보험과 퇴직금 그리고 제법 괜찮은 월급까지 버리고 말도 안 통하는 미국으로 떠나온 것이 미련한 투항이었던 건지, IMF 사태 시절 직원의 4분의 1인 계약직 동료들의 계약 해지에 숨죽이고 있었던 것이 엄청난 투항이었는지, 줄줄이 민주화될 정권이 올 것 같았으면서도 투표를 뒤로 미룬 것이 투항이었는지……

애매모호한 많은 일이 쏟아져 덮쳐오지만, 분명한 것은 경쟁이라는 것을 '기회', 즉 '소유권을 늘릴 수 있는 기회'로 여기며 수많은 '안전'을 넘겨준 것은 분명한 현실이라는 것이다.

안전을 위해 자유를 투항시킨 과거의 지그문트!

무한 자유를 위해 안전을 투항시킨 오늘의 지그문트!

이 글을 읽는 사람에게 바우만의 목소리를 들려주고 싶다. 그가 담배를 빨아 내놓는 연기도 보여주고 싶다. 고름이 되어 흘러나올 상처투성이 세상물정들이 그렇한 그의 숨결에 녹아져 감정 눌린 단어들로 나온다. 녹슨 빗장이 풀리듯 내 굳은 생각들이 흐물해졌다. 격정도 담담해진다.

문제없는 인생을 위한 완벽한 길은 없다

바우만 선생에게 요즘은 다들 디아스포라Diaspora●를 겪는 듯 보인다고 했더니 그가 이렇게 말했다.

"50, 60년 전에 포드나 제너럴 모터스, 피아트, 닛산에 들어가면 앞으로 그 회사에서 40년은 일할 거라고 다들 그렇게 믿었어요."

"제 아버지가 그렇게 정년퇴직 했습니다"라고 하니 바우만은 "그럼 금시계를 타가지고 나오셨겠네"라고 말하며 정년퇴직이 당연하고 영예로웠던 옛 시절을 회상했다. 그리고 말을 이었다.

"오늘날 당신 사는 그곳(캘리포니아) 근처 실리콘밸리 말이에요. 야심찬 젊은이들이 꿈의 직장으로 입성하려는 곳이잖아요. 만약에 내가 거기 취직하게 되면, 얼마나 일할 수 있을까요? 평균 근속기간은 8개월입니다. 스티브 잡스 역시 나갔다 돌아왔어요. 미국의 또 다른 위대한 사회학자인 리처드 세라가 계산하기를 오늘날 젊은이들은 노동 가능 기간 동안 직업을 평균 열한 번 바꾼다고 합니다. 한편에는 이동의 자유, 변화, 참신함, 끌림의 자유가 있는 반면, 다른 한편에는 큰 불확신과 안전에 대한

● '흩어짐'의 뜻으로, 팔레스타인 이외의 지역에 살면서 유대적 종교 규범과 생활 관습을 유지하는 유대인을 이르는 말

부족함이 있는 거죠. 누구나 스스로 성공했다고 여기는 기억은 그리 오래 지속되지 않아요. 새로운 성공으로 재확인하지 않으면 끝인 거예요. 그래서 생애 동안 단 한순간도 멈출 수가 없습니다. 당신의 지위를 위해 시작부터 끝날 때까지 싸워야만 합니다. 그래요. 노동시장은 매우 유연해졌어요. 프랑스 경제학자 다니엘 코엔은 이렇게 말했습니다. '더 이상의 안정은 없다. 이제 평생직장은 없다'라고요."

끊임없이 실직 상태를 극복해내지 않으면, 쉼 없이 성공을 보여주지 않으면, 현재의 안정은 결국 누구나 옛날에 하나쯤 장롱에 있었다는, 현재의 궁핍을 위로해주는 금송아지가 될 뿐이다.

"제가 당신 나이였을 때(내 나이를 몇 살로 보는지 알 수는 없지만, 88세인 그에게 나는 청년을 대표하는 듯했다), 위대한 철학자 장 폴 사르트르가 우리에게 이런 조언을 했습니다. '일생을 거는 프로젝트를 만들라.' 장 폴 사르트르가 이런 말을 할 당시의 세상은 매우 안정적이었죠. 제가 젊었을 때는 남은 생을 위해 귀 기울여야 할 조언이었어요. 하지만 그의 조언은 내게 2001년까지만 유효했습니다. 사르트르의 조언을 2020년, 2030년, 2050년까지 좇아갈 수는 없습니다. 그의 말은 더 이상 진실이 될 수 없으니까요. 제가 몇 년 전, 그러니까 은퇴하기 전에 학생들에게 평생과제라는 것에 대해 말한 적이 있었어요. 그러자 그들이 크게 웃더군요. 그리고는 이렇게 말하는 겁니다. '교수님, 당장 내년에 할 프로젝트라도 있으면 진짜 행복하겠어요'라고요."

그렇다면 불확실성으로부터 이득을 얻는 사람은 누구일까? 바우만에게 물어보았다.

"제가 계속 이야기하듯이 문제없는 인생을 위한 완벽한 길은 없습니다. 뭔가를 얻으면 뭔가를 잃죠. 우리는 반드시 값을 치러야 합니다. 공짜로 오는 것은 하나도 없어요. 더 많은 자유를 원한다면, 좋아요. 가져가요. 그러나 기억할 것은 그 길에서 더 많은 것을 잃어야 한다는 겁니다. 만약에 당신이 안전을 더 원한다면 좋아요. 그렇게 해요. 그러나 기억하세요. 당신의 자유를 값으로 치러야 해요. 다른 해법은 없습니다.

괴테 알죠? 위대한 낭만주의 시인 괴테.* 그가 거의 제 나이였을 때 한 저널리스트가 이렇게 물었습니다. '당신은 행복한 생을 보냈나요?' 그러자 괴테는 '네, 행복한 생이었습니다'라고 말했죠. 그러나 즉시 덧붙이기를 '그렇지만 행복했던 단 일주일도 기억나지가 않네요.' 그래요, 매우 현명하죠. 그냥 한 번 생각해봐요. 그의 말이 의미하는 바는 인생에 있어서 행복이란 문제로부터 자유로움을 뜻하는 것이 아니에요. 대신 행복은 문제를 극복해나가는 것에서 얻을 수 있다는 겁니다. 문제없는 인생은 행복의 레시피가 아닙니다. 이는 지루함의 레시피입니다."

그는 '지루함'이라는 단어를 골랐다. 'recipe for boredom(지루함의

---

* 요한 볼프강 폰 괴테(Johann Wolfgang von Goethe, 1749년 8월 28일~1932년 3월 22일) 작가, 철학자, 과학자, 바이마르 대공국 재상

레시피).'

　"행복은 어려움을 직면하고 극복하는 과정으로 이루어져 있습니다. 많은 사람이 불행하게도 상업적인 마케팅에 의해 잘못 이끌리고 있어요. 왜냐하면 마케터들은 사람들에게 이런 문제를 단박에 해치울 해법들을 약속하기 때문입니다. '이걸 사세요, 저걸 사세요. 또는 이리로 가세요. 그리고 이 정권이 집권하면 모든 것이 좋아집니다. 이 휴양지로 오세요, 기분이 괜찮아져요. 당신은 불멸의 경험을 하게 될 거예요.' 이렇게 우리에게 거짓 약속들이 퍼부어지고 있습니다. 삶에서 모든 약속은 결과를 갖는데, 이러한 선택을 쫓다 보면 결국에는 약국에 이르게 되요. 약국 선반에는 당신을 기다리는 그 약이 놓여 있습니다. 행복은 우리에게 삶의 실제를 직시하도록 요구합니다. 그리고 이는 문제 있는 삶을 만드는 레시피가 아니라 삶을 합리적이고 의미 있게 만드는 레시피예요. 만족을 주는 생활 말입니다."

더 나은 사회를 위한 대안 찾기는 우리의 몫

IMF 사태가 벌어지기 전인 1994년경 입사시험에서 유행처럼 치러지던 면접 형태가 있었다. 바로 소규모 토론이었다. 주제를 던져주고 토론하는 모습을 보며 리더십, 협력, 세계관 등을 관찰할 수 있는 면접 형태였는데, 당시 취업 준비생들 사이에는 예상 질문들이 떠돌았다. 그 중 하나가 '작은 정부'였다. 바우만과 나누는 대화에서는 규제 완화, 자유를 위해 내어주는 안전에 해당하는 사항이다. 결국 그때부터 깊숙이 한국 사회에 스며들어온 신자유주의는 이제 개인이 세상을 보는 시각까지 바꿔놓았다. 현대는 민주주의 사회이기 때문에 평등이 아니라 경쟁을 해야 한다는 훈계를 광화문을 달리며 택시 기사로부터 듣는 시절이 됐다. 서민들은 주머니가 비어가도 CEO처럼 기업을 걱정하며 세금을 낸다. 신자유주의가 개인의 의사결정 시스템이 되어가고 있는 것이다.

"신자유주의는 단지 마음의 상태가 아니라 사회가 존재하는 상태입니다. 1970년대부터 오늘날까지 이 시기를 우리는 신자유주의라고 부릅니다. 신자유주의에 의해 규제는 해체되었죠. 즉 규제 완화를 한 거죠. 예를 들어 노동시장의 개별화를 들 수 있습니다. 노동과 고용은 매우 안정적이었죠. 아마 한국도 그랬을 거예요. 일본을 보세요. 일본은 상호 서약하는 문화로 유명하죠. 회사 보스와 종업원 사이에 말이죠. 그들은 모두 회사에 충성합니다. 그들은 상호 서약을 통해 자신의 일자리에 대해 사적인 오너십을 획득한 것이죠. 물론 이는 자유를 줄입니다. 이동할 수 없어요. 그들은 거기에 머물러야만 했고, 더 커 보이는 떡을 얻기 위해 옮길 수 없었어요. 그들은 서로에게 충성했습니다. 반면에 안전에 있어서는 잘못됨이 없었죠. 신자유주의는 보안해제 작업이었습니다. 고용 안전을 해제한 거죠. 확실히 모든 사람의 안전을 해제해버렸습니다.

규제 해제, 당신이 부르는 신자유주의 이데올로기는 이러한 상황을 반영합니다. 2007~2008년 금융위기에 의한 신용 붕괴는 당신에게 결코 표준생활을 영원히 개선할 수 없다는 것을 선명하게 보여줬죠. 그러자 사람들은 신자유주의 계획의 지혜에 대해 의심을 갖기 시작했어요. 이제 사람들은 더 이상 믿지 않습니다. 적어도 대부분은 시장의 보이지 않는 사냥에 대해 더 이상 신뢰하지 않는 거죠. 좋아요. 이거라도 어딥니까. 이제는 우리들이 느끼는 겁니다. 그러나 변화의 징조는 아주 미약하게만 보이죠. 신용 붕괴가 일어난 후 10년, 은행의 모든 시스템은 위기를 만들었고 지금까지 작동하고 있어요."

바우만은 애덤 스미스의 《국부론》에 나오는 '시장의 보이지 않는 손'을 '시장의 보이지 않는 사냥'으로 즉각적으로 바꿔 말했다. 단어 하나를 바꿔 핵심을 찌르는 뼈있는 농담으로 만들었다. 그와의 대화 전반에 배어 있는 바우만식 격정이다.

"우리는 권력과 정치를 재혼시켜야만 해요. 우리가 행동으로 다시 심어내고 재생하고 뒤바꿔내는 전환이 없다면 우리는 못난 이데올로기를 대치하는 아름다운 이데올로기를 가질 수 없을 겁니다.

저는 우리의 대화에서 많은 메시지를 주었다고 생각해요. 인생의 아름다움은 매우 어려운 도전으로 우리 앞에 놓여 있고, 우리는 이에 대한 적절한 대응책을 찾아야 합니다. 오큐파이 월스트리트 운동, 분노하는 '아랍의 봄' 등 사람들은 이미 시작하고 있어요. 사람들은 기존의 정치 정당들이 하는 일에 환멸을 느끼며, 대안을 찾고 있습니다. 그들은 실험하고 있어요. 나는 기존에 나와 있는 방식에서는 대안적 길을 찾을 수 없을 것이라고 생각합니다. 그렇지만 나는 믿습니다. 사람들은 계속 찾아 나설 것이고, 그 답은 세상에 나올 거라고요. 나는 당신 세대가 그 길을 이루도록 모든 행운을 전합니다. 하지만 기억하세요. 그 대안들은 어딘가에서 당신들이 발견해주기를 기다리지 않습니다. 당신들이 창조해야 합니다. 기회는 발견되는 것이 아니라 만드는 거니까요. 저는 그저 사회학자일 뿐입니다. 당신에게 어떻게 살라고 조언해주는 카운셀러가 아니에요. 우리의 삶에 어떤 선택 상황이 놓여 있는지 설명하려고 노력할 뿐이죠. 선택은 우리의 몫입니다."

· · ·

지그문트 바우만과의 인터뷰가 2014년 3월 25일 신문에 기사화된 날 아침, 온라인으로 기사를 다시 읽은 후 아이들을 등교시키고 오는 길에 찜 찜했던 생각 하나가 열렸다. 진보에 대한 그의 정의에 관한 생각이었다. 바우만은 인생 말미에 알게 된 한 가지가 진보는 앞으로 쭉 행진하는 직선이 아니라 추의 운동이라고 했는데, 그 말에 맥이 풀렸다. 그날 2월 14일부터 40일 동안 나는 내가 왜 그리 답답했는지 몰랐다. 당시 나는 바우만이 '직선이 아니다'라고 할 때 속으로 '그래, 나선형일 거야'라고 생각했었다. 그래서 되묻지 못한 채 지나쳤었다.

　그날 아침, 그에 대한 답을 얻었다. 나는 역사는 발전한다고 믿고 싶었던 것이다. 앞으로 갔다 뒤로 갔다 해도 계속 밀고 나아가는, 휘돌아 올라가며 전진하는 나선형의 방향성을 갖고 있다고 믿고 싶었다. 그런데 추의 운동이라고 하니 허무해졌던 것이다. 끊임없이 서로 당기고 또 당겨야 하는 영원한 싸움에 기가 질린 것이다. 죽지 않으면 끝나지 않을 힘의 팽팽한 탄성이라고 하여 무의식에서 먼저 좌절했었던 듯하다.

2011년 여름, 종림 스님과 점심을 하며 중도에 대해 물은 적이 있다.

"스님, 가운데가 어디인지 알려면 먼저 판 전체를 이루는 그 경계를 알아야 하는 거죠?"라고 공자 앞에서 문자를 쓰며 뭔가 가르침을 얻고자 눌변의 스님을 찔렀었다. 노장의 답은 이랬다.

"극단도 때로는 중도다!"

스님 말에 당시 나를 사로잡던 일이 떠올라 퍼뜩 반문하길, "그럼, 김진숙 위원이 저기 크레인에 올라간 것도 극으로 당겨 추를 옮긴 거네요"였다. 스님은 당시 힘의 균형 입장에서 중도를 설명했다. 중도에 대한 나의 개념은 점으로 찍힌 한가운데였다. 직선 혹은 평면적 이차원 개념이었다면, 스님이 말한 균형을 이루는 중도적 행동은 보다 현장적이다. 판을 읽고 입장을 견지하며 자세를 잡는 것뿐만 아니라 판 자체의 중심을 옮겨내는 변화를 전제하는 선택이었다.

바우만의 추의 운동을 생각하다 떠올린 그 이태 전의 대화에서 개운함을 얻게 됐다. 바우만의 진단에 대한 이해를 더한 느낌도 보태졌다. 물론 바우만의 지적에 동감한다. 고공 농성으로 판을 바꾸려던 운동은 손해배상 판결을 맞으며 휘청이게 됐고, 다시 또 거리의 저항으로 나서야 했다. 그리고 돈과 권력의 밀어붙임으로 흔들리고……. 사는 일 자체가 한순간도 정신을 놓을 수 없는, 참 시난고난한 일이다. 새로 세상에 들어오는

젊은 기운들 역시 끊임없는 추의 운동을 하게 될 것이며, 안전과 자유는 당겨지고 당겨오고를 반복할 것이다.

그래도 진자운동의 폭, 진폭이 줄어드는 방향은 있지 않을까? 대립에 대립으로 맞서는 대신 간디는 비폭력으로 폭력의 관성을 줄였다. 받아치는 힘의 탄성을 비폭력으로 흡수한 것이다. 이제 전혀 없던 새로운 답이 나올 수도 있고, 이미 있었던 답이 재발견될 수도 있을 것이다. 점진적인 깨어남이 확산되다 보면, 인연이 당겨지며 들불처럼 번지는 집단적 깨우침이 터질 그날이 올 것이라고 본다. 그럼 어느 순간 진폭은 줄어들 것이다. 그러기 위해서는 시대의 깨우침이 시작되는 한 사람이 먼저 깨어나야 하지 않을까 싶다.

그 시대 전체가 일어나려면 마지막을 채우는 그 한 사람마저도 깨어나야 할 것이다. 그러하기에 감히 말을 보태면, 한 개인이 참으로 중하고 귀한 자리를 차지한다는 생각이 들었다. 구조적 모순을 들춰내고 햇빛에 널어내어 하나하나 곰팡이 털듯 그 자본에 쓸린 자국을 말리는 그 한 개인 말이다. 바우만이 애써 묘사하려 힘을 다했던 것도 바로 하나의 개인이 맡은 시대적 역할에 충실하려는 안간힘이었을 것이다.

우리는
제네바로
간다

파리, 격정 20리 길

런던행 기차에서 김광석의 노래를 들으며 축축한 영국 농가의 지붕을
보았다. 다시 킹크로스 역에 다다르니 파리로 가는 기차는 따로 역사가
있다고 했다. 비 오는 도로였지만, 한 블럭 옆이라 젖지 않았다. 바다를
지나 파리로 간다는 것에 설레며, 사진작가 친구와 맥주 한 병을 기울이
며 영국 일정을 정리했다. 여기까지 여정은 예측대로 흘러갔다. 하지만
'리퀴드 모더니티', 즉 유동하는 근대인 불확실한 글로벌 세상은 곧이어
여러 변수로 우리에게 전력질주 40분을 강요했다.

국제선 기차이니 공항처럼 유럽 전역으로 가는 열차를 한 곳에서 갈아
타는 줄 알았던 나의 고지식한 예상은 바삐 움직이는 인파를 보며 흔들
리기 시작했다. 지나가는 승무원들을 붙잡고 트랜지트^{transit}를 물으니 제

네바행 기차는 파리 리옹역에서 타야 한다는 것이다. 몇 번 출구냐고 묻자, 신기하다는 듯 바라보다 상황을 이해한 듯 내 표에 동그라미를 치며 말한다. 내가 내린 곳은 북역이고, 거기서 20분 정도 지하철을 타고 이동하라고 말이다. 남은 시간은 딱 50분이었다.

지하철역은 마침 지나가던 사람이 안내해줬다. 한 층 내려가면 있다며 안심하라는 눈인사까지 건넸다. 무거운 캐리어를 들고 내려오니 바로 앞에서 매표소 직원이 퇴근하는 모습이 보였다. 무인발급기에서 표를 살 수 있다고 했다. 신용카드를 기계에 계속 밀어 넣는데, 승인이 나지 않았다. 미국에서 떠나오며 신용카드회사에 전화로 영국과 스위스에 간다고 신고했기 때문에 프랑스에서는 쓸 수 없는 상황이 된 것이다. 시민들에게 소리쳐 환전을 시도했다. "유로화를 드릴 테니 거스름은 다 갖고 표만 사주세요"라고 외쳐도 아리송한 표정들이다.

그때 한 여성이 위층에 환전소가 있다고 큰 소리로 말해주었다. 하긴 그들은 내게 남은 시간이 딱 45분인지 모르니까 환전소 알려주는 일이 가장 큰 친절일 것이다. 환전소는 아까 내려오며 살짝 미심쩍어했던 그곳이었다. 간판에 익스체인지 대신 체인지라고 적혀 있어 잔돈 바꿔주는 곳일지도 모른다는 의심을 했었다. 환전을 하고 표를 사서 구불구불 지하철 1호선을 타러 뛰다가 혹시나 싶어 퇴근하는 젊은 직장인을 붙잡고 내가 맞게 가는지 확인해달라고 했다. 그 청년이 이상한 소리를 했다. 짧은 영어로 설명이 어렵다 여겼는지 스마트폰을 열어 지하철 시간표를 보여줬다. 그날 1호선 구간 중 일부가 운행 취소된 것이다. 그 청년의 지시대로 3호선을 타고 환승역에 내려 다시 1호선을 타야 했다. 청년의 주먹이 불끈 쥐어지며 눈빛이 강렬해졌다. 열심히 뛰면 탈 수 있다는 만국 공통어였다.

뛰었다. 구불구불, 계단도 달리며 떠나려던 전철을 잡아타고 잠시 숨을 돌리며 환승역에서 다시 뛸 태세를 갖췄다. 문이 열리고 다시 달렸다. 오르고 돌고 달려서 겨우 지하철을 탔다. 이제 리옹역에서 내리면 된다. 노선표를 보며, 거친 호흡으로 그리고 불안한 눈빛으로 구간을 더듬으니 그걸 지켜보던 프랑스 남자가 "지금 역은 바스티유, 다음 역은 갸흐 드 리온"이라고 말한다. 남은 시간 8분이다. 이제 타면 될 줄 알았는데, 시험은 계속됐다. 내 예약표를 뱉어내는 기계. 사람을 잡고 물어보니 내가 산 기차표는 창구에서 받으라며 대기표를 준다. 30분을 기다리면 차례가 올 그런 긴 줄이었다. 절망하는 내가 안쓰러웠던지 지하에 내려가면 사람이 별로 없는 곳이 있다며, 무척 귀찮지만 같이 가주겠다고 앞장섰다.

그렇게 졸인 간을 움켜쥐고 표를 받고 다시 위로 올라와 19번 플랫폼으로 갔다. 타기 전에 혹시나 승무원에게 표를 보여주니 당신이 탈 기차는 반대편에 있다고, 이 차는 제네바로 가지 않는다고 하였다. 그런 난리를 겪은 후 엄한 곳에 가서 밤이슬을 맞을 뻔했다. 그래도 출발하는 제네바행 기차 꼬리칸에 올라 자리를 찾아 온갖 가방을 겅중겅중 건너며 걷고 걷는데 한 생각이 들었다. 이것은 억지일까? 순리일까?

그래도 우리는 제네바에 간다.

누가 세계를 굶주리게 만드는가?

UN 최초 식량 특별 조사관, 사회학자 장 지글러

장 지글러(Jean Ziegler, 1934년생)는 제네바대학 교수이자, 그가 설립한 제3세계 사회학연구소가 있는 소르본느대학 명예 교수이다. 또 유엔인권위원회 자문이사회 부대표로 재직하고 있다. 그는 2000년에 유엔 인권위원회 첫 번째 식량 특별 조사관으로 위촉되었고, 1981년부터 1999년까지는 스위스 연방의회 사회민주당 소속 의원으로 활동했다. 국제법 분야에서 인정받는 학자이자 실증적 사회학자로서, 인도적 관점에서 빈곤과 사회구조의 관계에 대한 글을 적극적으로 발표해왔다. 그는 필자에게 자신이 책을 쓰는 이유는 그 책이 무기가 되어 세계 기아를 유발하는 구조를 무너뜨리기를 바란다고 밝혔다. 초국가 기업들과 신자유주의 체제를 공고히 하는 국제기구들로부터 위협과 공격을 받으면서도 장 지글러는 용감한 폭로를 해왔다.

특히 스위스로 몰리는 검은 돈의 비리를 폭로하며 탄압을 받았지만, 그의 저술은 프랑스, 이탈리아, 스페인, 독일 등지에서 여러 영예로운 상을 수상했다. 그의 저서로는 《왜 세계의 절반은 굶주리는가?*La faim dans le monde expliquee a mon fils*》, 《탐욕의 시대*L'empire de la Honte*》, 《굶주리는 세계, 어떻게 구할 것인가?*Destruction Massive*》, 《빼앗긴 대지의 꿈*La haine de L'occidenr*》 등이 있다. 장 지글러 교수는 전 세계인을 대상으로 'Right To Food(식량권, http://www.righttofood.org)' 활동에 앞장서고 있다.

> "울어봤자 배고픈 사람들에게 도움이 될 일은 하나도 없습니다.
> 우리는 매우 냉정한 가슴이 되어야 해요.
> 식량권을 위해 우리는 싸워야 합니다.
> 그래야만 한 명이라도 구할 수 있으니까요."

　인도의 벽돌공장에는 여남은 살 안팎의 사내아이들이 무릎이 갈리도록 온종일 벽돌을 나른다. 말라위의 담배농장에서도 대여섯살 계집아이가 맨손으로 담뱃잎과 씨름하고 있다. 그 아이들의 몸에는 먼지와 화학약품이 배어들어 미처 자라기도 전에 관절은 녹아내리고, 뼈와 면역체계마저 무너진다. 듣기조차 버거운 아동 노동의 실태이다.

　전 세계적으로 1억 6,800만 명의 어린 아이들이 노동에 시달린다. 또 해마다 630만 명의 어린 아이들이 5살이 되기도 전에 굶어 죽고 있다. 그래서 누군가는 굶어 죽지 않고 살아남으려면 착취당할 기회라도 있어야 되지 않겠느냐고 말한다. 일부 경제학자들마저 이에 대해 공식적으로 동의한다. 그러나 이 아이들을 죽음 아니면 착취의 상황으로 떠민 것은 부패한 정권, 무능한 정권이다. 그들의 부패와 무능은 다국적 기업이나 초국가적 기업과 손을 잡은 데서 비롯된다. 부패와 무능에도 불구하고 정권을 유지할 수 있는 이유는 국가 경제의 근간인 토지와 자원 그리고 국민마저 내주고 끌어들인 해외 기업의 투자와 외채에 있다. 거대 기업이 가져가는 이윤 덩어리에는 하청기업의 몫과 그 아래에서 연명하는 영세 기업의 부스러기 몫까지 얽혀 있다. 그 속에서 사다리의 제일 마지막 칸에 있는 개인들은 하루를 더 버틸 음식이 없어 죽어간다.

노벨 경제학상을 수상한 아마르티아 센(인도의 경제학자)은 아동 노동은 현대판 노예제라고 규정했다. 교육받을 기회, 육체와 정신을 성장시킬 기회를 빼앗겨버리고, 정부의 규제 없는 세상에 버려진 아이는 평생을 노예처럼 살아야 하기 때문이다. 바로 그들의 부모가 살아가는 그 인생처럼 말이다. 세네갈, 방글라데시, 온두라스, 아이티를 막론하고 지구를 가로질러 개발도상국가에서는 다수의 인구가 가난의 굴레에서 저임금 노동으로 분노하며 살고 있다. 그들의 노동은 설탕이 되고, 옷이 되고, 연료가 되어 우리에게로 온다. 우리가 소비하는 재화를 바탕으로 거대 기업이 이윤을 얻기 때문에 우리는 사려 깊은 소비로 자본의 질주에 제동을 걸어야 한다.

지난 2014년 1월 캄보디아 봉제 노동자들의 시위를 통해 저임금 착취가 알려지며 스웨덴 기업인 H&M은 최저 임금을 인상하겠다고 발표했다. 그리고 우즈베키스탄 면화 생산지에서의 아동 노동 실태가 소비자에게 알려지면서 근절되었다. 현대 사회는 상품과 더불어 이미지를 소비하기 때문에 개인의 각성은 힘을 갖는다. 그리고 우리가 사는 세계화된 자본이 권력을 휘두르는 이 시대, 세계 인구 중 12퍼센트가 기아로 내몰리고 있는 상황에서 개인의 깨달음은 더욱 절실하다.

지구촌 내 지역적으로 몰려 있는 21세기 번영이 그림자를 살피고자 제네바대학의 장 지글러 교수를 만났다. 그는 오늘날의 기아를 대량 학살이라 명명했고, 이 문제의 핵심을 초국가적 기업들 간의 경쟁에 있다고 짚어냈다.

　장 지글러에게 1월 16일 이메일을 보냈지만 답을 받지 못했다. 공개되어 있는 스위스 사무실로 전화를 했고, 녹음을 남겼다. 유럽 취재 일정이 일주일 앞으로 다가오면서 답을 포기할 즈음 전화가 왔다. 이메일이 하루에도 수백 통씩 쏟아지기에 읽지 못했다며 전화 녹음에 대한 회신이라고 했다. 다행이었다. 2월 12일이나 15일 즈음 만나자 하니 일주일 전이 아니면 앞으로의 스케줄을 예상할 수가 없다고 했다. 긴박한 일이 생길 수 있기 때문에 일단 영국에 도착해서 다시 날짜를 확정하자고 제안했다.

　두 번째 통화는 영국 요크에서 연결됐다. 장 지글러는 만나는 일정을 바꿔야 한다고 했다. 당시 시리아 내전 지역에 식량을 공급하기 위해 반기문 UN 사무총장이 다급하게 도움을 요청했기 때문이란다. 밸런타인데이 시즌이라 표를 구할 일이 난감했지만, 그와 만나 나눠야 할 사안은 오늘 이 시대를 이해하는 데 매우 중요한 사안이기에 귀국 일정을 뒤로 미루며 약속을 확정했다. 그는 전화기 너머에서 다음날 베를린으로 갈 거라고 말하며 어두운 분위기를 전해왔다. 주요 국가들이 참여하는 회의인데, 자신의 발표가 도움이 될지 모르겠다는 의견이다. 생각보다 시리아 상황이 더 악화되고 있다고 했다.

　인터뷰보다는 시리아 내전 속에서 굶어 죽어갈 사람들, 어린 아이들의 생명이 더 중하기 때문에 부디 일이 잘 성사되기를 기원한다고 전했다.

기아는 모든 전쟁에서 활용되는 살상무기인 만큼 현대의 전쟁과 전투에서도 여전히 위협적이고 잔혹하다. 세상 모든 보도나 기록은 당사자들의 고통보다 우선할 수 없다는 것이 나의 생각이다. 장 지글러가 제일 필요한 곳은 구조 일선이기 때문에 그에 비하면 우리 문명이 맞게 될 위기에 대한 진단은 독화살을 맞고 그 화살촉의 모양이나 상상하는 한가로움일 수도 있었다.

다음날 해질녘까지 전화기에 매달린 덕에 항공권 취소와 구매를 완료할 수 있었다. 상당한 추가 비용을 지불해야 했지만 마음은 시리아 봉쇄 지역 사람들에게 식량이 전달되도록 회의가 잘 되길 기원했다. 그리고 예정된 일정에 맞게 제네바에 도착해서 그에게 다시 전화를 걸어야 하는 시간이 되었을 때, 잠시 마음을 다잡고 심호흡을 했다. 지금 와서 그가 있는 곳이 제네바가 아니어서 인터뷰가 불가능해진다고 해도 마음 쓰지 말자는 다짐이었다.

장 지글러의 부인이 전화를 받은 후 잠시 기다려달라고 했다. 다행히 그는 제네바에 있었다. 베를린 회의는 잘 되었느냐고 묻자, 아니라고 했다. 오바마 행정부가 시리아 내전 지역 고립 주민에게 식량 지원로를 끝내 열어주지 않았다고 한다. 그러면서도 애써 목소리를 밝게 하며 지금 상황은 어쩔 수 없는 일이고, 우리는 우리의 대화를 하자며 약속 장소와 시간을 일러주었다.

．．．

2월 17일 오후 6시. 약속 시간에 맞춰 등장한 장 지글러는 마치 오페라 무대에 오른 희극 배우처럼 유쾌하게 인사를 건넸다. 휘핑크림처럼 부드러운 미소에 최고의 찬사를 담은 어휘로 맞아주었다. 모든 독자를 주체할 수 없는 분노로 끓어 넘치게 만든 문제의 저자라고는 믿기지 않는 달달한 모습이다. 그는 《왜 검은 돈은 스위스로 몰리는가》를 발표한 뒤 의원 면책 특권을 박탈당하고 조국에서는 배신자라고 비난받았다. 그리고 목숨의 위협까지 받았지만 신념으로 모든 것을 견뎌낸 인물이다.

대학에서 일하는 교직원들과 가족처럼 이야기를 나누고, 보수 중인 강의실까지 찾아가 살피며 일하는 사람들의 가족들 안부를 묻는 따스함을 지녔다. 우리가 이야기를 나눌 때도 자신이 좀 세게 말했다 싶으면 '내가 왜 그러지~'라는 제스추어에 "Oolala(울랄라)!"를 연발했다. 지글러와의 대담은 바우만과는 달리 짧게짧게 바로바로 주고받았다. 그의 말에 내가 놀라 의아해하면, 곧 부연설명을 해주었다. 세계적 착취 구도에 점점 깊이 다가가는 열 오른 대담이었다.

기아는 인간이 저지르는 대량 학살

먼저 세계 식량관인 그의 전문성에 기대어 한국에 대한 질문으로 시작했다. 세계화된 농업 시스템 속에서 식량주권을 갖고 있는 한국의 경우도

식량위기에 직면할 수 있다고 생각하는지 진단을 부탁했다. 그는 우선 식량주권의 의미부터 짚고 넘어갔다.

"식량주권은 금융적인 의미예요. 수출이나 수입 등의 교역을 통해서 필요한 식량을 확보할 수 있다는 뜻이죠. 네, 한국은 식량주권을 획득했어요. 그렇지만 이는 식량자급 국가라는 말은 아닙니다. 중국 같은 경우는 식량자급권을 확보했습니다. 그들은 자기네 국민들의 영양을 책임질 만큼 충분한 식량을 생산해요. 우리는 식량주권과 식량자급을 구분해야만 합니다. 식량자급은 국경 안에 있는 인구에게 영양을 공급할 만큼의 식량을 생산한다는 의미예요. 하지만 식량주권은 이런 실질적인 능력과는 달리 금융적·경제적 의미로 인구를 먹일 수 있다는 겁니다. 국가가 갖고 있는 무언가를 주고 식량을 확보한다는 것이죠. 이런 의미로 본다면 대한민국은 식량주권을 획득한 나라인 거죠. 하지만 UN의 194개 주권국 가운데 121개국은 식량자급도, 식량주권도 이루지 못하고 있습니다. 생산하지도 못하고, 사오지도 못합니다. 왜일까요?"

식량주권이 금융적·경제적 개념이라면, 유통 과정에 어떤 변수에 의해 차질이 생기게 되면 우리에게 올 것이라던 식량들은 그림의 떡이 될 거란 생각이 들자 아찔해졌다. 막연히 여기던 위협이었는데, 그의 지적에 선명한 두려움으로 엄습해왔다. 하지만 장 지글러는 한국인에게 아직 닥치지 않은 공포 따위는 신경 쓸 겨를도 없다는 듯 5초마다 자행되는 살인으로 대화를 몰고 갔다.

"기아는 구조의 문제입니다. 5초마다 10살 이하의 어린이가 먹지 못해 죽어갑니다. 매일 기아로 5만 7,000명이 죽어요. 세상 71억 인구 중에서 8억 4,200만 명이 기아 상태에 있습니다. UN의 식량농업기구FAO의 발표에 의하면 오늘날의 농업 시스템에서 생산되는 식량이라면 성인 기준 하루 2,200칼로리로 120억 인구가 먹고 살 수 있는 양이라고 합니다. 지금보다 인구가 두 배 가까이 늘어난다고 해도 배고픈 사람이 생겨서는 안 될 생산량이죠. 오늘날 객관적으로 보면 식량은 부족하지 않은데, 어린이들이 죽어가고 있어요. 아이들은 암살당하고 있는 겁니다. 살인자는 동족을 잡아먹는 식인적인 세계 질서예요. 작년에 7,000만 명이 이런 저런 이유로 죽었는데, 그 가운에 2,700만 명이 기아로 죽었어요. 기아와 영양실조가 주요 사망 원인이 된 겁니다. 이는 일상적인 대량 학살입니다. 인간이 저지르는 살육이에요."

말하는 그의 목소리는 강한 논조와는 달리 잦아들었고, 한숨이 섞여 들어왔다. 그의 말을 들으며, 자연스레 기아의 고통에 빠진 아프리카가 떠올랐다. 그러면서 한편으로는 아프리카인에게 쏟아 붓는 비난의 목소리가 귓가에 울렸다. 지글러에게 그 비난의 일부를 옮겨봤다. 왜 그렇게 아이를 많이 낳아 고생과 배고픔을 자초하느냐는 말과 방송이나 사진에서 보이는 그들의 모습은 한결같이 먼 곳에 시선을 둔 나른한 모습이다. 다른 사람의 도움을 기대하는 게으름이 그들 고통의 뿌리가 아니냐는 지적의 말이다.

장 지글러는 아프리카인에 대해 변명을 하지 않았다. 대신 간단한 진실을 알려줬다. 굶주림 희생자의 대부분은 아시아인이라는 사실이다. 내가 속한 아시아인 말이다. 아시아의 5억 5,300만 명이 심각하게 영구적인 영양실조 상태라고 한다. 이유는 단순했다. 아시아에 인구가 많기 때문이다. 아시아인들의 이미지는 부지런하고, 수천 년 넘게 땅을 일궈 생산을 이어온 근면의 상징이다. 교육열과 강한 생활력으로 미래를 위해 현재를 희생하는 일개미의 이미지가 강하다.

가장 고통받는 대륙이 아시아인데도 아프리카인들의 이미지가 더 어둡게 비치는 이유는 기아 희생자 비율이 아프리카가 35.2퍼센트로 제일 심각한 상태이기 때문인 것도 있다. 하지만 무엇보다 언론 이미지의 주요 생산국인 선진국의 시선이 반영되었기 때문이다. 자원 보유국으로서의 아프리카는 20세기 후반 산업경쟁이 더욱 가속화된 시기부터 수탈 대상이 됐다. 그 속에서 대륙민들의 모습은 열등하게 드러날 수밖에 없었고, 피해자보다는 의욕을 상실한 미개인으로 표현되는 누명까지 써야 했던 것이다.

"세계는 약육강식의 질서 아래 놓여 있습니다. 작년 세계은행의 보고서를 보면 세계 500대 회사가 지구에서 생산되는 모든 쌀, 재화, 자본 등의 52.8퍼센트를 좌지우지한다는 통계를 볼 수 있습니다. 그들은 노동조합, 국가, 다른 사회적 관리로부터 완전하게 벗어나 면책을 누립니다. 믿기지 않을 정도로 대단히 큰 권력을 휘두르죠. 과거에 어느 교황도, 어떤 왕도, 황제도 갖지 못했던 대단한 권력이 그들 손에 있어요. 세계의 주인이죠. 그들은 기술적으로 능력이 넘치고 생산적이며 전천후입니다. 그들

이 동원하는 법률, 경제, 과학 지식을 보면 기가 찰 정도로 뛰어나죠. 그
런데 말입니다. 그 기술이 작동되는 원리가 딱 한 가지예요. 오직 이윤이
죠. 모든 기술이 이윤을 극대화하는 방향으로만 사용됩니다."

　기업의 목표는 이윤이다. 누구나 동의하는 바이며, 우리나라만 해도
100년이 넘게 이를 증명해왔다. 기업의 이윤에 기대어 노동자들도 식구
를 부양하며 살아간다. 또한 기업의 경제활동과 국가 경제는 상당 부분
연결되어 있다. 그럼에도 불구하고 장 지글러는 이윤 추구로 연결되어
있는 살인이 문제라고 했다. 그는 '살인'이라는 단어를 거듭 사용했다.

　"자, 어떻게 이윤경쟁이 그렇게 많은 어린 아이를 매일 죽이는지 그 살
인 메커니즘에 대해 설명하겠습니다. 첫째, 식량에 대한 주식 거래 투기
가 있어요. 이는 완벽하게 합법입니다. 2008년 전 세계적으로 거대하게
덮쳤던 금융위기 후에 거대 헤지펀드들이 종목을 옮겨갔습니다. 이는 국
제 증권이나 외환시장에 투자해 단기 이익을 올리던 민간 투자 자금들이
죠. 한국의 은행들도 여기 포함됩니다. 이들이 원자재 증권 거래로 옮겨
가면서 식량에 투기해서 천문학적인 이윤을 만들었어요. 밀, 옥수수, 쌀
이 식량 소비의 75퍼센트를 차지하는 주식이니까 거기에 투기한 거죠.
　그 결과 쌀값이 5년 새 63퍼센트가 올랐어요. 톤당 밀 가격은 두 배가
됐고요. 이렇게 되면 빈민 지역에 거주하는 사람들은 충분한 열량을 섭취
할 수 없게 됩니다. 세계은행이 조사하길 세계 도시 거주 인구 38억 명 중
에서 10억 명이 슬럼에 산다고 합니다. UN은 이들을 '비공식 거주민'이

라고 부르는데요. 파키스탄의 카라치, 브라질의 리우데자네이루에 있는 슬럼 지역 파벨라, 페루 리마의 칼람파스 등은 매우 열악합니다. 거대 은행이 이윤을 만들어내면 그곳에 사는 어린 아이들이 죽는 겁니다."

라틴아메리카는 옥수수가 주식이고, 아시아는 쌀, 유럽은 밀이 주식이다. 그래서 이 세 가지 곡물의 시세는 생명과 연결되는데, 이 가격이 합법적인 투기에 의해 결정된다는 것이다. 그리고 지글러는 자신이 목격한 슬픈 이야기를 들려줬다. 페루 슬럼가의 쌀 저장고가 있는 곳에서 해질녘부터 한밤중까지 그곳 사람들의 일상을 지켜봤다고 했다.

사위가 어스름해지자 창고 앞에 긴 줄이 생겼다. 어디서 왔는지 꾸역꾸역 모여드는데 끝이 보이지 않았다. 바로 쌀을 사러 온 엄마들이다. 정확히 말하면 그날 가족의 첫 끼니를 지으려고 돈을 마련해온 여성 노동자들이다. 그들은 기다리고 또 기다린다. 칠흑처럼 캄캄할 때까지 계속 기다린다. 줄은 자정이 넘어도 줄지 않는다.

장 지글러는 그 긴 행렬에서 쌀을 1킬로그램이나 비닐봉지 절반이라도 채워가는 엄마를 단 한 명도 볼 수가 없었다. 모두들 작은 플라스틱 컵을 들고 차례가 오면 겨우 그 컵에 쌀을 채워간다. 계량컵으로 한두 컵 분량이다. 집에 가서는 불을 지피고 물을 가득 부어 쌀죽을 만들 것이다. 물이 흥건한 쌀죽은 그래도 희망이었다. 그 죽을 먹은 아이들은 다음날 하루는 더 살 수 있으니까. 굶거나 굶주리는 슬럼가다. 영양이 모자라니 시름시름 온 동네가 시들어가고 있었다.

첫 번째 요인인 식량 증권 투기가 만들어낸 구조적인 배고픔의 실상은 참으로 처절했다. 그곳에서 장 지글러가 배운 것은 단 한 가지, 자기 주머니를 다 털어줘도 해결되지 않는 무력감을 참는 인내심이다. 그는 힘든 싸움이지만, 하늘이 만든 가난이 아니라는 것을 지치지 않고 알리겠다는 각오로 견뎌낸다. 그의 입에서 살인적인 이윤 추구, 식인적인 세계 서열이란 단어는 그의 인내력이 고른 사회학적인 용어이다.

개발도상국 인구의 70퍼센트가 살고 있는 도시로 왜 그렇게 가난한 사람들이 꾸역꾸역 모여들까? 갈아 먹을 밭 한 평도 만들 수 없고, 먹을 물도 모자라고, 똥 눌 곳도 없어 밤 새 끙끙 대는 그곳으로 말이다. 아시아건 남미건 밤이면 긴 줄을 피해 한산할 때 화장실을 이용하려던 부끄럼 많은 소녀들 가운데 강간 피해자들이 나오곤 한다. 우리에게도 1988년 올림픽을 열겠다며 말끔히 치웠던 상계동의 상처가 있다(물론 잔혹한 철거는 그 이후도 계속됐다. 그 많던 공동 화장실을 이용하던 우리 도시 빈민 가족들은 어디로 갔을까? 안녕들은 한 건지. 혹여 임대 아파트에서 유서를 품고 하루만 더 버텨보자 눈물을 삼키고 있는 건 아닌지……). 여기 그들의 이야기를 짧게 옮겨본다. 기아선상에 놓인 인구가 가장 많은 인도의 이야기다. 타 지역과 다를 바 없는 이야기, 우리의 유랑과도 같은 사연이다. 작가 아룬다티 로이가 전하는 글이다.

쫓겨난 사람들의 일부는 한 번 쫓겨나면 나중에 서너 차례 더 쫓겨난다. 한번 구르기 시작하면 멈추어 쉴 곳이 없는 것이다. 대부분의 수몰민은 결국 거대 도시의 변두리 슬럼 속으로 흡수되고 만다. 거기서 그들은 값싼 노동력의 방대한 풀을 형성한다(그 노동력은 또 보다 많은 사람을 내쫓는 거대 건설 프로젝트에 동원된다). 그러나 악몽은 거기서 끝나지 않는다. 그들은 도시 변두리의 지옥 같은 구멍 집으로부터도 뿌리 뽑혀 내쫓기는 신세가 될 수밖에 없는 날이 오는데, 도시의 부유한 자들이 위생에 대해 까다롭게 굴기 때문이다.●

"두 번째 살인 메커니즘은 외채입니다. 아프리카에는 54개의 나라가 있고, 그들은 모두 농업 국가입니다. 그들 중 다수 국가에는 매우 좋은 토양이 있고, 매우 훌륭한 농부들이 있죠. 그들은 아주 오래도록 조화로운 문명을 일궈왔어요. 말리의 밤바라족처럼 말입니다. 그런데 2013년에 이 모든 나라가 아시아로부터 식량을 수입했습니다. 240억 달러어치의 식량을 생산할 수 없어서 수입했죠. 값이 오를 대로 올라 있는 상황인데도 세네갈은 쌀 소비의 70퍼센트를 수입해야만 합니다. 말리도 60~65퍼센트를 필리핀과 태국, 베트남에서 사와야 합니다."

우리도 겪었던 바로 그 외채이다. IMF라는 빚쟁이!

그 나라들은 주업이 농사인데도 엄청난 농산물을 수입해야 했다. 집안이 어려우면 소비를 줄이고 자급하기 위해 텃밭이라도 가꾸기 마련인데, 오히려 이 나라들은 먹을거리 수입으로 지출이 더 늘었다니 의아스러운 일이다. 아무리 대기근이 이어지는 아프리카의 천재지변이라 해도 개선점이 없다는 것은 그들의 무능력을 탓하게 만들었다. 그러나 장 지글러

● 　아룬다티 로이,《9월이여, 오라》, 녹색평론사, p.15

는 깊은 한숨으로 내 불평에 동의하지 않는다는 표현을 했다.

"아프리카의 37개 나라는 오로지 농사만 짓습니다. 주요 산업이 농업이죠. 하지만 생산성이 극히 낮아요. 예를 들어 전쟁이 없고 가뭄이 없다면, 이런 경우는 정말 매우 드문데, 그럴 때 아프리카 1헥타르당 밀 수확량이 600에서 700킬로그램입니다. 유럽은 1만 킬로그램이고요. 아프리카 농부들이 미국이나 프랑스 농부보다 일을 덜 해서도 덜 능숙해서도 아닙니다. 미국과 유럽 농부들은 국가에서 지원을 받습니다. 도로설비와 관개시설이 좋고, 선별된 우수한 종자를 사용하고, 트랙터 같은 농기구와 살충제도 풍부하죠. 보험도 있어요. 하지만 아프리카 국가들은 다릅니다. 대부분 과도한 부채에 시달리며, 이자에 허덕이고 있죠. 이자는 모두 돈으로 지불해야 합니다. 그래서 국제 조직은 아프리카 농업을 산업화시켰어요. 수출해서 돈을 벌게 했죠. 그럼 이자를 거둬갈 수 있으니까요. 말리는 면화를 수출하고, 세네갈은 땅콩을 수출합니다."

전통 농업방식은 사이짓기를 함으로써 논 주변에서 나는 깻잎도 따 먹고 기름도 짜고 밥과 반찬을 해결한다. 해질녘 논밭에서 돌아오는 길에 풋고추도 따와 입맛도 돋웠다. 우리에게 3000년 동안 이어온 방식인데, 아프리카의 능숙한 농부들에게는 왜 자기들만의 지혜와 관습이 없었겠는가? 집에 오는 길 들판에 돋은 잡풀이 국이 되고 떡이 되는, 그래서 아이가 뛰어놀 다리 근육이 되고, 기억하고 공부할 두뇌를 개발하는 에너지가 되는 그런 영양소가 우리 금수강산에만 있었던 것은 아니다.

하지만 오늘날 인도 들판의 나물은 사라졌다. 가나의 들판도 쭉정이가 됐다. 세계화된 농업이 생산성을 높이고자 비료와 제초제를 퍼부었고, 단일작물로 농사짓는 공장식 농토로 만들었기 때문이다. 마른 수건 쥐어짜듯 이윤을 내고자 씨받아 농사짓던 생산 법칙을 인공적으로 틀어막았다. 그래서 해마다 씨앗을 팔아먹겠다며 불임씨앗을 팔고 있다. 그러니 땅심은 죽고 모진 독풀만 번성하게 됐다. 자연이 주던 먹을거리가 자취를 감춘 것이다. 이런 이유로 농부가 엄청난 양의 농사를 짓고 풍작이 되도 굶어 죽는, 3000년 영농에서 없던 일이 벌어진다. 사람인 농부는 면을 뜯어 먹을 수도 땅콩으로 허기를 채울 수도 없으니까 숨이 잦아들 수밖에 없다.

"세네갈의 땅콩은 프랑스 식용유 회사로 수출됩니다. 이렇게 만들어내는 돈은 IMF가 이자로 거둬가요. 대부분의 아프리카 나라들과 방글라데시, 온두라스가 큰 빚을 지고 있습니다. 아프리카 나라들이 농업에 투자하는 돈은 전년 예산의 4퍼센트 정도인데, 이는 아무것도 없다는 거죠. 한국은 아마도 20~25퍼센트 정도일 겁니다. 블랙 아프리카, 그러니까 사하라 사막 이남에 있는 남부는 오로지 3퍼센트의 토양만 관개시설이 되어 있어요. 그래서 기후 변화가 일어나면 더 큰 타격을 받습니다. 기후 이변은 짧은 기간 동안 더욱 자주 일어나고 있습니다.

아프리카의 뿔이라고 불리는 케냐, 에티오피아, 에리트레아, 지부티, 소말리아가 5년 동안 가뭄으로 고통받고 있습니다. 그 나라들은 너무나 가난해서 외국에서 식량을 사올 돈도 없죠. 인도적 구조에 의존하는데, 기가 막힐 정도입니다.

세계에서 가장 큰 피난 보호소가 있는 곳이 케냐 북부 다바예요. 아프리카의 뿔에서 피난 온 50만 명의 사람들이 그곳에 있는데도, 매일 피난민이 몰려옵니다. 세계 식량 프로그램 직원들이 아침마다 하는 일은 찾아온 사람들을 사바나로 돌려 보내는 일이에요. 하루에 100가족 정도를 돌려보냅니다. 음식이 부족해서죠. 세계 식량 프로그램도 감당할 수 없는 형편입니다. 그렇게 쫓겨난 사람들은 초원에서 죽어갑니다. 그 나라 정부가 부패했든 부패하지 않았든, IMF에 이자를 내고 나면 농업에 투자할 돈이 없습니다. IMF가 다 가져가고 있기 때문이에요.

세 번째 살인 메커니즘은 농산물 덤핑입니다. 유럽연합에는 28개국에 4억 8,000만 명이 살고 있지만, 그들은 아프리카로 식량을 매우 값싸게 수출합니다. 오늘날 아프리카의 시장에서 살 수 있는 농산물은 프랑스, 그리스, 스페인, 독일 등에서 들여온 야채, 과일, 닭뿐이에요. 이 농산물 가격은 아프리카 농산물의 반값입니다. 다카르는 서부 아프리카에서 제일 큰 도시인데, 아프리카 농부들은 부인과 아이들 할 것 없이 모두 살갗이 타들어갈 정도로 뜨겁게 내리쬐는 태양 아래서 매일 10시간씩 노예처럼 일해요. 그렇게 일하고도 생존하는 데 최소한의 음식을 사기도 어렵습니다.

유럽연합위원회가 얼마나 위선적인지 알 수 있죠. 음흉하게 내부에서 덤핑을 조작해 자국의 이윤을 챙기는 거죠. 아프리카 지역에서 농사는 가격경쟁이 안 되기 때문에 파괴되어가고 있어요. 아프리카의 농부들은 땅을 버리고 사막을 지나 바다로 가서 유럽 변경에 모일 수밖에 별다른 방도가 없습니다."

초국가적 기업들이 주도하는 '식인적 세계 질서'

장 지글러를 만나고 난 후 봄이 가고 여름이 짙어질 무렵, 이솝 우화 속
〈여우 이야기〉 같은 기사를 접하게 됐다. 죽기를 각오하고 가시덤불 속으
로 몸을 던진 여우 말이다. 아프리카 북부 모로코 땅 스페인 부락 거주 지
역 분리 펜스 위에 올라가 면도칼 철망 위로 낙하를 준비하는 남자들의
이야기다. 간혹 여성들도 함께 도모한다. 2014년 7월 24일자 기사에 다
음과 같은 내용이 실려 있다.[*] 1,000명이 넘는 아프리카 청춘들이 6미터
높이 펜스에서 뛰어내린다. 콘크리트 바닥에는 매트리스 대신 면도칼 철
망이 깔려 있다. 그들을 쫓는 모로코 경찰에게 잡히지 않으려고 웃통을
벗고 가시덤불처럼 돋아 있는 면도칼 위로 뛰어내리는 것이다.

　스페인 군대의 고무총을 피해 부러진 다리를 끌고 도망가다 잡히는 사
람들도 부지기수다. 하늘에는 스페인군 소속 헬리콥터가 체포를 지휘하
고, 육지에서는 스페인군과 모로코군이 토끼몰이를 한다. 그래도 한번에
1,000명씩 뛰어 내리면 그 중 몇 명은 유럽으로 들어가니, 열 번이고 몸
을 던지는 것이다. 그들은 등줄기에 깊게 베여 새겨진 50센티미터 길이
의 흉터쯤이야 신경 쓰지 않는다. 유랑 청년들에게 있어 최악의 경우는
다시 아이보리 코스트로, 시에라리온으로, 무정부 상태 카메룬으로 돌아
가는 일이다. 그 나라는 칼과 총이 아닌 32년 독재가 청년들을 죽이고 있
다고 탈출자들은 항변한다.

●　〈뉴욕타임스〉, 'At a Spanish Border, a Cordinated Scrambe', Carlotta Gall

여기에 유럽연합은 그 국경에만도 2014년에 1,000만 유로(약 139억 8,000만 원)나 들여 펜스를 정비했다. 어떤 이익이 있기에 유럽연합은 수비를 강화했을까? 앞서 촘스키가 미국이 멕시코와 NAFTA를 맺기 직전 멕시코 국경 수비를 강화했다는 것과 같은 논리이지 않을까 싶다.

2차 세계대전 이후 승전국인 미국이 유럽에게 아프리카를 넘겨줬다. 별 관심 없는 땅이었기 때문이며, 또 오랜 유럽의 식민지였기 때문이다. 그렇게 아프리카는 자원 공급처이자 유럽 농산물과 제품의 수출시장으로 활용되어왔다. 그런데 21세기에 들어서면서 아프리카를 보는 세계의 시선이 달라졌다. 그곳에 있는 천연자원으로 중국과 미국을 비롯한 강대국의 관심이 고조되었다. 그만큼 전 지구적으로 자원과 시장이 한계에 부딪혔기 때문이다.

주기적으로 계속되는 경제위기를 분석하며 지그문트 바우만은 현재 시장이 고갈되었기 때문에 새로운 시장을 찾을 때까지 나타나는 불안정한 상태라고 말했다. 아프리카에 몰리는 세계 자본의 향방도 이를 뒷받침해줄 것이다. 아프리카 대륙은 부유한 자원 때문에 오히려 자립할 근육도 키우지 못한 채 수탈이 멈추지 않는다. 그리고 세계기구와 거대 자본에 휘둘릴 수 있는 조건 중 주요한 하나는 부패한 지도층일 것이다. 과연 그들 고통받는 국민의 정부는 무엇을 위해 있는 것일까?

"그 정부들은 아무 말도 하지 않아요. 아프리카 정부뿐 아니라 아시아, 남아메리카 정부들도 같습니다. 방글라데시에 갔을 때입니다. 거기에는 서구 다국적 기업들의 하청을 받아 운영되는 한국과 대만 봉제공장들이 많습니다. 그곳에서 잊지 못할 한 가족을 만났어요. 2살, 4살, 5살, 6살 아이와 엄마가 맑은 눈으로 나를 뚫어져라 응시했습니다. 절박한 처지였던 거예요. 릭샤를 끌던 아이들의 아빠가 죽고 봉제공장에 다니던 엄마마저 해고됐습니다. 방글라데시 공장들은 주로 여성을 고용해서 법정 최저 임금을 밑도는 임금인 한 달에 겨우 12유로^{한화 약 1만 4,000원}만 줍니다. 위생 규정도 안 지키고 노조 설립도 금지하고, 주문량이 줄면 가차 없이 해고하죠.

아이들 엄마가 다니는 봉제공장 건물이 붕괴되는 사고가 일어났습니다. 회사는 즉시 직원들을 모두 해고했고, 방글라데시 정부는 끝내 희생자 숫자를 발표하지 않았어요. 결국 그 엄마는 보상도, 식량 프로그램 지원도 받을 수 없는 상태로 내몰리게 됐습니다. 그 가족은 언뜻 봐도 영양실조가 위험수위라는 것을 알 수 있었죠. 그들 정부는 자기 국민들의 고통을 살피기보다는 외국 기업에 더 관심을 기울이고 의존합니다."

세계적인 인권운동가인 반다나 시바^{Vandana Shiva, 여성환경운동가}를 만났을 때, 한국의 포스코가 인도에서 광산 개발을 하면서 지역 주민들이 저항하자 경찰을 동원해 여성과 어린이에게도 폭력을 행사했으며, 그 과정에서 농민들이 죽었다는 이야기를 들었다고 그에게 고백했다. 한국에서는 보도되지 못했던 일이어서 그 글을 읽은 독자들도 경악했다고 말했다. 그러자 그가 수치스런 우리의 이야기를 하나 더 들려주었다.

"아프리카에도 가혹한 상황이 발생하고 있어요. 아프리카에는 많은 한국 회사가 있습니다. 대우로지스틱스는 마다가스카르의 비옥한 토양 100만 헥타르, 즉 그 나라 영토의 반을 99년 동안 임대하기로 계약을 체결했습니다. 부패한 정치가 비밀리에 진행한 건데, 서구 언론에 현대판 식민지 침략으로 보도되면서 국민들이 들고 일어나 정권이 바뀌는 일로 마무리됐습니다. 초국가적 기업들의 경쟁구도에 한국 회사들도 있는 거죠. 지역 농부들은 쫓겨나고, 생산물도 지역이 아닌 다른 곳으로 수출되는 공장식 산업이 되었습니다. 초국가적 기업들은 그들이 원하는 대로 개발을 할 수 있어요. 노동력도 그렇게 착취해서 천문학적인 이윤을 얻습니다. 그 시스템을 바로 '식인적 세계 질서'라고 부르는 겁니다."

한국에서도 힘이 없어 당하는 서러운 일들이 많다. 하지만 차마 한국에서는 하기 힘든 일을 버젓이 외국에서 벌이고 있을 때, 남의 일로 치부하기에는 경제개발 과정에서 우리가 겪어온 일들이 어제처럼 생생하다. 부끄럽지만 그와 우리의 이야기를 했던 이유는 더 많은 한국의 소비자가 실상을 알면 변화를 만들어낼 수도 있다고 생각했기 때문이다. 어차피 기업은 소비자에 의해 존재하는 것이기 때문에, 사려 깊은 소비는 변화를 만들 수 있을 것이다.

그리고 다정한 장 지글러는 나에게 일부러 한국 자본의 치부를 보여주려 하지 않았다. 하지만 내가 한국인이 성찰할 기회를 달라고 질문을 하자, 애써 불편한 이야기를 들려준 것이다.

"이 글을 보는 사람들이 이것 하나만은 분명히 알았으면 좋겠습니다.

기아에 허덕이는 사람들은 결코 문명이 없어서, 열등해서가 아닙니다. 그들은 모두 훌륭한 농부였고, 가정을 책임져온 부모들이었습니다. 인간의 탐욕이 만든 시스템의 희생자일 뿐입니다. 그런 부모에게서 태어나는 것 또한 그저 우연이고요. 만약에 당신 아들이 브라질 북부에서 사탕수수를 자르는 일을 하는 아버지한테서 태어났다면, 뱃속에는 기생충이 가득하고, 매일 멀건 죽만 먹었을 겁니다. 영양 부족으로 뇌도 제대로 발달하지 못할 거예요. 허약한 상태로 있는 거죠. 1살부터 5살까지 음식을 충분하게 섭취하지 못하면 뇌로 영양이 가지 못하기 때문에 정상적으로 성장할 수가 없습니다. 평생 장애를 갖고 살 수밖에 없죠. 당신 아들과 브라질 북부의 소작농 아들 사이에는 아무런 차이가 없어요. 그냥 태어난 운이 다른 것뿐입니다.

우리가 왜 그 아이들까지 돌봐야 하냐고 묻는다면 그 아이가 바로 우리 자신이 될 수도 있기 때문이라고 말하고 싶습니다. 그 아이와 한국에 사는 아이들하고 본질적인 차이는 없어요. 브라질 농장 노동자의 아이가 장애를 입고 인생을 난도질당한 이유는 그저 기회를 갖지 못한 것뿐이란 말입니다. 사람들은 말해요. '강인한 의지가 있으면 생존하는 거고 나약하면 죽는 거다'라고요. 말은 참 쉽습니다. 그렇게 죽는 차례가 '나'이거나 내 아들, 예쁜 우리 막내딸이라고 해도 그렇게 말할 수 있을까요? 우리에게 모든 사람은 평등하다는 시민의식이 있다면 이 말이 얼마나 인종차별적이고 우생주의적인 위험한 사고인지 알아차릴 것입니다. 당신이 많은 아시아인처럼 불교를 믿는다면 모든 사람이 평등하다고 생각할 거예요. 그리고 나처럼 살아 있는 사람인데 그는 배를 주리고 있고, 그의 아이들은 먹을 것이 없어 죽어가고 있다는 걸 안다면 그냥 보고만 있으면 안 된다는 것을 우리는 알죠. 네, 함께 도와야 해요."

인간의 탐욕이 만든 시스템의 희생자들

왜 라틴아메리카에서 백인 리더가 더 많이 나오는지에 대해서도 설명해주었다. 온전한 두뇌 개발과 신체 발달이 이루어지기 어려운 생활 조건과 영양 상태에서 계급은 세습될 확률이 높을 수밖에 없다.

그는 이 말을 하는 동안 집에 있는 아내에게 전화를 걸었다. 말을 하다가 영어 단어가 생각나지 않아서였다. 내게도 아는 단어라며 혹시나 그의 마음을 읽어줄까 기대하다가 도저히 안 되겠든지 집으로 전화를 했다. 결국 그의 입에서 나온 영어 단어는 'chance(우연)'였다. 그는 굳이 불어로 해도 될 단어를 왜 영어로 전달하고자 했을까?

그렇게까지 노력해서 들려준 단어에서 솔직히 나는 큰 울림을 얻지 못했다. 아마도 동양과 서양의 관념 차이 때문일 거라고 생각했다. 하지만 그 후 오래도록 나는 '그때 왜 감동받지 않았나'에 대해 스스로 따져보게 됐다. 뜻밖에도 내 안에 너무 짙게 전근대적인 의식이 자리하고 있음을 알게 되었다.

무엇이 근대이고, 무엇이 전근대일까? 봉건이란 아마도 '세습'이라는 불합리가 발목을 잡고 있는 사회가 아닐까 한다. 근대적 국가를 이뤘다고 하지만, 우리는 두 가지 세습을 묵인하고 있다. 그 중 하나는 물질의 세습이다. 자본주의가 공고해질수록 교육으로도 벗어나기 힘든 세습의 벽을 더욱 느끼게 됐다. 부모의 도움 없이 자립하기 힘든 현실이라고 억울해한다. 또 다른, 우리가 어찌하지 못하고 있는 세습은 정신적 굴레일 것이다. 우스갯소리로 하는 "전생에 나라를 구했나 보다"라는 농담에 드리워진 봉건적 의식 말이다. 콩 심은 데 콩 나기에도 세상에 작용하는 변수가 헤아릴 수 없이 많다. 땅의 상태, 햇볕, 사람의 손, 두더지, 개미, 돌림병, 하다못해 전쟁 등……. 구조적으로 혹은 힘의 작용으로 세상일은 무수한 변수 앞에 놓여 있기 마련이다. 어찌 한 개인이 그 모든 작용의 업보를 떠안아야 한다고 해석하는가?

일본의 사상가 나카자와 신이치는 동아시아 시민들의 경우 의식 속에 불교적 감성이 깊이 박혀 있다고 했다. 여러가지 긍정적인 또 부정적인 여운이 있겠지만, 전생에 관한 이야기들은 어쩌면 현재의 부조리를 넘지 않으려는, 지배 이데올로기에 순응하는 패배의식에서 나온 것이 아닐까 싶다.

근대적 국가를 알맹이까지 모던하게 만들고자 한다면 근대 제도의 기본을 먼저 이뤄야 할 일이다. 태어날 때부터 시련으로 주어지는 구조적 결여를 메우는 것이 바로 근대인의 임무일 것이다. 이는 복지라고 혹은 분배, 세금 정책이라는 여러 단어들과 교집합을 이룬다. 하지만 이것은 공동체, 행정 단위가 해결해줘야 할 일이다. 적어도 모두가 출발선은 엇비슷한 곳에서, 5세까지의 영양과 교육의 혜택은 누리도록 해야 할 것이다. 그렇게 해도 현세에 우리가 겪을 불공정, 불평등, 경쟁성은 다양하다. 그럼에도 기본적인 평등은 바로 그 동등한 출발에 있다고 본다.

세상이 경쟁 속인데, 우리는 왜 다른 아시아 국가들, 아프리카, 남미의 아이들까지 염두에 두어야 할까에 대해 아직도 물을 수 있다. 재레드 다이아몬드에서도 언급된 이야기지만, 오늘의 갈등이 내일의 재앙이 될 수 있는 시대다. 한쪽에서 일어난 문제가 곧 우리에게 영향을 미치는 산업적으로 하나의 생활영역이 된 시대이다. 공동의 문제이기 때문에 함께 보살펴야 우리의 내일에는 문제가 조금 줄어들 것이다. 그래서 이것은 '나의 일'인 셈이다.

사실 이 모든 서술은 결국 나 스스로에게 하는 설명이다. 수년을 스스로 묻고 물어도 온 세포에 배인 경쟁의식이 빠지지 않았기 때문에 조금만 넋 놓고 있으면, 왜 그래야 하는지 답을 잃고 헤매는 나다. 국가적 빈곤 문제를 다룰 때마다 이렇게 자문자답해야 간신히 이 덫에서 한 발 뺄 수 있으니, 내 속에 물든 경쟁의식은 언제쯤 그 물이 빠질지 아득하다.

노마병 아이들을 위한 투쟁

장 지글러에게는 꼭 해내고 싶어 하는 한 가지 숙제가 있다. 그의 수많은 활동 경험 속에서도 가장 가슴 아프게 기억되는 아이들 때문이다. 바로 노마병에 걸린 아이들이다. 그에게 노마에 대한 이야기를 하자 대뜸 물어보는 첫 마디가 "노마에 걸린 우리 애들 사진 본 적 있어요?"였다. 실은 차마 자세히 볼 수가 없었다. 인터넷에 동영상도 있었지만, 클릭할 용기가 나지 않았다.

"오래 전 라오스에 있을 때였어요. 그때 그 아이의 모습을 잊을 수가 없습니다. 볼의 살이 뚫리고 광대뼈가 녹아 코가 주저앉았죠. 노마는 영양 부족에서 옵니다. 한 아이가 성장하는 데는 단계마다 충분한 칼로리가 필요해요. 일일 권장량이죠. 빈곤 지역 아이들에게는 먹는 일이 곧 죽음과 싸우는 일입니다. 만약에 당신이 죽음과 싸우기 위해 먹어야 하는 처지라면, 배고픔은 아주 단순하게 설명될 수 있어요. 예, 그래요. 바로 죽음입니다. 산다는 것은 우리의 에너지를 이용하여 움직이고 생각하고 말하는 것입니다. 우리는 매일 에너지를 채워 넣기 위해 먹고 마셔야 합니다. 이것이 메커니즘 작동 원리입니다. 인간은 숨을 쉬지 않고 3분 동안 살 수 있어요. 물을 마시지 않고 3일은 살 수 있고, 음식을 먹지 않고 3주를 살 수 있습니다. 그 한계를 넘어가면 근육이 풀어지면서 죽음에 이르는 과정이 진행됩니다.

노마는 이 과정의 한 부분이에요. 면역체계가 붕괴돼서 오는 병입니다. 우리 몸에는 수많은 박테리아가 있는데, 면역력이 떨어지면 피부에 구멍을 뚫고 공격합니다. 그런 다음 뼈가 무너지고 볼에 구멍이 생기고 죽어갑니다. 먹지 못해서 오는 전형적인 병이 노마예요. 더 가슴 칠 일은 발병했을 때 바로 항생제를 투여하면 완치가 된다는 겁니다. 항생제 가격은 3, 4달러예요. 그런데 슬럼에 사는 엄마들한테는 그 돈이 없습니다. 많은 아이가 노마로 인해 고통받고 있어요. 제가 책을 쓰는 이유 중 하나도 바로 이 노마와의 싸움 때문입니다."

자신이 쓴 책이 곧 그의 무기라고 했다. 세상을 향해 외치는 진실이며,

식인적 이윤구조를 향해 대항하는 무기라고 했다. 그리고 노마병에 걸린 아이들의 명예를 위한 항거라고 했다. 병에 걸렸지만, 그나마 천행으로 나은 아이들에게는 또 다른 불행이 기다린다. 얼굴이 일그러졌다는 이유로 가족의 부끄러움이 되어 숨겨지거나 가축우리에서 살게 된다. 세계보건기구WHO 보고에 의하면 해마다 발병되는 노마 환자 수는 14만 명이라고 하는데, 그만큼 기아 숫자가 번져가고 있다는 증거다.

"울어봤자 배고픈 사람들에게 도움될 일은 하나도 없습니다. 우리는 매우 냉정한 가슴이 되어야 해요. 저는 UN에서 특별한 업무를 수행하는 첫 사무관이었습니다. 식량권을 위해 싸우는 업무였죠. 인권위와 식량권 위반을 다루는 총의회에서 보고하는 일을 했어요. 내 가슴이 아프고 찢겨도 그것으로 해낼 수 있는 일은 아무것도 없다는 것을 잘 압니다. 공식적인 목소리가 되어야만 한 명이라도 구할 수 있어요. 그래도 저는 할 수 있는 모든 것을 하려 합니다."

계속 갖다 주자, 살아날 기회를 주자

2010년부터 서구의 석학을 만나왔는데, 인터뷰 속에서나 이전이나 이후의 대화에서 북한이 거론될 때가 빈번하다. 내가 남한에서 왔다는 사실만으로도 그들은 자연스럽게 북한을 이야기한다. 그럴 때마다 오히려 타자에 의해 한반도가 하나의 운명체라는 것을 인지하도록 자극받게 된다.

앞서 서술한 재레드 다이아몬드, 리처드 윌킨슨, 노암 촘스키와도 북한과 관련된 대화를 나눴다. 하지만 옮기지는 않았다. 국내의 시선으로 듣게 되면 자칫 오해의 소지가 있을 수 있기 때문이다. 그들의 북한에 대한 대부분의 평가는 자칫 한국 내 극우 보수진영의 논리와 비슷하게 들릴 수 있다. 하지만 잊지 말아야 할 것은 대한민국에 대한 평가도 북한 내 보수주의자의 논조와 비슷하게 들릴 수 있다는 점이다. 우리에게 피할 수 없는 숙제인 북한의 기아에 대해서 그와 대화를 나눴다. 그는 UN 대표로 북한을 세 번 방문했다.

"북한에는 2,400만 명이 거주하는데 이 중 3분의 1이 지속적인 심각한 영양 부족 상태에 있습니다. 그 이유는 두 가지 때문이에요. 첫째는 협동농장을 유지할 수 없기 때문입니다. 완전히 비효율적이죠. 게다가 농업에 대한 국가 예산이 심각해요. 핵무기를 만들기 때문에 그렇습니다. 두 번째는 지도층 엘리트들의 의식이 문제입니다. 세계 식량 프로그램이 도우려다 멈출 수밖에 없었어요. 이유는 북한 군대 때문입니다. 그들이 식량 프로그램을 관장하겠다고 했기 때문이에요. 그들은 매우 엄격한 규칙을 제안했습니다. 자기들이 직접 대중에게 나눠줄 테니 식량을 넘기라고 하더군요. 우리가 식량을 배로 운송해서 북한 항구에 내리면 거기서부터 군대가 이송을 하겠다고 했죠. 우리는 식량을 그들에게 줬습니다. 그래요. 북한 군대가 혹은 비밀기관이 그 식량의 반이나 3분의 1을 가져가겠죠. 그럴 징후가 농후하다고 해서 세계 무역 프로그램이 우리의 프로젝트를 가로막은 겁니다. 어리석은 일이에요. 그렇다고 가로막다니……. 참으로 끔찍한 발상입니다.

저는 또 다른 작전을 도모했습니다. 지치지 않았냐고요? 아니오. 왜냐하면 북한 어린이들한테 0.5리터 우유나 가루우유, 또 죽을 가지고 들어가면 그 아이들은 3일은 더 살 수 있어요. 비타민 비스킷도 있고, 우리 세계 식량 프로그램에는 여러 형태의 음식이 준비되어 있습니다. 어떻게든 영양을 넣어주면 3일은 더 살아요. 그래서 저는 늘 이렇게 이야기합니다. '계속 갖다 주자, 계속 주면 된다.' 그 식량의 반이 없어지고 북한 군인들 영양을 채워 테러리스트가 된다 한들 죽는 아이들에 비하면 그건 문제도 아닙니다. 네, UN에서 항상 논쟁이 오가는 부분이에요. 그래도 우리는 계속 도움을 줘야 합니다. 살아날 기회를 줘야 해요."

그는 당시 내전이 진행되고 있는 시리아와 함께 북한을 거론하며 끔찍한 정부라고 했다. 지글러의 말에 의하면 25만 명이 북한 수용소에 있다고 한다. 그 숫자가 너무 많아 재차 물으니 UN 보고서에 나와 있으니 열람해보면 알 수 있다고 말하며 자신도 가슴이 답답하다는 듯 얼굴을 찌푸렸다. 그리고 그는 북한에 600만 명이 아사 직전에 처해 있다고 나직이 말했다.

600만 명이라면 부산과 인천의 인구를 합한 숫자이다. 당장 한 끼를 먹지 못하면 숨이 끊어질 숫자가 두 광역 도시를 채울 정도라니 같은 산줄기를 나누고 물줄기를 갈라 먹으며 외면해온 시간 역시 형벌이 되겠구나 싶었다. 그는 남쪽에 있는 한국 사람들이 도와야 한다고 힘을 실어 말했다. 북한의 기아는 부자 나라인 남한이 해결할 수 있는 문제라는 것이다. 이는 북한의 기아 문제를 바라보는 국제 시선이기도 하다. 남쪽의 보수진영에서는 주적 관계를 내세워 인도적 지원을 막고, 일부 진보진영은 북한 정부의 무능을 애써 인정하려 들지 않는 것이 배를 곯는 사람들을 더 어렵게 한다. 장 지글러가 강조했던 '차가운 가슴을 지니자'라는 조언을 이념으로, 갈라져 있는 한국의 정치권이 먼저 따라야 할 일이라는 생각이 들었다.

"그리고 이 말을 하고 싶습니다. 저는 한국 노동자들의 운동에 매우 깊은 감화를 받았습니다. 일본이 점령하던 1910년부터 1945년까지 36년 동안 한국은 모조리 수탈당했어요. 다시 북한의 공격도 받았고, 200만 명을 잃었습니다. 그 후 남한에는 아무런 것도 남지 않았죠. 그리고 독재 정부까지 이어집니다. 하지만 한국의 노동조합은 매우 강했습니다. 자유를 위한 싸움으로 그 독재를 깼어요. 이것이 내가 한국 노동운동과 학생운동에 존경을 표하는 이유입니다. 이는 매우 중요한 예입니다. 한국 역사는 세계사에 선례를 남겼어요. 많은 사람에게 외국의 공격과 점령 그리고 독재에 대항할 수 있도록 희망을 심어줬습니다. 그런 힘을 이제는 초국가적 기업들의 이윤 추구 경쟁을 막아내는 데 모은다면, 한국인들은 세계사에 또 하나의 선례를 남기는 큰 변화를 가져올 수 있을 겁니다. 저는 해내리라 믿습니다."

우리를 믿고 의지하는 또 한 명의 바람이다.

···

장 지글러의 연구실에는 커다란 사진이 한 벽을 차지하고 있다. 바짝 구워진 찰흙덩이처럼 갈라터진 마른 땅에서 괭이질을 하는 한 무리 농부 사진이다. 흙먼지가 뿌옇게 일어난 대지 위로 태양은 어김없이 내리쬐는 듯 검은 사내들 몸뚱이엔 하얀 옷이 둘둘 말려 있고 머리도 흰 수건이 동여매져 있다. 괭이질 울력(서로 힘을 합해 일을 함)을 하는 듯 줄 맞춰 땅을 판다. 뒤로 괭이를 든 젊고 늙은 사내들이 대열을 이뤄 준비하고 있다. 간간이 앙상한 팔뚝을 내놓은 소년도 보인다. 제일 앞에 있는 대열이 힘을 쓰고 나면 그다음 대열이 또 땅을 갈아엎고 나아가는, 작전 같은 땅파기인가 보다. 그만큼 말라붙은 땅이 단단하고 광활한 면적이란 의미일 것이다. 오랜 시련을 이겨내고자 마음 뭉친 그 여러 명의 의지가 보는 사람을 벅차게 만들었다.

괭이가 지나간 자리는 두툼한 거북이 등껍질이 푸슬푸슬 부서진 듯 사내들의 발이 흙 속으로 폭폭 빠져 들어가 있다. 바싹 마른 흙은 시루떡에 얹힌 고물처럼 얌전하다. 비가 뿌려진다면 금방이라도 떡잎이 터져 나올 듯 생명이 돌아오는 모습이다. 잔뜩 힘들어간 사내들의 비장해 보이는 몸짓, 그 뒤에 순번을 기다리는 긴장된 근육들, 더 뒤로는 춤을 추듯 장난을 치듯 경중거리는 소년들이 있다. 다들 웃음기 깃든 얼굴이다. 먼지를 먹으면서도 즐거운 듯 하얀 이를 드러냈다. 어떤 희망이기에 그 팍팍한 땅에서 미소를 짓는지 속내가 궁금해졌다.

아마 장 지글러가 바라는 희망도 저들과 같은 소박한 희망이 아닐까 싶다. 한국으로 산업시찰을 오는 아프리카 리더들이 꿈꾸는 산업화된 수출 국가나 서구 언론에 나오는 도시화 길을 걷는 아프리카, 대형 마트에 전자제품 소비를 늘리는 중산층이 증가되는 새로운 시장이 아니라 자기네 먹을거리를 다시 만들어낼 수 있는 생산과 순환의 땅, 아프리카를 꿈꾸는 것이 아닐까 싶었다.

미래를 위해
무엇을 가르칠 것인가

발달심리학자 하워드 가드너

하워드 가드너(Howard Gardner, 1943년생)는 하버드 교육대학원 교육심리학과 교수이자 하버드대학 심리학과 겸임 교수이다. 다중지능이론(Multiple Intelligence)의 창시자이며, 그의 교육심리이론은 여러 나라에 도입되었다. 또한 다중지능이론을 교육 현장에서 실천하는 학교와 연구소가 세계적으로 운영되고 있다. 하버드대학에서 인간이 갖는 예술적·창조적인 능력의 발달 과정을 분석하는 프로젝트 제로(Project Zero)연구소의 책임자로서, 20여 년간 지능과 창조성, 리더십, 교육방법론, 두뇌개발에 관한 연구 결과를 꾸준히 발표해왔다. 1981년에 맥아더 팔로우십, 2000년에는 구겐하임 팔로우십 등 수많은 상을 받았다. 또한 1990년대 중반부터 심리학자 미하이 칙센트미하이, 윌리엄 데이몬과 함께 '굿 프로젝트(Good Project)' 활동을 하며, 바른 사람, 바른 노동자, 바른 시민을 길러 사회를 변화시켜나가는 데 열정을 기울인다.

그동안 《열정과 기질Creating Minds》, 《체인징 마인드Changing Minds》, 《마음의 틀Frames of Minds》, 《다중지능: 인간지능의 새로운 이해Multiple Intelligence and Adult Literacy》, 《진선미Truth, Beauty and Goodness Reframed》 등 29권의 책을 출판했고, 32개 언어로 번역·출판되었다. 최근 저서로는 《앱 제너레이션The App Generation》이 있다.

> "만약에 당신이 시스템을 바꾸고자 한다면,
> 부모들을 교육시켜야만 합니다.
> 부모는 어떤 학생이 훌륭한 학생인가 하는
> 다양한 인식 방법을 익혀야 합니다."

　스물 예닐곱 때였다. 우연한 기회에 우리나라를 대표하는 의료계 어른과 각기 다른 언론사에 소속된 20~30대 기자, PD들이 한 자리에 모여 식사를 하게 되었다. 아마 내가 제일 어렸을 것이다. 자연스레 시국에 대한 이야기가 화제에 올랐고, PD 두 명이 자리를 뜬 다음에는 당시 뜨거운 이슈였던 '서울대 망국론'에 대한 이야기에 집중됐다. 열기가 오르니 어른께서 혹시 누군가 불편하지 않을까 염려되셨나 보다. "이렇게들 말하는 걸 보니 여기 서울대 출신이 없나 봅니다"라고 살피셨다. 자리를 마련한 사람이 설명하길, "아까 먼저 일어난 PD 둘이 서울대 출신입니다"라고 했다. 자리에는 왁자하니 웃음이 일었다.

　하지만 나는 불편했다. 자리에 없는 사람이 들었으면 언짢을 소리를 했다고 하여(서울대 이전에 관한 논의였고, 일반적 이슈라 서울대 졸업생이 들었어도 기분 나쁠 사항은 아니라고 생각되지만) 마음에 거슬렸던 것은 아니다. 내 안에 있던 자격지심 때문이었다. '서울대를 비판하는 말을 하려면 그래도 연고대는 나와야 하는 거 아닐까? 아니면 외국 유명대학이라도 나

오든지 혹은 전액 장학금을 받고 골라간 것이었거나……' 머릿속을 맴
돌던 말풍선들이다.

결국 내 속에 있는 '주눅 든 나', '서열주의에 물든 나' 때문에 생긴 불
편함이었다. 나는 그렇게 학벌로 줄 세워진 세상 속 긴 줄 어딘가에서 뻘
쭘 하니 쭈뼛거리고 있었다. 그 줄에서 위를 쳐다보며 움츠린 동시에 서
열 위에 있는 이들의 선민의식을 비웃었지만, 결국은 나도 내 뒤로 수없
이 줄을 세우며 '나는 우월감을 표현하지 않겠다'고 위선을 부렸던 것이
다. 줄 속에 있다는 것 자체가 스스로를 비하하는 동시에 누군가를 모욕
하는 일이다. 서열 2위부터 해당되는 사항은 아니다. 어차피 서열은 늘
요동치기 때문에 영원히 1위를 지킬 수 있는 사람은 없다. 결국 모두가
상당히 피곤한 자해 시스템에 갇힌 형국이다.

우리 시대는 불안을 먹어야 유지되는 무한경쟁 시스템이 되어버렸다.
신자유주의의 특징이라고 말하기에도 옹색할 정도로 생활 속 깊게 봉건
적 뿌리와 연결된다.

당시 서울대 망국론을 주장했던 이는 대한민국은 '서울대'와 '비서울
대' 단 두 개의 대학만 있다고 했는데,˙ 본질적인 문제는 서울대도, 서울
안에 있는 대학도, 지방대도 아니다. 서열이 만든 기회와 가치 박탈이다.
서열이 자존감을 나약하게 만들고 우월감을 부추기는 것으로 끝나지 않
고, 승자독식이라는 혜택과 우선권으로 삶의 질과 생존에 깊숙하게 작용
하기 때문이다. 그 속에서는 누구도 행복을 누릴 수 없다. 피해의식과 왜

●　강준만(전북대 교수), 1998년

곡된 성취감, 삐딱한 가치평가 그리고 멈추지 못하는 상승욕구와 불안이 교체할 뿐이다.

상층에 우뚝 서 있는, 그래서 수많은 사람에게 부러움을 받는 대상들마저도 열등의식에서 자유롭지 못한 모습이었다. 순위로 줄 세우는 세상 속에는 늘 우월한 사람들이 있기 때문이다. 한정된 기회, 특히 파이는 아래로 갈수록 작아지고, 그 조각에 덤비는 사람들은 더 많아진다. 계층 이동이 가능한 문 가운데 그나마 열려 있다고 여겨지는 곳이 대학이다. 시험을 통해 선발되니 손에 잡히는 목표로 보인다. 하지만 이것도 부의 세습과 발맞춰 문이 닫히고 있다. 어릴 적부터 안정적인 양육환경, 문화적 혜택, 사교육비를 견뎌낼 경제력에 따라 성적이 예측된다.

국민 모두가 평등하게 가난하던 해방공간부터 산업화에 박차를 가하던 1960년대까지 교육은 가난을 탈출할 기회였고, 집안을 일으켜 세울 동아줄이었다. 그렇지만 2000년대에 들어서면서 나오는 통계들은 사는 지역에 따라 대학 진학률이 현저히 차이가 나고, 부모 교육 정도와 소득 정도에 따라 성적이 달라지는 현상을 뚜렷이 보여준다. 사회적 지위가 세습되는 징후다.

특히 1997년 IMF 사태 이후, 또 2008년 미국발 금융위기 이후 가장 크게 무너진 계층이 중산층이다. 불안감은 중간층에게 학력 증진을 위한 소비경쟁에서 헤어나오기 어렵게 만들고 있다. 과연 우리는 비틀거리면서라도 앞으로 가고 있긴 하는 걸까? 앞에서 말하는 우리 문명의 다가올 미래에 대한 예측과 대비들이 정작 그 주역들에게 제대로 닿고 있는 것인가?

역사적으로 어느 한 시기에 느닷없이 한 도시에서 창의성이 번성할 때가 있었다. 그리스의 아테네, 이탈리아의 피렌체, 프랑스의 파리 등이 그렇다. 갑자기 수많은 창의적 기운이 과학·예술·철학·인문 등에서 불붙듯 일었다. 이는 그 시대, 그 공간에 느닷없이 창의적인 사람들이 생겨났기 때문이 아니다. 창의력의 대가로 통하는 미하이 칙센트미하이 교수는 이렇게 말한다. "창의력은 누구에게나 있다. 다만 그 시기 그 누군가가 창의력을 쓰고 싶을 만큼 마음이 일었는가, 아닌가에 달려 있을 뿐이다." 아마도 경제적으로 제도적으로 창조적 기운이 일어날 바탕이 되었고, 거기에 리더의 지도력과 대중정서가 맞물림으로써 그 시대를 르네상스라고 칭송하는 것이다."•

21세기, 세계 교육은 창의력을 키우자고 외친다. 대한민국의 목소리도 크기에서는 뒤지지 않는다. 그리고 그 창의력은 적어도 성적 중심의 서열주의 환경에서는 나오기 쉽지 않다는 것도 알고 있다. 그럼에도 불구하고 성적 향상을 위해 고등학생까지 고시원 쪽방에 스스로를 유폐하는 시절이다.

인간의 가치를 수리능력 중심의 시험으로 줄 세우는 한국 교육을 돌아보기 위해 하워드 가드너를 만났다. 하버드대학 교육심리학 교수인 그는 25년 전 인간의 능력을 가늠하는 단일지능 우대 시스템에 반론을 제기했고, 지금까지 많은 나라의 교육에 변화를 불러일으키고 있다. 그가 확립

• 안희경, 《하나의 생각이 세상을 바꾼다》 중 〈미하이 칙센트미하이 대담〉, p143-144

한 이론은 인간의 두뇌가 8가지 다중지능을 갖고 있다는 증명이다.

앞서 제레미 리프킨은 21세기를 공감의 시대라고 했다. 우리의 지능 가운데 인간친화지능과 자기성찰지능이 중요한 역할을 하게 될 것이라고 했다. 사회적·경제적으로도 교류 양식의 변화가 일어나고, 닥쳐올 위기들 또한 협업을 통해 극복될 수 있기 때문에 21세기는 소통 중심의 협력의 시대라는 진단들이 학계와 현장에서 쏟아지고 있다.

이 장에서는 우리 교육에서 현재 무엇이 미래를 준비하는 데 걸림돌로 막혀 있는지 하워드 가드너의 조언을 들어본다. 2014년 1월 7일 하버드대학의 그의 연구실에서 인터뷰를 진행했다.

. . .

이른 아침 보스턴에 내렸다. 하워드 가드너 교수를 만나기로 한 날, 추위가 기승을 부렸고, 케임브리지로 넘어가는 찰스강은 얼음으로 변했다. 서울의 대학로만큼 붐비던 하버드 스퀘어는 한산했다. 대기마저 성에 긴 유리창처럼 반쯤 얼어붙은 그곳에 빨간 벽돌로 온기를 전하듯 자리한 하버드교육대학원 건물 안으로 들어서자 누군가 옆으로 휙 지나갔다. 이른 새벽 농수산물시장에 나온 상인처럼 두툼한 야상을 입은 어르신이다. 시선을 정면으로 고정한 채 성큼성큼 사라졌다. 《창문 너머 도망친 100세 노인》이라는 책의 표지 이미지가 떠올랐다. 그가 하워드 가드너였다. 바람처럼 스쳤지만 남다른 엉뚱함이 감지됐고, 그의 책상 또한 그지없이 복잡할 것 같은 예감이 들었다.

2년 전 그의 절친인 미하이 칙센트미하이를 만나기 위해 사무실 문을 연 순간 깜짝 놀랐더랬다. 그 장면을 다시 볼 것 같았다(창의력 대가의 책상은 남들 세 배는 되는 크기였는데, 빼곡히 겹겹이 어지럽게 물건들이 놓여 있었다. 혹자는 지저분하다고 여기겠지만 나름의 순서대로 질서를 잡고 쌓여 있었고, 그는 말할 때마다 필요한 물건을 정확히 집어들며 설명을 이어갔다). 역시나 하워드의 방도 자유로웠다. 그 또한 격식은 모두 거둬내고 우리 만남의 본질인 이슈 속으로 성큼 들어왔다.

시험 성적만으로는 재능을 잴 수 없다

때는 대학 입시 발표가 거의 마무리될 즈음이었다. 한국의 가정은 결과에 따라 집안 분위기가 바뀌고, 친지나 지인들도 전화 걸기가 무척 조심스럽다고 했더니 그는 대뜸 내게 왜 그런 거 같으냐고 물었다. 일단은 대학을 가야 남과 같은 출발선에서 경쟁하는 사회가 됐고, 이름 높은 학교를 가면 남은 인생이 보장된다는 안도감을 얻는다라고 답해줬다. 말하면서도 마치 대학이 한국 교육 레이스의 결승점처럼 느껴져 쓸쓸했다.

"부모들이 자식을 그렇게도 명문대에 보내고 싶어 하는 이유는 그곳에 다른 사람들의 자식이 있기 때문입니다. 성적 높은 학생들이 모인 학교에 가면, 그들과 어울릴 수 있을 거라는 믿음이 있죠. 물론 그 네트워크를 무시할 수는 없어요. 그렇지만 저는 그렇게 시험 점수로 사람들을 1등부터 꼴찌까지 줄 세우는 것을 반대합니다. 왜냐하면 똑똑하다고 칭찬할 만한 능력이 성적으로 평가되는 그런 종류만 있는 것이 아니니까요.

똑똑함을 보여주는 데는 여러 가지 재능이 있습니다. 모든 사람을 하나의 시험으로 평가하는 일은 근본적으로 어느 특정한 능력에만 찬사를 보내고 미화시키는 겁니다. 그렇게 오랜 시간 수학과 언어능력 중심으로 사람들한테 영광을 줘온 거예요. IQ^{지능지수} 검사를 보다 정교하게 보완한 검사 중 하나가 미국 고등학생들이 대학 입시를 위해 치르는 SAT 학업 평가시험인데, 한국의 시험도 이와 비슷할 것 같습니다.

이런 시험은 언어 점수와 수학 점수를 중시하는 일종의 단일지능 위주의 테스트인데요. 20세기 산업 패턴에 맞춰진 테스트죠. 이런 시험으로는 다른 사람들을 이해하고, 자기를 바로 본다거나, 예술적인 자질과 창의력은 평가할 수 없습니다. 실제 우리 생활에서 더 필요한 능력임에도 불구하고요."

그는 대입 시험에 다뤄지는 내용을 걱정했다. '21세기에 언어와 논리적인 지능이 과연 얼마만큼 각광을 받을까'에 대해 매우 회의적이었다. 그는 21세기에 필요한 능력은 공감 능력, 창의력, 독창성이라고 강조했다. 하지만 시험은 결국 채점을 위해서 존재한다. 현실에서는 논란 없는 답을 최우선으로 선택한다. 경쟁이 과열될수록, 서열에 따라 돌아올 이익이 분명할수록 논쟁거리를 막아야 하기 때문에 위험부담을 안으며 교육 가치를 시험에 넣으려 하지 않는다. 하워드 가드너는 시험에서 꼭 물어야 할 질문은 큰 물음이라고 했다.

"'왜 우리는 죽는가'와 같은 질문입니다. '사랑은 무엇인가? 사람들은 왜 싸우나? 한국과 일본 사이에 수천 년 동안 흐르는 긴장을 어떻게 설명해야 할까?' 이런 질문들 말이에요. 그래요. 쉽게 답을 낼 수 있는 문제가 아니죠. 점수 주기도 참 어렵습니다. 그래서 큰 질문들을 하지 않는 겁니다. 그렇지만 이런 중요한 질문을 교사들은 가르치려고 할 겁니다. 충분히 스스로 생각하도록 뽑아낼 수 있고요. 이제 무엇이 중요하다고 주장하기보다 시험 문제를 통해 물어가도록 바꿔내야 할 때입니다."

언뜻 보면 과연 이런 본질을 묻는 질문 속에서 채점 기준을 잡을 수 있을지, 순위를 매길 수 있을지 의아해할 수 있다. 하지만 프랑스에서 보는 대입자격시험 논술인 바칼로레아에서는 이와 비슷한 질문을 하고 있다. 2014년 6월 16일 68만 7,000명이 치른 계열별 철학 시험 문제는 다음과 같다.

자연계

1. 예술가는 자기 작품의 주인인가?

2. 우리는 행복해지기 위해 사는가?

3. 데카르트의 '정신의 향방을 위한 규칙' 중 주어진 일부를 읽고 코멘트하기

인문계

1. 예술작품은 우리의 지각능력을 교육시키는가?

2. 우리는 행복해지기 위해 모든 노력을 쏟아야 하는가?

3. 칼 포퍼의 '객관적 지식' 중 주어진 일부를 읽고 코멘트하기

경제 · 사회계

1. 선택권이 있다는 것으로 우린 충분히 자유로운가?

2. 왜 우리는 자신을 알고자 노력하는가?

3. 한나 아렌트의 《현대 인간의 조건》 중 주어진 일부를 읽고 코멘트하기

우리나라 대학 입시에 논술 전형을 도입할 때 미국식 수능평가에 프랑스식 논술평가를 보강한다고도 했다. 하지만 질문방식이 프랑스 바칼로레아와는 너무나도 달랐다. 제시된 질문은 장문의 글을 읽고 여러 문단의 연관관계를 살피며 지문의 뜻을 파악하는 시험이다. 마치 국어 시험, 즉 언어능력에 대한 주관식 독해와도 같았다. 철학적인 질문에 자신의 경험과 지식을 녹여 스스로의 생각을 서술하기보다는 예문에 대한 이해를 중시했다.

언어 · 논리적인 지능과 연결된 시험인 셈이다. 학생들의 지식을 변별해 내고자 출제되기에 해를 거듭할수록 더 많은 지식 축적을 요구하는 경향이라고 논술 지도 교사들은 평가했다. 이과의 경우는 대학 과정의 수학이나 과학 문제가 논술의 형식으로 등장하기 때문에 학생들은 수학 공부가 곧 논술 시험 점수를 잘 받는 길이라고 이야기하고 있다. 공교육 수업에서는 채우기 힘든 난이도로, 결국 논술 전형은 전적으로 사교육 시장이 전담하는 실정이다. 사실 논술 전형이 이뤄지면서 일부에서는 교과 과정 속에 철학과 문학, 역사, 사회 등의 인문학적 교양을 키워내는 수업이 드

디어 전면적으로 시작되겠구나 하고 기대했었다. 어쩌면 학생과 교사는 아직도 기다리고 있는지 모른다.

다양한 가치가 공존하는 건강한 사회

내가 겪은 경험 한 토막에서 철학 수업을 기대하는 교사의 꿈을 엿볼 수 있다. 1984년 중학교 2학년 석 달 동안 받았던 도덕 수업을 아직도 잊지 못한다. 새로 부임한 선생님은 교실에 들어오자마자 칠판에 '사회'라고 적었다. 그리고 '사회란 무엇인가'라는 질문을 한 달 동안 계속했다. 다양 하게 물었다. 손들고 답하면, 이는 다른 질문을 불러왔고, 또 잠시 궁리 를 하고 또 답을 하는 사유의 시간이 깊어졌다. 한 달을 끌며 도달한 답 은 '사회란 둘 이상의 사람이 맺어나가는 관계'였다. 정해진 답이 있는 것 은 아니었지만, 딱 떨어지는 답을 들어야 마무리되는 느낌이 들기에 학 생들은 그 문장으로 사회에 대한 정의를 내렸다.

그 답에 이르기까지 반 아이들의 짜증도 달아올랐다. 결국 수업방식을 바꾸자는 요구가 터져나왔고, 단 한 명이라도 이 수업방식을 찬성하는 학생이 있다면 계속한다는 도덕 선생님의 조건을 학생들이 받아들임으 로써 비밀 거수 투표가 시행됐다. 학생들은 미소 지으며 눈을 감았다. 드 디어 지긋지긋한 문답 수업에서 빠져나올 기회였다. 그러나 결론은 딱 한 명이 찬성한다에 손을 들었다.

수업은 '인간이란 무엇인가'라는 두 번째 질문으로 넘어갔다. 그 손을 든 단 한 명을 나와 선생님만 알고 있을 것이다. 불행인지 다행인지 그 도덕 선생님은 3개월이 채 되지 않아 유학길에 올랐다. 수다쟁이 여중생들은 새로 오신 선생님과 교과서를 읽으며 주요 인물과 사상을 외우는 정상 수업을 하게 됐다.

그 해가 저물 즈음 2학년 아이들은 가장 잊지 못할 수업으로 학기 초 도덕 시간을 꼽았다. 그때 중간고사는 바칼로레아식의 논술 시험이었는데, 그 속에서 집중력이 틔워내는 참새 혓바닥만 한 '내 생각'이라는 싹을 보았기 때문에 몇몇은 다시 경험해보고 싶다고 했다. 아마 지금도 꽤 많은 교실에서 잊지 못할 수업들이 진행되고 있으리라 기대한다.

프랑스의 바칼로레아 논술 시험이 과열경쟁 없이 이어지는 배경에는 그들 중·고등학교에서 이에 걸맞은 내용의 수업이 진행되기 때문이다. 우리도 논술 시험의 변별력을 강화하기 위해 지문을 해석하고 정보를 정리하는 외부로 향하는 문제 접근이 아니라 안으로 돌려 자기 성찰을 통해 의견을 꺼내 보이며 서술하는 근원적인 질문이 되면 좋겠다.

인문학의 가치란 앎이 삶으로 이어질 때 생명을 얻는다. 외부에서 가져온 지식이 아무리 많아도 몸과 마음으로 소화할 수 없다면 오히려 탈을 일으킬 수 있다. 하워드 가드너의 조언이 가리키는 방향도 이와 같다.

"사회가 보다 건강할 때는 여러 가지 다양한 가치가 공존할 때입니다. 우리가 수많은 서로 다른 점들을 고려하며 존중할 때죠. 그렇기 때문에 평가 방법 또한 다양한 길로 이뤄져야 합니다. 논리와 언어 능력을 중심

으로 평가하기보다는 이 사회의 관계 속에서 공감하고 협력하는 능력을
키워내도록 가치의 틀을 만들어가야 해요."

사회적 협력을 깨는 엘리트주의

2014년 1월 3일 언론에 한국개발연구원KDI이 낸 보고서*를 보면, 한국에
서 학벌에 따라 받는 차별이 성별이나 연령, 출신지보다 큰 것으로 나타
났다. 같은 대졸자라도 출신 대학에 따라 임금, 승진, 조직 내 관계에서
차별을 경험했다고 했는데, 그 비율이 50퍼센트에 육박한다. 직장인들은
뛰어난 실력을 갖추어도 학벌 스트레스로 위축감을 느낀다. 학교를 졸업
하고도 출신학교 명찰을 가슴에 달고 있는 형국을 설명했다. 그러자 하워
드는 엘리트 학교를 다녔고, 엘리트 학교에서 가르치는 자기가 그 문제에
답을 하기에는 맞춤한 상대는 아닌 것 같지만, 한국 사회 리더들에 한마
디 하고 싶다고 했다.

"한국의 리더들이 모두 엘리트 학교를 나왔다면, 국민에게 아주 특별
한 메시지를 주는 겁니다. 모두들 좁은 구멍 속으로 자식을 밀어 넣게 만
들 거예요. 한국 정부 요직에 있는 사람들이 모두 같은 대학 동창생이라

* 한국개발연구원(KDI)의 '노동시장 신호와 선별에 기반한 입시체제의 분석과 평가(2013. 5,
김영철·김희삼 연구)', 2014년 1월 3일 경향신문 보도

면, 한국 사회의 긴장은 느슨해질 수가 없습니다. 하지만 서로 다른 학교를 나온 남녀가 정부 부처에 모여 뜻을 펼친다면, 사회로 퍼지는 의미는 확연하게 달라집니다. 사회가 더 다양성을 갖고, 더 다원적인 문화를 가질 때 서로 살아남고자 발버둥치는 싸움터에서 벗어나게 됩니다. 한국이야말로 경제적으로 성공한 사회가 됐는데, '긴장 풀자'라고 여유를 좀 부려도 되지 않나요? 이제는 서로를 돌볼 때입니다."

움베르토 에코는 "파시즘은 여전히 우리 주위에 있다"고 했다. 여기서 파시즘은 그것을 가능하도록 만드는 요소를 지칭한다. 그 요소들이 서로 엉키고 결합하면, 언제라도 파시즘이라는 괴물이 등장한다는 경고다. 그 중 한 요소가 엘리트주의와 약자에 대한 경멸이다. 엘리트주의로 위계적인 사회구조를 만들어낸 뒤, 아래층에 있는 자를 경멸하는 위계구조가 완성될수록 엘리트의 권력은 강해지며 전체주의로 작동될 가능성이 짙어진다. 그 구조에서 열등한 자는 경멸의 대상이 된다.*

학벌사회의 문제 역시 학벌이 곧 엘리트 의식이며 권력을 갖게 된다는 데 있다. 이러한 위계구조에서는 누군가 이윤을 독식하게 된다. 결국 협력을 깨고 말기 때문에, 교실의 문제나 몫의 문제에서 민주주의를 지켜내는 것이 관건이다. 세계 제일의 불평등 국가이자 수억 원의 학자금 빚을 진 졸업생을 배출하는 기업화된 미국 대학들이지만, 입학 선발과 장

---

* 움베르토 에코 에세이 《영구 파시즘 *Eternal Fascism*》에서 설명한 14가지 요소 중 10번째 요소, 1995년 6월 22일, The New York Review of Books

학금 지급에 있어 기회의 평등을 위한 차등이 존재한다. 학생들의 소득, 사회적 환경 등을 감안해 선발비율을 할당하는 평등 쿼터제이다.

하워드는 미국도 우리처럼 고부담 테스트를 하고 있지만, 그 어떤 대학도 학생을 단지 테스트만으로 뽑지 않는다는 점을 강조했다. 그보다는 부수적인 활동들, 즉 운동, 학생회, 학교신문을 만들었는지, 토론팀에 있었는지 등 협력의 경험을 강조한다. 또한 어느 한 도시에서 학생을 선발하기보다는 다양한 지역에서 학생을 선발하기 위해 안배한다. 그리고 그들이 가장 원하는 학생의 기준은 최고 득점자가 아니라 학교에 만족할 학생이라고 했다.

"한국의 학생과 부모들은 남들에게 뛰어나다고 평가받는 걸 당연하게 여기는 것 같아요. 저는 남들이 자신을 어떻게 보는가에 연연하지 않았으면 합니다. 그보다는 자신의 목표, 자신의 능력을 스스로 평가하는 겁니다. 남의 평가에 위축되는 분위기라면 참 서글프죠. 제게는 아이가 넷 있는데, 저도 아이들이 좀 더 인정받고 좋아하는 일을 하기를 바라요. 그렇지만 아이들이 다른 사람들이 말하는 것에 그리 많이 신경 쓰기를 바라지는 않습니다. 지금 만약에 당신이 혈통 좋은 학벌이 아니라서 불이익을 당한다면, 이는 내가 바꿀 수 있는 일은 아니지만 이렇게 말해주고 싶어요. 이것은 내 아이들에게 해주는 말입니다. '얘야, 너에게 문제가 있어서가 아니다. 그 사람의 문제란다.' 네, 시스템 속에 편견이 자리해서 그런 것입니다. 아주 몹쓸 일이죠. 우리는 자기 눈으로 스스로를 진단해야 해요. 미스터 킴이, 미스 박이 생각하는 대로 휘둘리면 안 됩니다. 이럴 때 시스템의 협조가 있다면 상황은 훨씬 쉬워질 겁니다."

　아침에 배달된 〈뉴욕타임스〉에 다양한 이슬람 사람들 사진이 나왔다. 무장하고 트럭에 올라탄 이라크 병사들 사진, 경찰을 에워싸고 몽둥이질을 하는 긴 윗도리에 둥근 모자를 쓴 파키스탄 사내들의 모습이었다. 그리고 유대인 단체의 반이슬람 광고 사진도 한 면 가득 게재되어 있었다. 무릎을 꿇은 미국인 기자와 검은 복면의 하마스 무장군인이 나오는 사진 위로 테러를 멈추라는 메시지의 정치 광고 문구가 찍혀 있다. 아마도 신문을 덮고 나면 나의 뇌리에는 은연중에 이슬람은 폭력적이라는 이미지가 남게 될 것이다. 스스로 생각하지 않으면 우리는 조장되는 쪽으로 쉽게 쏠려가게 된다.

지능으로 사람을 분류해서는 안 된다

하워드와 시험에 대한 이야기를 나눈 후 "예전에 시험 못 봐서 기죽고, IQ 낮아 열등감에 빠졌던 시간들이 결국은 단일지능 중심으로 만들어진 제도 때문에 했던 괜한 자기비하였군요. 억울합니다"라는 말을 했다.

　이 말을 듣고 그의 눈이 휘둥그레졌다. 그리고는 내게 묻기를, IQ가 얼마인지 아느냐는 것이다. 내 세대의 경우는 중학교 때 학교에서 검사를 했고, 거의 다들 자신의 IQ를 알 뿐 아니라 공개적으로 이야기한다고 했다. 그는 더욱 어이없는 표정을 지었다 .

"IQ를 안다고요? 저는 모릅니다. 미국에서는 다들 몰라요. 부모가 돈을 내고 검사하지 않는 한 모르죠. 또 안다 해도 IQ를 사람들끼리 대화하는 데 거론하는 것을 허용하지 않습니다. 그런 말을 한다는 것은 사람들을 평가의 틀로 끼워 넣는 거니까요."

그의 말보다 얼굴 표정과 휘젓는 손짓으로 더욱 옳지 못하다는 점을 강조하는 듯했다. 이는 미국에서 극도로 조심하는 인종차별 발언처럼 경악을 불러일으킨 듯했다. 우생학적인 시각을 담기 때문이다. 미국의 경우 20세기 전반엔 정신질환, 장애인, 전과자가 있는 집안 혹은 당사자에 대한 강제 불임 시술이 합법이었다. 그리고 이 우생학은 나치의 홀로코스트라는 대재앙을 통해 끔찍한 각성의 기회를 얻고 나서야 역사에서 퇴출당했다. 하지만 아직도 우리에게는 '인권'이라는 과제가 남아 있다.

"그렇다고 논리적 사고를 평가하는 IQ 테스트가 그 사람의 미래를 잘 맞추는 것도 아닙니다. 한 가지에 초점을 맞춰 검사하면 들어맞는 것처럼 보이는데, 거기에 여러 다른 조건들을 첨가하면 그 예측성은 눈에 띄게 떨어져요. 사람의 미래를 예측한다는 것이 참 부질없음을 알게 되죠. 성적이 좋으니까 법대에 가면 잘할 거라는 기대감도 IQ 위주로 평가해서 나온 거예요. 법은 논리와 언어능력이 동등하게 요구되기 때문에 수학을 잘하는 사람에게 법대 교수가 될 거라고 기대하는 것은 틀린 겁니다. 의사도 그렇습니다. 과학과 의학을 잘해야 하는데, 여기에 이 못지않게 중요한 능력이 환자를 잘 다룰 수 있어야 한다는 거죠. 환자를 잘 보려면 병의 증세를 다스리면서, 환자의 얼굴을 읽어낼 줄 알아야 해요. 상태를 읽어내는 능력은 IQ가 아니라 인간친화지능에 더 가깝거든요. 바로 이 인간적인 교감이 중요하기 때문에 우리가 기계가 아닌 사람인 의사를 찾아가는 거고요. 누가 훌륭한 판매능력을 갖춘 마케터인지 알려면, 시험 성적에 중점을 두면 안 됩니다. 그 사람이 당신한테 물건을 팔수 있는지 보는 것이 기본이죠. 또 새로 발명품을 만들어야 한다면, 이때는 그 어떤 시험으로도 미리 줄 수 있는 정보가 없습니다."

지금까지 학계에서 통용되는 다중지능은 모두 8가지이다. 음악지능Musical intelligence, 신체운동지능Bodily-Kinesthetic Intelligence, 논리수학지능Logical-Mathematical Intelligence, 언어지능Linguistic Intelligence, 공간지능Spatial Intelligence, 인간친화지능Interpersonal Intelligence, 자기성찰지능Intrapersonal Intelligence, 자연친화지능Naturalist Intelligence이다.

그에게 개별 지능을 측정할 수 있는 검사 방법을 만들지 않겠느냐는 요청이 꽤 많이 왔다고 한다. 이에 대한 하워드의 답은 확고했다. "지능은 사람이 중요한 개념을 배우는 데 활용되어야지, 사람을 분류하는 데 사용되어서는 안 된다"였다. 그는 새로운 '패배자'들을 만들어내고 싶지 않기 때문이라고 했다. 하워드 가드너는 대답을 하다 말고 내게 궁금한 것이 있다며 이렇게 물었다.

●   하워드 가드너, 《다중지능Multiple Intelligence》, p.99

"한국에서 다중지능이론이 매우 인기가 있다고 들었습니다. 그런데 어떤 사람들한테 인기가 있는 건가요?"

솔직히 대답을 하기가 조금 난감했다. 부모들이 다중지능을 처음 접하는 곳이 유치원 안내문구라고 설명하기가 좀 미안했다. 물론 여러 대학에서 연구가 활발히 이뤄지고 있다. 하지만 대중적으로 활용되는 곳은 학원, 영유아 교재교구, 학습지 등과 같은 사교육 상품들이다. 그런 실정을 좀 순하게 전달하고자 "중국에서 일어나는 일과 같은 일이 벌어진다"고 답했다.

하워드 가드너의 책《다중지능》에는 중국 관련 일화가 나온다. 2004년 하워드가 중국을 방문했을 때 이미 다중지능이론 관련 책이 100여 권이나 나와 있었는데, 그런 인기를 누리는 배경에 대해 중국학자가 설명하기를 "8개로 분리된 지능에 대해 들은 후 미국인들은 자기 자녀의 특별한 재능에 대해 생각하겠지만, 중국인들은 자신의 자녀가 유능해져야 할 분야가 8개라고 생각한다"고 했다.

하워드에게 어린 자식을 키우는 우리의 부모들도 아이들의 8가지 지능을 골고루 개발시켜주겠다는 학원의 교육 목표에 관심을 갖는다고 말해주었다. 내 답을 들은 하워드는 빙그레 웃으면서 우리의 교육열에 대한 이야기로 넘어갔다. 하지만 넉 달 후 시민단체인 〈사교육 걱정 없는 세상〉에서 보낸 질문에는 단호하게 자신의 의견을 밝혔다. 사교육업체들이 하워드 가드너 교수의 '다중지능이론'에 근거해 개발했다고 주장하는 교육 상품들이 범람한다며 사실 확인을 해달라고 요청했다. 이에 하워드 가드너는 다음과 같이 선을 그었다.

"이는 나의 뜻이 아니며, 한국의 특정 (유아) 사교육 상품을 승인한 적이 없습니다. 한국의 부모들은 사교육 상품업체들이 내세우는 주장을 거부해야 합니다."●

모두에게 주어지는 평등한 교육 기회

12년 동안 외국에 살면서 한국을 방문할 때마다 읽게 되는 변화가 있다. 학원 버스가 점점 많아졌고 대형화되다가 다시 작아지는 추세라는 점이다. 더불어 방과후 혹은 학원과 학원 사이의 길에서 만나게 되는 학생들의 모습은 똑같아졌다. 모두들 뭔가를 먹는다. 과자나 초콜릿뿐 아니라 닭강정까지 먹으며 걷는다. 초등학생부터 고등학생까지 모두 같은 모습이다. 식당에서도 학생들끼리 저녁을 먹는 모습이 매우 자연스럽다.

학원 문화가 지배하는 것이다. 방과후 밤늦도록 학원 일정에 맞추자니 집밥을 먹기도 어렵고, 어딘가 자리 펴고 도시락을 먹기에도 시간이 빠듯한 쳇바퀴 생활이라서 그런 듯하다. 아이들은 월화수목금…… 요일을 나눠 영어 수학 과학 국어 등의 학원을 찾고, 주말에도 학원에 간다. 시험 점수를 잘 받아야 내신도 수능도 잡을 수 있기 때문에 안 갈 수도 안

● 2014년 8월 4일 〈오마이뉴스〉 보도

보낼 수도 없다는 아이와 부모의 딜레마이다.

선행학습이 과연 교육 효과가 있을까 의문이 제기되고 있다. 내신을 나눠야 하기 때문에 어려운 문제가 시험마다 꼭 출제되니 선행학습이 이어지고 있다. 이에 대한 명쾌한 비판을 듣고자 하워드 가드너에게 진단을 해달라고 요청했다. 답은 내 기대와는 달랐다. 선행학습에 대해 그는 의외로 평온했다.

"저는 8살이라고 해서 모두 같은 수준의 수학을 배울 필요는 없다고 봅니다. 10살에 맞는 수학이 따로 있다고 여기지도 않아요. 사람마다 자신의 능력을 뻗어낼 수 있도록 북돋워져야죠. 모두가 똑같은 수학을 가르치겠다는 기존의 발상에 어폐가 있는 겁니다. 이는 타고난 신체 조건과 영양 상태가 다른데 똑같은 거리를 똑같은 속도로 뛰라고 하는 것과 같습니다. 어떤 8살짜리 아이는 자신보다 나이가 더 많은 학생들이 하는 수학을 할 수 있을 텐데, 그러면 기회를 줘야죠. 각기 능력에 맞도록 지도해야 하는 것이 기본입니다. 그래야 모두에게 적절한 기회를 주는 겁니다."

사교육을 받는 학생만 우위에 설 수 있는 불공정 경쟁이라는 관점으로 접근했지만 하워드 가드너는 보다 근본적인 접근을 제시했다. 능력에 맞도록 팀별 학습을 하거나, 잘하는 학생은 과목별 고학년 수업을 듣게 하

● 2014년 2월 20일, 국회 본회의에서 '공교육 정상화 촉진 및 선행교육 규제에 관한 특별법'이 통과되었다.

는 등 미국에서 시행되는 방식에 융통성을 발휘하여 공교육에서 선행학습을 끌어안는 방법을 모색해보는 것도 필요하지 않을까 싶다.

소위 선행학습금지법*이 통과되었다. 오히려 문제는 선행학습이 아니라 사교육의 시장 시스템 속으로 교육이 흡입되어 있다는 데 있다. 하워드의 태도 역시 방과후 학원으로 몰려가는 현상에 대한 내용으로 넘어가면서부터 달라졌다. 그의 미간에 주름이 모였고 연신 고개가 가로저어졌다.

"아이들이 방과후에 다들 학원으로 간다는 것, 저는 이를 병리학적 신호라고 봅니다. 일본에서도 비슷하죠. 매우 병적으로 들려요. 아이들한테서 어린 시절을 빼앗는 짓이죠. 더 좋은 성적을 내라고 몰아치는 건데, 그 시험은 어떤 누군가가 만든 것일 뿐입니다. 그런데 한국 사람들이 다들 그렇게 해야 한다고 생각한다면, 이건 러닝머신 위를 달리는 쥐가 된 겁니다. 어떻게 멈춰야 할지를 모르는 거죠. 어떤 틀에 갇혀버린 겁니다. 어떻게 멈춰야 할지를 모르는 거죠. 내가 만약에 한국의 연구자라면 이렇게 외칠 겁니다. '좋아, 이제 그런 시험은 없어. 다 거둬내는 거야.' 큰 변화가 일어나야 합니다. 아이들에게 또 어른들에게도 자기가 무엇에 관심을 갖는지 발견하도록 기회를 줘야 합니다."

사람들의 마음을 진실로 돌려내는 효과적인 방법은 다른 사람들이 사는 모습을 직접 보는 거라고 제안했다. 행복을 누리고 생산적으로 사는 모습을 보면 자신이 어디에 있는지 위치를 알게 되고, 정체성을 찾아간다는 것이다. 그러면서 하워드 가드너는 자신이 매우 관심을 기울이는 두 개의 사회가 있다고 말했다. 다른 나라들보다 훨씬 균형감을 갖춘 사회로, 핀란드와 북부 이탈리아다.

이탈리아 북부는 협동조합에서 태동한 레지오 아밀리아 교육을 떠올리게 했고, 핀란드는 교육 이전에 복지와 부의 분배가 다른 선진국보다 잘되어 있다는 점을 떠올리게 했다. 평등한 사회가 학생들에게 보다 많은 기회를 열어준다. 만약에 스위스에서 국민투표에 붙이기로 한 기본소득제를 우리나라에서 시행한다면 어떻게 될까? 굳이 대학을 나오지 않아도 기초적인 생활이 보장된다면, 국영수 입시 위주로 몰려 있는 학원들도 직업 위주로 더 다양해질 것이다. 또 학원보다 클럽 활동이 더 활발해지지 않을까?

아이들이 떠난 운동장과 놀이터에 다시 주인이 돌아오고, 대학에 들어간 다음에 죽고 싶다는 소리와 함께 시작되는 뒤늦은 정신적 사춘기 앓이도 몸의 성장과 함께 제때 치러지지 않을까. 보다 다양한 분야에서 활발한 활동이 일어나고, 연마하고 몰두하는 신바람이 돌지도 모른다. 그러면 300~400년 뒤 후대들이 지금을 르네상스라고 칭송하는 그런 꿈같은 변화가 만들어질지 모를 일이다.

부모 교육이 먼저다

"만약에 당신이 시스템을 바꾸고자 한다면, 부모들을 교육시켜야만 합니다. 부모가 어떤 학생이 훌륭한 학생인가에 대한 다양한 인식 방법을 익혀야 합니다."

모든 부모는 자신의 아이들이 보다 나은 삶을 살기를 바란다. 하워드도 당연히 그렇다고 적극 동의하면서 다음과 같이 강조했다.

"부모보다 잘 살아야 하긴 하는데, 단 무엇이 더 잘 사는 삶인지를 스스로에게 물어야 합니다. 많은 연구 결과가 있었죠. 편안함을 위해서 당신은 충분한 돈이 있어야 한다고 말합니다. 그러나 더 많은 돈을 갖고 나면 이도 별반 달라진 차이를 만들지 못합니다. 돈이 좀 있다고 느낄 때 곧 불행해지게 되죠. 왜냐하면 다른 사람이 눈에 보이거든요. 그 돈보다 더 많은 돈을 가진 사람들이요. 당신은 결코 그들보다 더 많은 돈을 갖지 못합니다. 이때 행복은 멀어져만 가죠. 그렇다면 대체 행복이 뭘까요? 제 생각에 행복은 내가 생산적인 존재일 때 찾아옵니다. 생산적인 존재라는 것은 하고자 하는 것을 할 수 있고, 다른 사람에게 줄 수 있는 존재입니다. 준다는 의미는 다른 사람이 생산적인 존재가 되도록 마음을 내어주는 겁니다. 이것이 제가 생각하는 행복입니다. 당신은 어떨지 모르겠네요. 당신의 행복은 당신 스스로 발견해야 하는 거니까요. 스스로 행복하게 만드는 그것을 찾는 겁니다. 그럼 아이들이 어떻게 하면 우리 부모보다 더 잘살게 될지 도울 수 있겠죠."

만약에 아이들이 학교에서 행복수업을 받는다면 어떨까에 대해 종종 생각해보곤 한다. 스스로 행복했던 경험이 있다면, 불행하다고 느낄 때 그 행복했던 경험을 떠올리며 자기만의 힐링을 이루어내지 않을까 기대했기 때문이다. 하워드는 행복을 위한 학교는 따로 있을 필요가 없다고 한다. 왜냐하면 행복은 아이를 감싸고 있는 주위 어른들에게서 스며드는 것이기 때문이다.

"우리 스스로 아이들 옆에 있을 자격을 갖춘 어른이 돼야 해요. 아이들이 매일 보는 어른들이 자기가 하는 일을 즐기면서, 조금 더 나아지고자 애쓰고, 남과 함께 나누려는 모습을 보인다면 그걸로 충분한 거죠. 행복 수업이란 건 필요하지 않아요. 미국에서 이런 이야기를 합니다. '어린이들은 결코 부모가 하는 말을 듣지 않는다. 단, 부모가 하는 모습을 항상 관찰하고 있다.' 그래서 부모가 '정말이지 네가 행복하길 바라'라고 말하면서 자기들은 돈이 더 많았으면 좋겠다는 태도로 인생을 산다면, 아이들은 '그 무엇보다 돈에 제일 중요하구나'라는 생각이 머리에 박히게 됩니다.

저녁 밥상에서 오간 이야기를 아이들은 절대 잊지 못합니다. 부모들은 이런 저런 말을 해도 아이들은 묵묵부답이었다고 여겼는데, 한 5년쯤 뒤에 아이들은 이렇게 말을 하죠. '5년 전에 엄마 아빠께서 그렇게 말씀하셨잖아요.' 아이들의 주변을 에워싸고 있는 어른들이야말로 가장 영향을 미치는 인물입니다. 책에서 뭐라고 하는가는 상관없이 아이들은 어른의 모습을 보고 자랍니다. 부모가 모든 옳은 길을 갈 수는 없어요. 부모가 자기 자식들이 남보다 더 많은 걸 갖추길 바란다면, 먼저 부모가 그렇게 되야겠죠. 그 방법만이 유일합니다."

바른 사람, 바른 노동자, 바른 시민을 위한 교육

재레드 다이아몬드와 제레미 리프킨도 모두 협력을 이야기했다. 특히 리
프킨은 협력의 경제를 주장했다. 한국은 경쟁 사회이고, 권위가 오래도
록 깊게 유지된 사회인데, 미래를 위해 이 땅의 아이들에게 무엇을 가르
쳐야 할지 물었다.

"1년 전이었어요. 한 학생이 찾아와서 말하더군요. '저는 왜 학교가 필
요한지 더 이상 모르겠습니다. 모든 질문의 답은 이 스마트폰 속에 들어
있잖아요.' 그래서 그 학생의 말이 맞다고 그랬습니다. 하지만 모든 질문
의 답은 아니죠. 한 종류는 없습니다. 바로 인간의 존재에 관한 질문이
죠. 나는 아이들이 자라나서 뭔가 새로운 것을 창조하는 것보다 가정을
이루어 자비로움, 보살핌이 중요하다는 것을 식구들과 나누며 살면 좋겠
어요. 세상을 조금 더 좋은 곳으로 만들려고 애쓰면 좋겠습니다. 이것이
바로 제가 살아 있는 단 한 가지 이유입니다.

저는 20년 동안 '굿 프로젝트www.thegoodproject.org' 일을 해왔습니다. 우리
는 사람들에게 세 가지 선善에 대해 이야기합니다. 즉 바른 사람, 바른 노
동자, 바른 시민이 되자고요. 바른 사람은 도움이 필요한 사람에게 내가
달려가 돕는 것입니다. 바른 노동자는 훌륭하고 참여적이며 도리에 맞게

사는 삶을 위해 공정한 방식에서 자신의 역할을 충실히 이행하는 사람들이죠. 바른 시민이 되는 것은 규칙과 법을 알고, 보살피며, 윤리적으로 활동하는 겁니다. 자기만 성장하지 않고, '어떻게 더 나은 사회를 만들 수 있을까?'에 대해 생각하는 거예요. 세 가지가 함께 이루어진다면 바른 사회가 되겠죠."

'굿 워크 프로젝트Good work Project'는 1990년대 중반에 시작되었다. 그의 가장 가까운 친구이자 동료학자인 미하이 칙센트미하이, 윌리엄 데이먼 등과 함께했다. 최근에는 '굿 시티즌십good citizenship, 좋은 시민성'에 대한 고찰로 확대되었다. 그가 이 연구를 시작한 계기는 두 가지다. 하나는 그들이 연구한 결과들이 현실 사회에 혼란스러운 방식으로 적용되고 있는 것을 보게 되면서 자신들의 연구 방향성을 분명히 제시하여, 그 가치가 흐트러지는 것을 막고자 했던 것이다. 그럼으로써 지식인으로서의 사회에 대한 책임을 보이고자 했다.

다른 하나는 현재 자본주의 시장경제의 상황이 모든 부문에서 규제를 불필요하게 치부하며, 시장의 힘에 따라야 한다는 믿음이 확산되는 현상에 주목했기 때문이다. 그는 적어도 돈의 논리에 휘둘리지 않아야 될 전문 분야가 있다고 여겼고, 그를 지키고자 남은 생을 전념하기로 한 것이다. 그의 청년기와 장년기를 바쳐서 이뤄낸 교육이론의 가치가 실현될 수 있는, 다양성이 존중되는 세상이 될 토양을 마련하기 위해서다.

"신자유주의 속에서 돈이 제일이 됐고, 세상이 없어질 때까지 그 돈을 쥐려고 애씁니다. 참으로 멍청할 뿐 아니라 아주 위험한 생각입니다. 멍청한 이유는 그 누구도 충분한 돈을 가질 수가 없기 때문이고요. 위험한 것은 이 세상에는 쓸 수 있는 자원이 정해져 있기 때문이죠. 지혜와 지식을 동원해서 잘 사용해야 합니다. 농작물도 물고기도 광물도 그 양이 정해져 있기 때문에 아끼고 또 공정하게 분배되도록 눈을 부릅떠야 해요. 지금의 엄청난 소유 격차로는 이 세상을 지켜나갈 수가 없습니다.

과학도 수학도 우리를 지켜주지 못합니다. 오직 깨달음뿐입니다. 우리가 갖고 있는 잠재력을 깨닫고, 이 세상을 모두와 공유하며 살겠다는 인도적 가치를 깨달아야 생존할 수 있어요. 자유, 정의, 평등을 위해 일어났던 우리 문명의 혁명을 이해하며, 편 가르기보다는 함께해야 합니다. 그러기 위해서는 스스로에게 진실되고 타인에게도 진실되야 한다고 저는 말하고 싶습니다."

■ ■ ■

하워드 가드너를 만나고 일주일 뒤에 우연히 맞닥뜨린 한 수업 장면을 전하며 이 장을 마치려 한다. 2014년 1월 16일 목요일이었다. 목요일은 큰애가 있는 3학년 교실에 자원봉사를 가는 날이다. 아이들 숙제를 받아 정리하고 확인 스티커를 붙이는 일을 한다.

돌아오는 월요일은 마틴 루터 킹 주니어의 생일이며 공휴일이었다. 담임선생님이 학생들에게 그날을 왜 기념하는지 설명하며 인종 차별에 관한 일화가 담긴 책을 읽어주었다.

1950년대 흑백 인종 분리정책을 고수하던 미국의 모습이 그려진 책이다. 극장에 들어가는 두 개의 문이 있다. 하나는 백인을 위한 문이고, 나머지 하나는 유색인을 위한 문이다. 그러나 백인이 유색인과 함께 드나들지 않기 위해 만든 문이기 때문에 둘 다 백인을 위한 문인 셈이다. 흑인은 빈자리가 나도 앉을 수 없다. 영화를 볼 수는 있지만 서서 봐야 한다. 버스 역시 마찬가지다. 지정된 좌석에만 앉을 수 있다. 그때 로자 파크스의 이야기가 나왔다. 피곤한 그녀가 의자에 앉자, 버스 운전사가 다가와 일어나라고 했다. 하지만 로자는 "No(노)"라고 거부했다. 이 한 마디로 전국적으로 시위가 번졌다. 초등학생까지 거리로 나와 함성을 외쳤다. 그들이 외치는 구호는 하나였다.

"We are free(우리는 자유인이다)."

인종 차별에 맞서는 시민들은 빈 의자를 함께 나눠 앉아 쉴 자유가 있고, 함께 공간을 나누고 누릴 자유가 있다고 외친 것이다. 함성은 뉴욕에도, 콜로라도에도, 저 깊은 외딴 산골에도 이어졌다. 킹 목사는 피부색으로 평가받지 않는 사회를 꿈꾼다고 외쳤다. 점점 커져가는 목소리로 이야기책을 다 읽은 담임선생님이 아이들에게 물었다.

"여러분은 작은 일에 화낼 건가요? 아니면, 그보다는 큰일이나 가치 있는 일에 화낼 건가요?"

아이들은 참새 같은 입을 모으며 큰일, 가치 있는 일에 마땅히 뜨겁게 분노할 것이라고 크게 대답했다. 그런 아이들의 눈에는 빛이 일었고, 몸에는 단단하게 힘이 채워졌다.

교사가 학생에게 진실을 말할 수 있는 교실. 아무런 번민 없이, 정치적인 행위라고 호도될 두려움 없이 역사적 사실과 인간의 가치를 열정을 담아 전할 수 있는 교실. 그 교실이 아름다웠다. 진영 논리에 갈라진 한국의 교실이 비통하여 그 교실이 더 아름다워 보였다. 많은 모순과 불평등, 차별적이고, 자본의 논리에 휘둘리는 미국이지만 이들은 인권에 대한 굳건한 동의가 있다. 차별을 받았다는 판단은 자의적인 것일 수밖에 없음에도 이를 지지한다.

인간의 더 갖고 싶은 욕망, 남을 밟고서라도 재산을 지키고 늘리고 싶은 탐심을 보호하려는 보수주의자라고 해도 인종 차별, 여성 차별이란 단어를 두려워한다. 이는 그 사회가 지켜낸 인권 의식이며 법적 구속력이다. 그리고 끊임없이 교실에서 시민권에 대해 교육하기 때문에 흔들면 거센 저항이 일어난다.

우리의 교실에서는 어떤 시민 교육을 하고 있는가? 5·16 쿠데타와 5·18 광주민주화운동뿐 아니라 이제는 2014년 4월 16일 구출되지 못한 또래 친구들을 기억하려는 노란 리본을 다는 마음까지도 교육으로부터 단속받고 있다.

하워드 가드너는 "개인은 좋은 노동자나 좋은 시민이 아니어도 좋은 사람이 될 수 있음을 우리는 알아야 한다"고 그의 책 《진선미》에서 밝혔다. 이는 시민권을 존중하는 것을 넘어서 인간다운 마음을 갖자는, 아주 오래전부터 내려오던 마음을 살리자는 '굿 워크'의 주요 활동이다. 모범적인 노동자가 자신의 배우자와 아이들을 때린다면, 거리에서는 아주 상냥한 이웃이 정치에 무관심하거나 투표하지 않는다면 바른 시민, 바른 노동자가 될 수 없기 때문에 먼저 바른 사람의 길[*]에 들어서야 한다고 주장한다.

이제 우리 교육은 도덕과 윤리, 정을 살려낼 수 있는 수업이 되도록 기회를 줘야 한다. 사회가 모든 사람에게 부담 없이 좋은 마음을 내도록 유연해질 때, 우리들에게 있는 선하고 착한 본심은 점점 커져갈 것이다. 그 과정에서 기형으로 성장하는 우리의 미래도 곧게 활개를 뻗을 수 있지 않을까 희망을 품어본다.

●   하워드 가드너, 《진선미 *Truth, Beauty, Goodness*》, p.128

무엇이 사회를
구원하는가

현존하는 세계 최고의 행위예술가 마리나 아브라모비치

마리나 아브라모비치(Marina Abramovic, 1946년생)는 21세기를 대표하는 현대미술 작가이다. 구 유고연방에서 2차 세계대전 당시 빨치산 전사로 유고 건국에 앞장선 국민영웅인 어머니와 아버지 슬하에서 태어난 마리나는 1960년대 유고슬라비아에서 아티스트로 두각을 나타냈다. 1970년대 들어 유럽 전역으로 활동의 폭을 넓혔고, 반세기 가까이 기존의 시각을 깨는 적극적 행위예술 활동으로 세계의 주목을 받고 있다. 그녀는 행위자와 관객 사이의 관계를 탐험해왔고, 그 소통을 통해 물질에 압도당하는 세상에서 생명의 존엄을 자각하도록 관객을 이끌었다. 1997년 베니스 비엔날레 황금사자상을 수상했으며, 2010년 MoMA(뉴욕현대미술관) 회고전 이후 세상의 더욱 많은 관심을 받으며 더 깊어진 사유를 예술로 펼쳐 보이고 있다.

2014년 6월 11일 부터 런던 서펜타인미술관(Serpentine Gallery)에서도 새로운 도전을 했다. 미술관에 있던 모든 예술작품을 비우고 오로지 혼자서 미술관 문을 직접 열고 문을 닫는 시간까지 관객과 함께 예측 불가능한 행위예술을 한 것이다. 특히 비싼 가격으로 거래되는 예술품이 진을 치고 있는 런던에서 마리나는 예술의 가치를 투자 상품 혹은 비싼 기호품이 아닌 에너지로 바꿔내는 시도를 하였다. 작품과 더불어 주요 활동으로 2013년 개관한 '마리나 아브라모비치 학교(http://www.mai-hudson.org)'가 있으며, 이곳에서는 일반 시민에게 내면의 소리에 귀 기울일 수 있는 환경과 기회를 제공한다.

> "우리는 현재 속에서 생생하게 살아가야 합니다.
> 과거도 미래도 우리는 만질 수 없어요. 과거는 이미 벌어졌고,
> 미래는 아직 벌어지지 않았으니까요. 그러나 현재는 벌어지고 있습니다.
> 현재야말로 우리가 관련될 수 있는 유일한 순간이에요."

사회학자 울리히 벡이 사용하는 단어 중에 '재난 사회'가 있다. 이는 '너무 늦은' 상태를 말한다. '위험 사회'의 경우는 조종간만 잘 작동하면 얼마든지 피해갈 수 있는 상황이지만, 재난 사회는 몰락을 느끼는 공포가 구성원을 사로잡는 지경이다. 우리는 지금 어디에 있을까? '위험 사회' 속에 살고 있음은 분명하다. 지금까지 짚어온 우리 문명의 상태와 가까운 미래에 대한 진단이 그러했다.

그런데 2014년 4월 16일 세월호 침몰을 바라보며 우리 집단의 정서는 어쩌면 재난 사회 속으로 들어가 버렸는지 모른다는 암울함이 밀려왔다. 사고가 난 후 드러나는 선원 다수의 비정규직 신분, 친기업적 규제 완화가 무너뜨린 안전, 작동되지 않는 감시감독 행정 속에서 실력을 행사하는 관피아, 책임을 회피하려는 관료주의의 비효율성 등 현재 전 지구적으로 작동되는 위험의 증거를 고스란히 보여주었다.

그 속에서 대중은 살아 있는 자의 슬픔과 자책으로 두려움에 사로잡히게 됐다. 누구라도 희생의 대상이 될 수 있는 구조였고, 그 지경까지 밀

려오도록 개인으로 무엇을 했는가 하는 회한 때문이다. 거기에 충분히 또 반복될 수 있다는 불안감까지 간을 졸이게 만든다.

개인의 의식을 깨워 세상을 바꾸려는 현대 미술가 마리나 아브라모비치와 예술과 세상에 대한 이야기를 하려고 한다. 이 글에 지금 우리가 느끼는 위협의 실체나 구조의 덫을 파헤치는 이야기는 없다. 다만 모든 사회 변화의 시작이자 완성을 책임지는 구성원 개인의 각성을 이야기할 것이다. 한 생각이 세상을 바꾸는 출발이듯 어려운 시절 한 개인의 각성은 위기를 돌파하는, 보다 지긋한 행동의 동력이 될 수 있으리라 여긴다.

마리나 아브라모비치는 21세기 세계 대중에게 가장 추앙받는 행위예술가다. 2010년 뉴욕현대미술관MoMA에서 한 작업 〈예술가가 여기 있다 Artist Is Present〉는 평론가들에 의해 뉴밀레니엄을 대표하는 작품으로 선정되었다. 그 작업에서 마리나는 미술관이 열리는 아침부터 문이 닫힐 때까지 꼼짝 않고 앉아 찾아오는 관객과 마주 앉아 침묵으로 소통했다. 716시간 동안 이어진 퍼포먼스였고, MoMA를 찾은 관객은 뉴욕 시민보다 많은 850만 명이었다. 도시 전체를 작품 속으로 끌어들였다는 평이었다. 예술가 한 명이 이끌어낸 개인들의 변화가 번져가며 거대 도시 뉴욕이 술렁였다. 마리나 아브라모비치와의 만남은 2014년 3월 13일 뉴욕 맨해튼에 있는 그녀의 스튜디오에서 이뤄졌다.

．．．

"내가 바뀌어야 세상이 내게서 이로움을 얻는다."●

마리나 아브라모비치와는 2010년 11월에 처음 만났다. 뉴욕에 있는 그녀의 아파트에서 오전을 함께 보냈다. 당시 마리나는 무리한 해외 일정으로 폐렴에 걸렸고, 모든 약속을 취소한 상태였다. 다만 멀리서 날아올 나의 경우만 예외로 남겨두었는데, 그렇다고 편안히 대화를 나눌 상태는 아니었다. 나는 고통에 싸여 있는 그녀에게 손을 주물러 드려도 되겠냐고 물었다. 내 어린 시절, 아플 때면 보살펴주시던 아버지의 손길이 생각나서였다. 체한 듯 속이 불편하다고 하면 배를 문질러주셨고 등을 쓸어주셨다. 고통을 누그러뜨리고 싶은 내 마음이 닿았는지, 아니면 마리나의 몸이 회복할 시기가 되어 그랬는지 모르겠지만, 조금 뒤 그녀의 얼굴에는 화색이 돌아왔고, 손에도 온기가 퍼졌다.

노마드로 세계를 유랑하며 활동해온 마리나는 행위예술의 대모답게, 유고슬라비아 건국영웅의 딸답게 다시 힘을 끌어내 기존 예술의 틀과 사고의 한계를 쪼개는 강렬한 인터뷰를 남겨주었다.

유명세로 평가하는 세상의 잣대로 보면 마리나 아브라모비치의 명성은 5년 전 세계 예술계를 이끄는 작가로 불렸던 그때보다도 한층 올라선 위치에 있다. 대중의 인기나 작품의 영향력뿐만 아니라 그녀와 함께하고자

● 마리나 아브라모비치와의 대화에서 가장 깊이 내 뇌리에 남긴 한 문장이다. 그녀와의 첫 인상 그리고 깊은 대화는 졸저, 《여기 아티스트가 있다》에 수록되어 있다.

하는 세계 미디어의 요청도 빈도와 비중이 달라졌다. 그런 마리나이지만, 그녀의 순정이 어디로 향하는지 알기에 오늘 우리가 서 있는 자리를 돌아보며 개인과 개인이 연결되고자 하는 그 지점에서 힘을 모아주길 부탁하였다. 2014년 1월에 보낸 이메일에 그녀는 반가이 화답해주었고, 2월 말 혹은 3월에 만나자고 제안해주었다.

개인의 각성이 세상을 변화시킨다

관자놀이에 들이댄 건장한 관객의 총구도 견뎠고,[*] 알몸뚱이 상태에서 배에 유리조각으로 별을 그리며 피를 터트리고,[**] 화염 속에서 질식 직전까지 버텨내며 강렬한 작업을 보였던 그 마리나 아브라모비치에게 던진 첫 질문이다. "예술이 세상을 구할 수 있다고 생각하나요?" 그녀는 단 1초의 머뭇거림도 없이 답했다.

---

[*] 1974년 발표한 〈리듬 0(Rhythm 0)〉에서는 아예 스스로를 오브제로 던져버렸다. 관객에게 마리나 아브라모비치라는 고깃덩이가 된 오브제를 마음껏 다루라며 총을 포함한 87가지 도구를 던져주었다. "I'm the object. During this period I take full responsibility(나는 오브제입니다. 전시 시간 동안 일어나는 모든 일에 대한 책임은 제가 집니다)." 그녀의 선언이다. 오후 8시부터 새벽 2시까지 관객에게는 총, 총알, 빗, 채찍, 립스틱, 주머니칼, 꽃, 성냥, 촛불, 유리잔, 폴라로이드 카메라, 붉은 페인트, 망치, 도끼, 꿀, 와인, 케이크, 사과 등이 주어졌고, 그중 한 명은 총을 장전하여 그녀를 겨누기도 했다. 찢기고 옮겨지고, 벗겨지고, 긁히고, 피 흘리면서도 고깃덩어리 오브제의 역할을 해냈다.

[**] 〈일곱 개의 쉬운 작품들(Seven Easy Pieces) -토머스의 입술들〉, 2시간 퍼포먼스 1975년 크린징어 갤러리, 인스부르크, 구겐하임 뮤지엄, 2005년

"아뇨. 안타깝게도 못합니다. 요제프 보이스는 예술이 세상을 바꿀 수 있다고 했지만, 저는 그렇게 생각하지 않아요. 절대로. 세상은 각성된 개인이 모두 실천할 때만 변화될 수 있습니다. 예술이 세상이 나아갈 길 정도는 보여줄 수 있겠죠. 하지만 의식의 변화는 개인이 이루는 겁니다."

그렇다면 예술가의 몫은 무엇일까? 마리나는 예술가 역시 스스로 인식하도록 깨어나야 할 개인이라고 못 박았다. 그런 다음 여러 방식으로 세상을 보도록 대중의 인식을 열어내는 몫을 해야 한다고 말했다. 마리나 아브라모비치는 자신이 할 일을 밝혔는데, '예술은 에너지'라는 것을 증명하는 일이라고 했다. 그녀가 오래도록 연마하며 얻은 답은 바로 '예술은 오직 에너지다'이기 때문이다.

"현대인은 자연의 에너지와 연결되었던 끈을 놓쳐버렸습니다. 사람과 사람들 사이에도 관계를 잃었어요. 테크놀로지와 스피드가 지배하는 도시에 살면서 자신의 내면과는 소통하지 않습니다. 완전하게 단절되었죠. 예술가로서 제 목적이 바로 그 관계를 회복하도록 창작하는 겁니다. 제일 먼저 관객이 현재 그 순간에 깨어 스스로를 바라보게 만드는 거죠. 모든 가치가 물질로 수렴되어 덩어리진 오늘날, 예술가는 전사warrior가 되어야 합니다. 전사는 새로운 영역을 정복해야 하는데, 이는 스튜디오 아트로 충분하지 않아요. 사람들 속에서 작업하는 공적 역할로 인류의 의식을 바꾸는 영역을 정복해야 해요. 이것이 오늘날 예술가의 몫입니다."

마리나 아브라모비치는 40년 넘는 시간을 세계 여러 문화권을 다니며 내면으로 가는 의식의 과정을 살피고 공부해왔다. 그녀는 동방정교회의 전통 속에서 자랐다. 유고슬라비아에서 그녀의 부모는 건국일꾼이었다. 티토^Josip Broz Tito와 함께 일한 아버지, 미술관장을 하는 어머니는 늘 바빴다. 어린 마리나는 할머니와 함께 보내는 시간이 많았고, 교회로 기도하러 가시는 할머니와 동행하곤 했다. 향유 내음이 밴 성전에서 거듭 마주하게 되는 러시아, 그리스, 세르비아 정교회의 이콘 회화는 어린 그녀의 마음속에 길을 내주었다. 그 속에 담긴 내면의 깨달음으로 향하는 여정에 끌렸다고 했다. 순수한 의식 상태로 도달하는 길, 그 길을 따라 내면의 빛을 생성한 다음 그 빛으로 세상을 밝혀내는 의식의 변화를 그녀도 좇았다.

그녀의 공부는 철저했다. 현대 사회 속에서 의식 변화를 적용시키고자 세계를 다니며 배움의 순례를 했다. MoMA 쇼로 뉴욕을 흔들고 세계의 주목을 받은 뒤에는 곧바로 브라질로 떠났다. 그리고 최근 3년 동안 민중 속에서 치유 의식을 하는 브라질 힐러들과 함께 연구 작업을 했다. 그 내용을 담은 비디오 작품을 2015년 3월 25일에 공개했다. 이미 티베트에서 명상을, 일본과 한국에서 샤먼의 문화를 배워온 그녀다. 인도네시아에서는 제어된 상태에서 어떻게 육체를 움직이는지에 대해 익혔다. 불 위에서 걷기, 바람을 타는 법 등 원시적 의식으로 치부되거나 혹은 문화 인류학적 대상으로 다뤄졌던 내용들을 깊이 존중하며 그들 속에서 온 몸으로 익혔다. 그리고 이 모든 것을 예술가의 해석으로 돈이 지배하는 물질 덩어리 서구 사회 속에 적용했다.

"사람들은 오로지 자기 자신과 오랜 시간을 마주할 때만 내면의 빛을 볼 수 있다는 단순한 깨우침을 얻었습니다. 그래서 마리나 프로그램을 만들었죠. 스스로의 내면과 마주하도록 친절한 방법을 제시하는 겁니다."

예를 들면 이렇다. 타인과 침묵 속에서 마주보기, 한 시간 동안 팔을 떼지 않고 가능한 한 천천히 자신의 이름을 단 한 번에 쓰기, 소리가 차단된 공간에서 시간 보내기 등이다. 마리나는 2010년 MoMA에서 그녀의 회고전을 할 때도 자신의 과거 쇼를 재연할 35명의 행위 예술가들과 함께 같은 프로그램으로 워크숍을 했다. 5일 동안 말하지 않고 먹지 않으며, 이른 봄 차디찬 새벽 강물에서 몸을 씻기도 하고 침묵의 방에서 의자에 앉아 있거나 모든 소리를 차단하기 위해 헤드폰을 쓰고 오랜 시간 머물기도 했다.

마리나는 이를 '집 청소'라고 부른다. 나는 온갖 기억과 경험, 관계의 흔적을 담고 있는 육신이라는 집을 청소하는 일이라고 이해했다.

그들은 마리나 아브라모비치와 함께 각자 자신의 안으로 들어갔으며, 무언가를 발견했고, 증거를 남기는 변화를 이뤘다고 했다. 매우 강렬한 경험을 한 것인데, 이는 마리나가 이끈 것이 아니다. 그곳에 함께 그녀가 함께 있긴 했지만, 실상은 그녀의 존재가 사라진 뒤에 이뤄진 일이다. 모든 외부의 존재가 사라지고 오로지 홀로 스스로와 마주한 그곳에서 발견한 무엇이다.

마리나는 이를 '무색의 방법the achromatic method'이라고 불렀다. 나는 이를 색이 없는, 색을 물들이지 않은 본연의 색이 드러나는 발색이라고 받아들였다. 본디 있는 성품이 있던 그 자리를 발견하는 유레카! 그리고 마리나 아브라모비치는 이 모든 방법을 체험할 수 있는 학교를 2013년에 개교했다. 예술가가 아닌 모두와 그 체험을 나누는데, '마리나 아브라모비치 학교Marina Abramovic Institute' 혹은 '다수의 예술가 학교Many Artists institute'라고 부른다.

"학교는 뉴욕에서 2시간 떨어진 허드슨에 있어요. 작은 도시이지만, 그래도 뉴욕이 가진 모든 걸 다 갖추고 있습니다. 인종 차별, 빈부격차, 부패한 정치인, 마약…… 모두요. 저는 모든 시민이 우리 학교를 거쳐 가면 좋겠어요. 그 도시의 모두가 스스로를 만나는 법을 익히고 내면의 소리를 들어가며 생활한다면, 나비의 날갯짓처럼 세상을 깨워나갈 것이라고 기대합니다."

그곳, 학교에 도착하면 서약을 해야 한다. 최소 6시간은 그곳에 있겠다는 약속이다. 학교는 학생에게서 6시간을 얻고 학생은 그곳에서 경험을 가져간다. 학생은 그 경험을 온전히 누리기 위해서 컴퓨터, 스마트폰, 책, 시계까지 사물함에 넣어둬야 한다. 심심해지는 것이다. 그때부터 시간으로부터 자유를 얻는다.

물 마시는 방, 생전 처음 본 사람들과 마주하고 서로를 바라보는 방 등을 다니며 시간의 다른 개념을 경험하게 된다. 스스로 자신과 만나는 접속을 일궈내도록 준비하는 것이다.

2010년에 만났을 때 마리나는 내게 곧 학교를 열 계획이라며 이미 이 사회가 준비되었다고 이야기해주었다. 그때도 그렇고, 2014년 3월에 마주하며 학교 이야기를 듣는 동안에도 나는 이 학교를 거쳐가는 그 '아무나' 모두는 예술가가 될 수 있는 기회를 얻고 아티스트로 활동할 배움을 얻는 곳이라 여겼다. 학교니까. 그녀가 레이디 가가에 대해 이야기했을 때, 이제 레이디 가가 역시 이 프로그램을 마쳤으니 마리나 아브라모비치와 함께 콜라보 공연을 하겠구나 여겼다. 마리나에게 레이디 가가의 공연이 언제냐고 물으니, 아직도 예술가들의 학교가 예술가를 양성하는 학교로 여기냐며 "노, 노, 노No, No, No"를 연발한다.

"아니에요. 저는 더 많은 아티스트를 만들고 싶지 않습니다. 여긴 문화적 스파spa예요. 사람들이 스스로를 앎으로써 인식을 얻고 그것으로 자신의 생활 속에서, 자신의 일터에서 성찰하는 경험을 만들어내도록 힘쓰는 거죠. 레이디 가가도 학교에서 저와 함께한 경험을 자신의 음악에 쏟아부었을 겁니다. 그녀가 새로운 행위예술을 만드는 것이 아니라, 그저 자기 일, 자기 음악 공연을 한 거죠."

그렇다. 한참 동안 마리나가 설명한 학교 프로그램은 학교 홍보도, 학교 소개도 아니었다. 바로 사람들과 나누고자 하는 그녀의 자기 성찰에 이르는 안내 길인 셈이다. 굳이 마리나의 학교에 가지 않아도 우리는 이를 그냥 한 번 따라 해보면 된다. 6시간 동안 책도 시계도 스마트폰도 컴퓨터도 없는 시간. 같은 경험을 나누면, 바로 마리나가 원하는 스스로 한 번쯤 자신과 마주한 사람이라는 그 경험을 안고 살아가는 것이다. 한 번도 자신을 돌아보지 않고, 타인을 '탓' 하며 애써 개인과 개인의 연결을 거부해온 시간과는 다른 질에 다다를 것이다. 적어도 현재 내가 하고 있는 일이 무엇인지, 그 순간에 한층 더 깊이 집중하지 않을까?

마리나 아브라모비치 프로그램의 작동 원리는 현재 속에 사는 것이다.

"현재 속에서 생생하게 살아가는 겁니다. 우리는 과거도 미래도 만질 수 없어요. 과거는 이미 벌어졌고, 미래는 아직 벌어지지 않았으니까요. 그러나 현재는 벌어지고 있습니다. 현재야말로 우리가 관련될 수 있는 유일한 순간이에요. 보세요. 이 세상에는 순간마다 얼마나 많은 나쁜 일이 벌어집니까. 우리가 스스로에게서 완전하게 차단되어 있기 때문이에요. 지구상에서 벌어지는 수많은 문제의 원인이 이 지점으로 모입니다. 더 이상 도덕성이 없습니다. 책임감, 정직이 사라졌어요. 불안하기 때문이죠. 탐욕이 전쟁을 만들고, 지금도 서로를 죽이고 있어요. 21세기인데, 왜 변하지 않고 있나요? 삶에 대해, 우리 자신의 가치관을 바꾸는 가능성에 대해 진지하게 접근하지 않았기 때문입니다. 정작 필요한 일을 하지 않음으로써 이 지구를 다양한 방식으로 죽여가고 있습니다. 일본 후쿠시마에서 벌어진 일, 시리아에서 벌어지고 있는 일, 모든 곳이 미쳐 돌아가고 있습니다."

용서를 배워야만 살육을 멈출 수 있다

마리나 아브라모비치는 1997년 베니스 비엔날레에서 세상을 향해 강렬한 정치적 메시지를 전달했다. 〈발칸 바로크Balkan Baroque〉라는 작업으로 동포인 세르비아인의 죄를 고백했다. 나흘 하고도 6시간 동안 막 도축되어 살이 발려진 소뼈 1,500개를 씻었다. 뼈에 뒤덮인 피를 닦았다. 그해 베니스 비엔날레 황금사자상을 받은 작품이다.

옷과 몸에 피범벅을 하며 그녀는 닦이지 않는 피를 지우려 했고, 그 닦이지 않는 피는 발칸 반도를 물들였던 인종 청소와 지금도 멈추지 않는 학살을 상징한다.

구舊 유고연방이 해체된 다음 발칸반도는 1991년 크로아티아 전쟁부터 1992년 보스니아 전쟁, 코소보 전쟁까지 10년을 전란에 휩싸였다. 보스니아 전쟁만으로도 30만 명이 죽었다. 전쟁 막바지인 1995년 7월 보스니아 내 이슬람 거주 지역에서는 UN 감시단을 몰아내고 이슬람교도 8,000여 명을 죽이는 집중 학살이 있었다. 15세 미만의 소년들까지 무참히 살육한 인종 청소였다.

"제가 자란 나라에서 전쟁이 벌어졌을 때, 죄의식이 들었어요. 옳지 못한 살육이었습니다. 베니스 비엔날레에 참여하라는 요청이 왔을 때, 그 일에 대한 제 입장을 밝혀야 한다고 생각했습니다. 그래서 벨그라드에 갔어요. 그리고 세 사람을 인터뷰했습니다. 빨치산 출신으로 유고의 국민영웅이었던 제 어머니와 아버지 그리고 35년 동안 쥐를 잡아온 한 남자입니다. 그는 발칸에서 어떻게 늑대쥐를 만드는지에 대해 이야기해줬습니다. 가족을 돌보는 데 깊은 애착을 가진 쥐지만, 극도로 굶긴 후 살육경쟁을 시키면 결국 늑대로 돌변합니다. 마지막까지 살아남은 쥐를 가족과 무리가 있는 곳에 풀어놓으면 결국 자식까지 몽땅 잡아먹는다는 유고식 쥐 잡이 이야기를 들었습니다. 결국 구석에 몰리게 되면 동물처럼 인간의 두려움도 제어될 수 없음을 설명해주죠. 그리고 저는 비엔날레 전시실에서 죽은 소의 피묻은 뼈를 씻었습니다. 피는 완전히 닦이지 않았습니다. 닦일 수 없는 것이니까요. 그 살인의 죄는 씻기지 않아요. 그를 통해 세상에서 벌어지는 여러 형태의 살육을 고발하고 싶었습니다. 우리는 수많은 정의롭지 못한 남녀 지도자들에게 둘러싸여 있지만, 그래도 두 명의 위대한 지도자와 함께했습니다. 바로 만델라와 간디입니다. 그들은 살육의 매듭, 인과의 반복된 희생을 끊고 앞으로 나아갔어요. 9·11 테러가 일어난 후 보여준 부패한 미국 지도자들과는 달랐습니다."

마리나는 내게 미국인들이 매우 싫어하는 말이라며, 9·11 테러가 나고 사회적 반향을 일으켰던 수잔 손택의 말을 들려주었다. "9·11은 매일 모든 곳에서 벌어지고 있다. 그런데 왜 미국 사람들은 자기들이 다른 사람들보다 더 중요하다고 생각하는가?"

수잔 손택의 일갈은 내게는 익숙한, 여러 미국인에게서 들어온 자기비판의 목소리이다. 9·11 현장에서 구조 활동을 돕던 기독교인을 만났을 때였다. 그녀는 자신이 매일 목격해야 했던 안타까운 풍경을 이야기해줬다. 테러 현장 인근에 있는 이슬람 사원 앞에 몰려가 욕하고 폭력을 행사하던 뉴요커들에 대해서다. 그것을 보고 그녀는 가슴을 쳤다고 했다. 그리고 대통령이 테러를 응징하겠다는 선포를 했을 때는 눈물을 흘릴 수밖에 없었다고 했다. 왜냐하면 9·11 테러가 벌어진 그 순간야말로 미국이 사죄할 때라고 여겼기 때문이다. 그런 최악의 참사가 일어나도록 세상 반대편에 쌓아올린 분노에 대해 깊이 속죄해야 한다고 했다. 그 비극이야말로 미국이 자신들을 성찰하고 용서받을 기회였기 때문이다.

미국은 결국 분노를 녹이기는커녕 전쟁을 일으켜 더욱 증오를 고조시켰고, 세상으로부터 스스로를 따돌리고 말았다. 검문과 검색을 강화하여 세상에서 가장 드나들기 힘들도록 빗장을 걸었는데, 누가 누구를 가둔 건지 모를 정도로 복잡하고 애매한 통제가 됐다. 용서하고 용서받을 기회를 놓친 제국은 그렇게 고립의 길로 들어섰다. 마리나는 잘잘못을 따지기보다는 서로의 고통을 바라보자는 보다 근원적인 접근을 권한다.

"지금도 많은 사람이 죽음에 몰리고 있고, 어딘가에서 죽어가고 있어요. 멈춰야 합니다. 달라이 라마께서 이런 말씀을 하셨습니다. '오직 우리가 용서를 배울 때만이 살육을 멈출 수 있다'고요. 저는 이 말이 늘 가슴에 와 닿습니다. 인류에게 가장 힘든 일이 용서하는 일입니다."

그녀의 말에 깊이 수긍하는 나를 보며 대뜸 말한다. "한국 사람은 일본 사람을 용서해야 해요." 순간 '예스yes'라는 답이 나오지 않았다. 친구를 용서하는 일은 마음 한번 바꾸면 할 수 있을 것 같은데, 이미 생각 깊은 곳에서 가해자라고 판단을 마친 그 죄를 용서한다는 것은 너무도 어려웠다. 용서란 전부를 해야 '용서한' 것이 되기에 입을 열 수가 없었다. 16년 전 인터뷰했던 정신대 할머니들의 그 뼛속에 박힌 억울함이 떠올라서, 폭격에 타서 붉은 살덩어리로 고통받다 죽어간 소년의 한이 아려서 도저히 아무 말도 할 수가 없었다. 인식에 새겨진 '적'이라는 단죄는 납으로 만든 요새보다 무겁고 강철보다 견고하다. 흔들리는 내 눈동자를 보며 그녀가 한마디 자비를 선사했다.

"그래요. 쉽지 않아요. 저도 독일을 용서해야 해요. 크로아티아 사람은 세르비아 사람을 용서해야 하죠. 무슬림은 유대인들을……. 이는 끝이 없어요. 그래도 상상해봐요. 모든 사람이 모든 사람을 용서하는 그 시간을 말이에요. 아마도 그 순간 세상은 천국이 될 겁니다."

지난 여름, 캘리포니아 카멜 벨리에 있는 타사하라 젠 센터^{Tassajara Zen} ^{Center}를 찾았다. 연재를 마친 다음 꾸역꾸역 채운 머리를 정돈하기 위해서였다. 마리나가 말했던 그 청소 시간이다. 그런데 관성은 어쩔 수 없이 그곳에서 만난 몇몇에게 그때까지 해오던 〈문명, 그 길을 묻다〉 시리즈에 대한 이야기를 흘리고야 말았다. 식당에서 만난 생면부지 선한 눈빛의 사람들은 인사말로 '어디서 왔니? 뭐하니?'를 묻는데, 아무런 경계 없는 열린 마음들이라 그냥 주절주절 이야기하다 보니 마리나의 메시지 '용서'에 대한 이야기까지 나왔다.

같은 테이블에서 점심을 먹던 마가렛이 그 이야기는 매우 논란이 많은 이슈라며 반론을 제기했다. 꽤 오랜 시간 명상을 해온 심리학자인 그녀가 '용서하자'란 말은 상대의 고통을 외면한 무책임한 소리일 수 있다고 거부했다. 산타크루즈 캘리포니아주립대학^{UC Santa Cruz} 심리연구소에 있는 예순이 넘은 마가렛은 유대인이다. 자신은 폴란드에서 태어났다고 했다. 부모님도, 친척도, 친구의 부모님도 다들 홀로코스트를 경험한 생존자들이었다고 한다. 만약 자신이 캘리포니아에서 태어난 유대인이라면 충분히 '용서'라는 메시지에 감동하고 따르고자 마음을 가질 수 있을지 모르겠지만, 자신이 보낸 유년의 폴란드 시절은 도저히 '용서'라는 생각조차 떠올릴 수 없는 어둠이라고 했다. 물론 마가렛은 무슬림을 폭격하는 이스라엘 정권의 시오니즘에 동의하지 않는다. 그녀 역시 이 책에서 만나는 지그문트 바우만, 노암 촘스키, 하워드 가드너와 같은 입장의 유대인 인도주의자이다. 그러나 독일을 용서하는 일은 감히 상상조차 할 수 없다고 한다. 비록 자신처럼 증오를 품고 자란 팔레스타인 소년에게 사과는 할지언정, 나도 나치의 죄를 용서할 테니 유대의 죄를 용서해달라고 매달릴 자신은 없는 것이었다.

그녀가 겪은 이야기 한 토막을 들려주었다. 어린 시절부터 지금까지 홀로코스트를 겪은 그들 부모는 절대 그때의 이야기를 하지 않았다고 한다. 마가렛에게는 그런 부모를 더욱 깊게 받아들인 계기가 있었는데, 캄보디아 킬링필드에서 탈출한 사람들을 이민국 요청으로 심리학자로서 인터뷰할 때였다. 그녀가 폴 포트 정권에서 겪은 일을 묻자 한결같이 어려워했다. 그 중 한 사람이 앞에 놓인 물컵을 들며 그 속에 모래가 있다고 생각해보라고 말했다. 한참을 있다가 말을 잇기를, 이제 모래가 바닥에 가라앉았을 거라며, 자신은 다시 그 모래를 휘저어 떠오르게 하고 싶지 않다고 했다는 것이다. 그에게 폴 포트 정권 치하의 기억은 바로 그 모래였다. 그도, 마가렛의 부모도 절대 녹지 않는 앙금을 그저 가만히 가라앉히고 사는 물컵이었던 것이다. 그들은 모래가 마음속을 떠다니며 할퀴도록 놔두지 않기 위해 자극을 외면하며 침묵을 택했다.

용서는 모래가 소금이 되어 녹아내리지 않는 한 불가능하다. 결국 기억하는 몸이 죽든지 기억을 죽이든지 해야 한다. 죽고 사는 용기를 부르는 일인 것이다. 마리나에게 어떻게 용서를 배웠냐고 물었다.

"배우지 않았어요. 그저 제가 해오는 작업이에요. 당신이 알듯, 저는 죽음에 대해 작업해왔습니다. 항상 죽음에 대해 생각했죠. 해골을 등에 지고 움직인다든지, 해골을 씻는다든지. 저는 이를 '마리나 아브라모비치의 생과 죽음'이라고 부릅니다. 그러나 동시에 모든 시간은 빠르게 움직이고 있어요. 저는 떨고 있지요. 두렵습니다. 인간은 용서를 배우는 데 매우 긴 과정에 놓이게 될 것입니다. 이는 죽음에 대한 두려움을 멈추는 아주아주 긴 과정이에요. 그렇지만 우리는 적어도 어느 선에서는 시작해야만 합니다. '우리는 괜찮다'라고 말하는 그런 방법을 찾는 시작을 해야만 해요. 만약에 제가 용서한다면 저는 원인과 결과의 고리를 멈추게 하는 겁니다. 당신이 하나를 하게 되면 뭔가 다른 것의 원인이 되어 작용을 만들어요. 그럼 이는 결코 멈추지 않죠. 오직 원인과 결과, 인과를 멈추는 일은 용서뿐입니다."

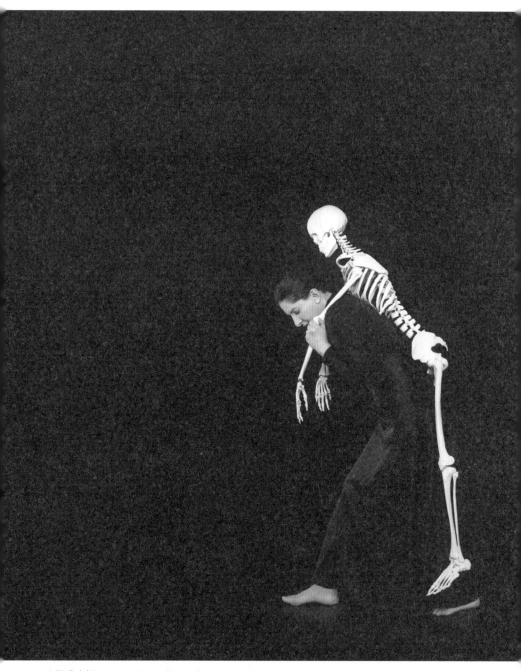

〈해골 옮기기(Carrying the Skeleton)〉, C-프린트, 206.4×183.5cm, 2008 현대미술관, 뉴욕, Courtesy Marina Abramovic Archives

용서는 죽음을 함께한 작업이라고 했다. 죽음은 꼭 죽은 다음에 오는 것은 아니라고 본다. 우리는 살아서도 죽음을 겪는다. 몸이 늙어가고 기억이 죽어가는 그것만이 아니라, 하나씩 나를 붙들고 있던 에고^{ego}가 죽어가는 것도 살아서 죽음을 겪는, 죽으며 태어남을 겪는 기적일 것이다. 내가 미워하는 사람은 현재 내 앞에 없다. 비록 그 상대가 내 앞에 서 있을지라도 내가 미워하는 그 감정을 불러일으킨 것은 과거 어느 시기 그가 했던 행위 때문이다. 물론 그 행위가 미움은 아니다. 미움은 그 행위를 받아들이면서 일으킨 나의 감정이다. 그러니 내 안에 남아 있는 것은 그 행위에 반응한 내 판단인 것이다.

내가 미워할 것은 그 경험과 행위인데, 그는 지금까지 내 앞에 미움의 대상이 되어 다가온다. 실체는 내가 투시해서 잡아낸 상, 즉 이미지^{image}다. 그 '그 원수 같은 놈'은 나를 통과하여 만들어진 이미지의 총합일 뿐이다. 만약에 내가 과거에 맺혀 있는 이미지들을 싹 다 죽이고, 그저 앞에 있는 그를 '현재의 그'로 본다면 그는 또 새로운 이미지를 만들어내든지 아니면 아무 느낌 없이 스쳐 지나가지 않을까? 그러니 매일매일이 새 날이고, 매일매일이 새 사람인 셈이다.

그럼 죽음은 무엇일까? 나의 육체가 죽는 것이다. 내 앞에 놓인 물건을 통과시켜 인식하는 렌즈가 깨지는 것이고, 세상을 인식하는 창이 닫히는 것이다. 심장이 멈추면 자동으로 인체의 기능은 모두 멈춘다. 뇌의 신경 어딘가가 손상되어도 부분부분의 렌즈가 닫힐 것이다.

숨쉬고 인식하면서 '렌즈'에 낀 때를 조금씩 벗겨내고, 필터를 빼고, 남아 있는 기억을 지우고, 앞에 놓인 물체를 있는 그대로 만나도록 하는 그 작업은 무얼까? 살아서 죽음과 탄생을 경험하는 그 기적이 아닐까 싶다. 군이 죽지 않아도 순간 새 삶을 영위하는 바탕에 도달할 수 있는 매뉴얼이 바로 마리나와 달라이 라마가 말하는 '용서'인 것이다. 나는 그렇게 어렴풋하게나마 그들의 메시지를 헤아려 보았다.

'용서'란 '기억하는 나', '맺혀 있는 나'가 죽고, 렌즈에 필터링되어 찍힌 사진이 사라지는 것이다. 그럼 본연의 순수한 '나'만 남는데, 이런 필터가 사라진 텅 빈 사진기로 세상을 본다면 참으로 평화로울 것 같다. 그런데 과연 과거의 원한과 세상의 잇속들을 놔버릴 수 있을까? 다 비우고 나면 텅 빈 충만이 일어난다는데……. 한 개인이 얻기도 힘든 길인데 집단이 이뤄낼 수 있을지 의문이다. 그래도 일단 개인이라도 시작을 해야 가능성이 생기기에, 한 명이라도 그 길로 가겠다 하면 그만큼 세상은 질적인 변화를 조금 앞당길 수 있기에, 나의 한 생각을 보탠다.

"사람들은 해결책이 다른 곳에서 올 거라고 생각합니다. 항상 그 상황에 대해 비판을 하죠. 우리들 스스로를 먼저 돌아보며, 보다 적극적으로 '좋아, 그럼 지금 이 상황에서 내가 갈 수 있는 나의 길은 무엇이지?'라는 생각으로 실천하지는 않습니다. 그 순간 내가 할 수 있는 일은 무엇인지 근원적으로 바라봐야 합니다. 비판하기는 쉽지만, 각자가 무엇을 하겠다라는 결심까지 끌어내는 것은 쉽지 않죠. 빵을 굽는 사람이라면, 늘 자신의 마음을 모아 만든 빵이 세상 속에서 파장을 일으키는 역할을 하고, 퍼져나가는 것을 염두에 두며 깨어 있는 시간으로 사는 겁니다. 이것도 전사의 모습입니다. 중국 사람들은 '모든 장대한 전진도 첫 발걸음에서 시작된다'고 했어요. 첫 걸음을 떼어야죠. 지구상에 사는 모든 인간이 의식을 깨우는 첫 걸음을 내딛는다면 우리는 다른 상황 속에 있게 될 거예요. 이는 마음가짐을 말하는 겁니다."

낯선 이와 말없이 눈 맞추기

"뉴욕 MoMA로 제 작업에 동참하기 위해 850만 명이 모인 데는 이유가 있습니다. 그곳이 뉴욕이라서 그래요. 넌더리나는 도시라서요. 지하철에서, 거리에서 누구도 눈을 마주치지 않죠. 넋은 놓고 잰걸음에 휩쓸려 지하철을 타고 일터로 갔다가 집으로 가기를 반복합니다."

임신한 금발의 30대 미인이 아이를 태운 유모차를 들고 지하철 계단을 내려가는데도, 출근길 뉴욕의 멋쟁이 신사들은 아랑곳하지 않고 잰걸음으로 그녀를 스쳐 지나갔다. 헤드폰으로 귀까지 덮고 지나가는 그들에게 길을 물으려면 몸을 건드려야 하는데, 그럼 또 소스라치게 놀라며 한 걸음 뒤로 물러선다. 마치 서로 다른 별인 양 각자의 궤도로 움직일 따름이다.

그런 그들이 왜 그렇게 미술관으로 몰려들었을까? 그저 의자 위에 앉아 침묵하는 것뿐이었는데, 말 없는 눈맞춤을 하고자 일부러 찾아와 한나절, 아니면 온종일 기다리는 수고를 왜 했을까? 마리나 앞에서 하루 내내 앉아 있던 사람이 있다. 솔직히 한둘이 아니었다. 길거리에서는 옆에 스쳐 지나갈 때에도 '익스큐즈 미'를 연발하며 행여 피해를 줄까 까다롭게 살피는 그들인데, 왜 허탕치고 되돌아갈 뒷사람 생각도 하지 않고 그렇게 오래도록 자리를 차지했을까? 마리나는 시간이 흐르는 것을 느끼지 못하는 그런 보호지대에 들어왔기 때문이라고 했다. 마리나가 보여주고 싶었던 것 중 하나다.

대도시에서 빠르게 사는 집단의 분주함 속에서 시간의 다른 흐름을 보여주려는 시도였다. 마리나와 마주해 2시간, 5시간, 7시간…… 온종일 앉아 있는 사람들은 집중의 불을 뚫고 들어가 자기 자신과 만나느라고 시간이 흐름을 느끼지 못한 것이었다. 기록을 세워 보겠다고 앉아 버틴 욕심이 아니라 자기 안에 있는 뭔가를 내려놓느라고 차마 일어날 수 없었던 것이다. 내가 목격했던 사람들도 대부분 눈물을 흘리며 일어났고, 무심히 일어난 사람도 돌아서 내려가는 계단에 이르기 전 눈물을 쏟았다. 울컥 넘쳐 올라온 무언가가 있었던 것이다.

캘리포니아에서 떠들썩한 보도로만 접했을 때는 먹지도, 움직이지도 않고 진행하는 고행을 보여주는 기록경기 같은 퍼포먼스라고 생각했다. 하지만 현장에서 본 장면은 장엄한 소통이었다. 행위예술가가 거울이 되어 관객이 스스로를 직시하도록 깊게 마음을 열게 하며 상대의 고통까지 나누는 모습이었다. 주위에 몰려 있는 관객까지 꼼짝을 못했다. 일상에 있는 흔한 일인 의자 두 개를 놓고 마주앉는 심심한 일이 대단한 일이 되어버렸다.

"거기 온 사람 중에서 78명은 제 앞에 21번 이상 앉았습니다. 그런 사람들이 서로 연락을 해서 그룹을 만들었어요. 매달 저녁을 먹고 이야기를 나누는 그룹입니다. 우리는 친구가 되었죠. 그리고 미술관에 있는 모든 보안 요원이 쉬는 시간을 이용해서 내 앞에 앉았습니다. 많은 셀러브리티도 그저 조용히 줄 서서 기다렸다가 앉아 있다 가곤 했습니다.[•] 75일 동안 716시간 30분을 1,545명과 마주앉아 보냈습니다. 그 가운데 가장 잊을 수 없는 한 여인과 아기가 있어요."

그 여인에 대해 이야기를 시작한 마리나의 눈가에 물기가 어렸다. 목소리에도 공기가 많이 섞이면서 잦아들었다. 이른 아침 마리나를 찾은 그 여인은 아시아인으로 아이를 안고 있었다. 아이의 머리까지 포대기로 깊게 감쌌다. 그녀가 마리나를 바라보는데, 온몸으로 아주 진한 통증이 올라왔다고 한다. 깊은 눈으로 바라보는 그녀 안에는 한번도 느껴보지 못한 깊은 슬픔이 느껴졌고, 마리나의 몸 안에서 슬픔이 치밀어 올라왔다고 한다. 정말 아프고 아프고 또 아픈 고통이었다고 고백했다. 그렇게 가만히 눈 맞추며 앉아 있던 아기 엄마는 일어나기 직전, 아이 머리를 덮은 포대기를 거두었다. 그리고 마리나에게 딸을 선보였다. 연분홍 원피스를 입은 아기의 머리에는 머리띠를 두른 것처럼 길고 진한 흉터가 패여 있었다. 마리나는 자기 삶 속에서 그런 슬픔은 그날이 처음이었다고 말했다.

MoMA 쇼가 끝나고 도시 전체가 들썩였던 화제의 공연이었던 만큼,

•   그녀 앞에 앉은 유명인들 가운데는 영화배우 샤론 스톤, 제임스 프랭코, 가수 루 리드 등이 있다.

〈예술가가 여기 있다〉, 3개월간 지속된 퍼포먼스, 2010, 뉴욕현대미술관,

의자에 앉았던 모든 사람의 모습이 담긴 사진집과 마리나 아브라모비치를 주인공으로 한 다큐멘터리까지 차례로 세상에 선 보였다.

"1년이 지나고 MoMA에서 제 앞에 앉았던 사람들의 사진을 모은 책이 나왔습니다. 그녀와 아기 사진도 있었죠. 그녀도 봤나 봅니다. 제게 편지를 보냈더군요. '그때 우리 딸은 8개월이었습니다. 뇌종양을 앓고 있었습니다. 그날 아침 병원에 갔는데, 의사가 이제 항암치료를 하지 않겠다고 했습니다. 딸이 곧 죽는다고 했습니다.' 네, 그래서 그녀는 병원에서 나와 미술관으로 그 아침에 온 거였어요. 그냥 제 앞에 앉으려고요. 그 어린 아기는 죽었습니다. 올해 그 아기 엄마를 제 다큐멘터리 상영장에서 만났는데요. 행복해 보였어요. 새 생명을 잉태하고 있었습니다."

생판 모르는 사람에게 무조건적인 사랑을 준다는 아이디어로 시작된 작업이었다. 상대에게 아무 평가 없이 시간과 관심을 준다는 그 의도는 매우 중요한 깨우침을 줬다. 영혼을 볼 수 있다는 경험이다. 오래 앉아 있을수록, 더 깊은 마음 상태로 들어간다. 상대는 마리나 아브라모비치의 에너지를 더 많이 느끼게 되며 어느 순간 그녀를 놓고 자기 스스로와 조우한다. 그들과 함께하는 그런 경험 역시 마리나의 삶을 바꿔내는 동력이 되었다.

"〈아티스트가 여기 있다〉 프로젝트 이후에 뇌과학자들과 한 작업이 있습니다. 뇌파를 보여주는 EEG 캡을 쓰고 한 실험인데요. 마주앉아 눈을 바라보는 것만으로도 뇌파는 전기가 통하듯 연결됩니다. 낯선 사람일지라도 눈과 눈을 마주하는 것만으로 소통이 이뤄지는 거죠. 우리는 소비하는 사회에 살고 있어요. 텔레비전은 자꾸 소비하라고 하죠. 사들이고 또 사들이고. 그래서 우리는 단출한 곳으로 돌아가야 합니다. 핵심으로 가는 거예요. 삶의 의미는 거기 있어요. 예술은 진실을 말하는 겁니다. 그리고 진실은 단순합니다. 이 단순함으로 돌아가는 것이 가장 중요하다고 생각해요. 물 한 모금이면 되는 핵심, 그 속에 군더더기는 없죠."

상품이 된 예술을 거부한다

마리나 아브라모비치는 2014년 6월 영국에서 새로운 쇼를 진행했다. 런던 중앙 공원 안에 있는 서펜타인 미술관에서 하는 도전이었다. 여섯 개의 전시실을 갖춘 런던의 대표적 미술관인 그곳이 마리나 아브라모비치를 위해 모든 예술 작품을 철수했다. 전시 공간에는 오로지 마리나만 있었다. 미술관 문이 열리고 닫힐 때까지 관객은 침묵의 공간에서 마리나 아브라모비치를 만나고 함께 전시장 속 오브제로 예술 자체가 되었다. 마리나는 관객으로부터 그들의 시간을 얻고, 대신 그들에게 각자의 내면을 만나는 경험을 선사한다. 마리나 아브라모비치 학교를 작품화한 것이다. 물론 성공리에 마쳤다. 마리나는 물질 덩어리가 된 미술, 재화가 된 미술을 에너지로 돌려놓고 싶다고 했듯이 행동으로 옮겼고, 그를 위해 냉소적인 도시 영국을 선택했다. 금융 자본주의의 본산, 데미안 허스트의 예술 작품이 1억 1,100만 파운드(약 1,879억 원, 2008년 영국 소더비 경매에서 판매됨)에 팔려나가는 곳 런던이었기 때문에 돈에 대한 도전은 파장을 불러 일으켰다.

"보통 대중은 그들 스스로를 열어 보이지 않아요. 모두 꽁꽁 닫고 있죠. 그렇지만 저는 아무런 조건 없이 제약 없이 거기 있었습니다. 무슨 일이 벌어지든지 저는 거기서 매일 8시간을 있었어요. 보통 아티스트들은 이런 종류의 에너지에 투자하지 않지만 저는 매우 중요하다고 생각합니다. 특히 이 시대에는요. 예술의 본질로 가치를 옮겨 와야 해요."

마리나는 예술이 사람과 사람 사이의 관계를 다시 연결하고, 나아가 자연과도 이어지기를 희망한다. '자연과 하나 되었던 선생의 이야기가 떠오른다'고 하니 고개를 끄덕였다.

3년 전 그녀에게서 들었던 이야기로, 1980년 오스트레일리아 사막 원주민 애버리지니 부락에 살던 일화다. 그들은 알몸으로 섭씨 55도까지 올라가는 땅에서 사냥을 하며 산다. 그곳 더위가 얼마나 극렬한지 마치 뜨거운 공기가 벽처럼 몸과 밀착된 거 같다고 했다. 돈을 사용하지 않는 부락, 미래를 대비하는 농사도 저장도 하지 않고 오로지 현재에만 집중해서 사는 사람들이다. 모든 음식을 서로 나누며 서로에게 의존하는 삶, 마리나 아브라모비치는 그들과 똑같은 생활방식으로 함께했다. 그러나 처음 3개월 동안은 죽을 것 같이 힘들었다고 했다. 게다가 온몸을 수백만 마리의 파리가 뒤덮고 떨어져나가지 않았다. 털어내려고 발버둥을 쳐도

까맣게 들러붙었는데 어느 날 기적처럼 사라졌다. 3개월이 지난 아침에 눈을 뜨니 파리는 떠나고 맨 몸 위로 햇살이 떨어지고 있었다. 그때 비로소 마리나 아브라모비치는 그 사막에 있는 돌이나 풀, 흙, 다른 원주민처럼 자연의 일부가 되었다.

그녀는 물질의 혜택을 버리고 야생에서 산 1년 동안 엄청난 정신적 성장을 경험했다. MoMA 쇼의 모태가 되는 작품에 대한 영감도 그때 얻었다. 물질은 없지만, 그들 애버리지니는 멀리 떨어져 있어도 서로의 안부를 알 수 있을 만큼 지각능력이 뛰어나다고 한다. 자연 속에서 온 생명과 함께 공생하는 그들의 지혜와 능력을 도시 속으로 옮겨오고 싶은 것이 또한 마리나의 바람이다.

사람들 가운데 권력이 있어야 한다

"개인 개인은 평범한 대중이 아닙니다. 이들은 살아 있는 사람들이고 저는 그들과 연결되어 머무는 겁니다. MoMA 쇼가 중요한 이유는 그곳에 아주 약한 존재로 제가 마음을 열고 있었고, 개인은 그렇게 연약함을 드러내며 연대를 이뤄나갈 수 있다는 점을 깨우친 것입니다.

타락한 수많은 남녀 정치인과 함께 살고 있는 지금, 우리는 권력을 만들어야 합니다. 서로서로 연결된 에너지로 정신적 각성을 담아내는 전 지구적인 정치 시스템을 만들어야 해요. 그것은 그냥저냥 한 권력이 아니에요. 내면의 빛으로 세상이라는 망 속에서 움직이는 자신을 비추고,

세상을 비추는 깨어 있는 권력입니다. 혼이 담기지 않으면 그 권력은 타락합니다. 위험해져요. 그래서 우리는 물질적인 문화를 바꾸는 데 노력해야 합니다. 저는 세상의 에너지를 바꾸는 데 혼을 다하는 예술가로 살아가겠습니다. 빛은 우리 안에서 나옵니다. 진정한 빛, 각성은 우리 안에서부터 나와요."

혼이 빠진 리더십은 위험하다고 했다. 그녀의 지적을 새기는 가운데 '혼이 빠졌다', '정신적 각성을 못한다'는 것에 대해 생각해봤다. 혼, 정신을 깨운다고 해서 모든 사람의 혼과 정신이 세상의 평화에 복무하는 것은 아닐 것이다.

5년 전 심야 토론에서 들었던 한나라당 국회의원의 발언이 기억난다. 10년 진보 정권 속에서 기강이 풀린 모습, 못이 빠진 인상이 짙기 때문에 이를 바로 잡아야 한다며 책임감을 느낀다고 했다. 다른 말로 하면 정신이 해이해진 각성되지 않은 상태에 대한 안타까움이다. 결국 문제는 정신이 아니라 '어떤 정신'인가에 있다. 어떤 가치로 각성된 정신인가이다.

2012년 봄, 세계적 불교학자 로버트 서먼 교수와 이야기할 때 그가 나의 질문 속에 있는 '명상'이라는 단어에 언성을 높이며 짚고 넘어가려고 한 부분이 있다. 그는 '명상' 자체가 옳은 것이 아니라고 지적했다. 군대도 명상을 이용한다고 했다. 그들의 명상은 '죽이는 것^{killing}, 즉 살육'이다. 닭의 목을 비틀면서 집중하여 적을 죽이는 생각을 화두처럼 끊임없이 탐구하면 사람 죽이는 훌륭한 군인이 된다는 것이다. 그렇다면 무엇을 가치의 준거로 삼아야 할까?

마리나는 스스로를 만나자고 했다. 자신의 내면에 귀 기울일 때 외부에 둔 직업적 목적, 목표, 당리, 개인적 사익이 아닌 착하고 순한 평화를 추구하는 본성이 드러난다는 믿음이다. 내가 아프면 남도 아프다는 것, 남을 겨눈 칼이 내 목에도 겨눠질 수 있다는 것을 알아야 한다. 그렇게 되면 내 행위가 외부 누군가 혹은 집단의 프레임에 의해 조정을 받는지 여부를 결국에 볼 수 있다는 제안이다. 특수 부대의 군인은 살생 훈련을 하는데, 자신이 죽인 닭의 맥박이 자신과 같이 뛰는 것을 느끼면서도 닭을 죽이지 않으면 내 가족이 죽고 국가가 죽는다는 결론에 도달한다. 그래서 그는 사람도 죽일 수 있는 정신력을 키우기 위해 무수한 닭을 죽인다. 실제 미국 부대의 훈련 내용이다. 만약 그 군인이 그 지점에서 좀 더 스스로의 내면으로 밀고 나간다면 어떨까? 왜 서로를 죽이지 않으면 안되는지, 그 원인과 결과의 끝없는 반복 사이클을 볼 수 있지 않을까?

앞서 지그문트 바우만 선생은 '추의 운동'을 말했다. 당겨간 만큼 다시 뒤로 당겨지는 반복이 역사다. 되로 주고 말로 받았다면 그 진자의 운동 폭은 넓어질 것이다. 말로 또 되갚으려고 결사항전을 하게 될 테니 말이다. 이런 관계의 핵심논리를 마주하고 더 집중한다면, 달라이 라마의 가르침이라고 마리나가 말하는 '용서'의 경지에도 도달할 수 있으리라 본다. 진폭을 줄이는 완전한 흡수를 이루는 용서의 길로……

　　　　　　　■ ■ ■

나의 아버지는 오빠와 늘 싸우던 내게 야구 포수 이야기를 해주었다.

물리적 힘이 약한 내가 더 강한 말로 증오 에너지를 뿜어낼 때 그보다 실질적으로 더 강해질 수 있는 법이라며 일러주셨다. 투수의 강속구를 받아내는 포수의 '묘'다. 손을 다치지 않고 공을 잡는 법은 좋은 글러브에 있지 않다. 살짝 몸을 뒤로 빼며 공의 속도, 힘을 줄이는 완충에 있다고 말씀하셨다. 상대의 힘을 흡수하여 사라지게 하는 묘이다. 강한 말, 독한 말로 방어하는 것이 아니라 그 힘을 잠시 잡아 누르는 '바라보기'에 있다. 단, 바라봄에 있어 무엇을 기준으로 삼을까가 중요하기 때문에 여기서 마리나의 메시지 속에 있는 한 가지를 도구로 쓰면 될 듯하다.

마리나는 'People in Power', 즉 '사람들 무리에 권력이 있어야 한다'고 했다. 이는 '널리 인간을 이롭게' 하는 3000년 넘게 이어온 한민족의 지혜와 통한다. 이는 평화를 만들어주는 묘책이며, 서로 원한 맺지 않도록 차별을 줄이는 분배와 맥이 닿는다. 남의 어려움을 이해하며 내 욕심을 돌아보는 부끄러움이 깃든 수줍은 욕망 말이다.

한나라당 의원이 말한 해이해진 정신의 가치가 어디에 닿는지 관찰하려면 그 해이해진 정신이 대중의 복과 어떤 관계를 갖는지 마리나의 매뉴얼로 살펴보면 알 수 있다. 물론 이도 결국 마리나 아브라모비치 개인의 생각일 뿐이지만, 깊이 새겨봄직 하기에 '아무나', '누구나' 시도라도 하기를 나 또한 바라본다.

진보는
마음에서 온다

미국 1세대 환경운동가 웬델 베리

웬델 베리(Wendell Berry, 1934년생)는 미국의 작가이며 환경운동가이자 농부이다. 12편의 소설과 다수의 단편소설, 시, 에세이로 현대문명을 성찰하도록 이끌었다. 그는 오랜 시간 자연과 조화를 이뤄온 인류의 삶을 해체시키는 산업문명의 폐해를 밝은 눈으로 고발해왔다. 지속 가능한 지구를 위해 헌신한 1세대 환경운동가로 꼽히며, 세계의 지성들로부터 존경받는 작가이다. 켄터키대학교에서 영문학 학사를 받고 스탠포드대학에서 작가이자 역사학자인 월러스 스테그너 문하에서 창작을 연마했다. 웬델의 스승인 월러스는 '서구문학의 학장'이라고 칭송받는다. 학위를 마친 후 스탠포드대학, 뉴욕대학, 켄터키대학 등에서 창작을 가르쳤다. 1964년부터는 켄터키주 포트 로열에 정착하여 농사를 시작했으며, 1977년에는 교수직까지 그만두고 농부가 됐다.

T. S. 엘리어트 상을 비롯한 다수의 문학상과 2010년 미국 국가인문학훈장, 2013년 미국 예술과학아카데미 회원 선정, 2013 미국 데이튼 평화문학상 공로상 등을 수상했다. 저서로는 《온 삶을 먹다Bringing It to the Table》, 《지식의 역습The Way of Ignorance》, 《생활의 조건Home Economics》, 《포트 윌리엄의 이발사Jayber Crow》 외 다수가 있다.

> **"진보는 거창한 정치적 방식으로 오지 않습니다.
> 진보를 부르는 변화는 개인의 마음에서 옵니다."**

미국을 대표하는 문호이자 산업화된 현대 농업의 부작용을 바로잡는데 생을 바쳐온 웬델 베리는 "한 나라의 가장 중요한 자산은 국민이다. 국민이 피폐해지도록 버려둔다면 아무리 큰돈도 그 나라의 파멸을 막을수 없다"라고 선언했다. 통치의 목적이란 국민이 안전하게 매일매일 생활해갈 수 있는 기본을 제공하는 것이며, 그 결과 대다수의 국민이 건강할 때 그 정부의 통치는 성공적이었다고 기록될 것이다. 그 안전의 출발선에 주요하게 자리 잡고 있는 것이 또한 식량권이다. 지금 우리의 식량안전도는 어느 정도일까?

가족들이 한해 먹을 양식과 매끼 밥상에 놓일 채소를 키우고 과일과약재를 마련하던 농사는 산업화에 박차를 가한 지 50년도 안 되어 시장에 팔아 돈을 만드는 상품이 되었다. 생명을 키운다는 농부의 숭고한 자부심은 숱한 농산물 가격 파동으로 구겨졌고, 국민의 건강권과 연결되는농정을 책임지는 국가의 규제는 시장의 흐름, 돈의 압력으로 헐거워졌다. 식량 자급률도 23퍼센트로 떨어졌다.

미국의 경우 1980년대, 산업화 속에서 겨우 버티던 소농들을 다시 선택의 기로로 몰아갔다. 대출을 받아 규모를 키워 경쟁력을 갖추든지, 아니면 땅을 팔고 떠나야 하는, 위태로울줄 알면서도 섶을 지고 불 속에 들어가야만 하는 상황이 된 것이다. 승률 낮은 룰렛 판에서 남의 돈을 밑천 삼아 그래도 뚝심으로 버텨야 했기 때문에 눈치와 경쟁에 열을 올렸다. 결국 경쟁은 도태자를 낳았고, 다수는 빚을 못 이기고 도시행을 결정했다. 그리고 남은 사람들의 경작지와 농장 또한 커진 만큼 빚도 늘었다. 그렇게 미국의 가족농과 중소농가들은 도시인이 되었다. 이제 미국의 농가당 경작지는 130헥타르로, 우리나라 농가의 백 배에 다다른다. 땅이 공장이 된 셈이다. 사람이 농사를 지을 수 없는 크기가 된 대형 농장에서는 기계와 비료가 땅을 메우고 생산량을 충당한다. 생산단가와 이윤이 농사를 짓는 최우선의 이유가 됐다.

이제 그 땅의 주인인 대기업화된 영농업체들은 미연방 곡물 지원금의 80퍼센트를 받아가며 농업정책을 좌우하고, 자국뿐 아니라 국제 곡물시장에서도 경쟁의 우위를 점유한다. 자연스레 우리도 그 속에서 소비자가 되어 먹고 마시며 숨을 이어가고 있다. 초국가적 위치의 미국 영농업체들은 멕시코, 세네갈, 한국의 농민까지 위협하는 지경이 되었다.

그래도 불행 중 다행으로 자성과 비판의 목소리가 점점 커지고 있다. 산업화된 미국의 농업을 미국인들이 먼저 실패한 농정이라고 부르짖고 있다. 토양침식, 대지오염, 식품오염을 불러왔고, 초국가적 기업이 된 종자회사의 유전자 조작 씨앗, 화학비료와 농약 등이 그들의 식탁을 위협에 빠뜨렸기 때문이다. 물론 바다 건너 우리의 밥상도 한 묶음으로 연결된다. 미국 아이오와주의 옥수수가 식용유로, 캔디로 수맥처럼 지구촌 집집마다 공급되는 시절이기 때문이다.

미국의 활동가, 연구자 그리고 소비자들은 이에 대한 대안으로 소규모 가족농을 다시 살리자고 제안한다. 가족이 중심이 된 소농체계야말로 자연의 순리를 존중하며 농사지을 수 있는 규모이며, 음식의 제일 요소인 영양소를 갖춘 먹을거리를 생산할 수 있다고 주장한다. 그런 시스템이 되어야 기계와 비료 등에 의존하여 환경을 위협하는 산업화의 폐해를 고칠 수 있다고 생각한다. 이들 소비자의 목소리가 힘을 키워감에 따라 대형 식품 마켓들은 따로 가족농가 생산 제품을 진열하기 시작했다.

계란으로 바위 치기이고, 소 잃고 외양간 고치기이다. 하지만 그렇게라도 돌아가지 못하면 전부를 잃을 수 있기 때문에 이들은 사는 방식을 바꾸는 어려운 실천을 하고 있다. 그토록 미국인들이 다시 되살리고 싶어 하는 중소농가의 비율이 대한민국은 66퍼센트에 다다른다. 대부분 가족농 중심의 생계형 농업구조이다. 물론 그들 농가가 자연을 존중하는 유기농법을 이용하지는 않는다. 그렇다고 해도 이런 구조는 반드시 지켜내야 하는 버팀목이라는 것을 농민, 농업관계자, 환경운동가 등이 이미 동의하고 있다. 그런데 이명박 정부에 이어 박근혜 정부도 농업 산업화를 부르짖는다. 기계화를 통해 노동 중심 농사에서 벗어나자며 대기업의 농업 진출을 허용하고 있다.

우리의 농업이 가야 할 길은 어디인지, 이번 장에서는 땅의 생명력을 염려하는 세계인의 존경을 받는 작가이자 농부인 웬델 베리를 만나 농산물을 소비하는 우리 모두가 살펴야 하는 양식과 삶의 문제를 들춰볼 것이다. 대화는 오랜 겨울을 물리고 수선화부터 목련까지 한꺼번에 꽃망울을 터뜨리던 4월 13일, 켄터키주 포트 로열에 있는 그의 집에서 이뤄졌다. 그날은 세월호의 비극이 일어나기 전이었고, 따스한 오후 볕을 누릴 수 있었다.

잊힌 서정을 일깨워준 손편지

이 책을 쓰기 전까지 수많은 편지를 썼다. 더 많은 사람이 함께 생각해볼 수 있도록 지혜를 나눠 달라는, 또 진영을 넘어 사안에 대해 마음의 문을 열고 다가오도록 당신의 권위가 다리가 되도록 해달라는 연서 같은 편지들이다. 나와 주변을 억누르는 우리의 고민을 진하게 담았다. 약속을 주고받느라 오고간 편지까지 합치면 150통은 족히 될 듯싶다. 물론 그 중 반은 매우 정중하거나 달콤한 거절 편지, 혹은 응답받지 못한 편지들이다. 숱한 이메일로 엮어진 만남을 이어오다 생경한 경험을 했다. 코스모스 꽃잎 하나가 명치 아래서 간질거리듯 설렘을 누렸는데, 바로 웬델에게 닿는 131일 동안이다.

2013년 12월 13일, 이메일 대신 편지를 한 통을 썼다. 손편지다. 이메일 주소가 없는 분이라서 우체통으로 건네지는 편지를 쓰게 된 것이다.

전해오는 말에 의하면[*] 웬델 베리는 자연을 파괴하는 전력산업에 저항하기 위해 60년이나 된 타자기를 사용해, 그것도 낮에만 글을 쓴다고 한다. 그래도 설마 하는 마음에 인터넷을 뒤져 보았다. 언제나 웹서핑에서 이메일 찾기를 실패하면 마지막에 혹시나 하며 들어가 보는 곳이 옐로우 페이지yellow page이다. 우리 식으로 하면 전화번호부 사이트다. 그가 사는 동네와 이름을 넣으니 주소가 나왔는데, 우체국 사서함 주소다. PO BOX라서 수신자가 직접 우체국에 가서 우편물을 찾는 방식인데, 그에게 전달되려면 한참 걸릴 수도 혹은 안 될 수도 있겠다는 조바심이 들었다. 워낙에 환경 운동으로 유명한 분인데다, 영어권을 대표하는 작가이니 그를 기리는 뭔가는 있겠지 싶어 여러 키워드로 다시 구글링을 했다. 그의 이름을 딴 문화원이 나왔다. 반가움에 전화를 하니 직원의 부드러운 안내가 나를 다시 원점으로 친절하게 되돌려 놓는다. 그는 오직 편지만 받는다고, 행운을 빈다는 말도 덧붙였다. 그 말이 괜한 불안을 일으켰다.

사서함 주소로는 DHL도, UPS도, 우체국 특급우편도 보낼 수 없다. 하다못해 수신 확인을 할 수 있는 등기우편도 안 된다. 오로지 47센트 우표 한 장으로 가는 보통우편만 가능할 뿐이다. 조급한 마음을 내려놓았다. 대신 깊은 인상을 심어주고자 분홍 한지 봉투에 편지를 담았다. 답은 일주일이 가고 이주일이 가도 오지 않았다.

연말이 되었다. 미국의 온 우체국이 뱀이 똬리를 틀 듯 우편물을 보내는 행렬로 메워지는 크리스마스 핫 시즌이다. 답을 기대하던 마음은 오

●   시인 류시화가 페이스북 페이지에 소개한 내용 중에서

뉴월 아스팔트에 떨어진 아이스크림처럼 녹아내렸다. 그를 존경하는 수많은 사람의 정성이 그 사서함으로 얼마나 쏟아질까?

　해가 바뀌고 또 한 달이 지나갈 즈음 하얀 편지봉투가 배달됐다. 겉봉투에도 손으로 쓴 주소와 이름이, 편지지에도 손 글씨가 흐르듯 남아 있다. 웬델이었다.

　"내가 많이 바빠요. 겨울에는 책을 마무리해야 합니다. 4월이 다 가기 전에 만나면 좋겠다고 했죠? 우리 그럼 오는 4월 어느 일요일 오후 3시에 만날까요?"

　정확한 날짜는 다시 연락하겠다고 했다. 편지를 받은 날은 1월 21일, 우리집 안마당 늙은 목련나무는 꽃을 틔우려 봉오리로 물을 끌어올리고 있었다. 그런데 4월 그 어느 일요일 오후 3시면 목련 꽃잎이 온 마당을 붉게 뒤덮고 사라진 뒤 초록잎까지 한 뼘 자라 있을 시간일 거다. 꽃이 한번 피고 질 때까지의 긴 기다림이었다.

　3주 후 다시 편지가 왔다. 인터뷰 날짜를 정해주었다. 시간과 위치 등 확인을 위해 몇 번 더 편지가 오고갔다. 그러는 사이 20여 년 전 학보를 보내던 그 기다림의 시간이 떠올랐다. 훨씬 오래 전 부여에 계시는 아버지께 편지를 쓰던 유년의 서울 변두리 저녁 풍경도 펼쳐지고……. 다시 그 기억을 누림으로써 한결 순해질 수 있었다. 웬델은 그렇게 세상에 잊힌 서정을 깨우고 있었다.

...

2014년 4월 12일 토요일, 옆집 가듯 덧버선 같은 운동화를 신고 길을 나섰다. 다음날 오후 3시 약속을 위해 6시간 비행길에 올랐다. 대륙의 서쪽 끝에서 동쪽 끝으로 가는 여정이다. 켄터키주 시골에 사는 농부를 찾아가는 길이어선지 소풍 길을 떠나듯 홀홀했다. 가방에는 도착 후 늦은 밤 허기와 느끼함을 달래줄 즉석라면과 과자를 챙겼다.

4월 13일 일요일 오전 11시, 웬델 베리가 사는 곳의 지형도 둘러보고 읍내도 구경할 겸 일찍 길을 나섰다. 포트 로열은 대도시인 루이빌에서 한 시간 반 정도 떨어진 곳이다. 일부러 지방도로를 이용해서 운전했다. 경험상 미국이건 한국이건 고속도로를 벗어나면 더 진한 풍경을 만날 수 있기 때문이다. 이차선 좁은 길가에는 남부의 오래된 집들이 소담했고, 농장 입구에 세워놓은 그들만의 문양도 시간의 흔적과 가족의 기상이 전해져 색달랐다. 길이 한적해질수록 자연다움은 짙어졌다.

포트 로열에는 목련이 흐드러졌다. 분홍목련은 절정을 지나 꽃잎의 생기가 꺾여 늘어져 있었다. 나무 아래에는 이른 봄의 전령인 노란 수선화 다발이 살랑였고, 여름이 다가옴을 알리는 아이리스의 보라색 꽃대까지 훌쩍 올라와 있다. 꽃망울들이 순서 없이 터져나왔다. 땅이 녹자마자 훈풍이 몰려오는 것을 보니 긴 겨울이었나 보다. 뒤늦게 밀고 들이닥친 봄 때문에 이 동네 농부들 마음이 달음박질했겠다. 그날 봄볕은 포트 로열을 화씨 80도로 달궈 놓았고, 봄의 기운은 간당거렸다.

웬델이 그려준 약도대로 좌회전을 했어야 하는데 봄을 생각하다 지나치고 말았다. 반대편으로 오던 하늘색 승용차가 멈추더니 어디로 가냐고 묻는다. 얼굴에 흰 수염이 가득한 농부였다. 웬델 베리의 농장을 찾아간다고 하니 친구라며 따라 오라고 했다. 고개를 내려가서 자신은 왼쪽으로 빠질 건데, 차창 밖으로 손을 내밀면서 오른쪽으로 돌아내려가라고, 그럼 첫 번째 집이라며 차를 출발한다. 흰 수염의 농부는 차창으로 손을 흔들고 나는 우회전을 했다. 멀리 비탈 위 언덕 꼭대기에서 길을 따라 내려오는 나를 주시하는 시선이 느껴졌다. 짧은 앞다리에 힘을 주고 서 있는 동물, 웬델의 농장이구나 싶어 떨림이 일었다.

여든 살 작가, '땅을 사랑하기에 농사를 짓는다'

서울 봉은사 대웅전 뒤편 산신각에 오르듯 찻길 옆, 가파른 비탈 계단 위로 얌전하게 자리한 집이 눈에 들어왔다. 전형적인 렌치 스타일 이층집에서 웬델과 타냐가 살고 있다. 집 뒤로 이어지는 비탈의 정점에는 한 마리 당나귀가 네 발굽을 땅에 박고 먼 곳을 응시하고 있었다. 눈 녹은 물이 어디선가 콸콸 쏟아져 내리기라도 하듯 박력 있게 넘실대는 그 강 너머를 주시하는 것 같았다. 어쩌면 먼 곳을 보는 척 짐짓 딴청을 피우며 주변을 정찰하는지도 모른다. 나중에 웬델에게 그 당나귀의 임무가 코요테와 개로부터 양떼를 지키는 일이라는 말을 듣고 난 후 당나귀에 대한 잔상에 위엄이 덧입혀졌다.

집 앞 하얀 대나무 의자에서 친구와 담소를 나누던 타냐 베리가 인사를 건넨다. 웬델은 집 안에 있다며 들어가 보라고 했다. 그러고는 이층으로 향하는 계단 위로 웬델을 불렀다. 그녀는 웬델의 부인이자 같은 길을 걸어온 동료로, 57년을 함께해왔다. 글을 쓰다 내려온 듯 웬델은 고요한 기운으로 나를 맞이해주었다. 그를 그 고요 속에서 끌어내어 한국이라는 지구 반대의 세계와 만나도록 해야 하는데, 고요가 깊어 말을 잇기가 쉽지 않을 것 같았다.

웬델이라는 거대한 지혜의 호수에 바람이 일도록 어떻게 파문을 낼 수 있을까? 바로 질문을 던져 주제로 들어갈까? 아니면 내 생각을 먼저 조금이나마 내 보이고, 그의 생각이 일어나게 할까? 어쩌면 내 말이 오히려 그의 말문을 닫게 만들지도 모를 텐데, 어디까지 아는 척을 해야 하는 건지……. 순간의 갈등은 끊으려 해도 끊어지지 않는다.

녹음기를 켜고 그냥 좀 전에 만난 새끼 양과 엄마 양 이야기를 했다. 한국말로 인사했더니 양의 말로 화답을 했다고 했다. "양 엄마, 애기들 젖 줬어요? 나도 우리 아기 젖 주고 키웠더랬죠"라고 말하니, 웬델의 얼굴에 볼우물이 생기며 전날 밤 이야기를 들려줬다.

"어젯밤에 마지막 양을 받았어요. 이제 새끼들이 다 나온 거죠. 한시름 놓았습니다. 새끼들은 다음 주면 어미 양들과 같이 풀밭으로 옮겨갈 거예요. 그럼 또 본격적으로 밭을 돌볼 철이 온 거죠."

이제 웬델은 양 돌보는 일은 당나귀에게 맡기고 채소와 꽃 재배에 전력할 것이라고 한다. 여든이 넘은 나이지만 여전히 농부이다. 농사짓기에 농부이고, 시를 쓰고 글을 쓰기에 작가이며, 세상을 보다 공공의 이익으로 밀고 나가는 행동을 하기에 활동가이다. 농부 웬델 베리는 남보다 훨씬 척박한 땅, 평지라고는 별로 없는 비탈진 농장에서 그의 식구들이 먹고살 만큼만 농산물을 수확해왔다.

언덕 꼭대기에서 강까지 경사로 이어진 땅은 강을 따라 다시 1.6킬로미터 정도 내려간다. 대부분이 풀과 나무로 뒤덮여 있지 않으면 토사가 유실될 처지의 땅들이다. 굳이 그런 별 볼일 없는 대지를 사서 둥지를 틀고 농사를 지어온 이유를 물었더니 분명한 답을 들려주었다. 사랑하기 때문이란다. 사랑한다는데 무슨 이유를 더 물을 수 있을까?

나의 멍한 표정을 읽었는지 그는 설명을 덧붙였다. 하긴 '사랑해서', '아름다워서'라는 수천 가지 의미를 품고 있는 형이상학적인 답보다도, 오늘의 사회는 '흙 속에 유기물 농도가 높아서', '금이 나와서', '온천이 나와서'라는 값을 일러주는 물질적 답변이 더 힘을 갖는 소비사회이다. 그 속에 물든 나는 계산이 멈췄기 때문에 당혹했을 거고, 눈마저 흐리멍덩해졌을 거다.

"제가 사랑하는 곳이에요. 이 주변에서 자랐습니다. 어머니의 부모님도 이곳 작은 동네에 사셨죠. 그리고 여기서 남쪽으로 4마일 정도 떨어진 곳에 제 아버지의 집에 있습니다. 조부모님들께서도 살아온 곳이에요. 그러니까 여기는 제 가족의 고향입니다."

스탠포드대학에서 문학도로 촉망받았고, 타냐 역시 버클리에서 활동했었다. 도시 생활에 익숙했던 그들은 웬델이 켄터키주립대학 교수로 있을 당시 포트 로열의 비탈진 땅에서 농사를 시작했고, 마흔이 넘자 교직을 그만두고 농부의 삶에 전념했다.

산업형 농사시대, 웬델이 농부로 살아온 법

그가 농부로 잔뼈가 굵은 시절은 수만 명, 수십만 명이 농토를 떠나 도시로 몰려간 시절이다. 그 중 다수는 땅에서 쫓겨날 수밖에 없던 시절이었다. 이 악물고 버텨내거나, 엄청난 빚더미에 눌려 이러지도 저러지도 못해 살고 있다는 캘리포니아 농부들과 해남의 농부들 이야기도 덧붙이며, 그 시절을 어떻게 이겨냈는지 물었다.

"저는 가족이 먹고 사는 데 필요한 것을 내 손으로 수확한다는 가치를 최우선에 두고 농사를 지었습니다. 아이들이 어렸을 때 이곳으로 왔어요. 거의 50년 동안 밭을 매서 매일 먹을 채소와 딸기류를 거두었죠. 돼지를 길러 고기를 얻고, 닭을 길러 달걀도 먹을 수 있었습니다. 우유는 젖소 두 마리를 길러 충당했죠. 빵도 만들고 마시기도 하고요. 경사지라 풀과 잡목이 뒤덮여 있기 때문에 그곳에는 양떼를 풀어놓았습니다. 새끼양을 얻어 분양하거나 고기가 나오면 시장에 내다 팔았어요. 땔감은 우리 숲에서 나온 걸로 충분했습니다. 제가 짓는 농사는 경비가 많이 들지 않아요. 제 손으로 만들었고, 동물과 함께 일했으니까요. 지금도 1996년에 산 윙글링 종자 두 마리와 한 팀을 이뤄 일합니다.

제가 어렸을 적 할아버지께서 말 다루는 법을 알려주셨어요. 그때는 다들 말을 이용해서 농사를 지을 때여서 동네 소년들은 동물과 협력하는 법을 배워야 했죠. 2차 세계대전이 끝나자 다들 동물을 버리고 기계로 갈아탔습니다. 말 다니던 흙 위로 트랙터가 달렸죠. 하지만 저는 말이 더 좋아요. 여기서는 기계보다 일하는 데 훨씬 효율이 높죠. 이곳 땅이 경사지여서이기도 하지만, 동물과 함께 만드는 비옥한 토질이 좋습니다. 저처럼 농사지으면 많은 빚을 질 필요가 없습니다. 하지만 오늘날의 농사 현장은 실정이 다릅니다. 빚이 빚을 부르는 농촌이 되었어요."

지금은 나이가 들어서 농사짓는 규모를 줄였고, 대신 강연과 교육에 더 시간을 할애한다고 한다. 그래도 스스로 생산하며 자급하는 생활방식을 지키려고 노력하고 있다. 그에게 마트에 가서 필수품을 구입하는지 물었다. 웬델의 목소리가 커졌고, 거실 너머 부엌에서 차를 준비하던 타냐까지도 "Oh, Boy(당연하지)!" 하며 장탄식을 한다. 내가 너무 로맨틱하게 혹은 나이브하게 헨리 소로의 월든 같은 삶을 기대한 것 같아 머쓱했다. 현대의 여느 농부처럼 그들의 쇼핑 목록도 빼곡하다. 도시에 사는 나의 소비와는 빈도의 차이나 사려 깊음의 차이가 다를 테지만, 그도 현대의 소비망에서 벗어날 수는 없는 것이다.

도시에서 커리어를 쫓던 많은 사람이 귀농을 결심했고, 하고 있다. 소모되고 소비되는 도시의 생활패턴에서 생산자로 살고자 결단을 내린다.

그 중에는 농촌에서 소득을 높이겠다는 포부를 밝히는 사람도 있다. 정부 정책도 농촌 소득을 높이는 데 초점을 맞추어 산업형 농사와 축산을 권장하고, 농산품을 가공하는 설비를 장려하거나 관광객 유치와 연결되도록 개발을 제안한다. 소득 증대를 우선적으로 거론한다는 것은 그만큼 농촌 생활에도 돈 쓸 곳은 많은 반면에, 돈 나올 곳은 적다는 반증이다.

웬델의 먹고사는 데 초점을 둔 농사였다는 말을 들으며 두 명의 귀농 농부 이야기가 떠올랐다. 모두 농촌 소득과 연결되는 생계 이야기다.

한 명은 서울에서 제주도로 귀향한 카피라이터이다. 그는 현대 자본주의의 꽃이라 불리는 광고계에서 활약했고, 농사에서도 반짝이는 아이디어를 냈다. 유기농 감귤 농사를 짓기에 앞서 과수원에 있는 감귤나무마다 수확할 소비자를 연결했다. 그 과실이 영글기 전부터 마음으로 연결되고 기다림의 맛까지 음미할 수 있도록 도시 소비자에게 펀드를 받은 것이다. 과일나무 한 그루마다 일정 금액을 미리 받았다. 판로는 확보되었고, 영양 있는 열매를 정성껏 키우는 과정만 남았다.

하지만 날씨가 그의 꿈을 밀어주지 않았다. 경험 없는 신출내기 농부는 병충해 대비에 실패했다. 귤은 영글지 못하고 떨어졌다. 결국 미리 받은 귤 값은 배상해야 할 빚이 되었고, 단일 품종에 매진하느라 다른 먹을거리를 키우지 못했기 때문에 당장의 끼니도 돈을 주고 마련해야 하는 울적한 신세가 되었다. 어쩌면 그는 새봄이 오기 전에 다시 도시로 나가 일자리를 찾아야 할지 모른다. 소주로 비참함을 달래며 보내기에는 빚이 자라는 속도가 만만하지 않을 테니까.

다른 한 농부는 10년 차 귀농 생활을 하는 가족이다. 게임회사의 높은 연봉과 복지를 버리고 귀농했고 유기 농산물을 재배한다. 쌀, 배추, 무, 고추, 마늘, 밤호박, 감자 등 1년 내내 10여 종의 작물을 수확한다. 그리고 겨울철에는 땅을 쉬도록 비워두며 아르바이트를 한다. 쌀 추수를 하고 나면 다른 어느 작물을 거둘 때보다 더 든든한 마음이 생긴다고 했다. 1년 먹을 기본 식량이 쌓이니 곳간이 꽉 찬 느낌이 드는 것이다. 그녀는 남편과 기본 식량인 쌀과 채소를 가꾸고, 여분은 그들의 농산물을 기다리는 도시 소비자에게 팔아 현금을 마련한다. 쌀과 채소, 가공식품을 팔아 만드는 1년 총수입은 1,000만 원이 안 된다. 공과금에 아이 교육비를 내려면 넉넉지 않은 돈이다. 하지만 농부로서의 자기 신념을 지켜나가며 성실함과 부지런함으로, 또 동네 이웃들과 정겹게 살며 즐길 만한 생활이라고 했다.

농촌에서 생산자로 사는 일은 어쩌면 현대 소비사회와는 다른 방식의 경제 환경에 뛰어들어야 하는 일이다. 생활 변혁으로 만들어가는 또 다른 시장경제이다. 화폐경제 시스템에서 돈을 벌어 소비로 연명하는 현대 산업 문명을 선택하느냐, 아니면 농경이 시작된 수천 년 전부터 이어온 스스로 키워 영양을 챙기는 자급자족의 생활을 할 것인가를 선택하느냐의 문제인 것이다. 그 선택을 책임지기까지는 세숫물 버리는 일부터 판로 결정까지, 삶과 일의 관계가 달라지기 때문에 그 의지를 존경하지 않을 수 없다.

내가 웬델 베리를 찾기 전에 가졌던 추앙하는 마음은 귀농한 친구에게 또 이 땅의 모든 농부에게도 같은 눈빛으로 드러난다. 그래서인지 농부의 우울, 자격지심, 소비욕구 등 도시 일상과 다름없는 면면을 마주하면 당혹감이 들게 된다. 반면에 농사짓는 사람들은 도시인들이 유기농작을 하는 자신들을 마치 자본주의 물질문명을 거스르는 전사인 양, 혹은 지구의 생태를 지키는 활동가인 양 기대하는 눈길이 더 당혹스럽다고 한다. 이런 경애하는 마음만으로는 생산자의 환경이나 소비자의 식량 안전도를 높일 수 없기 때문에 보다 실질적인 구조를 개선하도록 전진해야 할 것이다.

그 많은 농부는 왜 유랑을 떠났을까

웬델 베리에게 현대 농업에 대해 이야기를 꺼냈다. 아이러니하게도 요즘 이야기를 하려 하는데 떠난 사람들에 대한 이야기부터 시작해야 했다. 그 많던 농부는 왜 유랑을 떠나고, 남은 사람은 빚과 함께 살아가야 하는 걸까? 50퍼센트 이상의 인구가 도시에 살고, 개발도상국의 경우는 70퍼센트의 인구가 도시에 집중되어 있다. 최근 도시 전문가들은 80퍼센트라고도 추정한다. 그만큼 농촌의 인구는 급감했다.

"그들이 거기 있는 이유는 그곳에 살도록 독려받았기 때문입니다. 2차 세계대전 이후에 미국의 정책은 농부들이 땅을 떠나도록 만들었습니다. 그때는 농부가 너무 많다고 생각한 거죠. 농부들도 도시로 이주하길 원했고요. 그래서 모여든 인구가 대규모 노동 인력이 된 거죠. 소위 말하는 레이버 풀labor pool입니다. 값싼 노동력이 되어갔고, 사람이 빠져나간 자리에 기계가 들어왔어요. 남부의 면화 사탕수수 농장은 점점 줄어들면서, 그 일을 해오던 사람들도 고립되기 시작했습니다. 그러자 그들에게는 오직 한 길만이 남게 됐죠. 도시로 떠나서 빈민이 되는 길 말고는 방도가 없었어요.

농촌에서 가난하게 산다는 것은 농촌에서 뭘 해야 하는지 훤히 꿰는 유능한 가난뱅이가 되는 것입니다. 그런 사람들이 도시로 떠난다는 의미는 아는 것 없는 무능한 가난뱅이가 된다는 뜻입니다. 자신들의 삶을 위해서 스스로 도울 수 있는 방도가 별로 없어요. 그래서 그들은 의존해서 살아야 하는 사람들이 되고, 또 문제를 안고 있는 사람들이 되는 거죠. 그렇게 처지가 어려워지게 됩니다. 그렇게 안 될 수 없었던 거죠."

그렇게 떠나가고 남은 땅의 농부들은 매우 광활한 대지에서 산출을 하니 사정이 좀 나아지지 않겠느냐고 물었다. 이에 대해 그는 사회적 서열을 언급했다.

"나라마다 사회적인 서열이 있어요. 미국에서는 사다리라고 부르는데, 우리네 농부는 그 사다리 어디쯤 있을까요? 월스트리트 은행가들은 사다리의 꼭대기에 있겠죠. 농부는 어느 동네를 가건 어떤 시절이건 항상 맨 아래에 있습니다. 이는 세상 어디를 가나 보편적인 진실일 거예요. 그렇지 않으면, 왜 모든 나라의 사람들이 도시로 몰려들겠어요? 농부는 스스로를 존경하지 않습니다. 정부는 농촌으로 젊은이들이 돌아와야 한다고 말합니다. 그렇게 농촌 인구를 유지하고 싶다면, 그들이 생계를 꾸려갈 수 있도록 가능하게 만들어야겠죠. 하지만 그들도 도시 사람들과 마찬가지로 힘겨운 삶을 살고 있습니다."

'유능한 가난뱅이, 무능한 가난뱅이competently poor, incompetently poor'란 네 마디 단어가 마음에 와 박혔다. 뒤이어 물어보려던 질문까지 다 놓쳐버릴 정도로 설움이 전달되는 은유였다. 가난은 견뎌낼 수 있을지 몰라도, 무능해진다는 것은 어둠 속으로 빠져 들어가는 것이기 때문이다. 빛이 없고, 희망이 없기 때문에 생명이 사그라지는 우울한 낮을 보내게 된다. 초콜릿이나 술로 기운을 끌어 올리고, 담배로 근심을 덜어내며 흥이 오르지 않는 노동의 시간을 채워내는 남루해진 자존감. 이는 참 무겁다. 이렇게 도시로 밀려온 농부에 대해 몇 줄로 나의 소감을 덧붙이는 것도 그 아픔을 겪지 못하고 해석해내는 것이라고 여겨져 자신이 없어진다.

상품 가격을 매기지 못하는 생산자, 그 이름은 농부

웬델 베리에게 편지를 쓸 당시 미국 저녁 뉴스는 우유 값 걱정으로 도배됐었다. 낙농업자에게 지원되던 농장 법률Farm Bill이 연장되지 않고 자동 파기되면, 새해부터 값이 두 배로 뛸 거라며 시끌시끌했다. 당시 연방의회는 새 회계연도 예산안을 놓고 줄다리기를 하다가 시한을 놓쳐 연방정부 폐쇄*로 치달았다. 그 와중에 농장 법률이 연장되지 못했던 것이다. 이는 5년 동안 효력을 발휘하는 한시적인 법이어서 연장되지 못하면 자동 파기된다. 중서부와 서부 농업 벨트 지역의 의원들은 연방정부가 멈추는 것보다 자신의 정치 생명이 멈출까봐 축산 농가 지원법에 더 열을 올렸고, 이것은 보도의 한 축이었다. 그만큼 미국의 농정은 수많은 지원 법률로 세계 시장에서 우위를 점하고 있다. 무역 상대국들의 반발에도 불구하고 저가 곡물 값을 유지하도록 농가 지원을 하는데, 이에 대해 정작 농부인 웬델의 평가는 야박하다.

"네, 곡물에 대한 보조금이 나와요. 생산물을 조절하지 않으면서 생산에 보조금을 지급합니다. 이는 과잉 생산을 부추기고 곡물 가격을 하락시키는 작용을 하죠. 농산물을 사는 사람들에게는 이득이지만, 생산자인 농부에게는 한숨만 보탤 뿐입니다. 농산물 가격을 결정하는 사람은 농부가 아니고 시장이에요. 그러다 보니 농부의 소득은 풍년이 들어도 흉년인 셈이죠. 이런 구조가 반복되니 땅을 잘 알고 농사짓는 유능한 농부들도 버티지 못하고 떠나게 되는 거죠. 또한 그 보조금의 80퍼센트는 상위 10퍼센트, 농부라고 부르기 어려운 거대 농업 기업으로 갑니다. 구조적으로 그래요. 그렇게 농부가 쫓겨난 땅에는 사람 대신 기계가 들어와 일합니다."

한국의 농업 정책은 기계화를 장려해왔다. 단일작물을 보다 넓은 경작지에 심을 것을 권장해온 것이다. 미국의 대표적인 농업 형태는 기계

●   2013년 10월 1일로 시작된 미국 연방정부 셧다운 사태로 16일 동안 이어졌다.

를 이용한 대규모 단일경작이다. 이런 상황에서 웬델은 장비를 개선하고 경비를 더 많이 투자하는 것과 농부의 수입과는 상관관계가 없다고 지적한다.

"문제는 경비와 수입 사이에 아무런 조응이 없다는 겁니다. 비용은 영농사업 공급회사들에게 들어가죠. 에너지 공급자와 농약 비료 공급자, 기계 등에 이자까지요. 그 비용은 그 가격을 결정한 사람들에게 가는 거예요. 그러면 농부들도 생산물을 팔 때 감자며 밀, 양파에 그 비용을 넣어 가격을 매겨야 하지 않습니까? 그런데 농산물 가격은 또 그걸 사는 사람들이 매깁니다. 농부들은 스스로의 경제를 조절하지 못해요. 그들의 경제는 양쪽 끝에서 조정당하고 있어요. 농부가 망하면 결국 땅도 파산하는 거예요. 이런 경제라면 점차 소비할 수 있는 그 어떤 것도 생산을 할 수 없는 처지가 되는 건데, 계속 제자리걸음을 하고 있습니다."

기계가 중심이 된 단일경작은 농민들에게 자신이 기르는 먹을거리보다 훨씬 많은 종류를 시장에서 사오게 만든다. 이 경우 농민은 생산자일까, 소비자일까? 게다가 미국 채소와 과일의 50퍼센트는 캘리포니아에서 생산되고 나머지도 대부분 플로리다와 애리조나에서 생산된다. 이들 밭에서 일하는 일꾼들은 77퍼센트 이상이 외국인 노동자들이다.[*] 이 외국인 노동자들은 수확물을 거두는 농부가 아니라 농장 고용인으로 식품

●　　2006년 통계, 2013년 1월 29일 〈워싱턴 포스트〉 보도

소비자인 셈이다. 자기 밭을 직접 추수하는 농부라고 해도 입장은 별반 다르지 않다. 웬델은 안타까운 심정을 성인의 가르침을 들어 강조했다.

"농민의 경제는 도시의 경제, 도시 주변에 사는 산업 노동자들의 가계 경제와는 다릅니다. 동양의 옛 성현은 이런 말씀을 하셨어요. '농촌이 번영하려면, 그 안에 생산하지 않으면서 소비하는 사람이 없을 때'라고 말입니다. 소비만 하는 조건이라면 스스로를 돌볼 수가 없습니다. 지금 미국 농가의 80퍼센트가 밀, 옥수수 등 한해살이 작물만 짓습니다. 그걸 팔아 돈이 생기면 시장에서 먹을 걸 사와서 생활하고요. 그 땅에 무엇을 경작할지는 시장이 결정하죠. 하지만 제대로 된 농업이 되려면 땅을 어떻게 사용할지는 자연에 흐르는 물길을 따라, 또 지역의 생태 시스템을 따라 결정되어야 합니다.

시장이 결정하는 대로 땅을 이용하면 망가집니다. 유독한 화학물질로 오염되고 토양이 침식되고, 영양분이 고갈되어 땅심이 떨어지게 됩니다. 이것은 이미 벌어지고 있는 일이에요. 세상에는 침식 속도를 측정할 수 있는 사람들이 있어 이 지구가 얼마나 버틸지 예측을 합니다. 그들 말에 의하면 토양침식 속도가 매우 빠르다고 해요. 얼마 못갈 상황입니다. 미국 전체가 의존하는 식량 생산지 아이오와주만 해도 토양침식이 끔찍한 지경에 이르렀고, 유독물질이 그대로 멕시코만으로 들어가 데드존*이 늘어났어요. 산소가 없어 아무 것도 살 수 없는 구역이 되었습니다."

우리에게는 과학과 기술이 있다고 앞서 재레드 다이아몬드에게 했던 말을 웬델 베리에게도 했다. 재레드 다이아몬드는 과학과 기술의 발전이 이미 충분하니 더 이상 개발할 필요가 없다고 말했지만, 웬델은 연구자들의 조건이 갖는 한계를 짚으며 이와는 다른 관점을 제시했다.

"과학자들과 기술자들은 월급을 받습니다. 반면에 농부는 날씨에 의존합니다. 거기에는 엄청난 차이가 있죠. 그러니까 그들도 먹고살려면 월급 대신 날씨에 매달려야 한다는 조건이라면 어떻게 될까요? 금방 낙담하고 헤맬 거예요. 그리고 과학과 기술은 다른 방향으로 갈 겁니다. 많은 교수와 기자, 연구자는 기업으로부터 기금을 받습니다. 보조금이 많죠. 기업의 생산품을 추천하기도 하고요. 이 관계가 지속되면 비판의식은 약해지기 쉽습니다. 그런 구조에서 산업 논리에 벗어나 자연의 논리, 땅의 요구를 듣기는 쉽지 않을 겁니다. 오늘날 우리의 농업을 보면 그 결과를 확인할 수 있습니다."

땅의 권력은 누구에게 있어야 하는가?

일본 농부들 사이에 전해지는 가르침이 있다. 부족한 농부는 잡초를 키

●　데드존은 계절적으로 산소농도가 낮게 떨어져 해저나 물속에 사는 생명체에게 산소를 공급하지 못하는 멕시코만의 특정 지역을 말한다. 과학자들은 그 범위를 대략 7,450~8,456제곱킬로미터 혹은 뉴저지주 크기로 예상한다. 데드존은 유독물질이 흘러들어 발생되며, 대부분 농경활동으로 인해 발생된다.

우고 보통 농부는 곡식을 키우지만, 뛰어난 농부는 흙을 키운다고 한다. 이 말을 전하니 웬델이 나즈막이 화답했다.

"서구에서는 자연을 극복해야 하는 대상으로 봐왔습니다. 도와주는 조력자, 함께 협동해야 하는 지원자로 보지 않아요. 그 피해의 증거는 무수히 많습니다. 수천 톤의 햄버거가 화학 성분에 오염되어 리콜되고, 시금치와 샐러드용 상추 등도 계속해서 리콜되고 있어요. 이렇게 땅의 열매가 건강을 지키는 음식이 아니라 생산 단위로 제품이 되었고, 그 배경에는 세계대전이 있습니다. 그때 전쟁 비품을 만들고 전쟁 기기를 만들던 회사들은 전쟁이 끝나고 팔 곳이 없어지자 농기계를 만들기 시작했습니다. 화약을 만들었던 사람들은 나이트로젠nitrogen, 질소을 비료로 전환시켰습니다. 독가스를 만들던 사람들은 대안을 찾기가 더 쉬웠어요. 제초제, 살충제로 다시 태어났습니다. 그래서 농업이 산업적 프로젝트를 생산하고 소모하는 이유가 된 거죠. 식량은 부수적인 겁니다."

산업화된 농업에서도 가장 최악의 위험은 화학제품이다. 종류도 아주 많고 거의 모든 땅을 뒤덮고 있는데, 이를 두고 웬델은 흙이 땅에서 사라지고 있다고 표현했다. 더 어렵고 복잡한 문제로 진행되고 있는 셈이다.

캘리포니아 들판에서 농사짓는 히스패닉계 농장 노동자들의 경우 위암 발병률이 뚜렷하게 증가한 조사가 나왔다. 비료, 농약, 디젤연료 등이 주 원인이다. 더불어 살충제는 종자와 한 쌍으로 판매되는데, 잘 알려진 유전자 조작 씨앗들이다. 이는 씨앗은 씨앗인데 생명력이 제한된 불임

씨앗이다. 단지 1년 만 결실을 맺고 그다음은 제 구실을 못하게 된다. 코스모스 한 송이에서도 열 톨이 넘는 씨앗이 나오고, 이듬해 어김없이 꽃과 씨를 맺는다. 그런데 GMO(유전자변형농산물) 종자는 아예 씨를 받을 수조차 없도록 법으로 규제하고 있다. 농부는 해마다 돈을 내고 종자를 사야 하고, 다시 심을 경우에는 고소를 당하거나 벌금을 물어야 한다. 농사가 시작된 신석기 시대 이래로 일어나지 않았던 일이 탐욕과 소수의 이윤을 위해 상식이 되고 있다. 자연에서 채취한 씨앗의 유전자 일부를 바꾸면 그 종자의 주인이 되는 세상을 미국 법정과 WTO에서 승인했기 때문이다.

"우리는 생태계의 원리를 인간 경제 속으로 통합해내야만 합니다. 농사는 반드시 생태계의 원리를 바탕으로 존재해야만 해요. 지금은 식량을 소비재로 생산하는 방식입니다. 소비자가 있고, 기계, 살충제, 원료 거기에 신용과 융자가 결합돼서 계속 그 방식으로 돌아갈 수밖에 없도록 묶어 놓았어요. 공장을 돌리는 것과 다르지 않아요. 하지만 농사는 자연의 경제와 조화를 이뤄야 합니다."

농업이 산업화된 지 길게 잡아 두 세대가 흘렀을 뿐이다. 그 폐해를 몸으로 느끼고 있음에도 왜 멈추지 못할까? 웬델은 우리가 그 속에 갇혀버렸기 때문이라고 한다. 다른 길을 모르기 때문이라고 말하며 고개를 가로저었다.

"슈바이처 박사가 이런 글을 썼습니다. '아프리카 농부들이 나무를 팔기 시작했다. 그들은 자신들이 먹을 양식을 기르는 것을 포기했고, 대신 나무를 키우기 시작한 것이다. 그 나무를 팔면서 세상의 법칙은 그들에게 먹고 살려면 돈을 들고 오라고 강요했다. 농부들은 곡식을 사려고 돈을 벌어야 했다.' 네, 우리는 모두 식량을 키울 수 있고, 우리가 키운 음식으로 먹고 살 수 있는 능력을 가졌습니다. 슈바이처가 본 그들의 삶은 바로 그 능력을 포기한 거예요. 우리도 마찬가지입니다. 산업구조 속으로 몰려가면서 우리의 생산 능력을 스스로 포기하도록 강요받고 있어요."

그의 말은 북한의 기근에 대해 원톄쥔이 했던 주장을 생각나게 했다. '소련이 붕괴되고 북한에 석유 공급이 끊기면서 경제 위기가 왔을 때, 일찌감치 농업 산업화를 완수한 북한의 농토에는 모든 농기계가 멈춰 설 수밖에 없었다. 결국 사람이 들어가서 쟁기질을 해야 했는데, 도시의 노동 인력들은 농사짓는 방법을 몰랐다. 그리고 농촌의 농부조차 쟁기질을 할 줄 몰랐다'라는 말을 웬델에게 들려주었다. 기계화된 영농에 완전히 의존하다 보니 인간 노동으로 농사짓는 법을 잃어버린 것이다. 거기에 가뭄이 드니 생산량은 곤두박질을 치고 대기근에 빠지게 되었다. 이 말을 마치자 웬델은 비수 같은 한 마디를 읊조렸다.

"그들은 문화를 잃어버린 겁니다."

어디 그들뿐이겠는가? 우리가 잃은 것은 생산량이 아니라, 문화였다.

무엇을 해야 하는지 알고 있는 사람들이 무능한 루저가 되면서, 자연과 함께 살아온 수만 가지 소통법을 잃었다. 그리고 그 속에서 주고받던 언어를 잃었으며, 무엇을 멀리 하고 무엇을 취해야 하는지를 알지 못하게 되면서 사는 법도 잃어버렸다. 결국 '나'를 잃은 건지도 모른다.

"아주 많은 젊은이가 농사를 배우겠다는 말을 합니다. 상당히 많은 편지를 보내오는데, 다들 슬프다고 해요. 자기들 가족이 짓던 땅이 팔리고 이 땅에 가족농이 사라지는 것을 보고 손쓰지 못한 것을 후회했습니다. 변화가 시작되는 거죠. 켄터키에 사는 한 농부도 이런 말을 하더군요. '자연은 최저 임금만으로도 우릴 위해 일해주고 있으니 얼마나 좋아요'라고요. 이제 현대의 미국 농부들도 그 옛날 당신네 농부들이 알던 것을 알아가고 있다고 봅니다.

100여 년 전 프랭클린 킹 F.H. King이라는 분이 살았어요. 미국 농업대학 교수였고 중국, 일본, 한국을 여행하며 농사짓는 법을 둘러봤습니다. 바로 당신들의 문화지요. 농토는 매우 협소했지만, 거기서 4000년 동안 생산성을 유지하고 있었습니다. 킹은 그 비밀을 알고 싶었어요. 답은 영양분을 재활용하는 순환이었어요. 자연의 작용을 모방하여 농사를 지었던 거예요. 킹은 자신이 보고 배운 것을 책으로 남겼습니다. 1911년에 나온 《4000년의 농부들, 중국, 한국, 일본의 영원한 농업》입니다. 저는 이 책을 지금 더 열심히 읽고 있습니다.

킹의 영향을 받은 유기농의 아버지라 불리는 앨버트 하워드 박사는 이런 말을 남겼어요. '만약에 당신이 농사를 어떻게 지어야 하는지 알고 싶다면, 숲을 공부해야 합니다.' 자연이 어떻게 작물을 길러내는지 배우자는 거죠. 자연은 동물들과 함께 농사짓습니다. 영양소를 순환시키는 거죠. 모든 것은 땅에서 왔다가 다시 땅으로 돌아갑니다. 바로 윤회^{the wheel} ^{of life}입니다. 태어나고 자라고 숙성하고 죽고 썩는 거죠. 윤회, 생의 바퀴는 굴러가야만 합니다. 바로 그 제자리에서요."

그는 미국의 대표적인 농업환경 변화를 이끄는 랜드 인스티튜트^{The Land} Institute, www.landinstitute.org의 웨스 잭슨^{Wes Jackson}의 이야기도 들려주었다. 잭슨 박사는 "이제 어떻게 농사지어야 할까?"라는 질문의 답으로 "평원을 보자"라고 제안했다. 이는 우리 선조들의 답과 같다. 단일작물이 자라는 밀밭과 그 옆에 있는 온갖 풀로 꽉 찬 평원은 명확한 차이를 나타낸다. 단일작물만 자라는 곳은 침식을 했고, 가뭄에 타들어갔다. 하지만 온갖 풀로 가득 찬 평원은 번성했고, 가뭄을 버텨냈다. 그는 일어나 책꽂이에서 킹의 책을 빼오더니 여기저기 펼쳐보였다. 내게 꼭 읽어야 한다며 권하고 또 권했다. 오래되어 바랜 책장 안에는 하얀 바지저고리를 입은 옛 어른들이 나오고 물을 끌어 올리는 펌프라고 적힌 설명이 덧붙여 있었다. 이 책에 담긴 내용이 곧 우리의 유산이라며 권하는 그의 모습에서 생명의 순환에 희망을 거는 깊은 신념을 읽을 수 있었다.

진보는 개인의 마음에서 온다

2014년 내내 하와이주는 GMO^{유전자변형식품} 작물에 뿌리는 살충제를 금지하는 공방으로 해를 넘기며 법률 규제를 놓고 줄다리기를 했다. 2012년 캘리포니아주에서는 유전자변형식품 반대 법안이 투표에 붙여졌다. 그 2년 전에는 공장식 축사를 네 발 짐승이 한 바퀴 돌 수 있을 정도로 넓히는 법안도 통과됐다. 변화는 이미 시작되었다. 미국뿐 아니라 세계적인 움직임이다.

"진보는 거창한 정치적 방식으로 오지 않습니다. 진보를 부르는 변화는 개인의 마음에서 옵니다. 캔자스에 있는 과학자들이 주축이 된 랜드 인스티튜트는 '50년 영농 법안'을 주장하고 있어요. 토양침식, 오염 그리고 농촌 공동체 해체를 알리며 가정의 살림 문화와 농업 문화를 바꾸려고 하고 있죠. 지금은 80퍼센트의 농가가 한해살이 작물을 경작합니다. 밀, 옥수수 등이죠. 이 경우는 1년 내내 매달려서 쟁기질도 해야 하고 살충도 해야 하는 등 일이 많습니다. 그래서 다년생의 비율은 20퍼센트 정도뿐이죠. 다년생은 겨울을 지내는 식물로 나무, 잔디, 알파파 같은 경우인데요. 이 비율을 50년 안에 다년생 작물 80퍼센트, 일년생 20퍼센트로 바꾸도록 유도하는 법안을 마련하려고 합니다.

이렇게 되면 사람들이 다시 농토로 오게 되요. 보다 다양한 작물을 키우려면 같은 땅에 더 많은 노동력이 있어야 하니까요. 단일작물로 유발되는 토양침식도 막고, 빗물도 지킬 수 있게 되면서 가뭄에 강해집니다.

물론 이 법안이 당장 투표에 들어가지 않을 거라는 걸 그들도 압니다. 그렇더라도 사람들 사이에 화제로 오르고 마음에 무언가를 불어넣게 된다면 해야지요."

지역에서 식량 안전을 염려하는 소비자와 생산자들의 노력은 벌써 시작되었다. 의식화된 소비자들의 수가 도시에서 증가하고 있고, 그들은 식품의 질을 선택하고자 한다. 이들은 농부들과 연대할 능력을 갖게 되었고, 친구가 되어가고 있다. 미국 전역으로 퍼져가는 이러한 연대는 매주 농부들이 직접 나와서 농산물을 파는 파머스 마켓Farmer's market에서도 쉽게 확인할 수 있다. 한국의 5일장과 비슷한 분위기이다.

만화에서 벅스버니가 들고 있을 듯한 줄기 붙은 당근을 집어 들고 농부와 소비자가 한참 이야기를 나눈다. 파리에서는 가지 한 개를 들고 농부와 손님이 아침에 밭에서 있었던 이야기며 요리법 이야기를 나눈다. 농부는 그 요리에 어울리는 와인과 치즈까지 권하며 또 장에 나온 다른 좌판으로 손님을 소개하기도 한다. 장바구니를 가득 채운 소비자는 맛있는 저녁을 먹으면서도 장터 이야기를 할 터이고, 그렇게 두 번 세 번 만나게 되면 한 밥상을 마주하는 듯 정이 들 것이다.

이렇게 되면 국경 넘어온 찬거리를 사러 대형 마트로 가던 발걸음도 조금은 줄어들게 될 것이다. 이는 세계 곳곳에서 일어나는 거대한 권력에 휘둘리지 않겠다는 지역 사람들의 다정한 연대이다. 유럽에서는 이를 반세계화 운동이라고 하고, 미국인들은 'Local Food(지역 식품)' 먹기라고도 하며, 우리나라의 경우는 '우리 농산물 먹기'이다. 지역 경제를 건설하고 식량을 함께 책임지는 네트워크를 만드는 행동이다. 경쟁에 기반을 둔 시스템에서 협력에 기반을 둔 시스템으로 바꾸는 것인데, 웬델은 이를 매우 평범한 한마디로 정리했다.

"이웃이 되자."

산업영농 농부들이 배운 것은 창문으로 울타리 너머 이웃을 잘 감시하라는 거라고 했다. 그래야 언제라도 이웃 사람이 죽거나 망하면 바로 가서 그의 농장을 살 수 있을 테니 말이다. 내 땅이 넓어져야 기계를 이용할 수 있고, 비료를 사용해 수확량을 늘릴 수 있기 때문이다. 돈을 부어야 이윤경쟁에서 이긴다는 경제 논리인데, 비용과 이윤의 상관관계가 특히 땅의 생산 논리에 맞지 않다는 것은 앞에 언급되었다. 그렇다면 실제는 비용을 줄이는 것이 관건일 것이다.

웬델은 인터뷰하는 동안 간간이 언급하는 말이 있었다. "그럼 돈이 안 들어요"이다. 대문호이고 지성인들의 스승으로 추앙받는 그가 자꾸 "돈이 안 든다"라는 말을 반복하니 싱겁기도 하고 아쉽기도 하여 뭔가 더 거룩한 말이 없을까 이리저리 묻고 물었다. 하지만 지금은 그 말만큼 선명하게 사람들의 답답함을 콕 짚어줄 수 있는 말이 더 없겠다 싶어 무릎을 쳤다. 돈을 밀어 넣고도 본전을 회복하지 못해 쪼들리는 그 타는 속을, 당장 내 땅을 내주고 쫓겨나야 하는 그 졸인 간을 알지 못하기 때문에 그저 좀 더 진한 여운의 문장만을 고르고 있었던 것이다.

이웃이 되자

이웃이 되면, 서로 품을 나누며 함께 보살필 수 있다. 그럼 이웃이 가까울수록 그 마을의 공유 인력은 풍부해지고, 교환 상품이 많으니 돈을 벌어야 하는 강박에서 조금은 느슨해질 수 있을 터이다. 생활수준의 차이도 경쟁관계라기보다 협력적인 관계가 될 것이니 앞서 진단했던 윌킨슨의 지적처럼 건강 상태도 나아질 것이다. 제레미 리프킨이 말한 수평적 관계는 없던 것이 새로 생긴 공유 형태가 아니었다. 이는 인류가 생존하고자 선택했던 협력의 지혜이고, 오래 전부터 지켜온 생존을 위한 품앗이였다.

웬델은 구체적인 예를 묻는 내게 아미쉬에 대해 들려줬다. 아미쉬 공동체에 대해서는 이미 들어보았다. 또 웬델을 만나기 석 달 전에 리프킨의 서재 책꽂이에 눈에 확 띄는 대형 화보집으로 만나봤기 때문에 그 잔상이 남아 있었다.

"아미쉬 공동체가 있습니다. 그들은 농사지을 때 말을 주로 이용합니다. 생산을 하기 위해 그리 많은 화석연료를 사용하지 않죠. 만약에 지역 단위 식량 경제를 구축한다면, 농산물 운송도 일부는 말이 해결할 수 있을 겁니다. 이는 효율적이고 저렴하죠. 한참 산업농으로 전환하던 시기에 사람들은 이제 아미쉬는 끝났다고들 말했어요. 하지만 결과는 정반대입니다. 지금 그들의 숫자는 두 배로 늘어났죠. 그 이유는 그들의 생활이 번성했기 때문인데, 서로를 이웃으로 여기며 도왔어요. 자신들의 육체적인 힘을 말과 합쳤고요. 이들의 에너지는 대지로부터 온 겁니다. 그리고 비용도 많이 들지 않아요. 그렇기 때문에 경제적이고, 스스로 농사짓기를 조절할 수 있었습니다. 사람들이 말을 사용해 경작한다면, 그리 큰 땅이 필요하지 않죠. 큰 땅을 갖지 않는다면, 가까이에 이웃이 생기고, 서로 품앗이를 하게 됩니다. 그럼 돈이 안 들지요. 서로의 경작지에서 다품종을 재배하니까 교환할 거리도 많고요. 아미쉬 공동체는 완전 유기농으로 전환하는 데 매우 쉬웠습니다.

수많은 아미쉬 공동체가 우유를 오가닉밸리^{Organic Valley}에 납품하는데, 그 우유는 다른 회사보다 더 비쌉니다. 당연히 아미쉬 사람들의 수입은 늘어났죠. 그들은 미국 농가에서 겪을 수밖에 없었던 어려운 시기를 시골 동네 공동체에서 서로 어깨를 맞대며 이겨내 왔어요. 또 항상 감당할 만큼만 살림을 꾸려왔습니다. 정책에 휘둘려, 또 시장에 내몰려 새로운 기자재를 퍼붓지 않았기 때문에 돈을 낭비하지 않았던 거죠. 만약에 그들이 시장을 향해서 자신들을 내던져 경쟁의 대상으로 만들었다면 오늘의 번영은 누릴 수 없었을 것입니다.

그러니까 농업을 생각할 때, 우리는 산업화된 농업을 바꾸는 것만 생각해서는 안 돼요. 우리는 사람들이 농사짓고 음식을 키우는 전체적인 것에 대해 다각도의 방식으로 생각해야만 합니다. 수렵하고 채집하는 초기 농업이라고 불리는 것부터 소작농이나 소농들이 일궈온 산업농업 바로 전까지의 시절, 또 지금의 산업영농까지 우리 문명에 들어와 있는 전체 농업을 면밀히 살펴야 해요."

웬델의 '이웃이 되자'라는 말을 들으며, 도시 소비자인 나는 원톄쥔의 '사인교^{四人轎}'와 친구 농부가 꾸려가는 '펑펑농가'의 마음을 떠올렸다. 펑

평농가는 유기농 농사를 짓는데 자신들이 먹고 남은 여분의 소출을 생협이나 한살림 등의 단체보다는 먼저 친구들, 즉 그들의 도시 이웃에게 판매한다. 마치 평평농가의 부부 농부와 딸이 밥상에 숟가락을 더 놓고, 도시 친구들을 초대하듯 먹을거리를 나눈다. 이들 역시 땅에서 이윤을 내는데, 그들은 이윤을 내는 효율적인 방법은 넓은 밭에 한 작물을 심어 좋은 값에 파는 거라는 셈법을 인정한다. 하지만 그보다 땅심을 키우고 영양을 채우는 밥상을 차리고 싶어 한다. 그래서 그들의 농사 범위와 농사 지어 팔 수 있는 기간을 정하는 기준은 단순하지만 엄격하다. 그들 부부의 '정성이 닿는 데까지'이다. 평평농가의 농사 기한은 그들과 소비자인 친구들이 밥상은 따로이지만 같은 재료를 먹을 수 있는 그날까지이며, 작물과 수확의 범위 역시 그 밥상에 차려질 밥과 찬거리로 한정될 것이다.

뒤이어 만나게 될 원톄쥔은 중국의 경우 80퍼센트의 농민이 20퍼센트의 도시민을 먹여 살리는 구조였기 때문에 지난 세기 말 경제위기를 돌파할 수 있었다고 설명한다. 그리고 네 명의 농민이 한 명의 도시 사람을 먹여 살리는 '사인교四人轎'에 비유했다.[•] 이것은 이상적인 결합이다. 그렇다면 미국의 경우는 어떨까? 미국의 농업인구는 전체 인구의 2퍼센트이다. 2명의 농민이 지어 98명의 도시 사람을 먹여 살리는 셈이다. 아슬아슬하다. 세계적인 경향도 크게 다르지 않다. 개발도상국가의 도시 인구는 70퍼센트에 육박하니, 3명의 농부가 7명의 도시 사람을 먹이는 꼴이다. 산업화된 농업이 자리 잡을 수밖에 없는 구조이다. 단 세계 농업을

●　　원톄쥔,《백년의 급진》, p.174

보는 프레임은 장 지글러 편에서 살펴본 기아 문제, 식량 투기 문제 등을 함께 고려해야 하는 부분이다. 그럼 다시 평평농가의 이야기로 돌아가 농사 본연의 가치에 대해 생각해보자.

평평농가 농부가 바라는 세상은 자기들 같은 작은 친구 네트워크가 무수히 생겨나 이 세상을 꽉 채워 생기 넘치는 연대를 이루는 것이다. 고구마 뿌리처럼 줄래줄래 작은 고리들이 연결될 때 세상의 밥상은 건강하고 정성으로 채워지지 않겠느냐는 기대이다. 즉 자연의 순리를 이어내는 안전한 사인교가 되는 셈이다. 이는 내가 11명의 스승들을 만나며 나름의 결론으로 모아진 그 생각의 하나이기도 하여 기쁘기도 하고 서글프기도 했다. 세상을 확 바꿀 신통방통한 알약도, 섬광 같은 변화도 없다는 것을 뼈저리게 느끼면서도 혹시나 그토록 바라던 그것 역시 신기루였다는 확인이기에 서글픔이 밀려든다.

만약 도시 소비자인 내가 파를 키워 먹는다면, 파 가격을 조정하는 시장의 권력에서 그 정도만은 벗어날 것이다. 그러니 한 명 한 명의 소소한 실천이 거대하게 모여야 대안의 물결이 될 것이다. 지름길이 없다는 것은 쓸쓸하다. 그러나 하나라도 하면 또 하나의 힘이 보태진다는 것은 큰 위안이다.

마지막으로 그에게 어떤 길을 가려고 하는지에 대해 물었다.

"내가 가야 할 길이요? 글쎄요. 제가 노력해오고 있는 일은 우리가 처한 곤궁한 상황을 그려내고 설명해내는 일입니다. 그런 마음으로 이 자리에서도 말을 하고 있고요. 자, 제 설명은 끝났어요. 이제 여러분이 시도하고 대안을 찾을 차례입니다. 더 나은 길이라면 어떤 대안은 여러분의 역사 속에 있을 거고, 어떤 것은 아직 만들어지지 않았을 겁니다. 그래요. 제가 말할 수 있는 것은 여기까지입니다. 저도 그 길에 함께 있어요. 오랜 시간 저도 길을 찾고자 애쓰고 있습니다. 우리가 처한 어려움을 드러내는 그곳에서 희망의 대지는 열리게 될 것입니다. 만약에 우리가 가능성 있는 다른 길을 보고 실천한다면, 희망의 대지는 완성될 겁니다."

...

웬델의 흰 옷깃 속으로 빨강 딱정벌레가 기어들어갔다. 그는 능숙하게 손으로 훑어 담더니 창틀 너머로 슬쩍 털어낸다. 그러고 보니 웬델의 은발 머리 위로도 내 흰 셔츠 소매에도 여러 마리의 딱정벌레가 대롱거리고 있었다. 진딧물을 잡아주는 예쁜 벌레지만 막상 집 안으로 들어오니, 아니 내 몸 위로 올라오니 무척 성가셨다. 웬델은 그저 "요즘 많이 들어온다"라고 심상하게 말할 뿐이다. 농부인 웬델과 머리로만 생태를 존중하는 나와의 차이가 또 드러났다.

머리로 받아들인 생각은 허약하다. 5년 전 샌프란시스코 그린걸치 농장에서도 깊게 느꼈었다. 그곳은 1년 내내 우주를 향해 열려진 식당이라는 별칭으로 자연의 생명과 함께 경작해나가는 서부 유기농 운동의 메카이다. 윤작하는 땅, 퇴비가 삭혀지는 동안 쉬는 밭들을 둘러보며 흙과 사람을 살리는 실천이라고 감탄하다 말고 움찔 걸음을 멈추었다. 그 산 속 평원에서 지내게 될 밤을 떠올리고는 멍해졌던 것이다. 유기농업을 하며 자연과 함께한다는 것은 내 눈에는 보이지 않기를 바라는 수많은 동물, 쥐와 벌레와 함께 사는 일이라는 것을 일깨웠기 때문이다. 그린걸치에는 해충이라는 구분도, 잡초라는 분별도 없는 곳임을 머리로만 이해하며 깊이 깨우치지 못하면서 유기농업에 대해 아는 줄로만 알았던 거였다.

그곳은 사슴을 막는 울타리도 없고 새를 쫓는 허수아비도 없지만 땅은 비옥했고, 수확은 풍작을 이뤘다. 사람의 보살핌이 자연 속 먹을거리 나눔의 질서를 정리할 능력임을 확인하게 해줬다. 웬델에게 그린걸치 이야기를 하니 창 앞에 있는 나무를 가리키며 바로 그린걸치를 일군 웬디 존슨이 가져온 한국 품종 라일락이라고 웃었다. 그 웃음이 끝나기 전 나뭇가지 사이로 새가 날아들었다. 머리까지 붉은 망토를 덮어 쓴 듯 강렬했다. 웬델이 '홍관조'라고 새를 소개하며, 둥지 틀 곳을 찾고 있는 암컷이란다. 봄에는 새들도 바쁜가 보다. 그도 땅의 소리에 대한 화답일 테니, 인간의 귀만 열리면 될 듯하다.

선언문-미친 농부의 해방 전선

웬델 베리 지음 / 류시화 옮김

눈앞의 이익, 연봉 인상과
유급 휴가를 사랑하라, 이미 만들어져 있는 것은
무엇이든 더 원하라, 두려워하라.
이웃을 알게 되는 것과 죽음을
그러면 당신은 머릿속에 창문을 하나 갖게 될 것이다.
당신의 미래조차 더 이상 신비롭지 않을 것이다.
당신의 마음은 구멍난 카드가 되어
작은 서랍 속에 폐기될 것이다.
당신이 무엇인가를 사도록 만들고 싶을 때
그들은 당신을 부를 것이다.
당신이 이익을 위해 죽기를 바랄 때
그들은 당신에게 알려줄 것이다.

그러므로 동지들이여, 날마다
계산과 상관없는 그 무엇을 하라.
신을 사랑하고, 세상을 사랑하라.
대가 없이 일하라.
자신이 가진 모든 것을 감수하고 가난해져라.
사랑받을 자격이 없는 누군가를 사랑하라.

정부를 고발하고 깃발을 껴안으라.
그것이 상징하는
자유로운 공화국에 살기를 희망하라.
당신이 이해할 수 없는 모든 것에 찬성표를 던져라.
무지를 찬양하라, 아직 접촉하지 않은 것은
아직 파괴되지 않은 것이니.

해답 없는 질문을 던지라.
천 년에 투자하고, 큰 나무를 심으라.
당신의 주요 작물은 자신이 심지 않은,
살아선 수확하지 못할 숲이라고 말하라.
잎사귀들이 부식토 속에서 썩을 때
비로소 수확되는 것이라고 말하라.
그것을 이익이라고 부르라.
그런 보상을 예언하라.

나무 밑에서 천년마다 쌓일
한 뼘의 퇴비를 신뢰하라.
썩은 고기에 귀를 기울여라.
귀를 가까이 대고 다가올 노래의
희미한 지저귐을 들으라.
세상의 종말을 예상하라.

웃으라, 웃음은 헤아릴 수 없는 것
기뻐하라, 모든 사실에도 불구하고
여자가 권력 앞에서 저급해지지 않는 한
남자보다 여자를 기쁘게 하라.
당신 자신에게 물으라.
이것이 기꺼이 아이를 가질 여인의
욕구를 충족시킬 것인가?
이것이 출산이 가까운 여인의
잠을 방해하지나 않을 것인가?

사랑하는 이와 함께 들판으로 가라.
그늘에 누워,
연인의 무릎에 머리를 뉘어라.
자신의 생각에 가장 근접한 것에 충성을 맹세하라.
일반 대중과 정치인들이
당신의 마음을 예측할 수 있게 되면
곧바로 그것을 버려라, 그것을 잘못된
오솔길, 당신이 가지 않은 길의 표시로
남겨두라, 여우를 닮으라.
필요 이상으로 많은 길을 만드는
때로는 엉뚱한 방향으로 자취를 남기는
그리고 부활을 연습하라.

문명, 그 길을 묻다 10

신자유주의 시스템을
경계하라

인민대학 교수 경제학자 원톄쥔

원톄쥔(溫鐵軍, 1951년생)은 중국인민대학 교수이며, '농업 및 농촌발전대학' 학장이다. 중국경제개혁회 사무차장과 중국 거시경제연구재단 사무차장, 제임스 옌 농촌 재건기관 대표로 활동하고 있다.

1983년 중국인민대학 신문학과를 졸업하고 중앙군사위원회 총정치부 연구실, 국무원 농촌발전연구센터, 농업부 농촌경제연구센터, 중국경제체제개혁연구회 등에서 일했다. 1999년에는 중국농업대학에서 박사학위를 받았다. 1968년 지역으로 파견된 후 11년 동안 노동자, 농민, 군인으로 일했다. 20년 넘게 여러 중앙정책 싱크탱크에서 연구했으며, 30여 개 국가의 국제 조직, 학술집단에서 자문해왔다. 이 경험을 바탕으로 이른바 '삼농(三農) 문제'를 처음 제기하여, 중국 최우선의 아젠다로 확립했다. 그 덕분에 농민, 농업, 농촌 관련 문제들이 2000년대 들어서 중국공산당과 정부의 핵심 정책 과제가 되었고, 2003년 CCTV가 선정하는 경제 부문 올해의 인물에 선정되었다. 2004년에는 두런솅 재단 최고의 논문상을 수상했다. 현재 중국 사회의 변화를 이끄는 가장 주목받는 지식인으로서, 국제적으로는 개발도상국의 경제 발전 문제에 조예가 깊다. 국내에 소개된 저서로는 《백년의 급진》 등이 있다.

> "농부는 비즈니스맨이 아닙니다. 농부는 역사적으로 문화적으로
> 식량주권에 복무하는 사람들입니다.
> 그 땅에 사는 누구나 농사에 대한 책임의식을 가져야 합니다."

지금까지 서구의 아홉 명의 학자와 몰입하여 나눈 대화와 상념을 풀어 왔다. 이 시대의 문제, 그 속에서 자유롭지 않은 우리 한반도의 의제까지 주고받았다. 하나로 수렴되어 가는 지점을 살갗이 벗겨지듯 선명하게 느낄 수 있었다. 세계의 수많은 양심이 외치는 '반 세계화 저항'의 엄중함이다. 세계화의 물결이 얼마나 깊게 일부의 이익을 옹호하는지, 얼마나 은밀하게 다수의 희생을 만들어왔는지 물밑의 거센 흐름을 느낄 수 있었다.

1990년대 광고 하나가 떠오른다. 성취욕구를 자극했던 공익광고로, 정확히 기억나지는 않지만, 각 분야의 사람들이 희망찬 표정으로 이제 선진국 사람들과 경쟁하겠다는 다짐을 했다. 젊은 주부는 자기 상대는 싱가포르 주부라고 했고, 기운 센 노동자는 임금 높은 일본의 노동자를 상대할 거라며 환하게 웃었다. 북유럽 복지 선진국의 누군가와 맞서겠다는 학생도 나왔던 듯하다. 그때는 시장의 규제를 풀어주는 '작은 정부', '세계화라'는 메시지를 무한 반복하여 재생하였다.

'작은 정부', '세계화'라는 그 환상적 메시지의 속뜻은 20년이 지난 뒤

에야 드러났다. 오늘 같은 완전한 세계화 시절에는 고학력 엘리트 인력이라면 더 나은 조건을 찾아 선진국가로 이동할 수 있지만, 대다수 인력은 그렇지 못하다. 값싼 노동력에게 기회를 제공하는 국가는 그만큼 열악한 조건을 내걸고 있고, 이익이 되지 않는 사람들에게는 문을 열지 않는다. 그렇게 수탈에 시달리고 무능한 정부 아래에서 희망을 찾지 못하는 사람들은 선진국가로 목숨을 건 잠입을 시도한다.

하지만 노동력을 제공하는 사람들이 국가를 바꿔 벌이가 좋은 곳으로 가기란 더 어렵고 어려운 일이 됐다. 미국의 국경 수비는 무장이 강화됐고, 유럽의 경계도 사나워졌다. 하지만 자본은 값싼 시간제 임금을 찾아 국경이나 세금 장벽에 상관없이 이곳저곳으로 흘러 다닌다. 그렇기 때문에 자긍심 높았던 1990년대 한국 선박 노동자는 21세기에는 값싼 필리핀 노동자에게 밀려나고 있는 것이다. 이 사실은 구조조정이 이루어진 후 필리핀으로 공장을 이전한 다음에야 세상에 알려지게 되었다. 발랄한 새댁 역시 공공시설 좋고 물가 안정된 선진국 주부가 아니라 장바구니 물가가 춤추고, 학원비 부담에 뒷바라지 못해준 자식들이 가난해질까봐 불안에 시달리는 중년주부가 되었다. 돈이 되는 곳으로 촘촘히 흘러드는 세상의 거대 자본 권력은 빵집으로 극장으로 구멍가게로 갈래갈래 스며들었다.

이에 서구의 지성들은 자원을 고갈하고 인간의 정을 메마르게 하는 세계화의 물결에 저항해야 하는 이유를 우리에게 호소했다. 지금 어떤 선택을 하느냐에 따라 이 문명의 풍요가 지속 가능하다는 것을 주장하고 있다. 이번 장에서는 서구의 학자들에 이어 동양의 저항을 조직하며 세계 속에서 대안을 제시하는 원톄쥔 인민대학 교수를 만난다. 현재 문명의 중심축이자 오랜 역사와 문화의 저력을 갖고 있는 아시아의 입장에서 시대를 살펴보고자 한다. G2라 불리며 우리의 관심을 받는 중국이지만, 과연 우리가 아는 중국은 어디까지인지 가늠해볼 수 있는 기회도 될 것이다. 우리와 밀접한 문화를 공유하는 지역의 학자이기에 또 다른 상상력의 싹을 틔워주지 않을까 싶다. 원톄쥔과의 대담은 5월 22일 베이징 인민대학교 연구실에서 진행됐다.

· · ·

원톄쥔과 구체적인 일정을 잡기에 앞서 통역자를 찾았다. 수소문 끝에 유능한 사람을 소개받았고, 그에게 통역사와 함께 가겠다고 연락했다. 하지만 그의 답은 예상 밖이었다. 거칠어도 영어로 이야기를 나누자고 했다. 굳이 통역하느라 시간을 더 쓸 필요가 있겠느냐며 격식은 빼자고 말하는 그에게서 성품이 느껴졌다. 실용성을 중시하는 활동가 면모였다.

원톄쥔의 연구실에는 박사과정 학생이 노트북을 펼치고 함께 있었다. 영어에 능통한 학생이 함께할 거라고 이메일에 밝혔는데, 그 친구 같았다. 다소곳한 자세가 미국의 학생들과는 사뭇 다른 친근감을 주었다. 그는 밝은 웃음으로 맞았고, 그 환한 기운이 낯익었다. 본인이 한국 영화배우를 닮았냐며 한국 사람들마다 그런 반응을 보였다고 소탈하게 웃으며, 만다린 억양의 유려한 영어를 들려주었다.

다른 나라를 무너뜨리고 지배하는 자본주의

그에게 간략하게 인터뷰 취지를 소개하면서, 마침 베이징으로 떠나오는 날 발행된 신문의 웬델 베리 편을 보이며 그의 날카로운 통찰력도 전했다. 웬델 베리가 현재의 경제 시스템을 가리켜 '종이경제paper economy'라고 꼬집었다는 말을 덧붙이자마자 원톄쥔의 얼굴은 찬바람을 맞은 듯 단호해졌다. 그리고는 우리의 대화를 곧장 본론으로 끌고 갔다.

"왜 종이경제인줄 아시나요? 이는 1940년대, 2차 세계대전 속에서 시작된 겁니다. 당신도 1930년대에 거의 모든 서방 세계가 당한 위기를 알고 있을 거예요. 그 엄청난 위기는 과잉 생산 때문에 생겼죠. 그 의미는 산업화가 거의 완수되었다는 겁니다. 모든 산업화는 어마어마한 규모로 갖춰져야 하고, 아주 많은 제품이 넘쳐나며, 이를 팔 거대한 시장과 뒷받침해줄 생산재를 필요로 하죠. 그런데 당시에는 시장이 부족했어요. 유일한 길이 있다면, 다른 나라의 산업을 무너뜨리는 겁니다. 자기를 보호하는 방법이죠. 2차 세계대전은 그래서 일어났어요. 그 싸움에 들어간 나라 중에 개발도상국이 있던가요? 없습니다. 오늘날 종이경제의 농락이 가능할 수 있던 시작은 거기에 있어요."

첫 질문으로 식량 문제에 대해 준비하고 있었다. 그 전에 인터뷰 방향도 넌지시 전하려고 지나가듯 꺼내든 내용인데, 그는 스파이크로 받아쳤다. 대화의 열기는 삽시간에 올랐고, 내용에도 추진력이 더해졌다.

"2차 세계대전 이후 냉전이 왔죠. 냉전은 역사를 냉전의 이데올로기로 바꿔놨습니다. 냉전 이데올로기는 모든 사회과학 연구, 심지어 경제 연구에까지 엄청난 영향을 끼쳤죠. 그 연구들을 프로파간다^{propagenda}로 바꿔냈으니까요. 그 이후의 사회과학은 어떻습니까? 경제학은요? 모두 냉전 프로파간다를 위한 서술이에요. 이는 진실이 아니죠. 진실은 왜 2차 세계대전이 발발했는가에 있어요. 매우 쉽습니다. 1차 세계대전과 2차 세계대전은 산업화된 서구 유럽에서 일어났습니다. 그런 다음 일본이 2차 세계대전에 참여했죠. 왜냐하면 일본도 산업화가 됐기 때문이죠. 일본이 농업 국가였다면 세계대전에 낄 수 있을까요? 중국은 할 수 없었죠. 여기에는 내부 메커니즘이 있습니다. 본질적으로 다른 나라들을 무너뜨리고 그들을 조절하는 권력을 갖는 겁니다. 그것이 자본주의예요."

원톄쥔의 단호한 표현은 나의 귀를 쫑긋하게 만들었다. 무릎이 절로 모아졌고 어깨와 목은 그를 향해 숙여졌다. 미국의 재레드 다이아몬드가 우리 문명에게 닥친 전반적인 위기를 진단해줬다면, 유럽의 지그문트 바우만은 역사 진행 방향을 제시하며 또 다른 봉우리에 올라 전체의 경향을 조망하게 해주었다. 그래서 더욱 동양의 시각으로 전체 판을 조망하는 진단이 듣고 싶었다. 일본의 학자 두 명과 접촉하였고, 최종적으로 중국학자 가운데 원톄쥔을 만나기로 정했다. 만나자마자 그가 열어주는 세상은 뜻밖에도 더 깊고 넓게 확장된 시간과 공간이었고, 현대 전반을 돌아보도록 했다. 세상을 흔드는 경제흐름, 빈곤 지역과의 세계적 갈등을 낳는 불평등의 배경 그리고 종교 갈등으로 표면화되는 시장 쟁탈 투쟁,

군사력이 만드는 경제적 이익 등을 조금이나마 나 스스로 엮어내도록 구멍 나 있던 그물코를 꿰어주었다.

최후의 승자 미국 그리고 달러의 등극

"1944년 이전까지 산업화된 나라들은 어떻게 해서든 금과 은을 만들어 미국으로 가서 무기로 바꿔 와야 했습니다. 그래야 적과 싸울 수 있기 때문이죠. 2차 세계대전은 거의 모든 것을 파괴했어요. 금만 살아남았습니다. 승자는 미국뿐이었죠. 전쟁이 끝나고 미국은 세계 금의 60퍼센트 이상을 보유하게 됐고, 세상을 다스리는 종이를 사용할 수 있는 능력을 갖추게 됐습니다. 곧 미국이 세계 통화의 70퍼센트에 해당하는 돈을 발행함으로써 종이경제, 즉 화폐경제가 주류가 됐습니다. 이는 1944년 브레튼 우즈 체제Bretton Woods system를 형성했고, 달러만이 금을 상환할 수 있도록 고정금리를 만들게 되었죠. 이것은 2차 세계대전 덕분이에요. 전쟁 중에 전쟁이 시작된 것입니다."

현재의 금융위기와 불안을 유발하는 종이경제의 시작을 자본주의 경쟁에서 우위를 점한 미국 자본의 힘으로 짚어냈다. 세계대전에 참전했던 소련과 미국 양대 진영의 갈등이 20세기를 이끌어왔다는 사회, 문화, 정치적인 해석과 달리 그는 금융자본의 성장을 문제의 중심에 놓았다. 산업화를 완수한 이들의 시장 쟁탈전이 2차 세계대전이며, 그 결과 유럽의 금을 모두 쓸어오게 된 미국만이 유일한 승자가 됐다는 것이다. 이에 달러를 기축통화로 자리매김한 브레튼우즈체제가 만들어지면서 본격적인 종이 화폐를 발행함으로써 세계 금융시장을 흔드는 권력을 가지게 됐다. 그리고 그 권력이 만든 재난이 이후 발생한 금융위기라는 진단이다. 그에게 질문을 던졌다. 촘스키와 만났을 당시의 대화가 떠올랐기 때문이다.

촘스키는 전 세계에 주둔하는 1,000여 개의 미군 부대가 팽창하는 중국의 군사력을 견제하는 새로운 지정학적인 배치로 돌아섰다고 언급했다. 그 점을 견주어보면 다른 지역의 배치 또한 자원과 시장 확보를 위한 경제적 이익을 위한 고려로 보이는데, 미국 군대의 주요 역할에 대해 원 테쥔은 달러의 힘을 뒷받침하기 위한 배경으로 보는지가 궁금했다. 이 질문에 대한 그의 대답은 분명했다.

"그렇죠. 그것이 기본입니다. 왜 미국이 군사력을 팽창시키려고 할까요? 이를 알려면 1970년대를 봐야 해요. 자, 당신이 이제 나라를 이끄는 황제가 됐다고 가정해봅시다. 당신은 종이돈을 발행할 수 있는 능력이 있죠. 그 종이돈으로는 뭐든지 다 끌어 모을 수 있어요. 그렇다면 당신은 종이돈을 찍어내겠습니까? 안 찍어내겠습니까?"

느닷없는 질문이었다. 질문을 하다가 받게 되면 머쓱해질 뿐 아니라 대답하기에 시간이 걸린다. 영어로 듣고 한국어로 답을 찾은 후 다시 영어로 내놓아야 하기 때문에 굼뜨게 되고 움찔하게 된다. 금이 없는데 어떻게 돈을 찍겠냐고 우물거리니, 그는 "모두들 종이를 달라고 바라는데도

요?"라고 일깨웠다. 돈을 찍어내는 힘센 나라의 기분을 알 듯했다. 상상인줄 알면서도 마구 찍어내어 모든 재화를 다 얻고 싶은 충동이 들었다.

"당신은 그 종이가 큰 가치를 갖도록 만들 필요가 있습니다. 어떻게요? 군사력으로요. 1970년대까지 종이돈을 너무 많이 찍은 미국은 우리에게 더 이상 금을 돌려줄 수 없게 되었고, 브레튼우즈체제도 포기합니다. 그렇지만 종이돈 시스템이 무너지도록 놔둘 수는 없었습니다. 그럼 모든 것을 잃게 되는 거니까요. 강한 지위를 유지하기 위해 그때 금권정치로 돌아서죠. 특히 1980년대부터 미국은 버블 금융을 창조합니다. 파생상품을 통해서요. 2000년대에는 더 많은 파생상품으로 더욱 큰 버블경제를 만들었고요. 당신이 저축한 돈을 바탕으로, 대출을 받는다면 이는 실용적이고 실제 경제와 매우 강한 관련을 맺습니다. 그런데 파생상품은 실제 경제와 아무런 연관을 갖지 못해요. 부풀린 신용이거든요. 그렇게 미국 사람들은 그들의 경제를 실제경제에서 버블경제로, 또 종이경제로 돌려세웠습니다. 1980년대 말에 그들은 소위 신자유주의라고 불리는 곳으로 옮겨갔죠. 신자유주의는 자유주의가 아니에요. 매우 보수적입니다. 그들의 거품을 보호하고 거기서 생기는 이익의 상당수를 금융자본이 가져가는 겁니다. 지금은 이머니e-money라고 부르며 인쇄비용마저 아끼고 있죠."

오직 숫자로 머무는 돈이다. 모니터 앞에만 등장하는 돈이기 때문에 삭제될 수 있고, 어떤 기획이든 순식간에 창조할 수 있다. 그런 종이경제가 2008년에 신용붕괴를 불러왔다. 그리고 원톄쥔은 금융위기 다음에 반드시 군사적 갈등이 온다고 지적했다.

"금융위기가 생길 때, 거기에는 반드시 또 다른 이유가 있습니다. 바로 정치적인 이슈입니다. 그런 다음 군사적인 이슈가 따라와요. 왜 미국이 그렇게 거대한 군사력을 가져야 할까요? 미국은 세계 GDP의 100퍼센트에 달하는 어마어마한 빚을 갖고 있습니다. 그들이 만든 빚입니다. 매우 큰 거품이 끼어 있지만 군사력에 의해서 보호되고 있죠. 우리는 이런 반복의 배경을 볼 수 있어야 합니다."

오바마 행정부가 출범할 당시 미국인들의 기대는 그가 권력을 워싱턴 D. C.로 가져오길 바랐다. 하지만 오바마는 금융위기가 나자 대다수 서민구제에 나서기보다 월스트리트 금융구제에 더 힘을 실어줬다. 결국 결정권은 의회가 아닌 금융권에 있다는 국민적인 실망이 짙어졌고, 이듬해 월스트리트 시위('월스트리트를 점령하라!Occupy Wall Street!')가 일어난 것이다. 이를 되새기는 나의 답변에 그는 나직이 답했다. 이는 오바마 행정부의 탓이 아니라 경제적인 규칙이고, 금융화의 길이 그러하니 인정해야 한다는 것이다. 체념 같은 어조였지만, 더 깊이 스며드는 경고였다.

초국가적 기업이 우리의 이익을 가져간다

"새로운 자본의 시대가 시작됐습니다. 핵심 이슈는 금융화입니다. 금융 자본화, 금융 세계화로 인해 점점 더 많은 갈등이 개발도상국가에서 벌어지는 이유입니다. 왜냐하면 거대한 금융 거품이 있어서예요. 그들은 당신에게 다가와서 당신의 이윤을 가져가고 당신을 자본화합니다. 당신의 실질적인 경제말입니다."

인터뷰하던 그때에도 제3세계에서는 분쟁이 끊이지 않고 있었다. 시리아에 이어 남수단, 우크라이나, 르완다 등에서 죽고 죽이는 시간이 이어졌기 때문에 그는 지역 분쟁에 대해 언급했다. 그리고 그는 이런 답변을 내놓았다.

"2차 세계대전에는 산업 제품을 위해 문을 열어야 한다고 말했어요. 지금은 금융 제품을 위해 문을 열기를 바랍니다. 그러니까 NAFTA 또는 유럽연합 같은 그룹들은 물리적인 경제 산업화를 위한 것이고, TPP는 금융자본을 위한 거죠. 자유로운 금융이 흘러왔다 나가면 무엇을 가지고 있든지 다 열고 건네도록 만들 겁니다."

그가 내놓은 상징적인 설명을 들으니 먼 나라 분쟁보다 1997년에 겪었던 IMF 사태가 떠올랐다. 그때의 학습이 다른 사람들에게도 진저리나는 기억으로 남았나 보다. 2010년 그리스 IMF 차관 뉴스가 나오는 식당에서 들었던 노인의 탄성이 잊히지 않는다. "곧 저 나라도 다 털리겠구만" 하는 혀 차는 소리였다.

곧이어 그는 스마일 곡선을 설명했다. 경제 분야에서 사용하는 개념으로 애플사의 예가 떠올랐다. 상품에 대한 아이디어와 기술이 뛰어난 애플은 폭스콘에게 제조를 맡기고, 마케팅은 애플이 담당한다. 이런 과정을 통해 제품 생산 과정의 중간 단계에 있는 폭스콘의 이윤은 적고, 변동도 없다. 하지만 애플은 영업을 통해 이익이 급격히 늘어난다. 그래서 초기 상품 아이디어나 디자인, 후기 마케팅 분야를 담당해야 돈을 번다는 이야기들이 떠돌았다. 원톄쥔은 스마일 곡선에서 오른쪽 꼭대기에는 금융 분야가 있고, 반대쪽에는 천연자원이 있는데, 금융자본은 초국가 기업이 갖고 있다고 했다. 금융자본이 초국가 기업에 자금을 대며 석유가 됐건 광산이 됐건 간에 관장하도록 밀어준다. 그 결과 세계의 국가적 자원 80퍼센트 이상이 초국가 기업에 의해 관리되고 있다고 한다.

"그들은 매우 싼 금융자본을 미국, 유럽연합, 일본으로부터 얻습니다. 그렇기 때문에 한국이건 중국이건 외국의 투자 자유 출입을 허락하면 땅, 공기, 물 할 것 없이 초국가 기업을 통해 빠져나가게 되어 있어요. 이것이 스마일 곡선입니다. 초국가 기업은 관리하고 있는 천연자원의 값을 올릴 수 있기 때문에 우리가 신발공장을 한다면, 필요한 석유를 비싸게 주고 가져와야 하죠. 그러면 스마일 곡선 바닥에 있는 제조업은 수입이 줄고, 초국가 기업은 이윤이 늘면서 그 돈은 다시 금융자본에게 넘어갑니다. 이 곡선에서 나라마다 위치가 다른데, 미국이 최고에 있고, 다음이 러시아입니다. 러시아는 엄청난 양의 가스와 석유, 천연자원을 관장하는 주권을 갖고 있기 때문이죠. 푸틴이 70퍼센트의 지지를 받는 것도 그 주권을 다시 회복해서입니다. 하청받은 제조업 중심 국가인 중국은 스마일 곡선 바닥에 있습니다. 게다가 제조업에 있는 노동자라면 100퍼센트 가운데 5퍼센트를 가질까 말까 해요. 금융 부분과 천연자원 쪽이 이윤이 많은 양끝을 차지하는 거죠."

그는 러시아를 언급했다. 당시는 우크라이나 사태가 이어지던 때여서 그의 말에서 〈뉴욕타임스〉에 실렸던 광고가 떠올랐다. 2014년 4월부터 우크라이나 동부 지역에서 정부군과 분리주의 반군 간 교전이 벌어지자, 미국의 유대인들이 러시아를 규탄하는 전면 광고를 반복적으로 실었다. 러시아로의 편입을 규탄하며 미국의 적극적인 개입을 촉구하는 압력이었다. 한국뿐 아니라 서방의 보수 언론은 사태를 러시아의 구 소련권 영향력을 강화하려는 의도라고 보도하였다. 그러나 그 안에는 보다 복잡한 관계가 얽혀 있다는 관점이 힘을 얻었고, 올리가리히(신흥 부유층)들의 세력 갈등으로 보는 분석도 이어졌다.

올리가리히는 과거 고르바초프 시절 시장경제로의 개혁 바람이 부는 와중에 국영기업들을 거의 무상으로 분할받은 신흥재벌 세력을 총칭한다. 이들은 옐친을 지원했고, 그가 대권을 잡자 국영기업들을 사유화했다. 러시아, 우크라이나, 그루지아 등 구 소련 출신들 가운데 푸틴과의 대립 정점에 있던 미하일 호도르코프스키는 정유회사 유스코의 오너로 2002년 〈포브스〉 선정 40대 세계 최고 갑부가 될 만큼 러시아 최고 부호로 정치권력까지 휘둘렀다. 하지만 그는 2003년 푸틴 정권에 의해 체포된다. 주식의 반을 월스트리트에 매각하려 했다는 혐의와 배임 등의 이유다. 그 후 9년을 감옥에서 보냈으며, 그의 회사는 공중분해되었다.

현재 영국 프리미엄리그 첼시 구단주인 로만 아브라모비치를 비롯하여 그들은 모두 유대인이다. 스위스 은행의 주 고객이 된 그들에게는 사회정의를 내던진 무리라는 비판이 따라다니는데, 소련 붕괴 이후 고통받는 다수의 시민과는 달리 편법을 동원해 약삭빠르게 재산을 늘려갔기 때문이다. 그들이 런던 부유층을 다시 재편하자 유럽의 언론인들은 런던그란드로 부르며 비아냥거렸다. 우크라이나 내부의 상황은 복잡한 여러 양상이 있겠지만, 민주화를 요구하는 시민들과 달리 우크라이나 자원과 연결된 열강들의 다툼은 이미 드러나 있는 바다. 대통령 탄핵이 불거진 이면에도 올리가리히의 분쟁이 있었다는 언론의 분석이 나오고 있다.

원톄쥔의 러시아 자원과 그들의 주권에 대한 지적을 듣자 세계의 자원을 둘러싼 힘의 대립에서 이데올로기라는 명분으로 둘러쳐진 포장이 조금 걷히는 느낌이었다. 앞서 제레미 리프킨이 강조했던 화석연료를 바탕으로 발생된 현 문명의 총체적 한계라는 분석에 좀 더 힘이 실리는 느낌이다. 이슬람과 반 이슬람 세력의 대립으로 드러나는 서구의 갈등 관련 보도 역시 종교, 문화라는 막을 거두고 보면 자원을 둘러싼 금융자본의 이윤 추구 쟁탈전으로 볼 수 있다. 금융자본을 소유한 이들과 자원을 쥐고 흔들 수 있는 이들, 또 자원은 있지만 그 자원에 대해 권리를 행사하지 못하는 이들 간의 대립구도 말이다. 세계화 시대에는 국경과 인종, 문화적 동질감보다 이윤과 시장 확보가 염치불구하고 뛰어들 만한 그 무엇보다 우선한 명분이 되었다.

탈국가주의를 경계하라

"지금 이 시대에 가장 위험한 정책은 탈국가주의, 탈주권입니다. 17세기부터 산업화 길에 들어선 서구 나라들에 의해 창조된 개념이죠. 지금은 세계 금융화를 원해요. 국경이 사라지길 바랍니다. 그런 다음 뭔가 국가보다 아주 더 높은 가치가 있다고 말합니다. 그 뜻에 수긍하며 사람들은 국가적 개념의 가치를 해체하죠. 바로 탈국가예요. 이 뜻은 탈정치화한다는 거고, 당신이 누구이고 국가가 어디인지 점점 더 잊겠다는 의미입니다. 한국 사람이 아니라 글로벌 국민이라는 사고인 거죠. 세계 모두가 하나이고, 인간적 권리가 국가적 권리보다 높다고 여기는 점은 좋습니다. 그런데 이런 구호 속에는 이데올로기적 선전선동이 들어와 있어요. 국가적 자원을 관장하는 당신들의 주권을 포기하도록 부추깁니다. 당신들의 시장이고, 당신들의 일자리인데, 자유라는 이름으로 희석시키고 있어요. 이를 이루기 위해 아주 많은 대학이 월스트리트로부터 스폰을 받고 있습니다."

한미 FTA의 경우를 보아도 우리의 서명 상대는 미국이라는 국가이지만, 실질적 서명 상대는 그 국가가 주되게 보호하려는 세력이다. 한국 역시 마찬가지였다. 국가 대 국가로 나선 대표선수가 누구를 대변하는지 들여다보면 해당 정부의 주인이 누구인지가 보인다. 의회를 구성하는 의원들은 국민의 투표로 선출됨으로써 국민을 대표한다.

그런데 과연 한미 FTA가 국민 다수의 이익을 대변하는 것일까? 산업의 주인, 대자본의 주인을 대변하고 있는 것은 아닌가? 국민 다수의 이익을 대변한다면, 아스팔트에 경운기를 끌어다 놓는 농민들의 이익이나 절대 다수인 소비자 식탁의 안전이 보장되어야 한다. 하지만 결과는 그렇지 못했다. 소고기를 먹기가 두려워졌을 뿐만 아니라, 식구들이 식탁에 모여 밥 먹기조차 어려워질 정도로 점점 더 불안한 일자리, 불안한 가계 소득구조가 되었다. 그 이유가 국회에 모인 사람들이 경제적 후견인들을 대변해서인지, 국민이 잘못 선출해서인지, 아니면 바우만이 말한 것처럼 더 이상 권력이 국회에 있지 않고 떠도는 자본에 있어서인지 엄중히 살펴야 한다.

국경이 사라진 요즘 고통받는 사람들은 누구이며, 나와 함께 이익을 도모해야 할 사람들은 누구인지, 누구와 연대해야만 억울함이 줄어드는 세상이 될 수 있는지 깊숙이 들여다봐야 할 것이다. 탈국가 이데올로기를 내세우는 사람들을 조심하라는 원톄쥔의 경고는 결코 배타적 민족주의를 옹호하자는 말이 아니다. 민족과 국가를 앞세워 다수의 희생을 강요하는 그런 불평등을 위한 허울뿐인 민족주의가 아니라 민족과 인종 너머에 민주주의 정신에 맞는 평등성을 잃지 말자는 당부이기도 하다.

서구 신자유주의 시스템은 만능이 아니다

종이경제 시스템이 신자유주의로 이행되는 그때, 원톄쥔은 미국에 있었다. 방문학자로 미국의 시스템을 연구했는데, 그때는 미국이 중국의 모델이 될 것이라고 확신했다고 한다. 중국 개방 길목에서 주요한 역할을 해온 실무 책임자이기도 한 그의 탈세계화에 대한 호소가 어떤 배경에서 나왔는지에 대해 물었다.

"1980년대에 세계은행은 미국이 주도하는 신자유주의로 중국의 시스템을 바꾸려 했습니다. 그때 저도 시스템 변화를 주도하는 중국 측 담당자 중 한 명이었어요. 우리들은 5년 동안 아주 많은 토론을 했죠. 서구의 정책을 그대로 베껴서 이식하는 방식은 중앙의 권력을 지역으로 이행하는 것과 같기 때문에 그렇게는 하지 않았습니다. 매우 주의를 기울였습니다. 우리는 당신들의 정책, 제도, 생각까지도 사용할 거지만 그래도 이를 지역에서 선택하도록 기회를 갖자고 한 거죠. 그런 다음 실험하면서, 어떤 일이 벌어지는지 관찰했어요. 좋은 점과 나쁜 점을 추리며 매년 컴퓨터에 정리했습니다. 5년 뒤 결론이 나왔어요. '안 된다'였습니다. 우리는 서구를 복제할 수 없는 실정이었습니다. 왜냐하면 지방에 적용되지가 않았으니까요. 중국은 아주 큰 대륙입니다. 각기 다른 지역에 다른 민족이 살죠. 하나의 제도를 사용할 수가 없고, 사용한다면 인민을 위한 민주주의가 안 되는 거죠. 그래서 다시 5년을 보냈습니다."

그들은 금융 시스템, 선거 시스템, 농업 시스템 등 서구의 시스템을 실시해보았으나 하면 할수록 부작용이 누적되었다. 지방의 2억 4,000만 가구를 감당할 상업은행 시스템은 가능하지 않았다. 대부분이 소자산 가구들이었고, 생산품 역시 다양한 지방 시장에 표준화된 시장 시스템으로 수용할 수도 없었다. 시장도 실패했다. 그다음 시도는 정치였다. 자유선거 민주주의 시스템의 실험은 80퍼센트 실패였다. 법적 시스템도 실패였다. 그 실패의 배경에는 매우 중국적인 특성이 작용하고 있었다. 부정부패가 만연해 있기 때문이냐고 물었던 나의 반문은 쥐구멍을 찾고 싶을 정도로 그들의 상황은 달랐다. 세상 모든 갈등을 해결할 수 있는 한 가지 묘책이란 있을 수 없음을 확인할 수 있었다.

"우리에게는 집성촌 문화가 있습니다. 대가족이 한 마을을 이루어 사는 거죠. 아마도 몇몇 집안이 마을을 좌지우지할 거예요. 그렇다면 자유선거 같은 권리를 그들에게 줄 수 있을까요? 한 집안이 모든 권한을 독점할 겁니다. 서로 잘 모르는 사람들로 구성된 사회에서 정치적인 선전을 통해 의회를 구성하며, 정견을 선 보인 다음 대표를 선출하는 시스템은 보다 작은 국가에서 효율적이죠. 중국에는 300만 개의 집성촌이 있습니다. 지방 사회는 지방의 엘리트 그룹에 의해서 통치되고요. 지역 엘리트 그룹들은 아주 많은 곳으로 뻗어 있습니다. 심지어 전체라고 할 수 있죠."

그들은 1986년에 시작해서 1997년까지 길을 찾았으나 서구 신자유주의 시스템을 적용할 수 없다는 결론을 내렸다. 세계은행은 우수한 학자

들을 동원해서 밀어붙이고 싶어 했다. 하지만 데이터를 놓고 토론하자라며 방식을 수정했다고 한다. 원톄쥔은 세계은행 대출 사례 가운데 중국이 가장 성공적일 것이라고 평했다.

원톄쥔에게 현재 중국의 신자유주의 경향은 어떠한지에 대해 물었다. 그의 얼굴에 상심의 빛이 일었다. 중국의 주류는 자신들이 1980년대 중반에 걸었던 검증의 길을 가지 않았다고 한다. 그가 말한 주류의 의미는 자본그룹으로 30년 경제성장 기간 속에서 물리적인 세력을 이뤄온 이익집단이다.

"1980년대 이전부터 이익집단이 있었지만 그리 분명하지는 않았어요. 왜냐하면 대부분의 소유물이 전체의 공동 소유로 되어 있었기 때문입니다. 심지어 당신이 은행의 대표라 해도, 또 자동차 산업체의 대표라 해도 분명하게 대표성이 있는 것은 아니었죠. 이러한 환경이 1980년대부터 복합 소유제로 전환되었습니다. 환경이 바뀌면서 잠재적인 영향력을 갖던 사람들이 대표성을 갖추게 됩니다. 고위 공무원, 정치가와 금융자본이 얽혀진 이익집단이 현재는 더욱 분명하게 정책에 영향력을 끼칩니다."

이들은 원톄쥔이 지목한 중국의 메인 스트림이다. 정치국은 어떤 한 이익집단에 맞는 입장을 취할 수가 없기 때문에 재검토하며 조율하는 기능을 한다고 했다. 이것이 중국 시스템이며 서방과는 다른 중국적인 신자유주의 실태라고 한다. 중앙과 달리 지역에 있어서는 서방과의 차이가 분명하다는 입장이다. 그리고 그는 중국의 금융자본을 판단함에 있어 분명하게 고려할 점을 강조했다.

"중국이 돈을 돈으로 사용하기 시작한 것은 1992년입니다. 소련이 무너지고 중국은 화폐제정을 시작했죠. 하지만 진짜 돈으로 사용될 수 있는 돈을 만든 시기는 1998년이에요. 동아시아가 금융대란에 빠진 그때, 중국은 은행을 상업적으로 만들기 시작했어요. 1992년 이전의 돈은 돈이 아니었고, 1998년 전의 은행은 은행이 아니었습니다."

배급제 사회에서 시장경제로 이행하기 시작한 20세기 중국을 이해하는 일은 간략히 정리될 수 없는 부분이다. 원톄쥔이 지적하듯 넓은 땅에서 다양한 민족이 생활하기 때문에 고려되어야 할 변수도 많았다. 그렇다면 과연 이들의 단계는 어느 지점에 와 있는가? 원톄쥔은 서구의 종이경제로 불리는 파생상품으로 형성된 버블경제 단계와 중국과는 구분점이 있음을 지적했다. 그는 중국과 관련한 데이터를 접함에 있어 이 부분을 염두에 둘 것을 지적했다.

농업은 비즈니스가 아닌 문화이자 교육

농업 전문가인 원톄쥔에게 농업정책에 대한 견해를 물었다. 한국은 농촌경제를 살리고자 성장정책을 쓴다. 농산물 가공품 생산과 관광상품까지 연계하여 1차, 2차, 3차 산업을 한 공간에서 성장할 수 있도록 하자는 농업 산업화를 위한 방안을 추진하는데, 이는 비단 한국만의 이야기는 아닐 것이다. 그에게 오늘날 현대 문명 속에서 생산력과 식량권을 확보하기 위한 농업정책에 대해 물었다.

"가족 중심 농업이야말로 식량주권을 위한 길입니다. 가족농은 국제시장을 위한 농사가 아니니까요. 브라질의 경우 세계 최대의 농장을 갖고 있지만 모두 초국가 기업이 관장합니다. 풍작을 이뤄도 농부들이 먹고사는 데 도움이 되지 않아요. 국제 시장으로 갈 농산물들이니까요. 기업 농장 고용인으로 일하는 농장 노동자들 가족은 기아에 허덕입니다. 브라질 노동당이 권력을 잡았을 때, 룰라 대통령이 이렇게 말했죠. '나의 임무는 굶주림을 없애는 일이다. 세상에서 제일 큰 농사를 짓고, 천연자원의 보고인 이 땅에 사는 사람은 우리이기 때문에 말할 권리가 있다'라고요. 국제 농산물시장의 패권을 쥔 초국가 기업들과 투기 자본을 향한 외침이었습니다. 주권을 갖겠다는 선언이죠."

농부도 화폐를 지녀야 자녀 교육과 기본적인 물질문명을 누릴 수 있는 세상이다. 또한 소비사회에서 농부에게 금욕적인 삶을 강요하는 것은 대안이 될 수 없다. 그럼에도 그가 우려하는 지점은 비즈니스 논리로 농사를 사고하는 점이다. 시장경쟁에 뛰어들면 그때부터는 산업 사회의 거대 기업과 경쟁해야 하기 때문에 거기서 살아남을 확률은 매우 희박하다는 충고다. 그러하기 때문에 국가적 차원의 사고 전환이 필요하다고 주장한다.

"농부는 비즈니스맨이 아닙니다. 농부는 역사적·문화적으로 식량주권에 복무하는 사람들입니다. 그 땅에 사는 누구나 농사에 대한 책임의식을 가져야 합니다."

그에게 대한민국은 식량자급률은 23퍼센트이지만, 언제라도 교역을 통해 식량을 수급할 수 있기 때문에 식량주권이 확보되었다고 간주된다고 말하였다. 그는 농산물 자급자족 없이 교역을 바탕으로 유지하려면 한 가지 전제가 있어야 된다고 지적했다. 그러한 식량권이 위협을 받지 않으려면 생활과 산업 전반에서 자급력이 있어야 한다는 점이다. 그는 북한의 예를 들며 우려를 표했다. 자연스럽게 농업 산업화에 대한 이야기와도 연결된다.

"1980년대에 북한에서 기아가 발생했다는 뉴스를 접한 적이 있나요? 그때까지 그들은 풍족했어요. 석유가 공급되었으니까요. 그들은 세계에서 비교적 일찍 농업 산업화를 이루었습니다. 북한 인구의 70퍼센트가 도시에 살며, 농장을 계획적으로 현대화시켜 농업에 종사하는 인구 30퍼센트만으로도 기계와 비료를 이용해 필요한 생산을 완수했습니다. 모든 자원은 소련으로부터 조달해왔어요. 그러다 1991년 소련이 무너지자 그 누구도 북한에 기름을 주지 않았던 거죠. 미국은 북한을 고립시켰어요. 1980년대에 비축했던 농산물은 곧 바닥을 드러냈습니다. 저는 당시 농업 전문가로 유엔개발계획United Nations Development Programme, UNDP의 요청을 받고 북한에 갔습니다. 북한에서 어떤 일이 벌어지는지 분석을 해달라고 했습니다. 제가 발견한 문제점은 과도한 농업 생산 현대화였어요. 이데올로기 문제가 아니었습니다. 많은 기계를 사용했는데, 자원 자립이 안 되니, 보유하고 있던 석유가 떨어지자 멈춰버린 거죠. 기계가 멈추니 생산이 멈춘 겁니다."

북한의 기아 발생 배경은 우리에게 시사하는 바가 크다. 산업화, 기계화, 현대화라는 모델을 밀고나갈 경우 자원 자립도가 약한 나라라면 마주할 수 있는 위험 요소이다. 앞서 웬델 베리 편에서 보았듯이 기계와 비료에 의존하는 단일작물 생산은 단기적 수확은 늘릴 수 있지만, 그만큼 토질을 파괴하고 토양 손실을 야기한다. 농기계, 종자, 비료 제조자들의 권력에서 자유로울 수 없기 때문에 시장에서도 농부의 권리와 이익은 불안해진다. 원톄쥔은 종속적인 관계를 위태롭게 바라보았다. 그가 말한 사고의 전환은 새로운 시대정신을 강조하는 것보다는 이미 3000년 전부터 우리가 이어오던 땅과 인간을 외경하는 바로 그 정신을 깨워내자는 '가치의 복원'인 것이다.

"시골에 농사를 짓는 30퍼센트가 도시에 사는 70퍼센트의 사람들을 먹여 살릴 수 있을까요? 이것은 쉬운 산수입니다. 3명이 나머지 7명을 포함해서 10명을 먹여 살리기는 힘듭니다. 이 상황이 북한에서 일어났어요. 농업을 기계화한다고 해도 가족농 중심의 논밭에 사용하는 기계와 거대 농장의 기계는 다릅니다. 문제는 북아메리카식 거대 농장인데요. 중국의 경우도 거대 농장의 70퍼센트가 실패했습니다. 하지만 안타깝게도 중국의 주류 세력들 가운데 바보 같은 공무원들은 미국에서 배워온 그 방식을 아직도 밀어붙이려고 합니다. 이는 매우 위험한 일입니다."

중국의 경우는 70퍼센트가 가족농이며, 수십 년 동안 식량 자급을 완수하고 있다. 그리고 지난 10년간 최고의 수확을 올렸다고 한다. 그 가치를 지키고자 새로운 소비자 운동이 시작되었다. 특히 중류층, 중하위층을 중심으로 마음이 달라지고 있다. 주류를 향하던 관심과 욕망이 스스로의 식량안전 시스템을 만들려는 방향으로 돌아서면서 그들이 땅으로 돌아오고 있다.

"많은 젊은 학생, 중하층 시민이 소셜 네트워크를 통해 모였습니다. 농촌 재건이라는 이름을 걸고 거대한 플랫폼이 이뤄졌죠. 수천 명의 사람들이 함께하고 있어요. 안전한 음식, 안전한 공동체를 갖고 싶은 그들은 틈나는 대로 모여 농사를 짓습니다. 그들은 스스로 조직화했어요. 스스로 한다는 그 속에 가장 강한 힘이 깃듭니다. 노인 세대까지 가족이 함께 모이죠. 여기에는 어떤 투자도 필요 없어요. 큰 주류 자본 테두리 안에서 벌어지는 일이 아니니까요. 거대 자본이 가는 길에서 이탈한 사람들이죠. 중국의 13억 명의 인구 중에서 10퍼센트만 다르게 움직여도 대단한 무리가 됩니다. 점점 더 많은 사람이 농촌으로 가고 있어요. 이들은 농업을 비즈니스라고 생각하지 않고, 역사라고 생각하죠. 농업은 문화이고, 교육입니다. 또한 사회고요. 지금 우리의 운동은 세계화의 물결을 돌려내는 사회적 재생운동입니다."

인터뷰 도중에 밝은 미소를 띤 30대 여교수가 들어왔다. 윈테쿤은 그녀도 주말 농부라고 소개했다. 그녀는 어린 딸에게 자연이 무엇인지 알게 하기 위해 주말 농장을 시작했다고 한다. 아이들이 스스로 살아가는 기본 지식을 갖추게 하려고 밭을 일군다고 한다. 우리 인간이 스스로를 먹여 살려온 그 전통을 교육하는 일이다. 대한민국에서도 지역 사회 속에서 번져가는 운동이고, 뉴욕이나 런던, 베를린에서도 시민들이 도심 한 모퉁이라도 허가를 내어 만들어나가는 도시농부 운동이다.

"주류는 당신에게 주류로 가라고 몰아갑니다. 그들은 더 많은 사람이 주류로 가도록 몰아요. 그리고 마침내 큰 위기를 창조하죠. 우리에게 쓰라린 교훈을 주었고, 그 결과 몇몇의 사람들을 돌아 나오게 만들었습니다. 하지만 다수는 언제나 매우 게으릅니다. 변화를 원하지 않죠. 그저 따라갈 뿐입니다. 그래서 또 커다란 위기를 맞게 됩니다. 즉 대량 실업을 초래하죠. 이때 떨어져 나온 사람들은 어디로 갈까요? 작은 변화를 꿈꾸면서 고향으로 돌아가는 사람들도 있어요. 아마도 10~15퍼센트 정도는 주류에서 이탈하겠죠. 이것이 혁명입니다. 우리에게 주류와의 논쟁은 필요하지 않습니다. 저는 결코 주류학자들과 논쟁하지 않아요. 우리 스스로가 변화하는 데 주목해야 합니다. 제가 변하면 어떤 사람들은 이 변화에 동참할 거예요. 그러면서 대안적인 사회를 만들어나가게 됩니다. 우리는 무엇이 지속 가능한 것인지 생각하고, 그렇게 만들어갈 거예요. 거대 자본과 그 주변은 계속 주류가 가는 방향으로 운행해가겠죠. 그 종착점은 위기입니다. 바로 몰락이죠."

그는 몰락이라는 단어를 썼고, 현대 인간이 이룬 문명을 최악이라고 덧붙였다. 긴 호흡을 하자고 했다. 미국의 오바마 대통령이 한 유명한 연설 가운데 '우리는 변화를 만들 수 있다'라는 말을 언급하며 거들기도 했다. 그리고 다음과 같이 덧붙였다.

"변화의 시작은 우리 안에서부터입니다. 대통령부터 시작하는 것이 아니에요. 어떤 대통령, 어떤 정치인도 대안적 요구를 하는 세력을 위해 뭔가를 바꾸겠다고 나서지 않습니다. 필요를 느끼지 않으니까요. 이는 우리의 일입니다."

현장에 답이 있다

원톄쥔은 학자일 뿐 아니라 중국 정책의 주요 제안자이기도 하다. 그러면서도 제3의 길을 제시해왔는데, 그에게 오래도록 소신을 지킬 수 있었던 잊지 못할 기억이 있는지 물었다. 이슈가 아닌 개인적 경험을 묻자 생경해했지만, 이내 상념이 잠겼다. 그리고 늘 자신의 뇌리에서 떠나지 않는다는 몇 가지 장면을 털어놓았다.

"30년 전입니다. 중국 서부를 여행했어요. 돈 한 푼 없이 달랑 오토바이에 몸을 싣고 저 멀리 티베트 고원으로 출발했습니다. 황하의 시원에서 시작하여 강줄기를 따라 하류 끝까지 달렸죠. 1만 킬로미터 조금 더 달렸던 거 같아요. 그때 저를 압도한 기운이 있었습니다. 다 쓸려 나가고 딱 한 가지 깨우침만 올라오더군요. '나는 아주 미세한 모래 알갱이구나'였어요. 아니, 있다고 할 수도 없는 '그저 바람 속 먼지구나'였죠. 처음 발견한 '나'였습니다. 중국이 얼마나 광활한지도 알았어요. 그 속에 얼마나 많은 사람이 얼마나 다양한 방식으로 살아가는지 보았습니다. 지형을 따라, 기후를 따라 적응하는 모습은 굉장히 지혜로웠습니다. 우리나라 인민이 어떻게 이뤄져 있는지 가슴 저리게 배웠죠. 그때 저는 서른네 살이었습니다. 그 여행에서 베이징으로 돌아온 뒤, 저는 거대한 현대 도시의 시민으로 다시 되돌아올 수가 없었습니다. 도시의 방식을 온 중국에 밀어붙이는 일이 얼마나 잔혹한 것인지 알았거든요.

그리고 얼마 후 소련의 붕괴를 맞았죠. 그때는 연구원으로 미국에 있었을 때인데, 빠듯했지만 주머니를 털어 배낭을 메고 동유럽으로 갔습니다. 비행기표만 들고 떠난 겁니다. 보고 싶었거든요. 왜 그들이 위기를 맞고 속수무책으로 흩어져야 하는지를요. 7개국을 40일 동안 돈도 없이, 아무런 소개 편지 없이 다녔어요. 그들은 영어를 잘하지 못했습니다. 말이 안 통했습니다. 하지만 뜻은 주고받았어요. 그들이 먼저 다가와 제 손을 잡았습니다. 왜냐하면 도대체 자기네가 맞닥뜨린 일이 뭔지 영문을 알고 싶었던 거죠. 자기 집으로 불러서 재워주고 먹여주며 이웃 사람을 소개시켜주며 속마음까지 털어놨습니다. '사회주의', '공산주의' 속에 있는 그들을 보며, 무슨 '주의'라는 것이 두터운 껍데기에 싸여 있지만 그 속이 얼마나 헛헛한 것인지 뼈저리게 느꼈어요.

크로아티아가 유고슬라비아와 싸우는 곳에서도 크로아티아 할아버지가 재워주고 전선까지 안내해주었어요. 그다음에는 어느새 유고슬라비아의 주민이 다가와 피난민 수용소 안에 잠자리를 만들어줬습니다. 지역의 공장 관리자, 행정 담당자, 농부 등 너나 할 것 없이 아주 많은 이야기를 들려줬습니다. 저는 이런 경험 때문에 서구의 제도를, 그 어떤 새로운 정책을 무조건적으로 받아들일 수가 없습니다. 인민의 생활 속에서 답을 찾지 않으면 모든 고통은 고스란히 하층에 있는 다수에게 짐을 지웁니다. 우리는 먼저 사람들의 삶을 면면히 살펴야 합니다."

황하를 내달리던 이야기를 할 때 원톄쥔의 눈동자에는 물기가 어렸고, 눈시울은 붉어졌다. 30년 그를 감싸는 힘의 정령을 불러낸 듯 나에게도 그의 기운이 감지되었다. 만나지 않았으면 체감하지 못했을 서늘한 가르침이었다. 그의 가슴 깊은 곳에서 꺼낸 진심에 대한 예의를 보내고자 뭉클하게 다가왔던 나의 느낌을 전해보았다. 먼저 그 자신의 에고를 다 비워냈기에 인민들과 진실한 소통을 하였지 않았을까 감히 짚어보았다. 머릿속 관념이 녹아야 가슴의 열정이 그 자리를 채울 수 있기 때문이다. 우리나라의 골 깊은 진영 논리도 겸허해질 때만 녹겠구나라는 생각이 들었다는 말을 전했다.

원톄쥔은 그저 대수로운 일이 아니라며 말없이 씽긋 웃고 만다. 목이 움츠러들었다. 들어도 듣지 못한 내용이 태반임을 경험상 잘 알면서도 정리를 하겠다고 굳이 내뱉은 나의 자아가 부끄러웠다. 그래도 말 아닌 다른 통로로 전달되어진 감화를 말로 다 할 수 없음을 알고도 화답하려 애쓴 내 마음을 원톄쥔도 알지 않을까 싶어 부끄러움은 내려놓았다. 그리고 그에게 마지막 당부를 물었다.

"우리는 세상 속으로 들어가 진실을 만나야 합니다. 마음과 마음으로 만나는 그 지점에서 보면 진영 논리, '주의ⁱˢᵐ'는 모두 헛웃음거리에 불과해요. 실용적으로 실질적으로 그 현장을 겪어야 합니다. 밖에서 이러쿵저러쿵 말하는 것은 거짓입니다. 모든 사람이 200년 철학으로, 서양의 언어로 이야기합니다. 우리들의 언어가 사라졌어요. 지역의 문제는 지역의 언어로 이야기할 수 있어야 합니다. 그 답은 바로 현장에 있습니다."

본문에 담기에는 왠지 곁가지인 듯하여 남겨둔 이야기가 있다. 그것은 지구온난화와 관련된 이슈다. 같은 사안이라도 입장에 따라 집중하는 방향이 다름을 보게 되었다. 원톄쥔의 답을 들으며, 문득 아프리카 말리에 사는 사람이라면 어떤 입장일까라는 생각이 들었다. 하늘에 그 운을 맡기며 한 해 한 해 농사를 지으며 먹고 사는 사람들이다. 그런데 공해를 유발하는 공장도 없는 그곳의 하늘은 자꾸만 더 오락가락 변덕을 부리니 참으로 속상하겠구나 싶었다. 선진국은 공해세를 내야 한다는 의견에도 수긍이 갔다.

원톄쥔에게 미국에서 떠나오기 전 핫이슈로 다뤄졌던 기후 변화에 대한 이야기를 했다. 2014년 4월 초, 기후 변화에 관한 정부 간 협의체Inter-governmental Panel on Climate Change, IPCC의 발표가 〈뉴욕타임스〉를 비롯한 모든 언론에 실렸다. 1990년 이후 급격해진 기후 변화 현상에 대한 보고였다.

일주일 즈음 지나자 여느 때와 달리 백악관이 나섰다. 연일 행정부가 지구온난화 위기를 강조하더니 온 미국의 언론이 지구온난화 걱정을 하게 되었다. 미국으로 이주했던 해인 2002년 당시는 부시 정권이 지구온난화에 대한 그 어떤 증거도 없다며 부정했었는데, 지금은 월마트도 지구온난화 현상으로 이익의 5퍼센트가 추락했다며 대대적인 경각심을 유발시키는 모습이 당혹스러웠다. 그들이 어떤 산업의 재편을 기획하는지 궁금하기도 하여 원톄쥔의 생각을 물었다. 물론 농사야말로 날씨에 의존하는 것이기 때문에 기후 변화와 관련한 농업 전문가의 견해가 궁금했다. 하지만 원톄쥔은 다른 이야기를 했다.

"1996년을 아시나요? 그때 이집트가 주관하는 매우 큰 국제적인 컨퍼런스가 열렸습니다. 카이로에서였죠. 그때 참가자들은 환경오염과 기후 변화에 대해 많은 토론을 했는데, 미국은 문제의 진실을 인정하고 싶어 하지 않았습니다. 선진국들은 그리 관심이 없었죠. 그런데 그들이 2001년부터 변화하기 시작했습니다. 전체 산업 부문이 일종의 역사적인 변화를 맞은 겁니다. 많은 산업이 아웃소싱해 나갔습니다. 1980년대에 시작해서 1990년대에 가속화되었고, 새로운 세기에 산업 전반으로 퍼지며 빠르게 진행됐습니다. 오염이 옮겨간 겁니다. 또 자본의 편과 노동의 편 사이에 일어났던 갈등도 개발도상국으로 옮겨갔죠. 중국은 외국인 해외 직접 투자국으로 최고였습니다. 일본과 달리 중국에는 단기 금융시장으로 자본을 투자할 수 없기 때문에 물질적인 생산을 하는 공장들이 엄청나게 옮겨왔어요. 그래서 중국은 세계의 작업장이고 공해 생산터가 됐습

니다. 그 이후 중국에는 전보다 훨씬 많은 홍수와 가뭄이 일어납니다. 심각하죠."

미국 정부가 나서서 기후 변화의 심각성을 성토하는 배경에 대해 그는 이제 미국의 입장이 달라졌기 때문이라고 했다. 그곳에는 이제 공장이 없기 때문이다. 20년 만에 중국과 미국의 입장이 바뀐 셈이다. 그러고 보면 결국 답은 근원으로 돌아간다. 너나 할 것 없이 소비를 줄이는 일이다. 재생에너지로의 전환에 너와 나의 구분 없이 나서는 것이다. 원톄쥔의 생각대로라면 다른 사람을 생각하지 말고 '나부터 변하자'인 것이다. 묻고 찾을수록 답은 제자리로 돌아온다. 파랑새는 찾는 것이 아니라 내가 파랑새가 되는 것이다.

. . .

인터뷰를 마치고, 원톄쥔의 일행과 주차장으로 내려오면서 세월호 추모 노란 리본을 보여주었다. 침울해진 그는 해운업계의 문제에 대한 이야기를 들려주었다. 비대하게 포화 상태로 성장하였기 때문에 그 속에 있던 사다리 아래쪽 기업들은 살아남고자 과다경쟁을 한다는 것이다. 이미 도태되었어야 할 기업들인데, 불법과 편법을 이용해 연명하는 상황이라고 진단했다. 그들은 경쟁에서 살고자 요금을 낮추고, 승객과 함께 화물을 과다하게 실으며 내부 지출을 줄인다.

그런 편법이 가능하려면 뇌물과 관리기관과의 커넥션이 필요하고, 기회가 되는 대로 법의 규제를 느슨하게 하려는 로비가 기승을 부리게 된다. 이제 세계 해운업계는 해당 국가의 규제를 풀지 않으면 이윤을 올릴 수 없는 처지가 되었다. 그래서 퇴출 규제가 풀려 일본에서 은퇴한 배가 한국으로 들어와 세월호가 된 것도 이런 시스템 속에 한국 정부가 기업의 이윤 편에 섰기 때문인 것이다. 결국 규제 완화는 포화되어 있는 현대 산업계의 주요 영업 목적이 되었다. 대참사는 여기저기 마치 폭발 직전의 마그마처럼 끓고 있는 셈이다.

그의 지적에 다시금 이 시대의 안전이란 결국 룰렛 게임처럼 운에 맡겨져 버렸음을 또 한 번 실감했다. 그 게임의 룰을 바꿀 수 있는 사람은 누구인가? 결국 자기를 바꿔낸 사람들이 유리창에 맺힌 빗방울처럼 맺혔다 서로 모여 흘러야만 가능한 것이라는 생각에 씁쓸해졌다.

문명, 그 길을 묻다 11

사람이 먼저다,
사르보다야

스리랑카의 공동체 운동을 이끄는 A.T. 아리야라트네

A. T. 아리야라트네(A. T. Ariyaratne, 1931년생)는 스리랑카 최대 민중 조직인 사르보다야 운동의 창시자로, '스리랑카의 간디'로 불린다. 1958년에 그는 고등학교 교사로 스리랑카 오지 마을로 교육운동을 떠났다. 하지만 마을의 상황은 그를 학교에 묶어두지 않았고, 식수 설비, 화장실, 주택, 도로, 에너지원 확보 등의 일을 하며 마을의 자립을 이끌도록 했다. 사르보다야는 이렇게 시작되어 50년이 지난 지금 1만 5,000개 마을로 확대됐다. 이들이 만든 무상 유치원만 해도 4,335개가 넘는다.

1990년대부터는 평화와 갈등 해소, 경제개발 부작용에 집중해왔고, 현재는 타밀 반군과의 갈등이 남은 스리랑카 북부 마을에 집중한다. 사르보다야 운동은 참여불교와 간디 사상을 뿌리로 두고 있다. 아리야라트네는 1969년 막사이사이상, 1996년 간디 평화상, 2007년 스리랑카 국민 훈장 등 많은 상을 받았고 그 상들을 명상센터 한쪽 방에 모아두었는데, 줄지어 겹겹이 쌓여 방을 채울 정도다.

**"권력과 돈이 종교가 된 사회적 순위를 새롭게 교체해야 합니다.
가장 마지막에 놓여 있는 사람이 최우선입니다."**

첫 인터뷰 대상자가 정해지기 이전부터 마지막 인터뷰이는 스리랑카의 아리야라트네 박사라고 마음에 품었다. 그를 처음 만난 곳은 2013년 목련이 흐드러지던 봄날, 뉴욕 유니언신학대학에서다. 참여불교와 해방신학의 세계 리더들이 현대를 진단하는 컨퍼런스에서 사르보다야^{Sarvodaya} 운동이 50여 년 동안 그 나라 마을의 3분의 1이 참여하는 공동체 운동으로 성장해왔다는 이야기를 들었다. 서구에서는 20여 년 전부터 주목하는 운동이고, 이들의 실천 덕목은 불교의 팔정도라고 했다. '바르게 생각하고, 바르게 말하고, 바르게 행동한다'는 고전적인 방식이 21세기 극도의 경쟁에 몰려 있는 자본주의 사회에서 대안운동으로 버티고 있다니 믿기 어려웠다.

내로라하는 아시아, 유럽, 북남미 지성들에게서 뜨거운 호응을 받으며 발표를 마친 아리야라트네를 쫓아갔다. 팔정도(깨달음과 열반으로 이끄는 수행의 올바른 여덟 가지 길)로 초국가 자본에 대항하며, 농촌 산업화에 맞서 소농의 경제 자립을 질적 성장을 이뤄냈냐고, 계란으로 바위를 깨뜨리고 있느냐고 물었다. 그는 빙긋이 웃으며 "그렇다"라고 답했다. 나는 "그쪽 공동체는 어떻게 인간의 욕망을, 내가 더 갖고 싶은 그 질긴 욕구를 다스리느냐고 재차 물었다. 아리야라트네는 "가능하다"라고 말하며 알고 싶으면 스리랑카로 와서 보라고 했다.

한국에서 일어나는 마을 운동, 협동조합, 대안 공동체 실험들에 반가움을 느끼면서도 끝내 마음이 놓이지 않는 한 지점이 '인간의 욕망'이라는 덫이었다. 어떤 매뉴얼로, 어떤 구조로 장치를 해놓아야 협력이 지속될 수 있을까? 인간의 유전자에 기억되어 있다는 협력의 본능이 과연 지난 30년의 지독한 경쟁 사회 속에서도 도태되지 않고 남아 있는지 미심쩍었다. 그리고 지금까지 재레드 다이아몬드를 시작으로 현재 전체 시스템을 끌고 가는 힘의 실체에 대해 그리고 인간 사회가 갖고 있는 공감 능력에 대해 열 명의 지성에게 물어왔다.

인터뷰가 이어질수록 스리랑카의 아리야라트네를 만나야겠다는 이유는 더욱 분명해졌다. 만약 인간이 탐욕을 다스릴 수 있다면, 정당함을 주장하는 그의 말과 생각처럼 개인이 삶을 완전히 바꿔낸다면, 혹시 그 속에서는 문명이 나아가는 진자의 추가 보다 공공의 이익을 추구하는 궤도에 안착할 수 있는 방법이 있지 않을까 기대해보았다. 그리고 그에게 연락을 넣었고, 5월 24일 스리랑카에 도착해 이틀을 함께 보냈다.

···

사위가 어둑한 새벽이었다. 스리랑카의 수도 콜롬보 국제공항에는 환영 객들로 북적였다. 아이부터 노인까지 삼 대가 어우러진 가족들로 대합실은 빼곡했다. 마을잔치에 들어선 듯 흥겨웠다. 인천-콜롬보 노선이 도착하는 시간이기에 그들이 기다리는 사람들은 한국에서 일하는 노동자들이다. 찾을 짐이 없어서 일찍 나오게 된 나는 목 빼고 기다리고 있는 가족들을 보고서야 이해되는 한 가지가 있었다. 비행기의 출발 지연으로 인천공항에서 열두 시간을 함께 보냈던 스리랑카 젊은 친구들이 기내에서도, 또 콜롬보에 내려서도 면세점을 기웃거리며 선물을 사고 또 샀던 이유 말이다. 아직 잠에 빠져 있을 시간인데도 보석처럼 눈이 반짝이는 아이들, 비행기 착륙 사인만으로도 입을 다물지 못하는 어른들, 곱게 차려입은 젊은 여인들의 설렘이 얼마나 짙게 피어오르든지 세상의 나비란 나비가 모두 몰려들 것처럼 혼곤했다.

뿌옇게 일어나는 스리랑카의 아침을 차창 너머로 마주하며 열대로 들어갔다. 그 이른 시각, 골목 어귀에는 비질을 하는 마을사람들이 있었다. 국민 다수가 불교도인 그곳에는 입구마다 불단이 있었고, 갓 피어오른 향과 아침이슬이 맺힌 꽃꽂이, 아이의 손을 잡고 등교시키며 올리는 부모의 공양물이 있었다. 새 날을 여는 정성이 지극했다. 간혹 불상 대신 성모상이 봉안된 마을도 마주했는데, 그 정성만은 한결같았다.

스리랑카에는 서울 외곽 도시 정류장에서 마주치는 출근길의 피곤한

몸들과는 다른 격의 정서가 있다. 누추한 옷차림을 한 사람들까지 눈이 마주치면 환히 웃었고, 온화했다. 점잖은 예의가 갖춰진 곳이라 반가움이 밀려들었다. GDP가 표현하지 못하는 수많은 선진적인 모습이 있음을 확인하게 되어 고마움마저 일었다. 물질문명에 질린 서구의 운동가들이 왜 스리랑카와 사르보다야 운동에서 희망을 얻고, 또 희망이 되어주길 바라는지 알 것 같았다.

사르보다야 운동에 대해 처음 전해 들었을 때, 소설《상록수》의 순정이 느껴졌다. 여중생 시절 국어 시간에 배운 순정만화 같은 서정이었다. 고등학교 교사였던 청년 아리야라트네는 학생들과 동료 교사들을 이끌고 스리랑카의 산골 마을로 들어간다. 방학 동안 농촌활동을 하며 삶의 터전을 개선해주려던 소박한 뜻이었다. 하지만 젊은이들은 예정된 날짜에 마을을 나올 수가 없었다. 오염이 안 된 맑은 식수를 마련해주는 일이 완성될 즈음에는 무너진 다리를 손봐야 했고, 그 일이 다 될 즈음에는 주저앉은 초가지붕을 바꿔야 했다. 결국 그들의 운동이 가리키는 방향인 '사르보다야 샤르마다나The Sarvodaya Shramadana Movement'의 삶으로 전념하게 된 것이다. 사르보다야는 '모든 생명의 깨달음'이라는 뜻이다. 그리고 샤르마다나는 '정성을 다함'이다. 그들은 사회의 깨달음과 개인의 깨달음이 하나로 만나 이룩할 세상을 꿈꾸고 실천한다.

그 꿈을 50여 년 동안 붙들고 매진하는 A. T. 아리야라트네와 먼저 모라투와Moratuwa에서 하루를 보냈다. 수도 콜롬보에서 차로 40분쯤 서남쪽에 위치한 곳으로 사르보다야 운동의 본부이다. 아리야라트네의 자상한 안내로 여성의 자립을 이끄는 교육기관과 비혼모들을 위한 터전과 부모

잃은 아이들을 위한 집 그리고 청년 교육장 등을 둘러봤다. 한국으로 보면 경기도 인근 도시 한 구區의 마을 전체가 사르보다야 마을운동의 중앙 교육기관들로 이뤄진 모양이다. 사르보다야 운동의 정신과 지나온 시간, 현재의 행정체계와 앞으로의 비전까지 한눈에 볼 수 있었다.

아리야라트네와의 본격적인 인터뷰는 다음 날 아침 두 시간 반 걸리는 산간 지역 라트나뿌라 농촌 마을로 이동하는 가운데 이뤄졌다. 그곳 마을회관이 새롭게 단장되어 재개관을 축하하는 행사가 열릴 예정이었다. 읍내에서도 소액대출을 주로 하는 사르보다야 은행의 지점이 문을 열었기에 그곳도 들릴 예정이라고 했다. 스리랑카 전역과 해외까지 워낙 활동 반경이 넓은 그의 생활인지라, 차 속 인터뷰는 흔한 일이었다.

사회적 우선순위를 권력과 돈에 두어서는 안 된다

도심을 벗어나 녹음이 우거지는 외곽으로 접어 들어갈 즈음 첫 번째 질문으로 아리야라트네에게 국가의 역할을 물었다. 대중 속에서 하나 되어 살아온 시간 동안 그 누구보다 공동체의 가야 할 길을 고민해온 그이기에 개인의 삶이 비루해지지 않도록 조직이 해야 할 기본은 무엇인지 듣고 싶었다. 특히 세월호 참사에서 조각나고 해져가던 공공망이 결국 돈의 논리로 주저앉아버린 모습을 보았기 때문에, 답답함 속에서 차오르던 질문이었다. 부패와 부정, 무책임을 보며 돈의 위력에 질리게 된 많은 사람이 같은 물음을 품는다. '국가란 무엇인지 그리고 그 역할은 무엇인지.'

"국민들이 국가의 역할을 묻는다는 것은 매우 좋은 일입니다. 아시아에서 한국 같은 나라들, 일본이나 스리랑카 역시 대부분 서구의 개발 형태를 취하고 있습니다. 즉 서구의 자본주의 구조이지요. 그러면서 우리는 수천 년 이어온 우리의 가치를 잊었습니다. 그 자리에 서구의 생각이 들어왔지요. 우리는 우리만의 시각을 갖춰야 합니다. 우리가 어디로 향하는지, 개인, 가족, 이웃 그리고 나라가 스스로의 전망을 가져야 해요.

한국이라는 국가의 전망은 무엇인가요? 일본이라는 국가의 전망, 또 스리랑카 국가의 전망은 무얼까요? 만약에 이들의 전망이 자본 수입을 바탕으로 한다면, 만약에 이들의 전망이 국가의 전체 생산량에 기본하거나 경제 성장을 지속하는 데에 있다면, 이것은 그들의 전망이 아닙니다. 최근 300년 동안 기승을 부려온 서구의 개념, 즉 반쪽 개념인 거죠.

우리네 삶은 물질만으로 이루어져 있지 않습니다. 정신적인 부분이 함께 존재합니다. 마음과 물질이 우리 삶을 이루는 형식이에요. 그렇기 때문에 우리는 정신적 개발까지 염두에 두어야 합니다. 경제와 정신은 반드시 손을 맞잡아야 해요. 서구의 과학, 우리의 과학, 거기에 우리의 혼까지 함께 균형을 갖춰야만 사회 문제가 줄어들고 국민의 생활을 보살필 수 있습니다.

세월호가 물에 잠길 때 나도 울었어요. 세계가 함께 울었습니다. 뒤늦게 드러나는 보도를 보니 역시 구조의 모순 때문이었습니다. 대체 그 어린 목숨이 잠길 때까지 조직의 꼭대기에서는 무엇을 한 겁니까? 언론은 누가 주무른 걸까요? 조직의 꼭대기를 좌우하는 사람들은 오로지 돈, 권력을 부르짖는 사람들인 겁니다. 권력과 돈이 그들의 종교가 된 거예요.

그래서 이런 참사가 발생하는 것입니다. 우리는 권력과 돈이 우두머리가 된 사회적 순위를 교체해야 합니다."

새로운 사회적 순위는 무엇일까? 아리야라트네의 속내를 들어보기 전에 우리의 순위가 무엇인지 먼저 생각해보았다. 대구 시내에서 마주했던 국채보상운동 공원이 떠올랐다. 나라 경제가 위기에 처하자 집안 살림을 도맡던, 안 먹고 안 쓰고 허리띠 졸라매던 아낙들이 먼저 비녀도 내놓고 가락지도 내놓았던 운동이다. 1907년의 그 정성은 90년 뒤 1997년 IMF 위기에 결혼반지와 아이 돌반지까지 내놓는 장롱 속 금 팔기 운동으로 고스란히 되살아났다. 외채 상환을 하자며 팔을 걷어붙이고 나선, 똑같은 상황과 똑같은 주체가 똑같은 현상을 낳았다. 하지만 국채보상운동은 다수 서민의 적극성과 달리 고위층과 부유층이 동참하지 않아 실효를 거두지 못했다.

1997년의 경우도 참여 주체들은 대부분 서민이었다. 만약 그들이 그 금을 헐값에 팔지 않고 갖고 있었다면 10년 뒤 네 배의 이익을 얻었을 것이다. 경제 흐름을 읽어낼 재간도 없고 무엇보다 국가 경제위기라는 대의명분에 개인의 처지쯤은 기꺼이 희생해온 순정어린 국민이었기 때문에 응집력을 발휘했던 것이다. 이런 응집력은 봉건시대에도, 근대화와 산업화가 진행되어온 지난 100년 동안에도 어김없이 이어져왔다. 그래서 혹자는 현재를 봉건주의와 신자유주의가 맞물린 시대라고도 한다. 그만큼 전체주의적인 정서가 아직도 강하게 힘을 발휘하기 때문일 것이다.

어려운 경제 상황에서 취직과 부채는 개인이 책임져야 하는 시대다. 그 속에서 연애도 출산도 포기하는 젊은이들은 국가의 어려움을 함께 참아내자는 기성세대의 집념까지 강요받는다. 거기에 이윤을 위해 허술해져가는 안전망은 사고마저도 개인의 팔자 탓으로 돌리는 결과를 조장한다.

택시를 타면 자주 불만을 토로하는 기사님들을 만나게 된다. 나라 경제가 어려운데 시위한다고 걱정, 파업한다고 혀를 찬다. 단 한번도 자신의 택시에 손님으로 모실 일이 없는 삼성의 오너, LG의 오너, 포스코의 오너와 같은 심정으로 말한다. 그들 중 포스코에 다니는 조카가 구조조정을 맞아 해고되더라도 그 결정은 서울이 아닌 태평양 건너 맨하튼의 월스트리트 빌딩 꼭대기에서 정해졌을 가능성이 더 높은데, 한국의 경제를 먼저 걱정한다. 포스코의 상당 지분은 이미 월스트리트에 있다.

그렇다면 기업의 수익을 걱정하며 대한민국의 경제를 염려하는 오늘 우리들의 순정은 제 짝을 찾아가고 있는 것일까? 우리의 소박한 바람은 번영된 국가에서 포근하게 안도하고 싶은 마음일 터인데, 내 님은 아직 그곳에, 30년 전 그 풍채로 있기나 한 것인가? 앞서 바우만이 말한 대로라면 그 님은 이미 세계화라는 열에 들떠 증발한지 오래이다. 누군지 모를 그 님의 안녕보다는 옆집 장그래의 출근과 선희 씨의 시간수당을 염려하는 것이 지난 세대 국가의 번영을 위해 애쓰던 그 마음이 향하던 길이 아닐까?

새로운 사회적 질서를 정하는 기준, 정의

사회적 우선순위가 이윤을 높이는 무한경쟁을 묵인하는 경제 성장에 있는 우리의 오늘, 아리야라트네는 사람도 같이 살피자고 말한다.

"길을 만드는 것뿐 아니라 그 길을 지나갈 사람까지 고려하자는 거지요. 잘 닦인 새 도로가 개통됐어요. 그런데 그 길목을 이용해 사람을 통제하고 죽인다고 한다면 어떨까요? 그래요. 역사는 넘치도록 그런 일을 해왔죠. 우리는 이러한 상황이 벌어지지 않도록 길을 놓으면서 동시에 사람들 사이의 평화를 만들고 자비심을 길러내는 일까지 해야 합니다. 당장의 돈 흐름을 살리겠다고 외국 자본을 유치하고, 땅도 주고 권리도 팝니다. 하지만 조금만 지나고 보면 그 결과가 독이 되어 파고드는 것을 보게 됩니다. 급하게 집어 먹은 돈이 여기저기서 부정과 부패도 만들지만, 무엇보다 치명적인 결과는 가난이에요. 초국가적 기업들은 성장이 아닌 가난을 만들고 떠납니다. 가난한 사람의 것을 빼앗아 성장지수만 높이죠. 결국에는 빈곤만 남습니다.

정부는 그들의 로비를 받습니다. 기업의 위법적인 활동을 막아야 할 정부가 오히려 기업의 힘, 돈의 힘에 휘둘립니다. 한국의 언론은 어떤가요? 영국은 98퍼센트의 언론이 단지 두세 개의 거대 자본 기업의 이익에 따라 보도합니다. 그들 기업은 제대로 세금을 내지 않는 탈세자들입니다. 행정, 사법 권력이 돈줄들과 한 통속입니다. 세상은 반드시 부처님이 가르쳤고 예수님이 가르쳤던, 또 인류의 위대한 스승들이 가르치는 그쪽으로 돌아가야 해요. 그러니까 우리는 물질주의적 접근만이 아니라 물질적인 개발에 정신적인 개발까지 둘 다 이뤄야 하죠. 이것이 첫 번째 할 일입니다. 그리고 두 번째는 우리의 정치적인 정책들, 사회적인 정책들이 사람을 살려내는 방향으로 가야 합니다. 세 번째는 이들이 정의를 위해 일하도록 힘을 조직해내야 합니다. 이윤이 아닌 정의가 사회적 우선순위를 차지할 수 있도록 단단한 힘을 세워내야 합니다."

아리야라트네가 말한 새로운 사회적 질서를 정하는 기준은 '정의'였다. 바로 사람을 살리는 길이다. 그런데 정의는 이윤을 만들 수 있을까? 지속적으로 이윤을 내지 못하면 경제 자체를 지탱할 수 없다고 현재의 한국 정부는 말한다. 다른 나라의 정부들도 마찬가지다. 그렇기 때문에 우리는 이를 상식이라고 믿는다. 이에 대해 아리야라트네에게 "정의가 이윤을 만들어낼 수 있을까?"에 대해 물었다.

"왜 우리가 꼭 이윤을 만들어야 하는 거죠? 무엇을 지속 가능하게 하려고요? 지속 가능한 부자? 지속 가능한 가난? 그동안 우리에게 적용된 시스템은 잘못되었습니다. 체계를 바꿔야 해요. 과연 우리에게 필요한 것이 무엇일까요? 당신이 있는 지역은 고도로 자본화된 곳입니다. 그 의미가 무엇인가 하면 최고의 자본주의 수입이 있고, 그 수입이 평등하게 나눠지지 않는다는 거죠. 매우 부자인 사람들, 중간 계급 그리고 다수는 아마도 가난한 사람들일 거예요. 거기에는 평등이 없습니다. 당신이 말하길 지속 가능한 경제라고 했죠? 부자들은 골프도 치고 요트도 타고 여유를 부릴 수 있어요. 자본을 가지고 있으니까요. 좋아요. 그런데 부자가 더 부자가 될 때, 더 부자가 더욱더 부자가 될 때, 가난한 사람들은 더 가난해집니다. 그리고 부자는 그 권력을 누리죠. 가난한 사람들은 힘이 없어요. 그래서 세상에는 늘 부자와 권력 있는 자들 그리고 가난한 자와 힘없는 자들 사이에 갈등이 있어온 거죠. 이런 뿌리가 모든 종류의 자살, 살인, 강간, 범죄, 뇌물, 폭력, 부패를 만들고, 군대를 증강시켜왔습니다. 핵무기까지요.

얼마 전 말레이시아 여객기가 사라졌어요. 아주 많은 사람이 실종됐고, 조종사들은 오늘날 기술적으로는 일어날 수 없는 일이라고 말합니다. 그러면서 조종사를 의심하더군요. 만약 그렇다면 이는 생겨서는 안 될 일이 일어난 건데, 그 조종사의 마음이 그의 업무에 있지 않았기 때문입니다. 자기가 하는 일에 마음을 두지 못한 거죠. 집안에 우환이 있든지 돈을 빌려야 하든지 분노에 휩싸여 있든지 마음이 그곳에 없었던 거예요. 왜? 그도 고통받는 사회 속에서 살아가는 일부니까요. 개인이 자신의 일에 집중할 수 있도록 정신적으로 안정을 이룬 사회를 만드는 것 역시 국가가 해야 하는 아주 중요한 몫입니다."

그는 조종사의 불안에 대해 언급했다. 한 나라의 지도자는 그 나라 시민의 재산뿐 아니라 불안한 마음까지 다스려야 하기 때문이라고 한다. 긍정심리학의 태두인 미하이 칙센트미하이는 이렇게 말했다. "빈부의 차가 크면 국민이 우울하다."

우울은 심리학적으로 무기력한 상태인데, 경제적으로 바꿔 말한다면 생산성 저하일 것이다. 앞서 리처드 윌킨슨 편에서도 드러났듯 불평등의 기울기가 큰 지역은 전체적으로 스트레스 수치가 높고, 이는 면역력 저하, 사회적 의료비용 증가, 폭력과 범죄의 증가로 이어진다는 실제 증거가 나와 있다. 여기에 한 국가의 권력을 차지한 정당이 해야 할 중요한 지점이 드러난다. 국가를, 자치 단체를 책임지는 권력을 이양받은 사람은 그들의 지지 세력뿐 아니라 반드시 집단 전체의 재산과 심리까지 지켜내야 한다는 점이다. 각 정당은 반드시 지지 세력의 재산과 권리, 안도감을 위해 권력 투쟁을 해야 한다. 또한 전체의 이익을 살펴야 한다. 그렇지 못하면 그들의 지지 세력을 포함한 전체가 허약해지기 때문이다.

세월호의 선장은 왜 속옷 바람으로 탈출하는 상식 이하의 행동을 보였을까? 이를 인명 구조에 온몸을 받쳤던 아르바이트 승무원과 비교하여 개인의 인격 수준으로 판가름하기에는 사회 전반적으로 드리워진 무력감이 짙다. 상대적 저임금에 비정규직인 선원들은 그들만의 건너지 못하는 절망의 깊이가 있을 것이며, 이는 우리 사회 전반에 드리워진 검은 해무 같은 우울의 막과 이어지기 때문이다.

얼마 전 강연에서 겪은 일이다. 현대미술 아티스트들이 제시하는 '나'를 만나고 '내 안의 목소리'에 귀 기울이는 시간이 주는 의미에 대한 이야기를 했다. 그런 시간을 보낸 사람들이 세상이 돌아가는 판을 읽어내며 시대의 진행에 속도를 붙이거나 제동을 거는 작업에 대해 전달했다. 강연이 끝나고 한 청년이 내게 물었다.

"작가님이 말씀하신 아티스트들은 어떻게 그런 행위 예술도 하고, 그림도 그리는 걸까요? 젊은 시절, 예술을 해서 돈을 벌 수도 없었을 텐데……. 어떻게 의식 있는 예술을 하게 된 걸까요?"

그러게 말이다. 그들은 어떻게, 무슨 배짱으로 그렇게 자기 길을 갈 수 있었을까? 잠시 멍청히 있던 내게, 앞서 하워드 가드너 편에서 언급했던 미하이 칙센트미하이가 했던 말이 울렸다. "인간의 역사 속에는 어느 한 시기 문예부흥의 꽃 시절이 있었는데, 그건 그 시절 유독 똑똑하고 재능 있는 사람들이 태어났기 때문이 아니다. 그저 보통 사람들이 하고 싶은 욕구를 드러낼 수 있는 여건이 허락됐기 때문에 가능했던 것이고, 다만 이를 후대에서 '르네상스'라 이름 지어 구분했을 따름이다."

그래서 나는 누구나 주변이 인정할 만한 정도로 자신의 욕망을 드러낼 수 있는 그런 장치가 되어 있는 사회를 희망한다. 굶어 죽지 않고, 교육을 받을 수 있고, 돈 없어 병원 못 가 죽지 않는 그런 사회 말이다. 이런 사회를 가능하게 하는 경제적인 요건을 갖춘 나라는 한국을 비롯한 여러 중진국부터 많을 것이지만, 이를 이뤄내는 나라는 국민총생산과는 별개로 정치적 선택을 해낸 나라들뿐이다. 누구나 질 좋은 의료 서비스를 받는다는 쿠바, 협력을 통해 창의성이 끌어내는 교육을 받는다는 덴마크, 경제적 자립이 보장된 당당한 노인의 나라 프랑스 등이 그럴 것이다.

아리야라트네가 말하는 국가의 의무는 국민들이 활기차게 살도록 두루 살피는 정의로운 통치에 있다. 서로가 서로를 적대시하지 않도록, 원한 맺지 않도록 함께 사는 사회이다. 진영으로 나뉜 우리의 반목이 더 깊어지고 무기력이 더 깊어지면, 곧 다가올 미래는 위태로울 수밖에 없다.

새로운 세상을 만드는 답은 정치적 중립에 있다

아리야라트네에 대해 알기 전에 스리랑카에 대한 관심을 갖기 시작한 계기가 있다. 스리랑카의 스님들과 20년 가까이 친밀하게 지내고 있는 한 지인으로부터 믿기 어려운 이야기를 들었다. 2000년대 초였는데, 스리랑카에서는 모든 교육이 무상이라 했다. 우리보다 훨씬 가난한 나라인데 독일처럼 대학까지 무상이라는 것이 믿기지 않았다. 또한 도시에 개발이 시작되면 건설업체들은 현장 노동자로 그곳 주민을 고용해야 한다는 것이다. 안전모를 쓰고 일하던 사람들이 몇 시간 뒤에 평상복을 입고 자기 밭에서 풀을 뽑는다든지 아이를 데리러 학교에 가는 일이 일상이라고 했다.

그러고 나서 접한 경제학자 아마르티아 센의 책에는 보다 계량화된 스리랑카의 상황이 나와 있었다. GDP가 비슷한 다른 나라들에 비해 삶의 질을 가늠할 수 있는 지수는 월등히 높았다. 기대수명도 인도나 다른 서남아시아 국가보다 현저하게 길고, 5세 미만 영유아 사망률도 매우 낮으며, 문맹률도 낮았다. 이런 배경에 사르보다야 운동이 작용하지 않았는지 궁금했다. 그래서 더 아리야라트네를 만나고자 적극적으로 나선 면도 있다. 그런데 아리야라트네의 답은 오히려 나의 기대를 저버릴 만큼 냉정했다.

"사르보다야 운동이 정부의 정책에 영향을 많이 주긴 했습니다. 현 정부가 추진하는 농촌정책 대부분이 우리가 1960년대부터 해온 일이죠. 1980년대 초까지 가난한 사람들을 찾아가 함께 길을 닦고 유치원을 세우고 학교를 지으며, 상수원 급수, 화장실 정비를 한 조직은 우리가 유일했습니다. 우리에게는 인간이 누려야 하는 10대 기본권이라는 사업정책이 있어요. 30년 동안은 우리가 선도했고, 지금은 정부가 정책적으로 추진합니다. 하지만 당신이 탄복했던 그런저런 실상은 우리 때문이 아니에요. 원칙적으로 스리랑카 초대 지도자의 지혜에서 나왔습니다.

첫 정권은 정치를 돈에 부속시키지 않았고, 사람을 위해 일했어요. 국민이 반드시 누려야 할 권리를 명시했습니다. 맑은 물, 좋은 음식, 좋은 의료, 좋은 교육인데, 유치원에서 대학까지, 약을 포함해 모든 병을 치료하는 비용이 수천 달러가 되어도 무료입니다. 음식과 교통 역시 저렴해야 했죠. 하지만 지금 이 모든 것이 상승하고 있어요. 사립국제학교를 허가하는 바람에 정부 학교는 가난한 아이들이 다니는 곳이 됐습니다. 병원도 사립병원이 들어섰어요. 1978년 세계화라는 신자유주의가 들어서면서 모든 국민이 소유하는 공공 설비들이 지속적으로 해체되고 있습니다. 식품 가격 또한 높아졌고, 생계비용이 치솟았죠. 정부는 30년 동안 테러에 전쟁을 치러 그런 거라며 변명하지만, 전쟁도 우리 국민이 나서서 종식시켰습니다. 그런데도 군대는 증강됐고, 물가는 내려오지 않습니다."

이는 전 세계적인 경향이기도 하다. 대한민국의 이야기라고 여길 만큼 낯익은 규제 완화, 공기업 해체 현실. 그래도 그가 이끄는 사르보다야 운동은 지속적으로 확장되어왔다. 스리랑카 전체 마을의 3분의 1인 1만여 마을이 참가하며, 50여 년 동안 지속적으로 퍼져나갔다. 그에게 비결을 물었다.

"그 답은 정치적 중립에 있습니다."

수많은 정치 세력이 혜택과 후원으로 사르보다야 운동 그룹과 함께하려 했지만, 그들은 지독하게도 독립적으로 행동했다. 아리야라트네는 자기가 지금이라도 대통령에게 전화를 한다면, 대통령은 매우 행복해하며 당장이라도 큰 예산을 지원할 거라고 장담했다. 하지만 결코 사르보다야를 그 어떤 정치 세력의 강령 아래 둘 수 없다고 단호히 말했다. 정치적 독립은 그들 회원들의 결의이다.

이런 대화를 하는 도중 매우 드라마틱한 일이 벌어졌다. 산 속 도시로 향하는 오르막길을 가고 있었는데, 아리야라트네의 휴대전화 벨이 울렸다. 평상시 목소리로 몇 마디 통화가 오고갔다. 전화를 끊고는 '굿 뉴스'라고 운전하는 활동가에게 한 마디 던진다. 그러고는 하다만 답을 이으려 하기에 어떤 굿 뉴스냐며 별반 기대 없이 물었다. 그러자 현직 스리랑카 대통령이 건 전화라고 한다. 2주 뒤에 있을 사르보다야 주최 국제 메타명상 컨퍼런스에 내빈으로 참석하고 싶다는 전갈이었다고 한다. 그럼 대통령의 환영사를 마련해야 하는 거냐고 물었더니, 아니라고 한다. 무대 위 연설은 이미 정해진 연사들이 하는 거라며, 무대 아래 의자에 앉아 함께 그 연사의 강연을 들을 거라고 했다. 참으로 심심한 반응이다. 그들 사르보다야의 문화가 원래 그런가 싶어 받아들이기는 했지만 그 경지가 참 오묘하였다.

사르보다야는 정부나 기업의 후원에도 까다롭다. 그들의 후원을 받으면 당장 급한 불도 끄고 활동가들 월급도 주며 사업을 늘려갈 수 있다.

하지만 빚이 더 늘더라도 원칙은 흔들지 않겠다는 고지식함이 있다. 그 이유는 이랬다.

"그러면 우리는 자유를 잃어요. 자유가 식량보다 훨씬 더 중요합니다. 자유는 마음에 영양을 공급하죠. 제일 상위에 있어야 해요. 몸의 영양은 이에 비하면 아무것도 아닙니다. 여기도 정부가 정치적으로 함께하는 NGO 그룹들을 돕습니다. 하지만 정치 세력의 배후에는 기업이 있어요. 물론 우리도 기업이나 단체의 지원을 받습니다. 단, 아무런 조건이 없을 경우에만요. UN은 우리 뜻에 동의했기 때문에 그들 도움을 받겠다고 했습니다. 몇몇 기업들도 그렇게 돕고 있어요. 하지만 광고판을 설치해달라고 하는 경우는 미안하지만 안 받겠다고 하죠."

벽돌 한 장에 이름을 새기는 것도 허용되지 않느냐고 물었다.

"안 돼요. 초국가 기업들은 조건을 걸려고 합니다. 아무리 작은 조건이라 해도 이는 새로운 관계를 만들기 때문에 안 됩니다. 업Karma이 발생해요. 우리가 이렇게 하기 때문에 지금 재정적 어려움을 겪습니다만, 동시에 이렇게 살아남을 수 있는 것입니다."

한 번 더 되새김해보면 '공짜는 없다'는 간단한 세상 이치를 실천하고 있을 뿐인데, 신선하다 못해 생경하게 다가왔다. '업, 관계'가 발생한다는, 곧 다가올 미래의 일을 짚어가며 걸음을 뗀다는 그의 혜안에 눈이 번

쩍 띄었다. 감당할 수 있는 것만을 주고받겠다는 의지, 지킬 수 있는 신념은 가능한 한 지키기 위해 욕망과 의지를 조절하는 그들의 조직경영이 훌륭했다. NGO 활동도 성과로 평가되는 경쟁이 습관이 된 시대에서 말이다.

아리야라트네와의 인터뷰를 끝내고 한국에 들어왔을 때, 2014년 6월 4일 지방자치단체 선거로 정국은 뜨거웠다. 특히 서울시장 자리를 두고 박원순 후보와 정몽준 후보의 접전이 있었는데, 당시 박원순 후보는 아름다운재단, 희망제작소 활동과 관련해 삼성과 론스타에서 받았던 후원금이 논란이 되어 이런저런 해명을 하고 있었다. 기업 후원에 대해 깐깐하게 따지는 사르보다야의 원칙이 왜 그들을 살리는 돌다리인지 다시 떠올리게 해준 대목이기도 하다.

"반드시 매우 명확한 원칙들을 가져야만 합니다. 우리의 일은 새로운 세상을 만드는 일이기 때문입니다."

'나'가 아닌 '우리'

사르보다야 운동에 관하여 자료를 살피던 가운데 한국의 새마을 운동 역시 사르보다야에서 영향을 받았다는 것을 알게 됐다. 1970년에 실시된 새마을 운동은 확연한 변화를 만들어냈다. 홍보된 대로 민과 관이 합심하여 일군, 잘살아 보자는 운동이었다. 지붕을 바꾸고, 길을 넓히고, 생활 위생을 개선하였다. 1973년부터는 내무부 산하기관으로, 또 대통령 비서실에 새마을 담당관실이 설치되면서 정부의 지원도 전폭적으로 늘었다. 새마을 운동이 물질적으로 이룬 성과는 다양하다. 그럼에도 불구하고 비판받는 지점이 있다.

기존의 문화를 봉건의 잔재로 치부하며 부정했다는 건데, 박정희 대통령의 '근성을 바꿔야 한다'는 표현이 이를 대변한다. 작은 방 안에서 손닿는 곳에 놓인 책이나 뒤적이며 맴도는 게으른 서생의 근성을 없애야 한다며 한옥도 가차 없이 밀어버렸다. 슬레이트 지붕을 얹은 국민주택들이 순식간에 전국으로 퍼졌다. 경제적 빈곤 타파를 이루며 문화적 빈곤을 불러온 것이다.

한국 미술사학계의 어른인 정영호 단국대학교 석좌교수는 "우리 문화와 정신을 부정하며 물질적 편의주의로 흘렀기 때문에 사라진 정서가 안타깝기 그지없다"라고 말하였다. 마을 어귀에서 당산나무로 구불구불 돌아가며 찾아들어가는 고향의 서정이 비효율로 치부되어 반듯한 신작로로 단축되는 과정은 가능한 적은 노력과 공정으로 번듯한 외관을 만들어내야 성취감을 느끼는 산업화에 대한 조급증을 불러왔다. 물론 지금도 새마을 운동 본부는 있다. 하지만 그 열렬했던 새마을 운동 정신은 아득한 추억으로, 영화 속 풍경으로 등장할 뿐이다. 주민 자치에 기반을 둔 공동체 문화로 가꿔지지 못하고 쇠락했다. 그 이유에 대해서 아리야라트네는 이렇게 진단한다.

"한국의 새마을 운동은 정부와 함께했고, 정부로부터 완전한 지원을 받아서 그렇습니다. 우리는 경제적인 번영을 이뤄야 합니다. 좋은 일이에요. 하지만 이와 동시에 생각할 자유, 언론의 자유, 사법부의 독립, 기본적인 자유도 추구해야 해요. 그럼으로써 더 나은 삶의 기준을 갖게 됩니다. 그리고 모든 사람은 반드시 정신적인 훈련을 해야 합니다. 스스로를 성찰하는 법을 익혀야 하죠. 이는 우리의 마음을 청소하는 방법입니다. 욕심을 다독이는 방법이죠. 그래야 무지를 깨우칠 수 있습니다. 성내는 일이 줄고 살아 있는 시간을 진지하게 사용하는 방법 말이에요. 당신이 보기에 한국에 있는 모든 사람이 편안하고 행복한 것 같습니까?"

느닷없는 질문이었다. 하지만 잠시의 망설임 없이 답할 수 있었다. 서울에서나 안양에서나 대구, 부산에서도 길을 걷다 보면 화난 기운을 느끼게 된다. 짜증어린 지하철 풍경. 텅 빈 노약자석에 엉덩이를 걸치고 있는 나를 위태롭게 바라보던 청년의 눈길은 곧 들려올 낯모를 어른의 호통이 터지기 전에 어서 일어나라는 무언의 지청구였다. 배려보다는 날선 경계가 느껴지는 도시이다.

"이것이 우리가 진정한 종교를 가져야 하는 이유입니다. 상업적인 종교 말고요. 진정한 종교는 나눔을 지원합니다. 첫째가 나눔입니다. 우리는 반드시 '나'만을 생각하지 말고 '우리'를 생각해야만 해요. 두 번째가 사용하는 말입니다. 절대로 화가 들어 있는 말을 사용해서는 안 돼요. 진실하지 않은 부정적인 언어는 사용해서는 안 됩니다. 남을 소재거리 삼아 화제에 올리는 것도 좋지 않습니다."

조화로운 삶을 만드는 데 있어 말이 그토록 중요한 걸까? 고작 말일 뿐
인데, 세상을 바꾸려면 그 세상을 향해 던질 메시지를 골라야 하지 않을
까? 대화 속 사소한 말을 부여잡고 있어야 하는 건지……. 내 눈빛을 읽
은 아리야라트네의 대답은 더 빨라졌다.

"화는 우리의 마음을 오염시킵니다. 바르게 생각할 수 없게 해요. 그러
니까 실제로 필요한 수행은 나눔과 도덕이지만 여기에 바른 말, 친절한
말까지 포함되는 겁니다. 오직 건설적인 행동을 하는 거예요. 파괴적인
행동 말고요. 나는 당신을 딸처럼 여길 수 있어야 하고, 이웃을 그리고
사람 아닌 존재까지 내 형제처럼 보살필 수 있어야 합니다. 돈을 갖는 일
보다 더 중요한 일이에요. 그러기 위해서는 마음을 고요하게 하는 방법
을 배워야 합니다. 그래야 배가 가라앉는 걸 보고, 죽어가는 사람을 보더
라도 소리치고 흥분하느라 때를 놓치지 않고 행동할 수 있어요. 이성이
깨어 있어야 적절한 대응책을 찾을 수 있습니다. 감정이 격앙된 사회에
서는 그저 놀라고 불안한 외침만 난무하죠. 그럼, 사회는 무능해집니다."

세월호 사태를 떠올리지 않을 수 없었다. 국가적 재앙을 맞아 적절한
대응과 진단을 이끌어야 할 미디어가 격앙된 감정으로 오보와 선정성 경
쟁을 하는 바람에 보도 재앙이라는 재난까지 만들었다. 사고 이후 3주가
지나서야 이성적 대안과 사고에 대한 구조적인 진단을 요구하는 의견에

귀 기울이기 시작했다. 그동안 정부마저도 서로 컨트롤 타워가 아니라는 입장 발표를 하느라 우왕좌왕하는 모습이었다. 그리고 한국 언론은 사고 이후 9개월이 흐른 뒤, '세월호 보도, 저널리즘의 침몰'이라는 연구 보고서*를 발표했다. 방송기자연합회가 제출한 230쪽에 달하는 방대한 양의 잘못된 보도 양태에 대한 기록이다. 해가 바뀌어 나온 그 보고서는 우리 사회가 이성의 목소리에 귀 기울이고, 그 이성적 시선이 마침내 다수의 의견으로 자리를 찾아가는 데 얼마나 오랜 시간이 걸리는지 그 속도를 보게 해줬다. 이에 대해 아리야라트네는 이렇게 말한다.

"만약에 당신의 지도자가 사람들의 마음을 고요하도록 이끈다면 당신네 나라에는 살인도 줄고 카지노도 줄고 범죄나 강도, 정치적 폭력도 줄어들 겁니다."

자비명상으로 기적을 일구다

마음을 고요하게 이끄는 방법이란 사르보다야 운동에서 강조하는 명상을 말한다. 그들은 새로운 사회를 건설하는 그 엄청난 일이 스스로와 마주하는 시간 속에서 이뤄질 수 있다고 주장한다. 믿기 어려웠지만, 마침내 바로 그들이 종식시킨 10년 전쟁이 있기에 거부할 수가 없었다.

●   2015년 1월 5일 발표

1983년 7월 23일, 북부 힌두교도인 타밀족과 중부와 남부의 불교도인 신할라족 사이에 전쟁이 벌어졌다. 양쪽 극단주의자들의 갈등이 고조되며 스리랑카 정부의 우익 불교도들에 대항한 타밀 세력이 반격하였다. 정부군은 무력 진압에 나섰고, 타밀 타이거는 자살 폭탄으로 맞섰다. 6만 5,000명의 목숨이 사라졌다. 전 국민은 악몽에 시달렸고, 경제마저 휘청거렸다.

전쟁이 길어지며, 사르보다야는 평화 운동을 전개했다. 곳곳에 피난민 캠프를 열고 생명을 보살피며 재건 활동을 시작했다. 그 중 한 방법이 마을과 마을을 짝짓는 연대 활동이다. 타밀 마을과 신할라 마을을 한 쌍이 되도록 결연을 맺었다. 그 두 종족의 마을이 서로 돕는 프로젝트인데, 더 많이 파괴된 마을과 덜 파괴된 마을이 공동체를 이뤄 살 길을 모색하는 방식이다. 어느 곳은 타밀의 할머니가 신할라의 아이를 키우고, 어느 곳은 신할라의 청년이 타밀의 지붕에 올라가 비를 막는다. 아리야라트네는 여기서 한 발 더 나아가 인간에 대한 믿음을 세상에 고한다. '정신의 변화'를 예고하는 대규모 집단 실천을 살육당할까 불안에 떨고 있고, 굶주리게 될까봐 아등바등하는 국민들에게 당부한다.

아리야라트네에게는 무기도 권력도 없는 가장 연약한 사람들이기 때문에 고통을 직시할 수 있다는 믿음이 있었던 것 같다. 그는 우리 안에 있는 함께 살고자 출렁거려온 태고부터 이어진 인간의 본능을 세상 속으로 끌어내었다. 1990년대 포화 속 실론섬 곳곳에서 자비심을 이끌어내고, 현재의 고통이 오는 길목과 이어질 곳을 직시하는 명상이 시작된 것이다. 그 집단의 깨우침은 2001년 수도 콜롬보에 17만 명이라는 인파를

불러 모았다. 바로 그해 12월 새 내각을 구성하는 판도가 바뀌었다. 보수 정권이 패하고 평화를 논할 가능성이 조금은 높아진 라닐 수상이 선출된 것이다.

이듬해 아리야라트네는 다시 대규모 집단 자비명상을 제안했다. 50만 명이 한 자리에 모여 세상 고통의 이유를 온 마음을 다해 목숨을 걸고 대면하자는 호소이다. 단 한번이라도 명상을 해본 사람이라면 알 것이다. 단 1분 만이라도 온전히 스스로의 호흡에만 온 신경을 모아 집중한다는 것이 얼마나 엄청난 일인지 말이다. 1초 동안에도 우리의 마음은 과거와 미래를 넘나들고, 앉아 있는 그 자리를 떠나 태평양을 건너 지구 반대편 어느 곳이나 다녀올 수 있다.

하물며 '고통이 어디서 시작됐는가?', '무엇이 이 고통을 만드는가?', '이 무력 충돌과 분노가 만들 세상은 무엇인가?', '과연 이 미움과 광기, 정부의 무능과 부패와 폭압에서 나는 아무런 책임이 없는가?', '나는 그 광기를 피하였는가, 묵인하였는가, 용인하였는가?' 이와 같은 형이상학적인 물음을 붙들고, 단 1분이라도 몰입할 수 있는지 이 글을 읽는 우리도 잠시나마 시도해보면 좋겠다. 세상 그 무엇보다 무거운 눈꺼풀을 들어 올리고 코 앞 1미터를 몇 시간씩 바라볼 수 있는 그 마음의 에너지를 키워내기란 죽기 살기의 각오가 아니고는 쉽지 않은 일이다.

아리야라트네는 동네를 어슬렁거리던 흐릿한 눈동자들까지 다함께 나와 각자의 답이 해결될 때까지 붙들고 늘어지자고, 집중이 풀어지고 다리가 저려 일어나고 싶어도 이성을 깨워 몸을 굴복시키며 '나의 입장'을 만들어내자고 선동한 것이다.

"〈마하 샨티 사마디 데이^{Maha Shanti Samadhi Day}〉입니다. 평화의 대 자비명상의 날이죠. 우리나라 북쪽에 있는 역사 고도인 아누라다푸라로 모이자고 외쳤어요. 기독교, 가톨릭, 이슬람에서도 화답했습니다. 외국에서도 참가한다고 했습니다. 더 이상 서로 죽이는 살육을 멈추고 양쪽 민족 모두를 고립시키는 폭력의 고리를 끊자는 결의의 장이었습니다. 90만 명이 왔습니다. 전국에서 버스를 대절해서, 차를 몰고, 자전거를 타고 아니면 걸어서도 왔어요. 오는 도중 군대가 막아 발이 묶인 사람들은 그 자리에서 가부좌하고 앉았습니다. 그리고 자비명상을 했습니다. 우리 안에서 무한대로 꺼내 쓸 수 있는 그 마음을 총을 든 군인에게, 저 너머 신음하는 포로에게, 무기를 만드는 그 공장의 노동자에게 그리고 전쟁으로 이윤을 얻는 그들에게도 보냈습니다."

아누라다푸라, 그곳은 세계에서 가장 아름다운 오래된 도시이자 타밀과 신할라의 전투가 제일 극심한 격전장이기도 했다. 아리야라트네의 평화 명상에 화답하여 바다 건너 몰려온 인파 중에는 세계적인 생태학자이자 평화운동가인 조에나 메이시도 있었다. 그녀의 글을 통해 서방은 인간 정신의 위대한 경지를 조금이나마 엿볼 수 있었다. 그 일부를 소개하면 다음과 같다.

"자비명상이 열리는 그날 아누라다푸라에 도착했다. 성스러운 그 도시 중심에는 반경 1킬로미터 안에 여러 거대 불탑과 세상에서 가장 오래된 보리수나무가 있다. 석가모니가 깨달음을 얻은 그 나무에서 온 보리수이다. 아쇼카

왕의 딸 사캬디타가 가져온 뿌리이다. 내가 그곳에 도착했을 때, 온 방향으로 사람의 물결이 일었다. 모두 흰 옷을 입고 고요히 움직였다. 그들은 스리랑카 구석구석에서 걸어서, 기차를 타고, 자전거를 타고, 혹은 다른 사람에게 의지해서 모인 사람들이다. 주차된 버스만 4,000여 대였다.

사르보다야 청년들이 나무에 스피커를 걸어 놓았다. 나는 과연 어떤 음악이 연주될지 궁금했다. 힌두의 음악일지, 불교의 음악일지……. 곧이어 내 귀에 울린 음악은 기타로의 '실크로드'였다. 이는 모든 생명을 살리고자 하는 모험적 염원을 멀리멀리 뻗어내도록 에너지를 창조했다.

평화명상 행사는 오후 3시에 시작됐다. 단상에 모인 스리랑카 각 종교의 지도자들이 단 몇 마디의 언어로 돌아가며 시작을 알리고 이어 단상 아래 아리야라트네가 일어섰다. 그는 모두에게 외쳤다. 온 마음을 다해 호흡에 집중하며 숨을 들이 쉬자고. 그리고 외쳤다. 온 마음을 다해 알아차리며 그 깊은 숨을 내쉬자고. 온 마음을 다하는 들숨과 날숨이다.

그 침묵은 내 생에 가장 지극한 아름다운 고요였다. 그 고요는 거기 모인 65만 명의 함성이었다. 나는 '내 안의 나'에게 전했다. 이는 폭발 없는 포탄이다. 이는 파괴 없는 총알이다. 이는 내가 그토록 듣고자 했던 그 침묵이다."

조에나 메이시가 모든 일정을 멈추고, 그곳 스리랑카로 달려온 이유 중 한 가지는 평화를 만드는 인간의 힘을 보겠다는 갈망 때문이었다. 그녀의 나라 미국에서는 당시 부시 정권의 광기 어린 '테러와의 전쟁'이 이성을 억압하고 있었다. 그러했기 때문에 인간 정신의 성숙한 차원이 있다는 확인이 자신에게는 숨 쉴 수 있는 산소가 될 거라고 기대했던 것이다.

아누라다푸라에서 평화의 대 자비명상이 있고 난 다음, 보름이 채 되지 않아 기적 같은 일이 일어났다. 스리랑카 정부가 타밀 타이거에게 협상 테이블을 제안한 것이다. 느닷없이 총성이 멎었다. 그들 스리랑카 국민들이 무참한 살육을 종식시킨 것이다. 그저 가만히 앉아 자신과 나라와 세상을 직시하며 건져낸 지혜의 힘으로 말이다. 세계는 이를 명상과 함께 종식된 전쟁이라고 기록한다. 아리야라트네는 그 마음이 작동한 힘의 원리를 이렇게 말한다.

"자비명상입니다. 서로 죽고 죽이는 그 모두에게 무조건적인 사랑을 전달하는 명상이죠. 그렇게 마음이 고요하고 감정이 차갑게 내려앉으면, 그 속에서는 지혜가 올라옵니다. 이 전쟁이 일어난 배경 그 속에서 받은 상처의 근원 그리고 이 전쟁이 가져올 미래가 보이죠. 우리 100만 명이 밝은 이성으로 세상을 직시하며 천명하였습니다. '이제, 그 전쟁을 멈춰라!' 그 어떤 정부도 100만 명의 냉철한 지성의 명령을 거스를 수는 없습니다."

욕망과 성냄, 무지를 버려라

여든세 살의 아리야라트네는 마흔세 살인 내 눈을 들여다보며 나직하게 전한다. 자기 안에는 열세 살의 아리야라트네도 있고, 스물세 살의 아리야라트네, 또 서른세 살의 아리야라트네도 있다. 나이 많은 어른을 보아도 그를 그 나이로 인식하지 말라고 일렀다. 그 상대의 삶을 보라는 충고다. 나이 든 사람은 그 나이만큼의 감정 매듭이 똬리를 틀고 있다고 했다. 명상을 통해, 아니면 스스로를 마주하는 그 어떤 방식의 성찰을 통해 자기 안에 있는 앙금을 녹여내지 않은 사람들은 그 나이만큼 더 켜켜이 쌓인 상처로 뭉쳐 있을 수밖에 없다고 한다. 그렇기 때문에 우리는 세월을 겪으며, 또는 견디며 살아갈수록 그 속에 끼어든 세월의 때를 씻어가며 인생을 맞아야 한다는 가르침이다. 나도 내 안에 있던 한 밤에 울먹이던 '열한 살, 그 겨울의 나'를 떠나보낸 지 얼마 되지 않았던 시점이라 아리야라트네의 말이 더 깊게 다가왔다.

그는 마음의 뭉쳐진 감정을 풀어 떠나보내는 방법으로 자비명상이 효과적이라고 했다. 자비로운 마음을 세상에 꺼내놓는 일이다. 여동생에게 보내는 정겨운 눈길을 세상에도 보내고, 골목 모퉁이에서 만난 길냥이에게도 안녕을 바라는 메시지를 전하는 일이다.

"당신의 사랑과 친절을 모든 사람에게, 누구에게나 표현하세요. 펼쳐 내세요. 인간이든지, 아니든지요. 그러면 당신의 욕망과 나약함은 줄어들 겁니다. 세상에는 세 가지 독이 있어요. 욕망과 성냄 그리고 무지입니다. 욕망은 탐욕이죠. 갖고 싶은 걸 가져도 더 많이 갖고 싶어서 멈추지 못하는 돈과 권력, 물질에 사로잡힌 마음입니다. 게다가 당신한테는 없는데, 다른 누군가가 가지고 있는 걸 보면 화가 부글부글 끓어오릅니다. 그런데요, 이 욕망과 화는 하나의 뿌리에서 나와요. 몰라서 나오는 겁니다. 우리 마음이 작용하는 그 모양을 몰라서, 또 우리가 사는 현실이 돌아가는 그 구조를 몰라서예요. 바로 무지이죠. 우리는 현실을 직시하고 이해하도록 노력해야 합니다. 그러면 과거로부터 이어온 우리들의 위대한 도덕과 원칙 속에서 살아갈 수 있어요. 내 마음이 작동하는 원리를 꿰뚫는 기술을 배워야 합니다."

여든 셋의 아리야라트네 역시 아침마다 스스로의 마음을 꿰뚫는 그 기술을 연마한다고 한다. 스리랑카뿐 아니라 세계 평화 운동의 지도자인 그에게 한국의 지도자에게 전할 메시지를 부탁했다. 그는 한국의 대통령을 꼽아 메시지를 전했다. 하지만 그 메시지는 모든 지도층뿐만 아니라 우리들 각자가 마음으로 새길 당부였고, 그의 기도였다.

"그래요. 제가 좀 오래 살았으니까 감히 말을 꺼내보겠습니다.

마담 프레지던트, 부디 기억해주세요. 당신의 첫 번째 목표는 당신의 모든 권력과 돈, 지식, 지혜를 모아 당신의 내각과 각계 리더들이 이 한 가지를 마음에 새기도록 만들어야 합니다. 네 단어입니다. 'The Last, The First(가장 마지막에 놓여 있는 사람이 최우선이다)'예요. 마하트마 간디가 우리에게 남긴 말입니다. 진정한 개발은 가장 가난하고 가장 약한 그 사회 속 마지막에 놓인 사람이 이익을 얻도록 하는 겁니다. 당신 나라의 번영을 부자나 중간 계층에 맞춰서 꾸려가면 안 됩니다. 가장 가난하고 가장 약한 사람이 조금 성장할 때, 나머지 모든 국민도 혜택을 보게 되는 거니까요.

그리고 두 번째, 부자들에게 말하세요. 부는 반드시 가난한 이들과 나뤄야 한다고요. 힘 있는 사람들에게 말하세요. 그 권력으로 사람들을 억압하지 마세요. 당신의 권력도 국민과 나누세요. 민주주의는 국민들이 생각의 자유, 결사의 자유, 결정의 자유를 누리는 겁니다. 인간으로서의 자유는 반드시 가장 약하고 가난한 사람에게 약속되어야 하는 겁니다.

저는 정치권력을 잡아본 적도 없고, 재산도 없는 노인입니다. 그저 나이 많은 행복한 사람으로서 드리는 조언이에요. 당신도 행복하기를 바랍니다."

500년 뒤 그날에는……

아리야라트네와의 인터뷰가 마무리될 즈음, 목적지에 다다른 듯했다. 스리랑카 국도 변에는 간간이 노상 카페가 있는데, 갓 구운 빵과 홍차가 주메뉴다. 도시가 있을 듯한 곳, 차량 통행이 빈번해지는 길목, 그 카페에 아리야라트네의 흰색 SUV가 멈췄다. 그의 설명에 의하면, 지금 마을에는 청소년 무용단과 인근 전문 악사들이 도열해 있다고 하는데, 그가 도착하면 회관 개관식이 시작되는지라 그들의 수고로움이 맘껏 빛을 발하도록 시간을 딱 맞춰 가야 한다며 차 한 잔의 여유를 누리자 한다.

찻집에는 벌써 마을에서 마중 온 일행이 나와 있었다. 아리야라트네에게 수줍은 함박웃음을 보내며 깊이 머리 숙여 인사를 올린다. 얇은 사기잔에 담긴 홍차는 실론답게 그윽했고, 빵도 폭신했다.

목적지에 다다르기 전, 길모퉁이에서 잠시 숨 고르듯 그런 휴식을 갖고 도달한 마을에 풍악이 가득했다. 광장 가운데에는 장고를 메고 도열한 소년소녀 무용단이 흥을 돋웠다. 이미 회관에 가득 찬 주민들은 창문에 몸을 내밀며 손을 흔들었고, 건물 앞에 모인 인파는 절을 하듯 인사를 건넸다. 뭉클했다. 민중의 지도자 모습은 이렇구나 싶어 부러웠다. 괜찮다며 손사래를 치는 노인의 발 아래로 머리를 조아리는 중년 남녀들의 순정어린 몸짓, 존경을 넘은 연정이 피어났다. 스승과 부모의 자리가 같다는 그 옛말이 살아나는 듯한 광경이다. 한 50년 마음 나누면 저런 끈끈함이 생기는 것일까?

매번 선거 때마다 새 인물, 새바람을 찾는 우리의 들뜬 열망이 더 가여워지는 순간이었다. 진정한 열망을 받아 안을 수 있는 지도자란 그들과 생사고락을 나누며 살 길을 만들어온 인물일 것이다. 우리 안에도 있을 그 인물일 텐데 우린 왜 발굴하지 못하는지 괜한 투정까지 일었다. 부러운, 그래서 더 귀한 민중 지도자의 모습이다. 그리고 그 지도자는 온종일 가려움증에 시달리며 아무렇지 않게 아무 곳에서나 몸을 긁는다. 살아 있으니 가려울 뿐이라며 아랑곳하지 않는다.

조직도 마찬가지 아닐까? 모여 있으니 활동의 성과도 있고, 불만도 갈등도 당연한 거 아닐까? 7년 전 틱낫한 스님의 환경 책을 번역하며 가장 인상 깊었던 구절이 있었다. 지구를 지키는 일꾼으로 서약하자는 내용인데, 몇 가지 실천 방법을 제시하고 지킬 의향을 묻던 부록이다. 그 중 한 항목이 "활동가로서 스스로의 웰빙을 책임지겠는가?"라는 물음이다. 활동가가 해야 할 가장 우선적인 일이 자신의 마음과 몸의 여가를 챙기는 일이라며 상위 항목에 있었다. 항상 남을 살피지만 정작 자신은 지쳐 나가떨어질 때까지 돌보지 못하는 많은 활동가. 메마른 마음에 상처와 피로를 안고 절망하는 모습을 봐온 나로서는 그 항목이 생경한 만큼 반가웠다. 활동가가 먼저 스스로를 살피는 마음 수행, 건강 생활을 해야 한다는 그 웰빙을 갖추기는 신자유주의적인 사고가 온몸에 배인 우리네 운동판에서부터 시작되면 좋겠다 싶었다. 사르보다야 운동에서 감동받은 부분도 그 점이다.

아리야라트네의 마을을 찾은 목적은 그들의 활동을 점검하기 위해서도 아니었고, 여성 농민의 자립을 지원하는 대출증서를 전달하기 위해서도 아니었다. 그들과 나눌 세상 돌아가는 이야기 때문이었다.

시골 농부와 아낙들은 제일 좋은 옷을 차려입고 앉아 종이에 적어가며 공부했다. 실내에 열기가 차자 졸음에 겨워 몽롱해 보이는 사람들도 있었지만, 젊은 농부나 나이 든 농부, 이제 농사는 포기했을 할머니까지도 아리야라트네가 전하는 세계 경제 동향이며, 국내 카지노 인가 문제, 마음공부 설명까지 집중을 놓지 않았다. 그 점이 여느 기념식이나 정부 행사와 달랐다. 일하고 돈 벌며 욕심 간수까지 하려는 삶의 자세가 그곳에도 늘 일어날 갈등과 사고겠지만, 이를 직시할 이성이 재빠르게 힘을 갖출 것 같은 신뢰를 주었다. 그들은 그렇게 물질적 풍요와 함께 마음의 평안과 정의로움을 좇고 있었다.

대중 앞에서는 빛나는 작은 거인이지만, 연단에서건, 난간에 걸터앉아 하늘을 볼 때건, 연신 몸을 긁는 아리야라트네. 소매 속으로 팔뚝도 긁고 등 뒤로도 긁적이고 입까지 씰룩이며 어깨를 들썩인다. 열대지방, 당장

법이 발달한 식문화라 당뇨가 흔한 나라여서 그도 그런 어려움을 겪는 듯했다. 거룩한 메시지를 전하면서도 연신 손으로 몸을 쓸던 아리야트네는 떠날 때 즈음 내게 한마디 던졌다. '사는 게 그런 거라고. 살아 있으니 이리 가렵고, 고통도 오고 돈 줄도 말랐다 흘렀다 하는 거라고 말이다. 그러니 가렵다고 몸부림치며 왜 가려울까 거기에 끌려 헤매지 말고, 그냥 가렵구나 알아차리며 숨 쉬고 살자'고 한다.

사는 일에 최선을 다하는 것이 진정 살아가는 거라고 했다. 정신을 차려 알아차리고 바른 선택을 하다 보면 기후변화 같은 지구적 차원의 일도 우리 손에서 해결이 되는 그런 날이 올 거라고 말이다. 적어도 500년 뒤에는 선택의 결과가 드러난다고 말했다. 그렇다. 사르보다야는 500년 뒤 그 미래의 시간을 염두에 두며 일한다. 지금의 질퍽한 그릇된 궤도가 온 생명이 더불어 사는 길로 나가기까지 적어도 500년은 걸릴 거라고 계산한다. 2515년, 그 시간을 염두에 두고 행동한다면 당장 절망할 일도 두 손을 들 일도 없다. 한 발자국 내딛을 방향은 언제나 분명할 테니까 말이다.

재레드 다이아몬드 박사가 모든 자원이 고갈될 날이 50년 뒤이기에 당장 실천하자라고 강조한 그 마음도, 500년 뒤의 시간을 염두에 두며 온 정신을 깨워 선택하고 실천하자는 아리야라트네의 마음도 한 곳에서 출발한다. 바로 지금 우리의 한 생각, 그 하나의 생각이 세상을 바꾼다.

온 세상이 공존하는 그 길

인간이 스스로의 작동 원리를 알 수 있다면, 개인이 선택할 수 있는 당장의 미래에 대한 결과가 있다. 과연 나는 내 뜻대로 살고 있는가? 신문, 광고, SNS 그이의 뜻, 남자친구, 엄마의 뜻대로 살고 있는 건 아닌가? 아니면 공장에서 생산되는 그 마케팅대로 살고 있지는 않은가? 인간이 얼마나 감성에 의해 움직이면서도 이성적이라 생각하고 사는지, 그 작동원리를 알게 되면 세상은 어떨까?

개인은 조직과 시스템에 의해서 제한된다. 그럼에도 불구하고 개인이 작동되는 범위가 있다. 개인이 다룰 수 있는 부분을 움직일 수 있다면, 개인 스스로 자신의 힘을 알 수 있다면, 굳이 면벽하지 않고 그 앎에 다가갈 수 있는 길이 있다면 그 길을 보여주고 싶다는 욕구가 차올랐다.

〈문명, 그 길을 묻다〉를 찾아가며 만나게 된 새로운 질문거리이다. 소비자이기에 생산을 바꿀 수 있는 선택의 여지가 있다는 것을 기억해낼 수 있었고, 시장의 논리가 작동되지 않는 범위 내에서 우리에게는 스스로 자급자족할 수 있는 힘이 있다는 자각을 해내게 됐다.

어쩌면 난 스스로 이성적이기 때문에 남다른 논리를 펼 수 있다고 생각하며, 그동안 나의 감성적 선택에 대한 논리적인 이유를 붙여가며 살아온 듯하다. 실제 내 안의 이성을 깨워 선택한 적은 아마도 그리 많지 않을 것이다. 하루라도 더 살아 있고 깨어 있는 시간에 이성이 점유할 자리를 더 부여할 수 있다면 세상의 선택은 우리 인간이 공존하는 길로 갈 것이다. 온 생명이 공존하는 그 길이 곧 인간이 하루라도 더 숨 쉴 수 있는 길이라는 이성적 앎이 생겨나기 때문이다.

뇌과학자들은 '거울 뉴런'이 있다고 한다. 우리의 과학은 그동안 인식론만으로 찾아갈 수 있던 그 먼 길을 보다 가깝게 보여주고 있다. 해서 다음 기획으로 21세기 현재의 사회 구성 시스템에서 작동되어지는 인간 마음의 매뉴얼을 찾아볼 것이다. 그 또한 엄청나게 높은 산일 테지만, 이 글을 마무리하면서 감히 그 산을 올라보려는 다짐을 한다.

감사의 글

인터뷰를 허락해주신 열한 분의 선생님들께 고개 숙여 감사드립니다. 인터뷰를 마치고 돌아 나올 때면, 어김없이 작업하던 그 자리로 돌아가시는 모습을 보았습니다. 그 모습을 보며 삶과 연구 그리고 활동이 수도자의 절제와 다르지 않음을 느꼈습니다. 세상이 보다 공공의 이익을 따르도록 귀한 시간을 내주신 어른들의 정성에 보답하고자 노력했습니다.

연재를 책임졌던 〈경향신문〉 한윤정 선임기자에게 감사의 마음 보냅니다. 격려와 조언으로 작업을 이어가는 데 힘이 돼주었습니다. 무엇보다 〈경향신문〉이 쌓아놓은 신뢰가 있었기에 연재 기간 더욱 많은 분과 소통할 수 있었습니다. 기회를 준 〈경향신문〉에 고마움을 전합니다.

친구이자, 인터뷰를 녹취해주는 동료로서 또 인터뷰의 첫 청취자이기도 한 아티스트 에이미 리드^{Amy Reed}의 수고에 찬사를 보냅니다. 신문에 연재되는 동안 원고를 읽고 조언해준 임정와 선배, 뛰어난 감각과 실력으로 대중과의 소통에 힘이 되도록 편집에 도움을 준 방송작가 박창섭 선배, 책이 나오기까지 긴 원고를 읽고 조언과 격려를 아낌없이 쏟아준 후배 이서희 작가에게 사랑의 마음과 감사를 전합니다.

웬델 베리의 시 〈선언문-미친 농부의 해방 전선〉의 번역을 사용하도록 허락해주신 류시화 시인께 감사드립니다. 류시화 시인의 웬델 베리 선생에 대한 존경과 그의 메시지를 더 널리 전하고자 격려와 더불어 마음 내어 주심에 감동했습니다.원톄쥔 교수와의 대담에 조언을 준 하남석, 김택규 박사, 아리야라트네 박사와의 만남에 조언을 준 정경일 박사, 늘 격려와 지혜를 아낌없이 나눠주는 선배 정연순 변호사께 감사드립니다.

인터뷰 현장의 면모를 사진으로 깊게 전달해준 김아람, 오소영, 안선영 작가에게 감사드립니다. 인터뷰어인 제가 찍은 사진들을 35년 우정을 명목으로 손수 보정해준 사진작가 최재웅에게 고마움을 전합니다.

'이야기가있는집'과의 인연, 또 기획이 추진력을 갖도록 해준 시인 신현림 선생님, 적극적인 후원으로 인터뷰 여정에 힘을 준 양주형 사장, 출간까지 완성도를 높이도록 애써주신 정은아 편집장께 믿음과 고마움을 전합니다.

마음의 의지처인 이해인 수녀님, 법등스님, 도진스님, 스리랑카 여정에 도움을 주신 도현 스님께 깊은 존경을 보내며 건강을 기원합니다. 늘 살펴주는 방송작가 이은경 선배, 화가이자 기자인 김효원 선배, 재능 많은 동생 권영신에게 사랑을 전합니다.

〈문명, 그 길을 묻다〉를 완성하기까지 2년 반 여정 동안 더 깊이 부모님의 사랑을 느꼈습니다. 아버지 안상환 어머니 남길자, 두 분의 믿음과 가르침을 늘 새깁니다. 남복순 이모님께도 사랑과 감사를 전합니다.

인터뷰 출장 동안 아이들을 돌보고, 글 쓰도록 지원해준 남편 Brian Lim을 비롯해 모든 가족에게 깊은 감사와 사랑의 마음 전합니다. 아들 재선Arahan, 딸 홍경Emily을 비롯한 다음 세대의 주역들이 사는 세상이 보다 평화롭길 바라며 사랑의 마음을 담아 두 아이에게 이 책을 바칩니다.

안희경

우리는 어떤 미래를 선택할 것인가
문명, 그 길을 묻다

초판 1쇄 발행 2015년 7월 20일
초판 5쇄 발행 2021년 5월 10일

지은이 안희경
발행인 김우진

발행처 이야기가있는집
등록 2014년 2월 13일 제2014-000062호

주소 서울시 마포구 월드컵북로 375, 2306(DMC 이안오피스텔 1단지 2306호)
전화 02-6215-1245 | **팩스** 02-6215-1246
전자우편 editor@thestoryhouse.kr

ⓒ 2015 안희경

ISBN 979-11-952471-9-6 03300

• 이야기가있는집은 (주)더스토리하우스의 단행본 브랜드입니다.
• 이 책의 내용 전부 또는 일부를 재사용하려면 반드시 동의를 받아야 합니다.
• 책값은 뒤표지에 있습니다.

이 도서의 국립중앙도서관 출판예정도서목록(CIP)은 서지정보유통지원시스템 홈페이지(http://seoji.nl.go.kr)와 국가자료공동목록시스템(http://www.nl.go.kr/kolisnet)에서 이용하실 수 있습니다. (CIP제어번호: CIP2015018874)